财政部规划教材
全国高等院校会计系列教材

政府会计
（含非营利组织会计）

施锦明　主编

中国财经出版传媒集团
中国财政经济出版社

图书在版编目（CIP）数据

政府会计：含非营利组织会计/施锦明主编．—北京：中国财政经济出版社，2018.7（2023.2重印）
财政部规划教材　全国高等院校会计系列教材
ISBN 978－7－5095－8244－2

Ⅰ．①政…　Ⅱ．①施…　Ⅲ．①单位预算会计－高等学校－教材　Ⅳ．①F810.6

中国版本图书馆 CIP 数据核字（2018）第 097782 号

责任编辑：樊　闽　　　　责任校对：黄亚青
封面设计：孙俪铭

本书微网站

扫描微网站二维码

获取教学配套资源和内容更新

不断添加中……

中国财政经济出版社 出版
URL：http：//www.cfeph.cn
E－mail：cfeph @ cfeph.cn

社址：北京市海淀区阜成路甲 28 号　邮政编码：100142
营销中心电话：88190406　北京财经书店电话：64033436　84041336
三河市宏图印务有限公司印刷　各地新华书店经销
787×1092 毫米　16 开　26.25 印张　636 000 字
2018 年 8 月第 1 版　2023 年 2 月河北第 2 次印刷
定价：59.00 元
ISBN 978－7－5095－8244－2
（图书出现印装问题，本社负责调换）
本社质量投诉电话：010－88190744
打击盗版举报热线：010－88191661　QQ：2242791300

编写说明

本书是财政部规划教材，由财政部教材编审委员会组织编写并审定，作为全国高等院校会计类教材使用。

随着全球性政府管理改革和提高公共财政绩效带来的改革动力与压力，我国现代财政制度也在不断进行改革完善之中，政府会计的重要性日益显现。

财政是国家治理的基础和重要支柱，为了适应现代财政制度改革需要，我国政府会计也在不断改革。2010 年以来，财政部先后修订颁布了事业单位会计准则及会计制度、行业事业单位会计制度、行政单位财务规则及会计制度、财政总预算会计制度等。

党的十八届三中全会提出了“建立权责发生制的政府综合财务报告制度”的重要战略部署，2014 年新修订的《预算法》明确要求各级政府财政部门按年度编制以权责发生制为基础的政府综合财务报告。2014 年底，国务院批转财政部的《权责发生制政府综合财务报告制度改革方案》正式拉开了本轮政府会计改革的序幕。2015 年以来，财政部相继出台了《政府会计准则——基本准则》和 6 项政府会计具体准则，以及 1 项应用指南和政府会计制度（行政事业单位会计制度）。其他的政府会计具体准则及应用指南和其他的政府会计制度也正在研拟修改之中。

编者从事政府会计教学科研工作三十多年，深感政府会计变革迅猛及其对政府治理的巨大影响，同时也感受到变革对该课程教与学的挑战。教材的质量决定着学生的培养质量。目前，政府会计教材不少，但传统“政府会计”教材内容中存在与现行政府会计标准体系规定不一致，不少理论问题和会计核算值得探讨和修正，迫切需要与时俱进。根据现代财政制度和政府会计改革前沿理论和实务，编写全新的政府会计教材，将改革成果补充到教材里面，完善政府会计的内容和体系，便于高校政府会计的教学和科研使用。

由于政府与非营利组织会计课程是由多个板块构成，目前，政府会计改革尚未完成，造成一些概念有争议，实务操作有困难，基于我国政府与非营利组织会计课程改革现实，同时，兼顾政府会计今后改革发展需要，本书名称定为“政府会计（含非营利组织会计）”，全书共分 23 章。各章内容在安排上以实用为主，既有理论阐述，又有案例。主要内容包括：第一篇政府会计理论，作为政府会计基础，阐述政府会计基本框架和基本理论；第二篇政府会计实务，详细介绍我国最新的财政总预算会计和行政事业单位会计；第三篇非营利组织会计核算理论和实务，介绍我国非营利组织会计基本理论和民间非营利组织会计核算实务。

本书的特色有以下几个方面：

一是兼顾规范与创新。将财政预算和政府会计制度改革发展的前沿和最新研究成果应用到本书中。本书在保证政府会计（含非营利组织会计）规范和完整的前提下，对教材体系和内容进行调整。根据最新政府会计改革精神和我国国情，政府会计体系由预算会计和财务会计组成，行政单位会计和事业单位会计合并为行政事业单位会计，非营利组织会计主要介绍民间非营利组织会计。在教材写作规范统一体例下，创新教材内容和形式。如在财政总预算会计实务中除重点介绍会计核算和主要账务处理外，也增加了财务管理和权责发生制政府综合财务报告等财务会计的相关内容。行政事业单位会计统一划分为财务会计和预算会计两部分，构建“财务会计和预算会计适度分离并相互衔接”的会计核算模式。

二是兼顾理论与实务。按照理论联系实际的原则，处理好理论与实务的关系，以理论部分够用为限，加大会计实务操作介绍和应用，尽量贴近实际业务，特别是加大政府会计仿真案例和基本技能训练的内容。同时，避免以往大多数教材只有会计实务的讲解，而没有相关理论阐述的缺陷。理论方面的知识包括现代财政预算管理制度改革相关内容、政府与政府会计、政府预算与政府预算会计关系、政府财务管理与政府财务会计、政府收支分类科目与会计科目等。在保证会计实务操作前提下，注重编写的教材有利于学生素质教育、创新能力和实践能力的培养。

三是兼顾专业与基础。撰写本书时，我们参考和借鉴了相关教材和专家学者的研究成果，力求将政府会计最前沿的理论研究和改革实践体现出来，反映最新的科研和实践成果，并对今后改革方向和思路有所揭示；根据财政部改革方案，围绕该学科相关重要问题展开阐述，注重规范性、系统性、实务性和政策性，并进行了一些学科前瞻性分析和探讨，把握学科改革方向。同时又能按教学规律、知识体系和阅读习惯编写，力求做到形式活泼多样、语言表达生动、图文并茂、深入浅出、通俗易懂。

四是兼顾实用与能力培养。根据该教材要体现本科和应用型两个特点，教材的编写注重对学生应用能力和实务操作的培养。通过安排一定的案例来培养学生的思考与应用能力。注重对各种形式的练习与习题的设计、安排。在每一章都安排一定的思考题。

五是兼顾国情与惯例。兼顾政府会计的中国特色和会计国际化趋势，让学生在掌握我国政府会计理论与实务的同时，也了解国际公共部门会计准则、国外政府与非营利组织会计基本知识。鉴于本教材篇幅有限和体现本科应用型特点，国际公共部门会计准则、有关国家政府与非营利组织会计相关知识将分散在各章节以“知识链接”“阅读资料”“专栏”等形式体现。

本书可作为高等院校会计学、财政学专业和其他财经类专业教学的教材，也可作为政府财政部门、行政事业单位、社会团体组织和民间非营利组织相关人员学习和继续教育的参考用书。

本书由施锦明担任主编，陈琦瑛、陈智、徐章容担任副主编，张贤萍、刘琦参与教材的编写。具体分工如下：第一章至第十一章由施锦明编写；第十二章、第十三章、第十五章由徐章容编写；第十四章、第十六章、第十七章由陈琦瑛编写；第十八章、第十九章、第二十章和第二十一章由陈智编写；第二十二章由刘琦编写；第二十三章由张贤萍编写。由施锦明设计编写大纲，并对全书进行修改总纂定稿。

本书在编写过程中，得到了财政部、中国财政经济出版社、集美大学财经学院领导的关心指导与支持，本书还参考和借鉴了一些专家学者的研究成果，在此，对给我们提供帮助的各位领导、专家学者和朋友表示衷心感谢！

本书为用书学校任课老师提供了电子课件，如有需要，请登录中国财政经济出版社财经教材分社网站（cjjc. cfeph. cn）或中国财经教育网（www. zgcjjy. com）下载，也可扫描“本书微网站”二维码获取。

编　者

2018 年 4 月 28 日

目录

第一篇　政府会计基础

第二篇　政府会计实务（上）：财政总预算会计实务

第二部分　行政事业单位会计实务：单位预算会计实务

第三篇　非营利组织会计

第一篇　政府会计基础

第一章
政府会计导论

学习目标

□ 了解政府层级和机构体系
□ 掌握政府会计体系和政府会计规范

第一节
政府会计概述

会计是一种商业语言，是一项经济管理活动，也是社会经济组织最重要的一种管理工具。

根据现代会计学理论，按照服务领域不同，可以分为服务于营利组织的企业会计和服务于政府与非营利组织的政府与非营利组织会计。按照社会经济组织划分的标准，可以分为企业会计、政府会计和非营利组织会计。

一、政府的定义与分类

（一）政府的概念

自从人类过上群体的社会生活以后，就产生了政府这种旨在管理公共事务的专门组织。

广义的政府是指国家的立法机关、执法（行政）机关和司法机关等公共机关的总和，代表着社会公共权力。从这个意义上说，“政府就是国家的权威性的表现形式”。

狭义的政府是国家政权机构中的行政机关，即一个国家政权体系中依法享有行政权力的组织体系。政府是依照国家法律设立并享有行政权力、担负行政管理职能的那部分国家机构，在我国，亦称为“国家行政机关”，如中央人民政府即国务院；地方各级人民政府即省、市、县和乡镇人民政府。作为政府会计的主体一般是指广义的政府概念。

虽然各国因政治制度不同，政体各异，机构设置不完全相同，但唯有政府功能是一致的，即依法对国家和社会公共事务进行管理时应承担的职责和所具有的功能。

（二）政府的层级和机构体系

1. 政府的纵向结构。我国政府按纵向结构划分为中央政府和地方各级政府。地方各级政府按行政区域划分，全国分为省、自治区、直辖市；省、自治区分为设区的市、自治州；设区的市、自治州分为县、自治县、不设区的市；县、自治县、不设区的市分为乡、民族乡、镇；直辖市和较大的市分为区、县；国家在必要时设立的特别行政区。

2. 政府的横向结构。政府按横向结构划分即按每一级政府机构体系划分，包括一级政府各部门、各单位。政府各部门、各单位是指与本级政府财政部门直接或者间接发生预算拨款关系的国家机关、军队、政党组织、社会团体、事业单位和其他单位。根据我国宪法规定，我国各级政府国家机关包括：国家权力机关，是指全国人民代表大会（简称全国人大）及其常务委员会（简称人大常委会）、地方各级人大及其常委会和办事机构；国家行政机关，是指国务院和地方各级人民政府及其所属机构；国家司法机关，是指国家审判机关和检察机关及其所属机构，国家监察机关，是指国家监察委员会和地方各级监察委员会及其所属机构等。我国宪法规定，人大行使立法权，法院行使审判权，检察院行使检察权，政府自动行使行政权，监察委员会行使监察权。

此外，我国政府机关还包括政党机关，是指中国共产党各级机关和所属办事机构、各民主党派各级机关和办事机构。政协组织，是指中国人民政治协商会议全国委员会和地方各级别委员会及其办事机构。

各级政府的组成部门和单位按其社会功能、编制、经费来源和管理方式划分为行政机关、事业单位和社会团体。

阅读资料 国家制度（http：//www. gov. cn/guoqing/index. htm）

阅读资料 中华人民共和国的国家机构（http：//www. npc. gov. cn/npc/gjjg/node_ 506. htm）

知识链接 国务院组织机构（http：//www. gov. cn/guoqing/index. htm）

知识链接 中华人民共和国行政区划（http：//www. gov. cn/guoqing/2005 －09/13/content_ 5043917. htm）

二、政府会计的定义

政府会计是国际上通行的称谓。政府会计有好几个同义语，如“公共部门会计”“公共会计”。“预算会计”“官厅会计”等。我国政府会计准则出台之前，政府会计被称之为预算会计根据国际会计准则委员会（International Accounting Standards Committee 缩写 IASC）的定义，政府会计是指用于确认、计量、记录和报告政府和事业单位财务收支活动及其受托责任的履行情况的会计体系。由于各个国家的政治经济体制不同，政府会计的内涵也有一定差别。

我国政府会计是指反映、核算和监督政府单位及其构成实体在使用财政资金和公共资源过程中财务收支活动的会计管理体系，可以全面、系统地反映其预算执行情况、资金运用活动、财务管理业绩等问题。政府会计由预算会计和财务会计构成。

第二节 政府会计体系

2014年12月，《国务院关于批转财政部权责发生制政府综合财务报告制度改革方案的通知》（以下简称《改革方案》）（国发［2014］63号），《改革方案》明确了权责发生制政府综合财务报告制度改革的总体目标，提出在建立健全政府会计核算体系时，要推进政府财务会计与预算会计适度分离并相互衔接，在完善预算会计功能基础上，增强政府财务会计功能。

《政府会计准则》**确立了"双系统"**的改革思路，即建立政府预算会计和财务会计两个独立并行、相互补充的会计系统。提出了"双体系""双基础""双报告"，**即政府会计由预算会计和财务会计构成，前者一般实行收付实现制，后者实行权责发生制**。通过预算会计核算形成决算报告，通过财务会计核算形成财务报告，全面、清晰反映政府预算执行信息和财务信息。

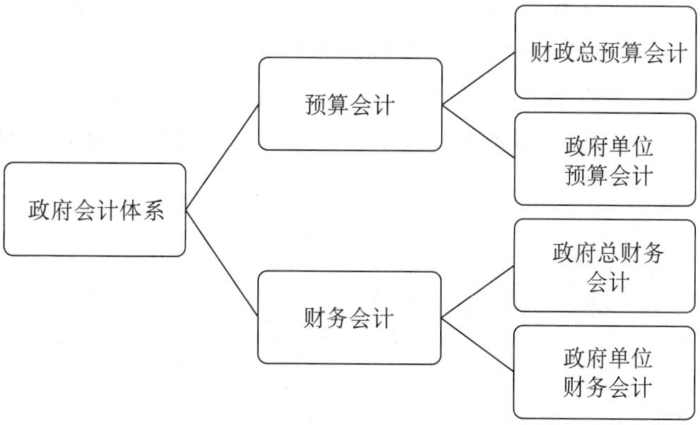

图1－1　政府会计体系主体图

一、政府预算会计体系

政府预算会计，简称预算会计，是指以收付实现制为基础对政府会计主体预算执行过程中发生的全部收入和全部支出进行会计核算，主要反映和监督预算收支执行情况的会计。

预算会计是为了满足预算管理需求，一般实行收付实现制，通过预算会计核算形成决算报告，全面、清晰反映政府预算执行信息。

我国是以公有制为主体的社会主义市场经济国家，财政预算实行"统一领导、分级管理”的体制，预算会计体系主要由各级政府财政总预算会计和政府各部门、各单位的行政事业单位预算会计组成。

（一）财政总预算会计

财政总预算会计，简称总预算会计，是各级政府财政核算、反映、监督政府一般公共预算资金、政府性基金预算资金、国有资本经营预算资金、社会保险基金预算资金以及财政专户管理资金、专用基金和代管资金等资金活动的专业会计。

（二）政府单位预算会计

单位预算会计，简称政府单位预算会计或单位预算会计，是政府单位核算、反映和监督单位预算执行情况（预算执行过程及其结果）的专业会计。包括各级各类的行政单位预算会计和事业单位预算会计。

（三）其他

此外，政府预算管理是一个系统工程，除了各级政府财政、行政事业单位外，还有一些机构和部门共同参与预算执行，如负责国库资金收支的出纳机构、负责税收收入征收的税务局和负责财政直接支付的财政国库支付执行机构等。参与政府预算执行的国库会计、税收会计、财政国库支付执行机构会计等也是预算会计的有机组成部分。

（1）国库会计。根据新预算法规定，中央银行经理国库业务，将财政收入的收纳、划分、报解和财政支出的拨付等业务委托银行经理，国库资金收支均需通过国库单一账户体系。中国人民银行办理国库业务所执行的会计核算称为国库会计。

（2）税收会计。税收会计是预算会计的一个组成部分，它是税务机关核算税收收入，反映和监督税款的征收、解缴、入库和提退情况的税务资金运动的专业会计，体现了税务机关和国家金库的关系，是属于政府预算会计范畴的一门专业会计。

（3）财政国库支付执行机构会计。财政国库支付执行机构会计是财政总预算会计的延伸，其会计核算按《财政总预算会计制度》执行。政府预算执行及预算会计如表1－1所示。

表1－1　　政府预算执行及预算会计表

预算执行	税款征收	税款的入库	资金分配	资金支付	资金使用
主体	税务部门	国 库	财政部门	国库／财政国库支付执行机构	行政事业单位
会计	税收会计	国库会计	财政总预算会计	国库会计/财政国库支付执行机构会计	单位预算会计

二、政府财务会计体系

政府财务会计，简称财务会计，是指以权责发生制为基础对政府会计主体发生的各项经济业务或者事项进行会计核算，主要反映和监督政府会计主体财务状况、运行情况和现金流量等的会计。

财务会计服务于政府会计主体财务管理，比如资产管理、债务管理、成本管理与控制等，满足资产负债管理、成本核算和绩效评价等财务管理需要。实行权责发生制。通过财务会计核算形成财务报告，全面、清晰反映政府财务信息。

财务会计的主要功能在于反映政府的资产负债信息。目标是向会计信息使用者提供与政府的财务状况、运行情况（含运行成本）和现金流量等有关信息，反映政府会计主体公共受托责任履行情况，有助于财务报告使用者作出决策或者进行监督和管理。

财务会计核算标准体系应该包括各级政府总财务会计和政府单位财务会计。

（一）政府总财务会计

政府总财务会计，是指以权责发生制为基础对各级政府财政发生的各项经济业务或者事项进行会计核算，主要反映和监督政府财政财务状况、运行情况和现金流量等的专业会计。

随着政府会计制度、财政总预算会计制度改革的深入，政府总财务会计将逐步建立和完善。

（二）政府单位财务会计

行政事业单位财务会计，简称政府单位财务会计或单位财务会计，是指以权责发生制为基础对各级各类行政事业单位发生的各项经济业务或者事项进行会计核算，主要反映和监督行政事业单位财务状况、运行情况和现金流量等的专业会计。包括各级各类的行政单位财务会计和事业单位财务会计。

长期以来，在我国，财政总预算会计、行政单位会计和事业单位会计等共同构成预算会计或政府会计，而民间非营利组织会计则是单列为一种非营利组织会计。根据现行制度规定，事业单位会计纳入政府会计范畴，因此，非营利组织会计主要是指民间非营利组织会计。

第三节 政府会计规范

会计规范是指人们在从事与会计有关的活动时，所应遵循的约束性或指导性的行为准则。

一、政府会计法规体系

会计法规，是指由国家制定或认可，并由国家强制实施的有关会计工作的法律、条例、规则和制度的总称。根据《立法法》规定，我国的法规体系通常由四个层次构成：法律；行政法规；部门规章；规范性文件。

与美国民间机构制定会计规范不同，中国会计立法机构是官方，包括全国人大及其常委会、国务院及其委员会、财政部等。我国会计规范体系包括会计法律法规、会计准则和会计制度。

（一）法律规范

我国政府会计的基本法律规范是《会计法》《预算法》。法律由全国人大常委会通过、国家主席签署颁布，如会计法和预算法等。

1. 会计法，是调整我国经济生活中会计关系的法律总规范。它是制定其他会计法规的依据，也是指导会计工作的最高准则。国家机关、社会团体、公司、企业、事业单位和其他组织必须依照会计法办理会计事务。

2. 预算法，是规范政府收支行为，强化预算约束，加强对预算的管理和监督，建立健全全面规范、公开透明的预算制度的法律依据。预算法是中国特色社会主义法律体系中的一部重要法律，是财政领域的基本法律制度。

此外，政府会计还涉及税收征管法、政府采购法等法律。

（二）行政法规

行政法规是调整经济生活中某些方面会计关系的法律规范。会计行政法规由国务院制定发布或者国务院某些部门拟定经国务院批准发布。行政法规由国务院常务委员会通过、以国务院总理令公布。如总会计师条例、预算法实施条例等。

（三）部门规章

部门规章是财政部就会计工作中某些方面内容所制定的规范性文件。会计规章依据会计法律和会计行政法规制定。部门规章由国务院主管部门以部长令公布。如《政府会计准则——基本准则》。

（四）规范性文件

规范性文件由国务院主管部门以部门文件形式印发。如《政府会计制度——行政事业单位会计科目和报表》《政府会计准则第 1 号——存货》等。

二、政府会计标准体系

政府会计准则制度是编制政府财务报告的重要依据，是规范政府经济业务和事项的会计确认、计量、记录和报告的标准体系，在权责发生制政府综合财务报告制度改革中具有重要的基础作用。

我国政府会计核算标准体系基本上形成于 1998 年前后，实行的是以收付实现制为核算基础的预算会计标准体系，主要包括财政总预算会计制度、行政单位会计制度和事业单位会计准则制度等。2010 年以来，财政部为了适应公共财政管理的需要，先后对财政总预算会计制度、行政单位会计规则制度、事业单位会计准则制度和行业事业单位会计制度等会计标准进行了修订。

《改革方案》确立了政府会计改革的指导思想、总体目标、基本原则、主要任务、具体内容、配套措施、实施步骤和组织保障。权责发生制政府综合财务报告制度改革是基于政府会计规则的重大改革，其前提和基础就是要构建统一、科学、规范的政府会计准则体系，包括制定政府会计基本准则、具体准则及应用指南和健全完善政府会计制度。

2015 年以来，财政部按照《改革方案》要求，相继出台了政府会计基本准则和存货、投资、固定资产、无形资产、公共基础设施、政府储备物资 6 项政府会计具体准则，以及固定资产准则应用指南和《政府会计制度——行政事业单位会计科目和报表》，政府会计准则体系建设取得积极进展。

我国的政府会计标准体系根据其适用范围，可以划分为以下四个层次：政府会计基本准则、具体准则及其应用指南和政府会计制度。

（一）政府会计基本准则

政府会计基本准则用于规范政府会计目标、政府会计主体、政府会计信息质量要求、政府会计核算基础，以及政府会计要素定义、确认和计量原则、列报要求等原则事项。基本准则指导具体准则的制定，并为政府会计实务问题提供处理原则。

会计准则是处理会计对象的标准，是进行会计工作的具体规范，是评价会计工作质量的准绳。

2015 年 10 月 23 日，楼继伟部长签署财政部令第 78 号公布《政府会计准则——基本准则》（以下简称基本准则），自 2017 年 1 月 1 日起施行。基本准则共分六章 62 条，对政府会计目标、会计主体、会计信息质量要求、会计核算基础，以及会计要素定义、确认和计量原则、列报要求等做出了明确规定。

基本准则作为政府会计的“概念框架”，统驭政府会计具体准则和政府会计制度的制定，并为政府会计实务问题提供处理原则，为编制政府财务报告提供基础标准。

在会计准则体系中，基本准则是“顶层设计”，重点在于明确基本原则和方法，构建会计语言的框架体系。《基本准则》从政府会计主体、会计目标、核算体系、核算基础、会计信息质量、会计要素的确认、计量和报告等不同角度，明确了政府会计准则体系中需要解决的基本问题、基本原则和方法，构建起了统一、科学、规范的政府会计概念体系，为建立国家统一的政府会计准则体系奠定了基础。

从会计规则角度而言，基本准则为在政府会计具体准则和政府会计制度层面规范政府发生的经济业务或事项的会计处理提供了基本原则，保证了政府会计准则体系的内在一致性。

从会计主体而言，基本准则适用于各级政府、各部门、各单位（以下称“政府会计主体”），有利于消除各级政府、部门、行业和单位执行不同会计规范所导致的信息差异，打破不同部门、行业的藩篱，各政府会计主体都以统一规范的会计语言体系处理会计事务、参与政府治理，提高了政府会计信息的可比性。

> **阅读资料**　建立健全政府会计标准体系　夯实政府财务报告编制基础——财政部有关负责人就制定《政府会计准则——基本准则》有关问题答记者问 http：//www. mof. gov. cn/mofhome/tfs/zhengwuxinxi/zhengcejiedu/201511/t20151102_ 1536665. html

（二）政府会计具体准则

政府会计具体准则依据基本准则制定，用于规范政府发生的经济业务或事项的会计处理，详细规定经济业务或事项引起的会计要素变动的确认、计量、记录和报告。包括一是会计要素类，如存货、投资、固定资产、无形资产、公共基础设施、政府储备物资、债务、收入、成本费用等；二是财务报告类，如政府财务报表列报、合并财务报表、现金流量表等；三是特殊事项类，如或有事项、租赁、PPP、政府投资项目特殊业务等。

为了规范存货、投资、固定资产、无形资产、公共基础设施和政府储备物资的确认、计量和相关信息的披露，截至 2017 年 12 月 31 日，财政部制定印发了六项具体准则。包括：2016 年 7 月 6 日，关于印发《政府会计准则第 1 号——存货》等 4 项具体准则的通知（财会［2016］12 号），自 2017 年 1 月 1 日起施行；2017 年 4 月 17 日，关于印发

《政府会计准则第5号——公共基础设施》的通知（财会〔2017〕11号），自2018年1月1日起施行；2017年7月28日，关于印发《政府会计准则第6号——政府储备物资》的通知（财会〔2017〕23号），自2018年1月1日起施行。

1.《政府会计准则第1号——存货》。存货准则共六章19条，包括第一章总则、第二章存货的确认、第三章存货的初始计量、第四章存货的后续计量、第五章存货的披露和第六章附则。

主要内容和范围：存货准则所规范的存货，是指政府会计主体在开展业务活动及其他活动中为耗用或出售而储存的资产，如材料、产品、包装物和低值易耗品等，以及未达到固定资产标准的用具、装具、动植物等。考虑到政府储备物资的取得、调拨、管理、处置、权属确定等与本准则规范的存货有较大不同，因此将其排除在存货准则范围以外。另外，考虑到政府收储土地规模较大且具有不同于一般存货的显著特点，也对其进行了范围排除。关于政府储备物资、收储土地等，财政部将单独制定相关准则。

2.《政府会计准则第2号——投资》。投资准则共五章21条，包括第一章总则、第二章短期投资、第三章长期投资、第四章投资的披露和第五章附则。

主要内容和范围：投资准则所规范的投资，是指政府会计主体按规定以货币资金、实物资产、无形资产等方式形成的股权和债权投资，分为短期投资和长期投资。政府会计主体外币投资的折算，适用其他相关政府会计准则。另外，关于PPP模式中政府的投资，鉴于其涉及的核算内容较为复杂，财政部将单独制定相关准则。

3.《政府会计准则第3号——固定资产》。固定资产准则共六章27条，包括第一章总则、第二章固定资产的确认、第三章固定资产的初始计量、第四章固定资产的后续计量、第五章固定资产的披露和第六章附则。

主要内容和范围：固定资产准则所规范的固定资产，是指政府会计主体为满足自身开展业务活动或其他活动需要而控制的，使用年限超过1年（不含1年）、单位价值在规定标准以上，并在使用过程中基本保持原有物质形态的资产，一般包括房屋及构筑物、专用设备、通用设备等。考虑到公共基础设施、政府储备物资、保障性住房为政府会计主体经管的资产，其使用目的和管理方式不同于一般固定资产，且这类资产规模较大，有关管理办法还在研究制定之中，财政部拟根据具体情况制定相关准则。另外，自然资源资产的定义和内涵尚不明确，是否需要制定相关准则，需要做进一步研究。

4.《政府会计准则第4号——无形资产》。无形资产准则共六章25条，包括第一章总则、第二章无形资产的确认、第三章无形资产的初始计量、第四章无形资产的后续计量、第五章无形资产的披露和第六章附则。

主要内容和范围：无形资产准则所规范的无形资产，是指政府会计主体控制的没有实物形态的可辨认非货币性资产，一般包括专利权、商标权、著作权、土地使用权、非专利技术以及其他财产权利等。

5.《政府会计准则第5号——公共基础设施》。公共基础设施准则共六章28条，包括第一章总则、第二章公共基础设施的确认、第三章公共基础设施的初始计量、第四章公共基础设施的后续计量、第五章公共基础设施的披露和第六章附则。

主要内容和范围：公共基础设施准则所称的公共基础设施，是指政府会计主体为满足社会公共需求而控制的，同时具有以下特征的有形资产：（1）是一个有形资产系统或网络的组成部分；（2）具有特定用途；（3）一般不可移动。

公共基础设施主要包括市政基础设施（如城市道路、桥梁、隧道、公交场站、路灯、广场、公园绿地、室外公共健身器材，以及环卫、排水、供水、供电、供气、供热、污水处理、垃圾处理系统等）、交通基础设施（如公路、航道、港口等）、水利基础设施（大坝、堤防、水闸、泵站、渠道等）和其他公共基础设施。

独立于公共基础设施、不构成公共基础设施使用不可缺少组成部分的管理维护用房屋建筑物、设备、车辆等，适用《政府会计准则第3号——固定资产》。属于文物文化资产的公共基础设施，适用其他相关政府会计准则。采用政府和社会资本合作模式（即PPP模式）形成的公共基础设施的确认和初始计量，适用其他相关政府会计准则。

6.《政府会计准则第6号——政府储备物资》。政府储备物资准则共六章25条，包括第一章总则、第二章政府储备物资的确认、第三章政府储备物资的初始计量、第四章政府储备物资的后续计量、第五章政府储备物资的披露和第六章附则。

主要内容和范围：政府储备物资准则所称的政府储备物资，是指政府会计主体为满足实施国家安全与发展战略、进行抗灾救灾、应对公共突发事件等特定公共需求而控制的，同时具有下列特征的有形资产：（1）在应对可能发生的特定事件或情形时动用；（2）其购入、存储保管、更新（轮换）、动用等由政府及相关部门发布的专门管理制度规范。

政府储备物资主要包括战略及能源物资、抢险抗灾救灾物资、农产品、医药物资和其他重要商品物资，通常情况下由政府会计主体委托承储单位存储。

企业以及纳入企业财务管理体系的事业单位接受政府委托收储并按企业会计准则核算的储备物资，不适用本准则。

此外，由于《企业会计准则——基本准则》将企业、军队、已纳入企业财务管理体系的单位和执行《民间非营利组织会计制度》的社会团体排除在政府会计主体之外，因此，上述会计主体拥有或控制的公共基础设施、储备物资不适用公共基础设施准则和政府储备物资准则，应当按照各会计主体适用的相关会计准则制度进行核算。

> **阅读资料** 财政部会计司有关负责人就印发《政府会计准则第1号——存货》等4项具体准则答记者问 http：//kjs. mof. gov. cn/zhengwuxinxi/zhengcejiedu/201607/t20160714_ 2357376. html

> **阅读资料** 财政部会计司有关负责人就印发《政府会计准则第5号——公共基础设施》和《政府会计准则第6号——政府储备物资》答记者问 http：//kjs. mof. gov. cn/zhengwuxinxi/zhengcejiedu/201708/t20170803_ 2665633. html

（三）应用指南

应用指南主要对具体准则的实际应用作出操作性规定。

2017年2月21日，财政部发布关于印发《政府会计准则第3号——固定资产》应用指南的通知（财会［2017］4号），按要求，该应用指南与《政府会计准则第3号——固定资产》同步实施。纳入政府财务报告编制试点范围的各行政事业单位，在试点工作中应当参照该应用指南所规定的折旧年限对固定资产计提折旧。

今后，财政部还将制定发布其他具体准则及其配套的应用指南。

（四）政府会计制度

会计制度是进行会计工作所应遵循的规则、方法及程序的总称。它是会计规范体系中可操作性极强的规范。政府会计制度主要规定政府会计科目及其使用说明、会计报表格式及其编制说明等，便于会计人员进行日常核算。

1. 政府会计——行政事业单位会计。行政事业单位会计简称政府单位会计或单位会计，是行政事业单位核算、反映和监督行政事业单位财务状况和预算执行情况（预算执行过程及其结果）的专业会计。单位会计包括单位财务会计和单位预算会计。

2017 年 10 月 24 日，财政部印发了《政府会计制度——行政事业单位会计科目和报表》（财会〔2017〕25 号，以下简称《单位会计制度》），自 2019 年 1 月 1 日起施行。该制度适用于各级各类行政事业单位的统一的会计制度。由正文和附录组成。正文包括六部分内容。

第一部分为总说明，主要规范《单位会计制度》的制定依据、适用范围、会计核算模式和会计要素、会计科目设置要求、报表编制要求、会计信息化工作要求和施行日期等内容。

第二部分为会计科目名称和编号，主要列出了财务会计和预算会计两类科目表，共计 103 个一级会计科目，其中，财务会计下资产、负债、净资产、收入和费用五个要素共 77 个一级科目，预算会计下预算收入、预算支出和预算结余三个要素共 26 个一级科目。

第三部分为会计科目使用说明，主要对 103 个一级会计科目的核算内容、明细核算要求、主要账务处理等进行详细规定。本部分内容是《单位会计制度》的核心内容。

第四部分为报表格式，主要规定财务报表和预算会计报表的格式，其中，财务报表包括资产负债表、收入费用表、净资产变动表、现金流量表及报表附注，预算会计报表包括预算收入支出表、预算结转结余变动表和财政拨款预算收入支出表。

第五部分为报表编制说明，主要规定了第四部分列出的 7 张报表的编制说明，以及报表附注应披露的内容。

附录为主要业务和事项账务处理举例。本部分采用列表方式，以《单位会计制度》第三部分规定的会计科目使用说明为依据，按照会计科目顺序对单位通用业务或共性业务和事项的账务处理进行举例说明。

2. 政府会计——政府财政总会计。政府财政总会计包括政府财政财务会计和财政（总）预算会计。根据政府财务会计与预算会计适度分离并相互衔接的改革要求，2018 年后财政部还要对《财政总预算会计制度》进行修订完善。

今后政府会计制度改革从三个维度进行，**维度一**从政府会计主体会计信息提供决策有用出发，政府会计分为财务会计与预算会计；**维度二**是从政府会计主体受托责任出发，政府会计分为政府财政会计即政府总会计和政府单位会计；**维度三**是从政府会计主体内部管理出发，政府会计将构建成本会计和管理会计。

表 1－2

功能 主体	预算会计	财务会计	成本会计	管理会计
政府总会计	财政总预算会计	总财务会计	总成本会计	总管理会计
政府单位会计	单位预算会计	单位财务会计	单位成本会计	单位管理会计

通过构建统一、科学、规范的政府会计核算标准体系，有利于解决现行政府会计领域多项制度并存，体系繁杂、内容交叉、核算口径不一的问题；将财务会计和预算会计融合，可以较好地反映“双功能、双基础、双报告”的会计核算模式，为加强资产负债管理，防范政府风险等提供了支持，促进政府财务预算管理水平的提高。

阅读资料　财政部会计司有关负责人就印发《政府会计制度——行政事业单位会计科目和报表》答记者问 http://kjs. mof. gov. cn/zhengwuxinxi/zhengcejiedu/201711/t20171109_ 2746905. html

西方国家政府会计模式分析——以美国联邦、美国州和地方政府、英国和法国政府会计准则体系为例 https://wenku. baidu. com/view/3c1f796fa98271fe910ef918. html

美国政府会计情况 http://gks. mof. gov. cn/zhengfuxinxi/guojijiejian/200806/t20080620_ 47681. html 美国政府会计管理与改革考察报告 http://gks. mof. gov. cn/redianzhuanti/zhengfukuaijigaige/200807/t20080725_ 58824. html

英国政府会计管理与改革情况及对我国的启示 http://gks. mof. gov. cn/redianzhuanti/zhengfukuaijigaige/200807/t20080725_ 58823. html

【思考题】

1. 政府与政府会计概念。
2. 我国政府会计核算体系。
3. 我国政府会计核算标准体系。

第二章 政府会计的基本理论和方法

学习目标

- □ 了解会计核算前提（基本假设）
- □ 熟悉会计信息质量要求
- □ 掌握会计目标、会计要素、确认基础和计量原则，掌握会计报告

第一节 会计目标

会计目标是指提供财务信息或编制财务报告的目标或目的。会计目标在现代财务会计系统和会计准则体系中居至关重要的地位。它是会计要素确认、计量以及财务报告原则的构建基础，是各项准则制定的根本出发点。

一、政府会计目标定位

政府财务报告目标通常有“决策有用观”和“受托责任观”之分。“决策有用观”重视信息对政府经济活动决策产生影响，确保财务报表提供信息能够为信息使用者在政府管理决策所用。而“受托责任观”侧重于反映与评价政府利用整体资源履行政府受托责任的情况。

二、政府会计目标内容

政府会计要提供包括资产负债状况、偿债能力、财政收支、现金流量等政府综合财务

状况信息。政府会计主体应当编制决算报告和财务报告。政府会计目标应包括决算报告目标和财务报告目标。

（一）决算报告目标

决算报告目标是向决算报告使用者提供与政府预算执行情况有关的信息，综合反映政府会计主体预算收支的年度执行结果，有助于决算报告使用者进行监督和管理，并为编制后续年度预算提供参考和依据。

政府决算报告使用者包括各级人民代表大会（简称人大）及其常务委员会、各级政府及其有关部门、政府会计主体自身、社会公众和其他利益相关者。

（二）财务报告目标

财务报告目标是向财务报告使用者提供与政府的财务状况、运行情况（含运行成本，下同）和现金流量等有关信息，反映政府会计主体公共受托责任履行情况，有助于财务报告使用者作出决策或者进行监督和管理。

政府财务报告使用者包括各级人大常务委员会、债权人、各级政府及其有关部门、政府会计主体自身和其他利益相关者。

信息使用者范围的多元性，表明政府会计正从传统的“管理工具”角色演变为兼顾“管理工具”与“治理机制”的双重角色定位，意味着政府会计将在政府治理乃至国家治理中发挥关键作用。

将“各级人大常委会”“债权人”以及“其他利益相关者”列入政府会计信息使用者的范围，这是首次将政府以外的资源提供者和其他利益相关者纳入使用者范围，使得政府会计信息使用者构成更加多元。同时，政府会计信息不但要反映公共受托责任履行情况，而且有助于财务报告使用者做出决策或者进行监督和管理。

第二节

会计核算前提和会计信息质量要求

会计核算，包括会计确认、计量、记录和报告各个环节，涵盖填制会计凭证、登记会计账簿、编制报告全过程。为了规范会计主体的会计核算，保证会计信息的真实、完整，必须对会计核算提出会计假设和会计信息质量要求。

一、会计核算基本前提

会计核算基本前提，也称会计假设，是指针对政府会计所面临的变化不定的客观经济环境，对政府的某些情况或进行会计工作的先决条件所做出的逻辑推断。政府会计核算前提包括会计主体假设、持续运营假设、会计分期假设和货币计量假设。

（一）会计主体假设

我国政府会计主体包括各级政府、各部门、各单位。各部门、各单位是指与本级政府财政部门直接或者间接发生预算拨款关系的国家机关、军队、政党组织、社会团体、事业单位和其他单位。各级政府是财政总预算会计的会计主体，各部门、各单位是行政事业单位会计的会计主体。

企业、军队、已纳入企业财务管理体系的单位和执行《民间非营利组织会计制度》的社会团体等会计主体不适用政府会计基本准则。因此，这些会计主体应当按照各会计主体适用的相关会计准则制度进行核算。

（二）持续运营假设

政府会计核算应当以政府会计主体持续运行为前提。

（三）会计分期假设

政府会计核算应当划分会计期间，分期结算账目，按规定编制决算报告和财务报告。会计期间至少分为年度和月度。会计年度、月度等会计期间的起讫日期采用公历日期，自公历 1 月 1 日起至 12 月 31 日止。

（四）货币计量假设假设

政府会计核算应当以人民币作为记账本位币。发生外币业务时，应当将有关外币金额折算为人民币金额计量，同时登记外币金额。

二、会计信息质量要求

会计信息的质量要求是财务会计报告所提供信息应达到的基本标准和要求。会计信息质量特征作为会计信息的“有用性”标志，是信息使用者对会计信息质量要求的具体表现。

政府会计信息质量要求，明确了政府会计信息应当满足的 7 个方面质量要求：

（一）可靠性

政府会计主体应当以实际发生的经济业务或者事项为依据进行会计核算，如实反映各项会计要素的情况和结果，保证会计信息真实可靠。

（二）全面性

政府会计主体应当将发生的各项经济业务或者事项统一纳入会计核算，确保会计信息能够全面反映政府会计主体预算执行情况和财务状况、运行情况、现金流量等。全面性包括预算信息和财务信息。

（三）相关性

政府会计主体提供的会计信息，应当与反映政府会计主体公共受托责任履行情况以及报告使用者决策或者监督、管理的需要相关，有助于报告使用者对政府会计主体过去、现在或者未来的情况作出评价或者预测。

（四）及时性

政府会计主体对已经发生的经济业务或者事项，应当及时进行会计核算，不得提前或者延后。会计信息具有时效性，其价值会随着时间的流逝而逐渐降低。这就要求政府会计主体的会计确认、计量和报告必须满足及时性的要求。

及时性包括及时记录与及时报告两个方面：及时记录就是要求对政府会计主体的经济业务及时地进行会计处理，本期的经济业务应当在本期内进行处理，不能延至下一个会计期间或提前至上一个会计期间；及时报告是指要把会计资料及时地传送出去，将决算报告和财务报告及时报出。

（五）可比性

政府会计主体提供的会计信息应当具有可比性。可比性包括两个方面的内容：**一是**同一政府会计主体不同时期发生的相同或者相似的经济业务或者事项，应当采用一致的会计政策，不得随意变更。确需变更的，应当将变更的内容、理由及其影响在附注中予以说明。**二是**不同政府会计主体发生的相同或者相似的经济业务或者事项，应当采用一致的会计政策，确保政府会计信息口径一致，相互可比。

（六）可理解性

可理解性是指政府会计主体提供的会计信息应当清晰明了，便于报告使用者理解和使用。可理解性是要在保证会计信息的客观性与相关性的前提下，力求使会计信息简明易懂。

（七）实质重于形式

政府会计主体应当按照经济业务或者事项的经济实质进行会计核算，不限于以经济业务或者事项的法律形式为依据。这是因为，有时候交易或事项的法律形式并不能真实反映其实质内容，因此，为了真实反映政府会计主体的财务状况和预算执行结果，就不能仅仅根据交易或事项的外在表现形式来进行会计确认、计量和报告，而应反映其经济实质。

第三节 会计核算基础和计量属性

一、政府会计核算基础

政府会计确认基础可以划分为完全的收付实现制、修正的收付实现制、修正的权责发生制和完全的权责发生制四种。

我国政府会计采用了“双基础”原则，即政府预算会计和政府财务会计的核算基础不同。

（一）预算会计的核算基础

预算会计实行收付实现制，即要求按收付实现制对预算收入、预算支出和预算结余进行会计核算，国务院另有规定的，依照其规定。

收付实现制，又称现金制或实收实付制是指以现金的实际收付为标志来确定本期收入和支出的会计核算基础。凡在当期实际收到的现金收入和支出，均应作为当期的预算收入和预算支出；凡是不属于当期的现金收入和支出，均不应当作为当期的预算收入和预算支出。

考虑到目前预算管理的实际需要，在预算会计中仍然采用收付实现制原则，有利于准确核算预算收支信息，加强预算管理和监督。

（二）财务会计的核算基础

财务会计实行权责发生制，即要求按权责发生制对资产、负债、净资产、收入和费用进行会计核算。

权责发生制亦称为应计制或应收应付制，是指以取得收取款项的权利或支付款项的义务为标志来确定本期收入和费用的会计核算基础。凡是当期已经实现的收入和已经发生的或应当负担的费用，不论款项是否收付，都应当作为当期的收入和费用；凡是不属于当期的收入和费用，即使款项已在当期收付，也不应当作为当期的收入和费用。

在政府财务会计核算中全面引入了权责发生制会计核算原则，对于规范权责发生制政府财务报告的内容、口径和信息质量等起到重要的导向作用，为最终建立权责发生制的政府综合财务报告制度奠定可靠基础。

权责发生制在评价政府公共管理绩效和促进政府提高运作效率等方面优势明显。它更全面准确地反映了政府资产、负债方面的信息，使财务成果更接近于经济实质，对管理当局的舞弊行为起到了很好的抑制作用。

权责发生制和收付实现制着眼于解决收入和支出的归属期间。两者在处理收入和支出（费用）时原则不同。相对于收付实现制，权责发生制更能够体现经济业务或者事项的本质以及权责义务。

二、政府会计计量属性

会计计量属性反映会计要素金额的确定基础。会计计量属性主要包括历史成本、重置成本、可变现净值、现值和公允价值等。

（一）历史成本，又称为实际成本

在历史成本计量属性下，资产是按照购置时支付的现金或者现金等价物的金额，或者按照购置资产时所付出的对价的公允价值计量；负债是按照因承担现时义务而实际收到的款项或者资产的金额，或者承担现时义务的合同金额，或者按照日常活动中为偿还负债预期需要支付的现金或者现金等价物额金额计量。

（二）重置成本，又称现行成本

在重置成本计量属性下，资产按照现在购买相同或者相似资产所需支付的现金或者现金等价物的金额计量；负债按照现在偿付该项债务所需支付的现金或者现金等价物的金额计量。

（三）可变现净值

可变现净值是指在正常生产经营过程中，以预计售价减去进一步加工成本和销售所必需的预计税金、费用后的净值。在可变现净值计量属性下，资产按照其正常对外销售所能收到现金或者现金等价物的金额扣减该资产至完工时估计将要发生的成本、估计的销售费用以及相关税费后的金额计量。

（四）现值

现值是指对未来现金流量以恰当的折现率进行折现后的价值，是考虑货币时间价值因素的一种计量属性。在现值计量属性下，资产按照预计从其持续使用和最终处置中所产生的未来净现金流入量的折现金额计量；负债是按照预计期限内需要偿还的未来净现金流出量折现金额计量。

（五）公允价值

公允价值是指在公平、公开、自愿交易中资产交换价格或者债务清偿的金额。在公允价值计量属性下，资产按照公平、公正、自愿交易的价格计量；负债按照公平、公正、自愿交易中债务清偿的金额计量。

此外，在现行政府会计中还提出了名义金额计量属性。所谓名义金额，是指在公允价值无法确定，这个经济事项又确实存在，给它一个金额，让账上有所体现，不然易疏漏，让资产流失。名义金额是指人民币1元。

第四节 会计要素

对会计所要反映的经济内容的基本分类项目，称为会计要素。我国政府会计采用“3+5要素”的会计核算模式，即规定预算收入、预算支出和预算结余3个预算会计要素和资产、负债、净资产、收入和费用5个财务会计要素。基本准则规范了每个会计要素定义和确认标准，为在政府会计具体准则和政府会计制度层面规范政府发生的经济业务或事项的会计处理提供了基本原则，保证了政府会计标准体系的内在一致性。

一、政府预算会计要素定义、确认和计量标准

政府会计基本准则规定了预算收入、预算支出和预算结余3个预算会计要素的定义、确认和计量标准，以及列示要求。

（一）预算收入定义、确认和计量

预算收入是指政府会计主体在预算年度内依法取得的并纳入预算管理的现金流入。预算收入一般在实际收到时予以确认，以实际收到的金额计量。

（二）预算支出定义、确认和计量

预算支出是指政府会计主体在预算年度内依法发生并纳入预算管理的现金流出。预算支出一般在实际支付时予以确认，以实际支付的金额计量。

（三）预算结余定义、确认和计量

预算结余是指政府会计主体预算年度内预算收入扣除预算支出后的资金余额，以及历年滚存的资金余额。预算结余包括结余资金和结转资金。

结余资金是指年度预算执行终了，预算收入实际完成数扣除预算支出和结转资金后剩余的资金。

结转资金是指预算安排项目的支出年终尚未执行完毕或者因故未执行，且下年需要按原用途继续使用的资金。

符合预算收入、预算支出和预算结余定义及其确认条件的项目应当列入政府决算

报表。

二、政府财务会计要素定义、确认和计量标准

政府会计基本准则规定了资产、负债、净资产、收入和费用5个财务会计要素的定义、确认标准、计量属性和列示要求。

（一）资产定义、确认和计量

1. 资产定义。资产是指政府会计主体过去的经济业务或者事项形成的，由政府会计主体控制的，预期能够产生服务潜力或者带来经济利益流入的经济资源。

资产的基本特征：（1）资产的内涵是经济资源，非经济资源不是资产。资产应为特定的政府会计主体控制的。（2）过去交易或事项。控制——应当至少包括所有、管理、占有、使用，除此之外应当还有其他的形式。（3）能够产生服务潜力的经济资源。接受委托方委托的受托代理业务所获得的经济资源虽然不能带来经济利益流入，但可以提升服务潜力，因此也应确认为资产。（4）不再强调能以货币计量。符合资产的定义与能够计量并进入报表是两回事，一些难以用货币计量的经济资源如自然资源、城市绿化设施等，虽然可能在计量上存在技术困难而难以进表，但是完全符合《基本准则》中资产的定义。

资产必须预期能够为特定政府会计主体产生服务潜力或者带来经济利益流入。即具有有用性的特点。服务潜力是指政府会计主体利用资产提供公共产品和服务以履行政府职能的潜在能力。经济利益流入表现为现金及现金等价物的流入，或者现金及现金等价物流出的减少。

考虑当前财政管理的需要，在界定政府资产时，强调“服务潜力”，除了自用的固定资产等以外，也将公共基础设施、政府储备资产、文化文物资产、保障性住房和自然资源资产等纳入政府会计核算范围。

2. 资产分类。政府会计主体的资产按照流动性，分为流动资产和非流动资产。

流动资产是指预计在1年内（含1年）耗用或者可以变现的资产，包括货币资金、短期投资、应收及预付款项、存货等。

非流动资产是指流动资产以外的资产，包括固定资产、在建工程、无形资产、长期投资、公共基础设施、政府储备资产、文物文化资产、保障性住房和自然资源资产等。

3. 资产确认。符合资产定义的经济资源，在同时满足以下条件时，确认为资产：与该经济资源相关的服务潜力很可能实现或者经济利益很可能流入政府会计主体；该经济资源的成本或者价值能够可靠地计量。

4. 资产计量。资产的计量属性主要包括历史成本、重置成本、现值、公允价值和名义金额。资产的价值计量是会计核算的关键环节，也是资产管理的重要基础。

政府会计主体在对资产进行计量时，一般应当采用历史成本。采用重置成本、现值、公允价值计量的，应当保证所确定的资产金额能够持续、可靠计量。

在历史成本计量下，资产按照取得时支付的现金金额或者支付对价的公允价值计量。在重置成本计量下，资产按照现在购买相同或者相似资产所需支付的现金金额计量。在现值计量下，资产按照预计从其持续使用和最终处置中所产生的未来净现金流入量的折现金额计量。在公允价值计量下，资产按照市场参与者在计量日发生的有序交易中，出售资产

所能收到的价格计量。

无法采用上述计量属性的，采用名义金额（即人民币 1 元）计量。

符合资产定义和资产确认条件的项目，应当列入资产负债表。

政府会计在对资产确认和计量时应遵行政府会计准则的相关规定。六项具体准则对存货、投资、固定资产和无形资产等资产的确认、计量和披露问题进行了系统规范，为将符合存货、投资、固定资产和无形资产等定义和确认条件的相关资产纳入会计账簿和财务报表提供了统一的会计处理原则，提高了不同政府会计主体对同一经济业务和事项会计处理的可比性，丰富了政府会计信息的内容，有利于权责发生制政府财务报告的编制。

具体准则立足权责发生制会计核算基础，合理划分资本化支出和费用化支出的界限，凡符合资产确认条件的支出均计入相关资产成本，不符合资产确认条件的支出均计入当期费用。

（二）负债定义、确认和计量

1. 负债定义。负债是指政府会计主体过去的经济业务或者事项形成的，预期会导致经济资源流出政府会计主体的现时义务。

负债的基本特征：（1）负债是现时存在的、由过去的经济业务所产生的经济责任。（2）负债是能够用货币确切计量或合理估计的经济责任。（3）负债有确切的受款人和偿付日期，或者受款人和偿付日期可以合理地估计确定。

考虑当前财政管理的需要，对政府负债进行界定时，强调“现时义务”，将政府因承担担保责任而产生的预计负债也纳入会计核算范围。

现时义务是指政府会计主体在现行条件下已承担的义务。未来发生的经济业务或者事项形成的义务不属于现时义务，不应当确认为负债。

2. 负债分类。政府会计主体的负债按照流动性，分为流动负债和非流动负债。流动负债是指预计在 1 年内（含 1 年）偿还的负债，包括应付及预收款项、应付职工薪酬、应缴款项等。非流动负债是指流动负债以外的负债，包括长期应付款、应付政府债券和政府依法担保形成的债务等。

3. 负债确认。符合负债定义的义务，在同时满足以下条件时，确认为负债：履行该义务很可能导致含有服务潜力或者经济利益的经济资源流出政府会计主体；该义务的金额能够可靠地计量。

4. 负债计量。负债的计量属性主要包括历史成本、现值和公允价值。

政府会计主体在对负债进行计量时，一般应当采用历史成本。采用其他计量属性的，应当保证所确定的金额能够持续、可靠计量。

在历史成本计量下，负债按照因承担现时义务而实际收到的款项或者资产的金额，或者承担现时义务的合同金额，或者按照为偿还负债预期需要支付的现金计量。采用现值、公允价值计量的，应当保证所确定的负债金额能够持续、可靠计量。在现值计量下，负债按照预计期限内需要偿还的未来净现金流出量的折现金额计量。在公允价值计量下，负债按照市场参与者在计量日发生的有序交易中，转移负债所需支付的价格计量。

符合负债定义和负债确认条件的项目，应当列入资产负债表。

（三）净资产定义、确认和计量

净资产，是指政府会计主体资产扣除负债后的净额。净资产金额取决于资产和负债的计量。净资产项目应当列入资产负债表。

财务会计的净资产与预算会计的预算结余关系：

预算收入－预算支出＝当期预算结余

资产－负债＝净资产

收入－费用＝当期净资产变动额（当期盈余）

净资产与预算结余会计要素属于两个体系，期末时收入和费用结转至净资产下，预算收入和预算支出结转至预算结余。因预算收入与收入、预算支出与费用的确认存在差别，由此形成的当期净资产的变动（当期盈余）与当期预算结余存在差异，需要通过一定的方法进行衔接。

财务报告下的净额（当期盈余）与决算报告下的余额（当期预算结余）存在差异，还应当编制差异调节表，以反映权责发生制政府收入费用与收付实现制预算收支执行情况之间的关系并衔接。通过“预算结余与净资产变动差异调节表”，反映财务会计与预算会计的衔接。

（四）收入定义、收入确认

1. 收入定义。收入是指报告期内导致政府会计主体净资产增加的、含有服务潜力或者经济利益的经济资源的流入。

2. 收入确认。收入的确认应当同时满足以下条件：与收入相关的含有服务潜力或者经济利益的经济资源很可能流入政府会计主体；含有服务潜力或者经济利益的经济资源流入会导致政府会计主体资产增加或者负债减少；流入金额能够可靠地计量。这就意味着在确认收入的同时，要确认资产的增加或负债的减少。

符合收入定义和收入确认条件的项目，应当列入收入费用表。

财务会计的收入与预算会计的预算收入不同：一是两者核算基础不同，预算收入采用收付实现制、收入采用权责发生制；二是两者性质范围不同，预算收入是一种现金流入，收入是一种经济资源的流入，含有服务潜力或经济利益；三是预算收入强调纳入预算管理，收入强调导致净资产增加。

因此，必须正确区分两者差异，准确进行确认。一是确认收入但不同时确认预算收入，如应收账款；确认预算收入但不同时确认收入，如发行债券和借款。二是政府以发行债券、借款等方式取得的资金也应列为预算收入，如“债务预算收入”“债务转贷收入”等科目；发行债券、借款等方式取得的资金增加了资产，同时使政府会计主体承担了一项现时义务（即负债），不会增加政府会计主体的净资产，所以不能确认为收入。三是对同级财政性拨款资金，在财务会计收入和预算收入的确认时点上保持一致，即单位在收到财政拨款的同时确认财务会计收入和预算收入。

（五）费用定义、费用确认

1. 费用定义。费用是指报告期内导致政府会计主体净资产减少的、含有服务潜力或者经济利益的经济资源的流出。

财务会计的费用与预算会计的预算支出不同：固定资产和无形资产可以“实提”折

旧与摊销，这部分损耗可以体现为费用，以便进一步开展成本核算。损耗没有表现为现金流出，因此不形成预算支出，但是其价值已经随着使用而逐步转移，符合费用的定义。

2. 费用确认。费用的确认应当同时满足以下条件：与费用相关的含有服务潜力或者经济利益的经济资源很可能流出政府会计主体；含有服务潜力或者经济利益的经济资源流出会导致政府会计主体资产减少或者负债增加；流出金额能够可靠地计量。

符合费用定义和费用确认条件的项目，应当列入收入费用表。

成本是对象化的费用，也是核算政府会计主体的运行成本。

（1）确认预算支出但不同时确认费用，如资本化的预算支出或偿债，预算会计确认"行政支出""事业支出""投资支出""债务还本支出"，此时财务会计确认的是资产增加或负债减少；如财政直接支付购买设备一台，按政府会计制度规定，按现行政府会计制度规定，总会计确认一般公共预算支出，总会计账务处理：借："一般公共预算本级支出"，贷："国库存款"；行政事业单位确认预算支出但不确认费用。按照单位会计平行记账规则要求，单位预算会计账务处理，借："行政支出"（或事业支出），贷："财政拨款预算收入"；同时，单位财务会计账务处理，借："固定资产"，贷："财政拨款收入"。

（2）确认费用但不同时确认预算支出，如固定资产计提折旧和无形资产摊销。单位预算会计不进行账务处理，单位财务会计账务处理：借："业务活动费用"（或单位管理费用），贷："固定资产累计折旧"等。

财务会计的收入、费用两个要素，有别于预算会计中的收入和支出要素，主要是为了准确反映政府会计主体的运行成本，科学评价政府资源管理能力和绩效。

在政府财务会计核算中全面引入了权责发生制会计核算原则，首次提出了收入、费用两个会计要素，科学界定了各个会计要素的定义、确认和计量标准，构建了全面系统的政府财务报告体系，对于规范权责发生制政府财务报告的内容、口径和信息质量等起到重要的导向作用，为最终建立权责发生制的政府综合财务报告制度奠定可靠基础。

第五节 会计报告

政府会计报告，即政府财务报告体系，是使用者据以分析、评价报告主体管理当局的财务业绩和财务受托责任履行情况，并做出相关决策的重要。

我国政府会计报告包括政府决算报告和政府财务报告两部分。构建满足现代财政制度需要的政府财务报告体系，全面反映政府会计主体的预算执行情况和财务状况、运行情况和现金流量等。

一、政府决算报告定义、主要内容和构成

政府决算报告是综合反映政府会计主体年度预算收支执行结果的文件。包括决算报表

和其他应当在决算报告中反映的相关信息和资料。政府决算报告的编制主要以收付实现制为基础，以预算会计核算生成的数据为准。

（一）财政总决算

财政总决算是指各级政府依照法律法规和法定程序编制，经同级人大常委会批准的全面反映各级政府年度预算收支执行结果的综合报告。

现行的财政总决算由中央财政决算和地方财政总决算构成，与预算体系相适应分别按收入分类和支出功能分类，全面反映政府收支活动，体现了一年来政府活动的范围和方向，是政府收支预算执行的最终结果。

（二）部门决算

部门决算是指全面反映各部门（单位）年度预算执行情况的综合财务报告。部门决算数据是分析预测社会事业发展和编制部门预算的重要依据。通过对决算数据进行深入分析，能够揭示单位年度预算执行情况及财务管理和会计核算方面的问题，从而加强和改进财政财务管理。

预算会计报表由预算收入支出表、预算结转结余变动表和财政拨款预算收入支出表组成，是编制部门决算报表的基础。

二、政府财务报告定义、主要内容和构成

政府财务报告是反映政府会计主体某一特定日期的财务状况和某一会计期间的运行情况和现金流量等信息的文件。政府财务报告包括财务报表和其他应当在财务报告中披露的相关信息和资料。

政府财务报告主要以权责发生制为基础编制，以财务会计核算生成的数据为准。包括政府综合财务报告和政府部门财务报告。

（一）政府综合财务报告

政府综合财务报告是指由政府财政部门编制的，以权责发生制为基础，反映各级政府整体财务状况、运行情况和财政中长期可持续性的报告。可以全面反映政府资产负债、收入费用、运行成本、现金流量等财务信息。作为考核地方政府绩效、开展地方政府信用评级、评估预警地方政府债务风险、编制全国和地方资产负债表以及制定财政中长期规划和其他相关规划的重要依据。

我国2010—2016年试编政府综合财务报告；2017年选择部分部委、省份试点政府综合财务报告。在2020年前，要建立起具有中国特色的政府会计准则体系和权责发生制政府综合财务报告制度。

政府综合财务报告应当包括财务报表、政府财政经济分析和政府财政财务管理情况。

1. 财务报表包括会计报表和报表附注。会计报表包括资产负债表、收入费用表和当期盈余与预算结余差异表。

（1）资产负债表是反映政府会计主体在某一特定日期的财务状况的报表。

资产负债表重点反映政府整体年末财务状况。资产负债表应当按照资产、负债和净资产分类分项列示。其中，资产应当按照流动性分类分项列示，包括流动资产、非流动资产等；负债应当按照流动性分类分项列示，包括流动负债、非流动负债等。

（2）收入费用表是反映政府会计主体在一定会计期间运行情况的报表。

收入费用表重点反映政府整体年度运行情况。收入费用表应当按照收入、费用和盈余分类分项列示。

（3）当期盈余与预算结余差异表是反映政府整体权责发生制基础当期盈余与现行会计制度下当期预算结余之间的差异。

政府会计主体应当根据相关规定编制合并财务报表。各级政府财政部门应合并各部门和其他纳入合并范围主体的财务报表，编制以资产负债表、收入费用表等财务报表为主要内容的本级政府综合财务报告。县级以上政府财政部门要合并汇总本级政府综合财务报告和下级政府综合财务报告，编制本行政区政府综合财务报告。

（4）报表附注。重点对会计报表涵盖的主体范围、重要会计政策和会计估计、会计报表中的重要项目、或有和承诺事项及未在报表中列示的重大项目等作进一步解释说明。

2. 政府财政经济分析以财务报表为依据，结合国民经济形势，对政府财务状况、运行情况，以及财政中长期可持续性等内容进行分析。

3. 政府财政财务管理情况，主要反映政府财政财务管理的政策要求、主要措施和取得成效等。

详细内容请阅读《政府综合财务报告编制操作指南（试行）》。

阅读资料 关于修订印发《政府综合财务报告编制操作指南（试行）》的通知财库（〔2018〕30 号），http：//gks. mof. gov. cn/zhengfuxinxi/guizhangzhidu/201803/t20180309_2833880. html

（二）政府部门财务报告

政府部门财务报告是指政府各部门、各单位按规定编制的财务报告。以权责发生制为基础，主要反映政府部门（单位）的财务状况、运行情况等信息，具体包括财务报表和财务分析。

各单位在政府会计准则体系和政府财务报告制度框架体系内，按时编制以资产负债表、收入费用表等财务报表为主要内容的财务报告。各部门合并本部门所属单位的财务报表，编制部门财务报告。

1. 财务报表包括会计报表和报表附注。会计报表包括资产负债表、收入费用表、当期盈余与预算结余差异表和净资产差异表。

（1）资产负债表。重点反映政府部门年末财务状况。资产负债表应当按照资产、负债和净资产分类分项列示。其中，资产应当按照流动性分类分项列示，包括流动资产、非流动资产等；负债应当按照流动性分类分项列示，包括流动负债、非流动负债等。

（2）收入费用表。重点反映政府部门年度运行情况。收入费用表应当按照收入、费用和盈余分类分项列示。

（3）当期盈余与预算结余差异表。重点反映政府部门权责发生制基础当期盈余与现行会计制度下当期预算结余之间的差异。

（4）净资产差异表。反映政府部门权责发生制基础年末净资产与现行会计制度下年末净资产之间的差异。

（5）报表附注。重点对会计报表作进一步解释说明。

2. 政府部门财务分析主要包括资产负债状况分析、运行情况分析、相关指标变化情况及趋势分析，以及政府部门财务管理方面采取的主要措施和取得成效等。

政府部门财务报告由纳入部门决算管理范围的行政单位、事业单位和社会团体逐级编制。各单位应当按照政府部门财务报告编制操作指南规定编制本单位财务报告并报送上级单位；上级单位除编制本单位财务报告外，还应当按照指南规定对所属单位财务报表进行合并，撰写财务分析，形成合并财务报告。主管部门编制的合并财务报告，即部门财务报告。

详细内容请阅读《政府部门财务报告编制操作指南（试行）》。

阅读资料 关于修订印发《政府部门财务报告编制操作指南（试行）》的通知财库（〔2018〕29 号），http://gks.mof.gov.cn/zhengfuxinxi/guizhangzhidu/201803/t20180309_2833871.html

综上所述，我国构建了“预算会计和财务会计适度分离又相互衔接”的政府会计核算模式。见表 2－1。

表 2－1　　政府会计核算模式

适当分离			相互衔接
双体系	预算会计体系	财务会计体系	
双目标、双功能	决算报告目标： 提供预算执行情况信息	财务报告目标： 提供财务状况信息	
双基础	收付实现制	权责发生制	
8 要素（3＋5 会计要素）	预算收入－预算支出＝预算结余	资产＝负债＋净资产 本期盈余＝收入－费用	相互协调 （实现途径：平行记账）
7 表 1 注	预算收入支出表、预算结转结余变动表、财政拨款预算收入支出表	资产负债表、收入费用表、净资产变动表、现金流量表、附注	相互补充 （实现途径：本年盈余与预算结余差异调节表）
双报告	政府决算报告	政府财务报告	

【思考题】

1. 简述政府会计基本假设及其具体内容。
2. 简述政府会计信息质量要求。
3. 简述政府会计的确认基础。
4. 简述政府会计的计量属性。
5. 简述政府会计的“3＋5”会计要素定义与确认条件和计量原则。

第三章 现代财政制度

学习目标

- □ 了解政府采购制度
- □ 熟悉国家金库、国库集中收付制度、国库现金管理、债务管理等国库管理制度
- □ 掌握政府预算编制、审批、执行和决算、政府收支分类等政府预算管理制度

第一节 预算管理制度

一、政府预算体系

（一）政府预算概述

1. 政府预算概念及其分类。政府预算，是指经法定程序编制、审批和执行的具有法律效力的政府财政收支计划，是政府筹集、分配和管理财政资金及宏观调控的重要工具。政府预算可以按照以下不同的标准分类。

（1）按收支管理范围分类，可分为总预算和单位预算。总预算是各级政府的基本财政收支计划，由各级政府的本级预算和下级政府总预算组成。单位预算是政府预算的基本组成部分，是指各级政府的直属机关就其本身及所属行政、事业单位根据其职责和工作任务编制的年度财务收支计划，包括行政单位预算和事业单位预算。

行政事业单位预算由收入预算和支出预算组成。

财政部门对行政单位实行“收支统一管理，定额、定项拨款，超支不补，结转和结

余按规定使用”的预算管理办法。对事业单位实行“核定收支、定额或者定项补助、超支不补、结转和结余按规定使用”的预算管理办法。

根据预算编报和行政隶属关系，单位预算可分为一级（主管）单位预算、二级单位预算和三级（基层）单位预算。

（2）按预算的级次分类，可分为中央政府预算（简称中央预算）和地方政府预算（简称地方预算）。中央预算是指经法定程序审查批准的，反映中央政府活动的财政收支计划。由中央政府各部门的预算组成。地方预算是指经法定程序审查批准的，反映各级地方政府收支活动计划的总称。地方预算由各省、自治区、直辖市总预算组成。地方预算级次包括省、市、县、乡（镇）四级预算。

（3）按预算编制形式分类，可分为单式预算和复式预算。单式预算是将政府所有财政收支编入一个预算，而不去区分各项收支的经济性质。复式预算是将政府的所有财政收支按其经济性质分别编成两个或两个以上的预算。

（4）按编制方法分类，政府预算可分为增量预算和零基预算。增量预算是指财政收支计划指标在以前财政年度的基础上，按新的财政年度的经济发展情况加以调整之后编制的预算。零基预算是指对所有的财政收支，完全不考虑以前的水平，重新以零为起点而编制的预算。

（5）按预算管理方式划分，可分为传统预算和绩效预算。传统预算是一个以投入为导向，重视对财政资金投入及其过程的控制的预算模式。绩效预算是一个以结果为导向，对预算单位资金使用进行绩效考评的预算管理模式。

（6）按预算作用的时间分类，可分为年度预算和中长期预算。年度预算是指预算有效期为一年的财政收支预算。这里的年度是指预算年度，有公历年制和跨历年制。中长期预算，也称中长期财政计划（规划），一般 1 年以上 10 年以下的预算称中期预算，10 年以上的计划称长期预算。

目前我国中期财政规划按照三年滚动方式编制，第一年规划约束对应年度预算，后两年规划指引对应年度预算。中期财政规划对年度预算起到约束作用，年度预算编制应在中期财政规划框架下进行编制。

（7）按预算的归集对象不同，可分为功能预算和部门预算。功能预算是指在编制预算时，不以预算部门作为划分标准，而是根据政府的职能和经费性质对开支加以分类进行预算编制的方法。部门预算就是一个部门一本预算。由政府各个部门编制，反映政府各部门所有收入和支出情况的政府预算。

2. 政府预算的级次划分。国家实行一级政府一级预算，设立中央，省、自治区、直辖市，设区的市、自治州，县、自治县、不设区的市、市辖区，乡、民族乡、镇**五级预算**。

全国预算由中央预算和地方预算组成。地方预算由各省、自治区、直辖市总预算组成。地方各级总预算由本级预算和汇总的下一级总预算组成；下一级只有本级预算的，下一级总预算即指下一级的本级预算。

本级预算由本级政府各部门预算组成，各部门预算由本部门所属各单位预算组成。如中央本级预算，由中央政府各部门的单位预算（含直属单位）的预算组成。中央预算包括地方向中央上解的收入数额和中央对地方返还或者给予补助的数额。它在国家预算体系中占主导地位。

3. 预算管理的职权。按照《预算法》的规定，各级人民代表大会（简称人大）、人民政府（简称政府）和财政部门在预算管理中承担着各自不同的职责。

（1）各级人大及其常委会的职权。各级人大拥有的预算管理职权是：审查本级总预算草案及本级总预算执行情况的报告；批准本级预算和本级预算执行情况的报告；改变或撤销本级人大常务委员会（简称人大常委会）关于预算、决算的不适当的决议；撤销本级政府关于预算、决算的不适当的决定和命令。

各级人大常委会拥有的预算管理职权是：监督本级总预算的执行；审查和批准本级预算的调整方案；审查和批准本级政府决算；撤销本级政府关于预算、决算的不适当的决定和命令；撤销下一级人大会及其常委会关于预算、决算的不适当的决定和命令。

（2）各级政府的职权。各级政府拥有的预算管理职权是：编制本级预算、决算草案；向本级人大作关于本级总预算草案的报告；将下一级政府报送备案的预算汇总后报本级人大常委会备案；组织本级总预算的执行；决定本级预算预备费的动用；编制本级预算的调整方案；监督本级各部门和下级政府的预算执行；改变或者撤销本级各部门和下级政府关于预算、决算的不适当的决定、命令；向本级人大及其常委会报告本级总预算的执行情况。

（3）各级财政部门的职权。各级财政部门拥有的预算管理职权是：具体编制本级预算、决算草案；具体组织本级总预算的执行；提出本级预算预备费动用方案；具体编制本级预算的调整方案；定期向本级政府和上一级政府财政部门报告本级总预算的执行情况。

（4）各部门、各单位的职权。只能是编制、执行本部门、本单位预算、决算，并向本级政府财政部门报告预算的执行情况、按照国家规定上缴预算收入，安排预算支出，并接受国家有关部门的监督。

（二）预算管理体制

国家预算管理体制是国家在中央与地方之间、地方各级政府之间划分预算收支范围和管理权责的一项根本制度。党的十九大提出，建立权责清晰、财力协调、区域均衡的中央和地方财政关系。

自新中国成立以来，我国财政管理体制经历过多次变动，总的趋势是根据“统一领导，分级管理”的原则，由高度集中的管理体制逐步过渡到实行在中央统一领导下的分级管理体制。

我国从 1994 年 1 月 1 日起开始实行分税制即中央和地方分税制财政预算管理体制。

分税制的基本原则是按税种划分各级预算收入，分为中央税和地方税。分税制财政管理体制包括中央与地方财政事权和支出责任的划分、中央与地方收入的划分和中央对地方税收返还及补助收入等内容，具体内容如下：

（1）中央与地方事权和支出的划分。财政事权是一级政府应承担的运用财政资金提供基本公共服务的任务和职责，支出责任是政府履行财政事权的支出义务和保障。体现国家主权、维护统一市场以及受益范围覆盖全国的基本公共服务由中央负责，地区性基本公共服务由地方负责，跨省（区、市）的基本公共服务由中央与地方共同负责。

按照“谁的财政事权谁承担支出责任”的原则，确定各级政府支出责任。对属于中央并由中央组织实施的财政事权，原则上由中央承担支出责任；对属于地方并由地方组织实施的财政事权，原则上由地方承担支出责任；对属于中央与地方共同财政事权，根据基本公共服务的受益范围、影响程度，区分情况确定中央和地方的支出责任以及承担方式。

（2）中央与地方收入的划分。根据事权与财权相结合的原则，按税种划分中央与地方的收入。将维护国家权益、实施宏观调控所必需的税种划为中央税，将同经济发展直接相关的主要税种划为中央与地方共享税；将适合地方征管的税种划为地方税，并充实地方税税种，增加地方税收入。

（3）中央财政对地方税收返还数额的确定。为了保持地方既得利益格局，逐步达到改革的目的，中央财政对地方税收返还数额以 1993 年为基数年核定，按照 1993 年地方实际收入以及税制改革和中央与地方收入划分情况，核定 1993 年中央从地方净上划的收入数额。1993 年中央净上划收入，全部返还地方，保证现有地方既得财力，并以此作为以后中央对地方税收返还基数。1994 年以后，税收返还额在 1993 年基数上逐年递增。

（4）原体制中央补助。为顺利推行分税制改革，1994 年实行分税制后，原体制的分配格局暂时不变，过渡一段时间再逐步规范化。原体制中央对地方的补助继续按规定补助。原体制地方上解仍按不同体制类型执行。原来中央拨给地方的各项专款，该下拨的继续下拨。

阅读资料 国务院关于推进中央与地方财政事权和支出责任划分改革的指导意见（国发〔2016〕49 号）http：//www. gov. cn/zhengce/content/2016 –08/24/content_ 5101963. htm

（三）政府预算体系

我国实行全口径预算管理，各级政府的收入和支出全部纳入预算管理。从政府预算体系看，各级政府预算包括一般公共预算、政府性基金预算、国有资本经营预算和社会保险基金预算（简称四本预算）。四本预算收支范围明确、定位清晰、分工明确并保持完整、独立。

1. 一般公共预算。一般公共预算指政府凭借国家政治权力，以社会管理者身份筹集以税收为主体的财政收入，用于保障和改善民生、推动经济社会发展、维持国家安全、维持国家机构正常运转等方面的收支预算。

一般公共预算是对以税收为主体的财政收入，安排用于保障和改善民生、推动经济社会发展、维护国家安全、维持国家机构正常运转等方面的收支预算。

一般公共预算划分为一般公共预算收入和一般公共预算支出，收支范围按照法律、行政法规和国务院的规定执行。具体内容参见 2017 年 7 月 18 日财政部印发的《2018 年政府收支分类科目》简目一般公共预算收支科目。

阅读资料 2017 年中央一般公共预算收入预算表 http：//yss. mof. gov. cn/2017zyys/201703/t20170324_ 2565785. html

阅读资料 2017 年中央一般公共预算支出预算表 http：//yss. mof. gov. cn/2017zyys/201703/t20170324_ 2565779. html

2. 政府性基金预算。政府性基金预算是对依照法律、行政法规的规定在一定期限内向特定对象征收、收取或者以其他方式筹集的资金，专项用于特定公共事业发展的收支预算。

政府性基金预算包括政府性基金预算收入和政府性基金预算支出。收支范围按照法律、行政法规和国务院的规定执行。具体内容参见《2018 年政府收支分类科目》简目政府性基金预算收支科目。

政府性基金预算的管理原则是以收定支，专款专用，结转结余下年继续使用。

政府性基金是指各级人民政府及其所属部门根据法律、行政法规和中共中央、国务院文件规定，为支持特定公共基础设施建设和公共事业发展，向公民、法人和其他组织无偿征收的具有专项用途的财政资金。财政部实施全国政府性基金和行政事业性收费“一张网”。

政府性基金属于政府非税收入，全额纳入财政预算，实行“收支两条线”管理。政府性基金收支纳入政府性基金预算管理。

阅读资料　全国政府性基金目录清单 http：//szs. mof. gov. cn/mlqd_ 8464/mlqd/zyzfxjjmlqd/201706/t20170620_ 2626929. html

3. 国有资本经营预算。国有资本经营预算，是指国家以所有者身份依法取得国有资本收益，并对所得收益进行分配而发生的收支预算，包括国有资本经营预算收入和国有资本经营预算支出。国有资本经营预算的收支范围，按照法律、行政法规和国务院的规定执行，具体内容参见《2018 年政府收支分类科目》简目国有资本经营预算收支科目。

国有资本经营预算收入主要包括从国家出资企业取得的利润、股利、股息和国有产权（股权）转让收入、清算收入等，支出主要用于支持国有经济和产业结构调整以及弥补国有企业的改革成本等。

我国 2007 年开始中央试编国有资本经营预算。2012 年汇总编制全国国有资本经营预算，各级地方政府按照财政部制定的国有资本经营预算收支科目，单独编报预算。

国有资本经营预算应当按照收支平衡的原则编制，不列赤字，并安排资金调入一般公共预算。

阅读资料　关于印发《中央国有资本经营预算编报办法》的通知（财预〔2017〕133 号）http：//yss. mof. gov. cn/zhengwuxinxi/zhengceguizhang/201710/t20171025_ 2735401. html

4. 社会保险基金预算。社会保险基金预算是对社会保险缴款、一般公共预算安排和其他方式筹集的资金，专项用于社会保险的收支预算，包括社会保险基金预算收入和社会保险基金预算支出。社会保险基金预算的收支范围，按照法律、行政法规和国务院的规定执行，具体内容参见《2018 年政府收支分类科目》简目社会保险基金预算收支科目。

我国 2010 年开始试编社会保险基金预算，2013 年首次编报了全国社会保险基金预算。社会保险基金预算应当按照统筹层次和社会保险项目分别编制，做到收支平衡，适当留有结余。

上述四本预算并非完全独立，而是有机衔接的整体。按照各自功能和定位，科学设置政府预算。将应当统筹安排使用的资金统一纳入一般公共预算；将具有专款专用性质且不宜纳入一般公共预算管理的资金纳入政府性基金预算；将国家以所有者身份依法取得的国有资本经营收益，并对所得收益进行分配而发生的各项收支统筹纳入国有资本经营预算；将通过一般性税收、社会保障费（税）及其他渠道筹集和安排的、专门用于社会保障的各项收支纳入社会保险基金预算。

一般公共预算是国家预算体系的基础，政府性基金预算、国有资本经营预算和社会保险基金预算相对独立，各预算可进行适当调剂。政府性基金预算、国有资本经营预算、社会保险基金预算应当与一般公共预算相衔接。

二、政府收支分类

（一）政府收支分类概念

政府收支分类科目是反映政府收支活动的分类体系，是各级政府预算和部门预算编制、执行、决算的基础和重要工具。

新中国成立以来，与预算管理体制改革以及国家重大经济政策调整相适应，我国政府预算收支分类在不同时期也有较大的变化和调整。

我国现行政府收支分类科目框架体系，是参照国际货币基金组织（IMF）对各成员国的要求并结合我国实际情况确定的。为完整、准确地反映政府收支活动，进一步规范预算管理、强化预算监督，我国自 2007 年 1 月 1 日起全面实施政府收支分类改革。政府收支分类体系由“收入经济分类”“支出功能分类”“支出经济分类”三部分构成。

（二）政府收入分类科目体系和内容

收入分类主要反映政府收入的来源和性质。根据目前我国政府收入构成情况，结合国际通行的分类方法，将政府收入分为类、款、项、目四级。

1. 按政府收入的来源和性质划分。《2018 年政府收支分类科目》政府收支分类科目汇总表按照经济性质将政府收入分为类、款、项、目四级。收入分为 6 类，分别是“税收收入”“社会保险基金收入”“非税收入”“贷款转贷回收本金收入”“债务收入”和“转移性收入”。各类“款”级科目具体内容如下：

（1）税收收入“款”级科目有：增值税；消费税；企业所得税；企业所得税退税；个人所得税；资源税；城市维护建设税；房产税；印花税；城镇土地使用税；土地增值税；车船税；船舶吨税；车辆购置税；关税；耕地占用税；契税；烟叶税；环保税和其他税收收入等。

（2）社会保险基金收入“款”级科目有：企业职工基本养老保险基金收入；失业保险基金收入；职工基本医疗保险基金收入；工伤保险基金收入；生育保险基金收入；新型农村合作医疗基金收入；城镇居民基本医疗保险基金收入；城乡居民基本养老保险基金收入；机关事业单位基本养老保险基金收入；城乡居民基本医疗保险基金收入；其他社会保险基金收入。

（3）非税收入类“款”级科目有：政府性基金收入；专项收入；行政事业性收费收入；罚没收入；国有资本经营收入；国有资源（资产）有偿使用收入；捐赠收入；政府

住房基金收入；专项债券对应项目专项收入；其他收入。

（4）贷款转贷回收本金收入“款”级科目有：国内贷款回收本金收入；国外贷款回收本金收入；国内转贷回收本金收入；国外转贷回收本金收入。

（5）债务收入类“款”级科目有：中央政府债务收入；地方政府债务收入。

（6）转移性收入“款”级科目有：返还性收入；一般性转移支付收入；专项转移支付收入；政府性基金转移收入；国有资本经营预算转移支付收入；上解收入；上年结余收入；调入资金；债务转贷收入；接受其他地区援助收入；社会保险基金上解下拨收入；收回存量资金。

2. 按政府收入的预算管理划分。在政府收入的来源和性质划分基础上，为了便于预算管理需要，按照一般公共预算、政府性基金预算、国有资本经营预算和社会保险基金预算分列的原则，政府收入分别列入四本预算，形成一般公共预算收入科目、政府性基金预算收入科目、国有资本经营预算收入科目和社会保险基金预算收入科目。

根据《2018 年政府收支分类科目》简目，收入具体分类情况如下：

（1）一般公共预算收入科目包括：税收收入；非税收入；债务收入和转移性收入四类。具体类、款级科目如下：

①税收收入中“款”级科目有：增值税；消费税；企业所得税；企业所得税退税；个人所得税；资源税；城市维护建设税；房产税；印花税；城镇土地使用税；土地增值税；车船税；船舶吨税；车辆购置税；关税；耕地占用税；契税；烟叶税；环保税和其他税收收入等。

②非税收入中“款”级科目有：专项收入；行政事业性收费收入；罚没收入；国有资本经营收入；国有资源（资产）有偿使用收入；捐赠收入；政府住房基金收入；其他收入。

③债务收入中“款”级科目有：中央政府债务收入；地方政府债务收入。

④转移性收入中“款”级科目有：一般公共预算收入科目，转移性收入“款”级科目内容包括：返还性收入；一般性转移支付收入；专项转移支付收入；上解收入；上年结余收入；调入资金；债务转贷收入；接受其他地区援助收入。

（2）政府性基金预算收入科目包括：非税收入、债务收入和转移性收入三类。具体类、款级科目如下：

①非税收入中“款”级科目有：政府性基金收入；专项债券对应项目专项收入。

②债务收入中“款”级科目有：地方政府债务收入。

③转移性收入中“款”级科目有：政府性基金转移收入；上年结余收入；调入资金；债务转贷收入。

（3）国有资本经营预算收入科目包括：非税收入和转移性收入两类。具体类、款级科目如下：

①非税收入中“款”级科目有：国有资本经营收入。

②转移性收入中“款”级科目有：国有资本经营预算转移支付收入。

（4）社会保险基金预算收入科目包括：社会保险基金收入和转移性收入两类。具体类、款级科目如下：

①社会保险基金收入中“款”级科目有：企业职工基本养老保险基金收入；失业保险基金收入；职工基本医疗保险基金收入；工伤保险基金收入；生育保险基金收入；新型农村合作医疗基金收入；城镇居民基本医疗保险基金收入；城乡居民基本养老保险基金收入；机关事业单位基本养老保险基金收入；城乡居民基本医疗保险基金收入；其他社会保险基金收入。

②转移性收入中“款”级科目有：上年结余收入；社会保险基金上解下拨收入。

（三）政府支出功能分类科目体系和内容

政府支出分类科目是对支出进行科学分类的具体表现形式，也是政府会计明细科目设置的依据。它从不同角度、不同层次反映预算支出分类的内容。

我国现行政府支出分类科目框架体系，分为支出功能分类科目和支出经济分类科目。

1. 支出功能分类科目。支出功能分类主要反映政府活动的不同功能和政策目标，即政府支出究竟做了什么，比如支出是用于国防、社保，还是办了教育。

《2018 年政府收支分类科目》政府收支分类科目汇总表中，支出科目按照功能分为类、款、项三级，其中类级科目 28 个。各“类”“款”级科目具体内容如下：

（1）一般公共服务支出。分设 28 款：人大事务；政协事务；政府办公厅（室）及相关机构事务；发展与改革事务；统计信息事务；财政事务；税收事务；审计事务；海关事务；人力资源事务；纪检监察事务；商贸事务；知识产权事务；工商行政管理事务；质量技术监督与检验检疫事务；民族事务；宗教事务；港澳台侨事务；档案事务；民主党派及工商联事务；群众团体事务；党委办公厅（室）及相关机构事务；组织事务；宣传事务；统战事务；对外联络事务；其他共产党事务支出；其他一般公共服务支出。

（2）外交支出。分设 8 款：外交管理事务；驻外机构；对外援助；国际组织；对外合作与交流；对外宣传；边界勘界联检；其他外交支出。

（3）国防支出。分设 5 款：现役部队；国防科研事业；专项工程；国防动员；其他国防支出。

（4）公共安全支出。分设 12 款：武装警察；公安；国家安全；检察；法院；司法；监狱；强制隔离戒毒；国家保密；缉私警察；海警；其他公共安全支出。

（5）教育支出。分设 10 款：教育管理事务；普通教育；职业教育；成人教育；广播电视教育；留学教育；特殊教育；进修及培训；教育费附加安排的支出；其他教育支出。

（6）科学技术支出。分设 11 款：科学技术管理事务；基础研究；应用研究；技术研究与开发；科技条件与服务；社会科学；科学技术普及；科技交流与合作；科技重大项目；核电站乏燃料处理处置基金支出；其他科学技术支出。

（7）文化体育与传媒支出。分设 6 款：文化；文物；体育；新闻出版广播影视；国家电影事业发展专项资金支出及专项对应债务收入安排的支出；其他文化体育与传媒支出。

（8）社会保障和就业支出。分设 22 款：人力资源和社会保障管理事务；民政管理事务；补充全国社会保障基金；行政事业单位离退休；企业改革补助；就业补助；抚恤；退役安置；社会福利；残疾人事业；自然灾害生活救助；红十字事业；最低生活保障；临时救助；特困人员救助供养；大中型水库移民后期扶持基金支出；小型水库移民扶助基金及对应专项债务收入安排的支出；补充道路交通事故社会救助基金；其他生活救助；财政对基本养老保险基金的补助；财政对其他社会保险基金的补助；其他社会保障和就业支出。

（9）社会保险基金支出。分设 11 款：企业职工基本养老保险基金支出；失业保险基金支出；职工基本医疗保险基金支出；工伤保险基金支出；生育保险基金支出；新型农村合作医疗基金支出；城镇居民基本医疗保险基金支出；城乡居民基本养老保险基金支出；机关事业单位基本养老保险基金支出；城乡居民基本医疗保险基金支出；其他社会保险基金支出。

（10）医疗卫生与计划生育支出。分设 12 款：医疗卫生与计划生育管理事务；公立医院；基层医疗卫生机构；公共卫生；中医药；计划生育事务；食品和药品监督管理事务；行政事业单位医疗；财政对基本医疗保险基金的补助；医疗救助；优抚对象救助；其他医疗卫生与计划生育支出。

（11）节能环保支出。分设 17 款：环境保护管理事务；环境监测与监察；污染防治；自然生态保护；天然林保护；退耕还林；风沙荒漠治理；退牧还草；已垦草原退耕还草；能源节约利用；污染减排；可再生能源；循环经济；能源管理事务；可再生能源电价附加收入安排的支出；废弃电器电子产品处理基金支出；其他节能环保支出。

（12）城乡社区支出。分设 11 款：城乡社区管理事务；城乡社区规划与管理；城乡社区公共设施；城乡社区环境卫生；建设市场管理与监督；国有土地使用权出让收入及对应专项债务收入安排的支出；国有土地收益基金及对应专项债务收入支出；农业土地开发资金及对应专项债务收入支出；城市基础设施配套费及对应专项债务收入安排的支出；污水处理费及对应专项债务收入安排的支出；其他城乡社区支出。

（13）农林水支出。分设 15 款：农业；林业；水利；南水北调；扶贫；农业综合开发；农村综合改革；国有农场办社会职能改革补助；普惠金融发展支出；目标价格补贴；新菜地开发建设基金及对应专项债务收入安排的支出；大中型水库库区基金及对应专项债务收入安排的支出；三峡水库库区基金支出；国家重大水利工程建设基金及对应专项债务收入安排的支出；其他农林水支出。

（14）交通运输支出。分设 13 款：公路水路运输；铁路运输；民用航空运输；成品油价格改革对交通运输的补贴；邮政业支出；车辆购置税支出；海南省高等级公路车辆通行附加费及对应专项债务收入安排的支出；车辆通行费及对应专项债务收入安排的支出；港口建设费及对应专项债务收入安排的支出；铁路建设基金支出；船舶油污损害赔偿基金支出；民航发展基金支出；其他交通运输支出。

（15）资源勘探信息等支出。分设 10 款：资源勘探开发；制造业；建筑业；工业和信息产业监管；安全生产监管；国有资产监管；支持中小企业发展和管理支出；散装水泥专项资金及对应专项债务收入安排的支出；农网还贷资金支出；其他资源勘探信息等支出。

（16）商业服务业等支出。分设 6 款：商业流通事务；旅游业管理与服务支出；涉外发展服务支出；旅游发展基金支出；其他商业服务业等支出。

（17）金融支出。分设 5 款：金融部门行政支出；金融部门监管支出；金融发展支出；金融调控支出；其他金融支出。

（18）援助其他地区支出。分设9款：一般公共服务；教育；文化体育与传媒；医疗卫生；节能环保；农业；交通运输；住房保障；其他支出。

（19）国土海洋气象等支出。分设6款：国土资源事务；海洋管理事务；测绘事务；地震事务；气象事务；其他国土海洋气象等支出。

（20）住房保障支出。分设3款：保障性安居工程支出；住房改革支出；城乡社区住宅。

（21）粮油物资储备支出。分设5款：粮油事务；物资事务；能源储备；粮油储备；重要商品储备。

（22）国有资本经营预算支出。分设5款：解决历史遗留问题及改革成本支出；国有企业资本金注入；国有企业政策性补贴；金融国有资本经营预算支出；其他国有资本经营预算支出。

（23）预备费。分设1款：预备费。

（24）其他支出。分设5款：年初预留；其他政府性基金及对应专项债务收入安排的支出；彩票发行销售机构业务费安排的支出；彩票公益金及对应专项债务收入安排的支出；其他支出。

（25）转移性支出。分设11款：返还性支出；一般性转移支付；专项转移支付；政府性基金转移支付；国有资本经营预算转移支付；上解支出；调出资金；年终结余；债务转贷支出；援助其他地区支出；社会保险基金上解下拨支出。

（26）债务还本支出。分设4款：中央政府国内债务还本支出；中央政府国外债务还本支出；地方政府一般债务还本支出；地方政府专项债务还本支出。

（27）债务付息支出。分设4款：中央政府国内债务付息支出；中央政府国外债务付息支出；地方政府一般债务付息支出；地方政府专项债务付息支出。

（28）债务发行费用支出。分设4款：中央政府国内债务发行费用支出；中央政府国外债务发行费用支出；地方政府一般债务发行费用支出；地方政府专项债务发行费用支出。

2. 按政府支出的预算管理划分。在支出功能分类基础上，为了便于预算管理需要，政府支出也分别列入四本预算，形成一般公共预算支出功能分类科目；政府性基金预算支出功能分类科目；国有资本经营预算支出功能分类科目和社会保险基金预算支出功能分类科目。

（1）一般公共预算支出功能分类科目。根据《2018年政府收支分类科目》简目，一般公共预算收支科目分为“类”；“款”；“项”三个级次，“类”下分“款”，“款”下分“项”。其中类级科目26个，包括一般公共服务支出；外交支出；国防支出；公共安全支出；教育支出；科学技术支出；文化体育与传媒支出；社会保障和就业支出；医疗卫生与计划生育支出；节能环保支出；城乡社区支出；农林水支出；交通运输支出；资源勘探信息等支出；商业服务业等支出；金融支出；援助其他地区支出；国土海洋气象等支出；住房保障支出；粮油物资储备支出；预备费；其他支出；转移性支出；债务还本支出；债务付息支出；债务发行费用支出。

（2）政府性基金预算支出功能分类。政府性基金预算支出功能分为类；款；项三级，其中类级科目 15 个，包括：科学技术支出；文化体育与传媒支出；社会保障和就业支出；节能环保支出；城乡社区支出；农林水支出；交通运输支出；资源勘探信息等支出；商业服务业等支出；金融支出；其他支出；转移性支出；债务还本支出；债务付息支出；债务发行费用支出。

（3）国有资本经营预算支出功能分类。国有资本经营预算支出按照支出功能分为类；款；项三级，其中类级科目 3 个，包括：社会保障和就业支出；国有资本经营预算支出；转移性支出。

（4）社会保险基金预算支出功能分类。社会保险基金预算支出按照支出功能分为类；款；项三级，其中类级科目两个，包括：社会保险基金支出；转移性支出。

四本预算支出功能分类详细内容见《2018 年政府收支分类科目》简目。

（四）政府支出经济分类

支出经济分类主要反映政府支出的经济性质和具体用途。支出经济分类反映政府的钱是怎么花出去的，比如是支付了人员工资还是购买了办公设备。支出经济分类科目是预算管理的基础，是预算编制、执行、决算、公开和会计核算的重要工具。

为了贯彻落实《预算法》，推动建立全面规范公开透明的预算制度，财政部在 2016 年 10 月发布《支出经济分类科目改革试行方案》（财预〔2016〕135 号）基础上，经修改完善，制定并印发了《支出经济分类科目改革方案》（财预〔2017〕98 号），自 2018 年 1 月 1 日起正式全面实施。此次改革充分考虑政府预算管理和部门预算管理的不同特点和需要，分设政府预算支出经济分类和部门预算支出经济分类两套科目。

1. 政府预算支出经济分类。政府预算支出经济分类体现政府预算的管理要求，主要用于政府预算的编制、执行、决算、公开和总预算会计核算。政府预算支出经济分类按照预算法的要求设置类；款两级，类级科目 15 个，款级科目 60 个。具体科目设置情况如下：

（1）机关工资福利支出类，反映机关和参照公务员法管理的事业单位（以下简称参公事业单位）的工资福利支出。下设 4 款：工资奖金津补贴；社会保障缴费；住房公积金；其他工资福利支出。

（2）机关商品和服务支出类，反映机关和参公事业单位的商品和服务支出。下设 10 款：办公经费；会议费；培训费；专用材料购置费；委托业务费；公务接待费；因公出国（境）费用；公务用车运行维护费；维修（护）费；其他商品和服务支出。

（3）机关资本性支出（一）类，反映机关和参公事业单位资本性支出。下设 7 款：房屋建筑物购建；基础设施建设；公务用车购置；土地征迁补偿和安置支出；设备购置；大型修缮；其他资本性支出。切块由发展改革部门安排的基本建设支出中机关和参公事业单位资本性支出不在此科目反映。

（4）机关资本性支出（二）类，反映切块由发展改革部门安排的基本建设支出中机关和参公事业单位资本性支出。下设 6 款：房屋建筑物购建；基础设施建设；公务用车购置；设备购置；大型修缮；其他资本性支出。

（5）对事业单位经常性补助类，反映对事业单位（不含参公事业单位）的经常性补助支出。下设 3 款：工资福利支出；商品和服务支出；其他对事业单位补助。

（6）对事业单位资本性补助类，反映对事业单位（不含参公事业单位）的资本性补助支出。下设2款：资本性支出（一）；资本性支出（二）。

（7）对企业补助类，反映政府对各类企业的补助支出，对企业资本性支出不在此科目反映。下设3款：费用补贴；利息补贴；其他对企业补助。

（8）对企业资本性支出类，反映政府对各类企业的资本性支出。下设两款：对企业资本性支出（一）；对企业资本性支出（二）。

（9）对个人和家庭的补助类，反映政府用于对个人和家庭的补助支出。下设5款：社会福利和救助；助学金；个人农业生产补贴；离退休费；其他对个人和家庭补助。

（10）对社会保障基金补助类，反映政府对社会保险基金的补助以及补充全国社会保障基金的支出。下设两款：对社会保险基金补助；补充全国社会保障基金。

（11）债务利息及费用支出类，反映政府债务利息及费用支出。下设4款：国内债务付息；国外债务付息；国内债务发行费用；国外债务发行费用。

（12）债务还本支出类，反映政府债务还本支出。下设两款：国内债务还本；国外债务还本。

（13）转移性支出类，反映政府间和不同性质预算间的转移性支出。下设4款：上下级政府间转移性支出；援助其他地区支出；债务转贷；调出资金。

（14）预备费及预留类，反映预备费及预留。下设两款：预备费；预留。

（15）其他支出类，反映不能划分到上述经济科目的其他支出。下设4款：赠与；国家赔偿费用支出；对民间非营利组织和群众性自治组织补贴；其他支出。

2. 部门预算支出经济分类。按照财政部的统一部署，从2018年起，在原有按支出功能分类科目编制预算的基础上，各单位应按照改革后的经济分类科目编制部门预算。部门预算支出经济分类体现部门预算管理要求，主要用于部门预算编制、执行、决算、公开和部门（单位）预算会计核算。按照《预算法》要求设置类、款两级，在现有经济分类基础上，删除转移性支出、预备费等政府预算专用的科目，新增一些体现部门预算特点的科目。调整后类级科目10个，款级科目96个，具体科目设置情况如下：

（1）工资福利支出类，反映单位开支的在职职工和编制外长期聘用人员的各类劳动报酬，以及为上述人员缴纳的各项社会保险费等。下设13款：基本工资；津贴补贴；奖金；伙食补助费；绩效工资；机关事业单位基本养老保险缴费；职业年金缴费；职工基本医疗保险缴费；公务员医疗补助缴费；其他社会保障缴费；住房公积金；医疗费；其他工资福利支出。

（2）商品和服务支出类，反映单位购买商品和服务的支出，不包括用于购置固定资产；战略性和应急性物资储备等资本性支出。下设27款：办公费；印刷费；咨询费；手续费；水费；电费；邮电费；取暖费；物业管理费；差旅费；因公出国（境）费用；维修（护）费；租赁费；会议费；培训费；公务接待费；专用材料费；被装购置费；专用燃料费；劳务费；委托业务费；工会经费；福利费；公务用车运行维护费；其他交通费用；税金及附加费用；其他商品和服务支出。

（3）对个人和家庭的补助类，反映政府用于对个人和家庭的补助支出。下设11款：离休费；退休费；退职（役）费；抚恤金；生活补助；救济费；医疗费补助；助学金；

奖励金；个人农业生产补贴；其他对个人和家庭的补助。

（4）债务利息及费用支出类，反映单位的债务利息及费用支出。下设 4 款：国内债务付息；国外债务付息；国内债务发行费用；国外债务发行费用。

（5）资本性支出（基本建设）类，反映切块由发展改革部门安排的基本建设支出，对企业补助支出不在此科目反映。下设 12 款：房屋建筑物购建；办公设备购置；专用设备购置；基础设施建设；大型修缮；信息网络及软件购置更新；物资储备；公务用车购置；其他交通工具购置；文物和陈列品购置；无形资产购置；其他基本建设支出。

（6）资本性支出类。反映各单位安排的资本性支出，切块由发展改革部门安排的基本建设支出不在此科目反映。下设 16 款：房屋建筑物购建；办公设备购置；专用设备购置；基础设施建设；大型修缮；信息网络及软件购置更新；物资储备；土地补偿；安置补助；地上附着物和青苗补偿；拆迁补偿；公务用车购置；其他交通工具购置；文物和陈列品购置；无形资产购置；其他资本性支出。

（7）对企业补助（基本建设）类，反映切块由发展改革部门安排的基本建设支出中对企业补助支出。下设 2 款：资本金注入；其他对企业补助。

（8）对企业补助类，反映政府对各类企业的补助支出，切块由发展改革部门安排的基本建设支出中对企业补助支出不在此科目反映。下设 5 款：资本金注入；政府投资基金股权投资；费用补贴；利息补贴；其他对企业补助。

（9）对社会保障基金补助类，反映政府对社会保险基金的补助以及补充全国社会保障基金的支出。下设两款：对社会保险基金补助；补充全国社会保障基金。

（10）其他支出类，反映不能划分到上述经济科目的其他支出。下设 4 款：赠与；国家赔偿费用支出；对民间非营利组织和群众性自治组织补贴；其他支出。

改革后，纳入部门预算管理的事业单位在编制支出预算时，仍按各项支出的最终用途列入“工资福利支出”“商品和服务支出”等科目；对未纳入部门预算管理事业单位的补贴支出，应根据不同的性质列入“委托业务费”（30227 款）、“其他支出”（39999 款）等科目。

根据预算法的有关要求，两套科目均设置“类”“款”两个层级。政府预算经济分类增设反映机关和参照公务员法管理事业单位的工资、商品和服务支出、资本性支出、对个人和家庭的补助、对事业单位补助、对企业补助、债务还本付息支出和转移性支出等科目；部门预算经济分类在现有经济分类的基础上，取消政府预算专用科目，同时增设体现部门预算特点的科目。

两套经济分类之间保持一定的对应关系，以利于部门预算与政府预算相衔接。

两套经济分类采用不同的编码，部门预算经济分类沿用现有的科目编码（如 301 类工资福利支出、302 类商品和服务支出），政府预算经济分类从 501 开始编码（如 501 类为机关工资福利支出，502 类为机关商品和服务支出），具体科目编码设置、对应情况和使用要求详见财政部印发《支出经济分类科目改革方案》的通知（财预［2017］98 号）附表 1：两套支出经济分类科目对照表。

阅读资料 财政部就《支出经济分类科目改革试行方案》答记者问 http：//www. gov. cn/xinwen/2016 －11/16/content_ 5133281. htm

三、政府预算组织程序

预算组织程序，即国家在预算管理方面依序进行的各个工作环节所构成的有秩序活动的总体。包括预算的编制、审批、执行和调整等环节。

（一）预算的编制

预算的编制，是指国家制定取得和分配使用预算资金的年度计划的活动，是一种基础性的程序。这一阶段编制的预算实际上是预算草案，不具备法律效力的政府预算。预算编制包括收入预算编制和支出预算编制。

1. 预算编制责任主体。根据《预算法》“预算管理职权”规定，预算编制的责任主体和流程如图 3 －1 所示。

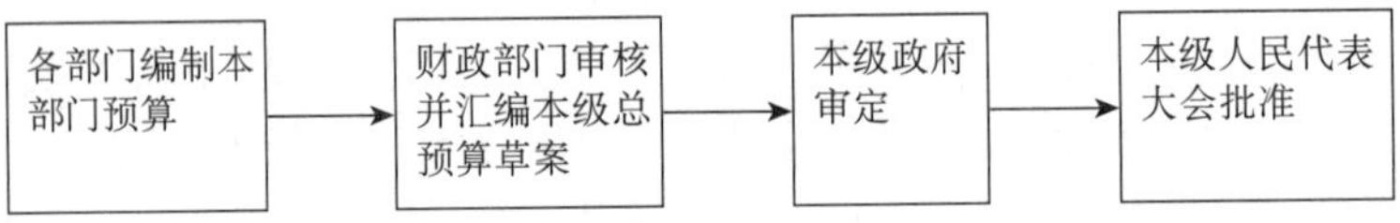

图 3 －1

（1）国务院编制中央预算草案，国务院财政部门（即财政部预算司）具体负责编制中央预算草案和汇总全国总预算草案。向全国人大作关于中央和地方预算草案的报告；将省、自治区、直辖市政府报送备案的预算汇总后报全国人大常委会备案。

（2）县级以上地方各级政府编制本级预算、决算草案；地方各级政府财政部门（即财政部门预算处、科、股）具体负责编制本级预算、决算草案；编制汇总本级总预（决）算草案。

（3）县级以上地方各级人大批准本级预算报告。各级政府向本级人大作关于本级总预算草案的报告；将下一级政府报送备案的预算汇总后报本级人大常委会备案。

（4）各部门（单位）编制本部门（单位）预算、决算草案。

各部门、各单位应当按照国务院财政部门制定的政府收支分类科目、预算支出标准和要求，以及绩效目标管理等预算编制规定，根据其依法履行职能和事业发展的需要以及存量资产情况，编制本部门、本单位预算草案。

2. 预算编制方法。

（1）增量预算又称调整预算方法，是指以基期成本费用水平为基础，结合预算期业务量水平及有关影响成本因素的未来变动情况，通过调整有关原有费用项目而编制预算的一种方法。这是一种传统的预算方法。

（2）绩效预算，就是政府首先制订有关的事业计划和工程计划，再依据政府职能和施政计划制订计划实施方案，并在成本效益分析的基础上确定实施方案所需费用来编制预算的一种方法。

（3）零基预算，是指不考虑过去预算项目和收支水平，以零为基点编制的预算。

（4）项目预算是依据实施项目或执行的功能的总成本来组织提议的支出预算。

3. 预算编制程序。为提高财政资金分配和使用的规范性、安全性和有效性，从2000年起，我国开始实行部门预算编制管理模式。各级政府预算编制程序采用“二上二下”业务流程。

一上：各基层预算单位按照规定的格式和要求，根据填报说明填报本单位预算收支建议数，上报上级部门，然后逐级审核汇总，并最后将本年部门预算建议数报送至同级财政部门归口管理的业务处室。

一下：财政部门对各预算单位报送的部门预算建议数进行审核，在审核结束后，根据预算年度本级综合财力（可支配财力情况）和预算单位收入状况后，将政府批准预算控制数下达到各主管部门，再层层下达到基层预算单位。

二上：各预算单位根据财政部门下达的年度预算控制数，按照规定的格式和要求，编制本单位预算草案，由主管部门汇编成本部门的部门预算草案，经审核汇总后报送财政局归口管理的业务处室。

二下：财政部门对预算单位报送的部门预算草案进行审核、汇总，形成本级政府预算草案；将本级预算草案与下级总预算草案汇总编制成本级总预算草案，报同级人民政府审核后，按程序报经同级人大审议批准后，必须依法自下而上地向相应的国家机关备案。各级政府财政部门在规定期限将预算批复给各部门。

（二）预算的审批

预算的审批包括初审、审查批准和批复环节。

1. 审核。

（1）财政部门审核：财政各业务处室、职能科股。各级政府财政部门负责对同级各主管部门的部门预算进行审核。具体分工：各级政府财政部门预算处室（如预算处、科、股等）负责审查、报批和批复部门预算。负责各级部门预算审核、批复、调整工作；财政各归口管理业务处室（如行政政法处、教科文处等）负责提出所联系单位（如公安厅、教育厅）的部门预算审核和安排的建议，负责对口预算单位预算建议数和部门预算草案的初审。

（2）政府领导审核（审定）。各级财政部门预算处室汇总部门预算，编制本级预算草案，并将本级预算草案连同各部门预算送本级政府领导审核，经审核批准后方可以本级政府名义送同级人大初审。

2. 审查批准。

（1）初审。根据《预算法》规定，一级政府实行一级预算，地方各级政府预算草案由同级人大审查批准。市级以上人大的初步审查，由财政经济委员会或有关专门委员会进行，县级人大由其常委会进行。市级人大也可以由其常委会有关工作机构研究提出意见；县级人大常委会在进行初步审查时，可以由有关工作机构研究提出意见。

（2）审批。中央预算由全国人大审查和批准。地方各级预算由本级人大审查和批准。

3. 批复。各级预算经本级人大批准后，本级政府财政部门应当在20日内向本级各部门批复预算。各部门应当在接到本级政府财政部门批复的本部门预算后15日内向所属各单位批复预算。

（三）预算的执行

预算执行管理，是指财政部门依据国家法律法规等有关规定，对预算收支执行全过程进行计划、组织、实施和监督等一系列管理活动。

预算执行管理是财政管理的重要组成部分，是预算实施的关键环节。涵盖了国库集中收付、国库现金管理、政府采购管理、预算执行情况报告、政府会计核算管理以及财政国库动态监控等诸多方面，并形成相互促进的有机整体。

1. 预算收支的执行机构。

（1）预算执行管理和监督机构。各级预算由本级政府组织执行，具体工作由本级政府财政部门负责。

为了保证预算顺利执行，在各级财政部门设立财政国库管理机构，负责组织国库集中收付的组织管理。2000 年 6 月，财政部调整内部机构，成立国库司，地方财政部门随后也设立国库业务处室单位（国库处、科、股）具体负责预算执行管理和监督，预算收支执行。

财政部门负责对征收机关、国库和预算部门（单位）的预算执行实施管理和监督，保障预算执行规范、安全、有效。

为了强化预算执行管理和监督，按照财政国库管理与支付执行相分开的要求，2001 年 7 月，财政部建立了财政国库支付执行机构即财政国库支付中心（国库支付局），地方各级财政部门先后设立国库支付中心，负责办理财政性资金集中支付的具体业务，并进行相关的会计核算和监督检查等工作。

（2）预算部门（单位）。在预算执行管理活动中，政府各部门、各单位是本部门、本单位的预算执行主体，负责本部门、本单位的预算执行，并对执行结果负责。

（3）预算收入的征收机关。为了确保各项预算收入能及时足额地收缴入库和解缴，以满足各级政府实现其职能和社会公共需要，政府设立了预算收入的征收机关和出纳机构。

征收机关是指具体组织征收或监缴政府预算收入的机构。政府预算收入分别由各级财政机关、税务机关、海关以及国家指定的机关负责管理、组织征收或监交。这些机关通称“征收机关”。按照预算收入的性质分别由下列机关负责征收。

①税务机关。税收收入是财政预算收入的主要形式，税务机关是主要和专职的征收机关。我国从 1994 年开始分税制改革，实行按税种把收入划分为中央税、地方税以及共享税。为适应分税制财政管理体制的需要，省及省以下的税务机构分设为国家税务局（简称“国税局”）和地方税务局（简称“地税局”）两套税务机构的征管体制。

2015 年 12 月，中共中央办公厅、国务院办公厅印发了《深化国税、地税征管体制改革方案》，明确中央税由国税部门征收，地方税由地税部门征收，共享税的征管职责根据税种属性和方便征管的原则确定。将依法保留、适宜由税务部门征收的行政事业性收费、政府性基金等非税收入项目，改由地税部门统一征收。

2018 年 3 月 21 日，中共中央印发的《深化党和国家机构改革方案》提出，将省级和省级以下国税地税机构合并，具体承担所辖区域内各项税收、非税收入征管等职责。国税地税机构合并后，实行以国家税务总局为主与省（自治区、直辖市）政府双重领导管理体制。

②海关。主要负责征收关税以及政府委托其征收的其他预算收入，如关税、吨税、代征进出口增值税、消费税等。

③财政机关。主要负责征收国有资产经营收益以及其他收入等。

④除此之外，不属于上述范围的预算收入，以国家指定负责管理征收的单位为征收机关。未经国家批准，各地区各部门不得自行增设征收机关。

各级政府应当加强对预算执行的领导，支持政府财政、税务、海关等预算收入的征收部门依法组织预算收入。

（4）国家金库。国家金库简称国库，是办理预算收入的收纳、划分、留解和库款支拨的专门机构。国库是预算执行的中间环节，是国家进行预算收支活动的出纳机关。国库担负着对财政性资金进行收纳、划分、留解、拨付和清算的任务，是为实现国家预算收支任务服务的。国库工作实质上是整个国家预算执行工作的一个重要组成部分。

我国的国库业务由中国人民银行经理，中央国库业务由中国人民银行经理，地方国库业务依照国务院的有关规定办理。

按照国家统一领导，分级管理的财政体制设立，一级政府有一级财政，一级财政预算设立一级国库。原则上县级以上各级预算必须设立国库；具备条件的乡、民族乡、镇也应当设立国库。国库由中央国库和地方国库组成。全国分为总库、分库、中心支库和支库四级。

总库业务，由中国人民银行主管；分库及其以下分支机构分别设在人民银行省分行、市中心支行和县支行，其业务受上级国库垂直领导；具体业务，由各商业银行办理。支库以下的国库经收业务，由工商银行和中国银行等商业银行所属的支行、办事处办理。经收处的业务受分支金库领导。国库分库、中心支库、支库既是总库的分支机构，也是省、市、县的地方国库。

2. 预算收入的执行。收入收缴管理是预算执行管理的关键环节，是财政收入顺利完成的重要保障，也是规范行政执法的有力手段。收入收缴管理包括税收收入收缴管理和非税收入收缴管理两个方面。其中，税收收入收缴管理主要是通过实行财税库银税收收入电子缴库横向联网，及时、准确掌握税收收入征缴、入库、退库、更正、免抵调等信息，规范税收收入收缴行为。非税收入收缴管理主要是通过推行非税收入收缴管理制度改革，改变执收单位通过过渡性账户层层上缴非税收入的做法，采取直接缴款和集中汇缴的方式，将财政收入缴入国库。

（1）预算收入征收。预算收入征收部门和单位，必须依照法律、行政法规的规定，及时、足额征收应征的预算收入。不得违反法律、行政法规规定，多征、提前征收或者减征、免征、缓征应征的预算收入，不得截留、占用或者挪用预算收入。

（2）预算收入收缴方式。自 2001 年开始，我国建立国库集中收付制度，所有财政性资金都纳入国库单一账户体系管理，收入直接缴入国库或财政专户，支出通过国库单一账户体系支付到商品和劳务供应者或用款单位。

国库单一账户体系收入收缴方式分为直接缴库和集中汇缴。

①直接缴库是由缴款单位或缴款人按有关法律法规规定，直接将应缴收入缴入国库单

一账户。

②集中汇缴是由征收机关（有关法定单位）按有关法律法规规定，将所收的应缴收入汇总缴入国库单一账户。

2007 年，我国财税库银税收收入电子缴库横向联网工作正式启动，截至 2011 年底，全国所有省份都推行了财税库银横向联网。财税库银税收收入电子缴库横向联网是指财政部门、税务机关、人民银行、国库、商业银行利用信息网络技术，通过电子网络系统办理税收收入征缴入库等业务，税款直接缴入国库，实现税款征缴信息共享的缴库模式。

为了确保严格按制度规定将财政收入及时缴库，财政部正在推进非税收入收缴电子化，实现非税收入收缴全流程监控。

各级国库应当按照国家有关规定，及时准确地办理预算收入的收纳、划分、留解、退付和预算支出的拨付。国库要准确、及时地收纳各项政府预算收入，并根据财政管理体制规定的预算收入级次和上级财政确定的分成留解比例，正确办理各级预算收入的划分和留解。对预算收入采取逐级划分、报解的方法。

（3）预算收入的划分。中国人民银行国库在收到预算收入后，都需要按照财政管理体制的要求，将预算收入在中央财政与地方财政之间，以及地方各级财政之间进行划分。然后，将各级财政应得的预算收入款项解入相应级别的财政国库存款账户。同时，将各级财政应得的预算收入款项以预算收入日报表的形式报送相应级别的财政总会计，以便财政总会计进行账务处理。

（4）预算收入报解。是通过基层国库向上级财政部门和上级国库报告预算收入情况，并将划分后属于上级财政的预算收入缴到相应总库、分库和中心支库。

国库对收到的预算收入根据财政体制进行划分后，将相应的预算收入以预算收入日报表的形式报送给相应的政府财政总预算会计，同时，将相应的预算收入款项解入（上划）相应级别政府财政的国库存款账户，如中央级收入解入总库，省财政地方级收入解入分库。

（5）预算收入的退库。是指在预算收入执行过程中，经本级政府财政部门批准，将已入库的预算收入退还给原缴款单位或个人。退库属于减少政府预算收入，需要认真审核。

已经缴入国库或者财政专户的资金，依照法律、行政法规的规定或者国务院的决定需要退付的，各级政府财政部门或者其授权的机构应当及时办理退付。按照规定应当由财政支出安排的事项，不得用退库处理。

办理退库时，必须遵守国家金库条例及其实施细则规定的退库范围和审批程序。凡是不符合规定的收入退库，各级财政机关、税务机关、海关不得办理审批手续，各级国库对不符合规定的退库有权拒绝办理。

3. 预算支出的执行。支出支付管理是预算执行管理的核心环节，对于规范预算支出行为、加强单位财务管理、提高财政资金使用效益等具有十分重要的意义。

支出支付管理的重点，是推行国库集中支付制度改革，通过实行财政直接支付和授权支付，将财政资金通过国库单一账户体系直接支付到最终收款人或用款单位，并在此基础上建立财政国库动态监控机制，对每一笔支付交易进行实时动态监控，提高支出执行效率和透明度，确保资金使用安全。同时，加强预算支出均衡管理，促使各部门和单位科学、合理、均衡地安排和使用财政资金。

（1）预算支出执行要求。预算支出资金的拨付必须依法、及时、足额，并加强管理和监督。预算经本级人代会批准后，按照批准的预算执行。各级政府财政部门必须依照法律、行政法规和国务院财政部门的规定，及时、足额地拨付预算支出资金，加强对预算支出的管理和监督。

各级政府、各部门、各单位的支出必须按照预算执行，不得虚假列支。各级政府、各部门、各单位应当对预算支出情况开展绩效评价。各级政府应当加强对预算执行的领导，支持政府财政部门严格管理预算支出。各部门、各单位应当加强对预算支出的管理，不得擅自改变预算支出的用途。严禁无预算、无用款计划、超预算和超计划拨付资金。

各级财政部门要将加快预算执行进度、提高财政资金使用效益和保障资金安全等有机结合起来，牢固树立依法理财意识，坚决杜绝违规“以拨作支”、虚列支出、挤占挪用资金等行为。要确保库款安全，不得跨市县调剂、借用国库资金，严禁对融资平台公司等非预算单位及未纳入年度预算的项目借款和垫付财政资金。

（2）资金支付方式。支付方式包括财政直接支付、财政授权支付和实拨方式支付。

①财政直接支付。财政部门开具直接支付凭证，将支出直接支付到收款人或用款单位，包括工资、大宗物品和服务采购支出、工程采购支出等政府采购项目；能够直接支付到收款人或用款单位的转移性支出，包括拨付有关企业的补贴；其他支出，指财政核定的需要采用“财政直接支付”方式的支出。

②财政授权支付。预算单位根据财政授权（额度内），自行开具支付令，通过预算单位零余额账户将资金支付到收款人账户，包括未纳入财政直接支付范围的小额购买支出和零星支出、专项资金支出中的工作经费支出、直接支付无法办理的现金支出以及经财政局批准的其他授权支出等。

③实拨方式支付。对于未纳入国库集中支付范围的项目和款项，财政部门通过实拨方式将财政资金直接拨付到预算单位账户。

此外，我国在公务支出中推行公务卡结算方式，公务卡结算方式是指在财政授权支付额度内，预算单位及其工作人员在公务活动中使用公务卡刷卡消费，在规定的期限内按照现行财务制度审核后报销还款的结算方式。

公务卡是指预算单位工作人员持有的、主要用于日常公务支出和财务报销业务的信用卡。2007 年 7 月，我国正式实行公务卡制度改革，对公务消费由公务卡取代现金支付结算，在公务支出中逐步以公务卡支付替代现金支付。

（3）预算支出的拨付。各级库款的支拨，在同级财政库款余额内支付。实施财政国库管理制度改革后，财政部门向人民银行国库提交《财政直接支付汇总清算额度通知单》和《财政授权支付汇总清算额度通知单》，分别用于控制财政零余额账户的直接支付和预算单位零余额的授权支付。国库在额度内根据代理银行申请划款凭证与代理银行清算已支付的财政性资金。

各级政府、各部门、各单位的支出必须以经批准的预算为依据，未列入预算的不得支出。财政性资金的支付原则：预算指标控制用款计划，用款计划控制资金支付，资金支付控制资金清算。

（四）预算的调整

预算的调整是指经全国人大批准的中央预算和经地方各级人大批准的本级预算，在执行中因特殊情况需要增加支出或者减少收入，使原批准的收支平衡的预算的总支出超过总收入，或者使原批准的预算中举借债务的数额增加的部分变更。预算调整必须提请本级人大常委会审查和批准。未经批准，不得调整预算。

1. 预算调整的范围。经全国人大批准的中央预算和经地方各级人大批准的地方各级预算，在执行中出现下列情况之一的，可以进行预算调整：（1）需要增加或者减少预算总支出的；（2）需要调入预算稳定调节基金的；（3）需要调减预算安排的重点支出数额的；（4）需要增加举借债务数额的。

在预算执行中，各级政府一般不制定新的增加财政收入或者支出的政策和措施，也不制定减少财政收入的政策和措施；必须作出并需要进行预算调整的，应当在预算调整方案中作出安排。

2. 不属于预算调整的范围。在预算执行中，因上级政府返还或者给予补助而引起的预算收支变化，不属于预算调整。在预算执行中，地方各级政府因上级政府增加不需要本级政府提供配套资金的专项转移支付而引起的预算支出变化，不属于预算调整。

3. 预算调整的方法。各级政府对于必须进行的预算调整，应当编制预算调整方案，并必须提请各级人大常委会审查和批准。预算调整的方法包括：一是动用预算后备基金，包括预备费、预算周转金和预算稳定调节基金；二是预算的追加追减；三是经费流用；四是预算划转。

四、决算

决算，在形式上是对年度预算收支执行结果的会计报告，在实质上则是对年度预算执行结果的总结，它是国家管理预算活动的最后一道程序。决算制度主要包括决算草案的编制和审批两个方面的内容。

（一）决算组成

决算管理是反映预算执行结果以及国家方针政策执行情况的重要手段，是分析研究和调整完善国家财政经济决策的参考依据。

1. 财政总决算。财政总决算是指各级政府依照法律法规和法定程序编制，经同级人大常委会批准的全面反映各级政府年度预算收支执行结果的综合报告。

现行的财政总决算由中央财政决算和地方财政总决算构成，与预算体系相适应分别按收入分类和支出功能分类，全面反映政府收支活动，体现了一年来政府活动的范围和方向，是政府收支预算执行的最终结果。

2. 部门决算。部门决算是指全面反映各部门（单位）年度预算执行情况的综合财务报告。部门决算数据是分析预测社会事业发展和编制部门预算的重要依据。通过对决算数据进行深入分析，能够揭示单位年度预算执行情况及财务管理和会计核算方面的问题，从而加强和改进财政财务管理。

（二）决算草案的编制和审批

决算草案，是指各级政府、各部门、各单位编制的未经法定程序审查和批准的预算收支的年度执行结果。决算草案的编制和审批程序与预算草案编审相同。

第二节 现代国库管理制度

一、国家金库管理制度概述

传统意义上的国家金库（以下简称国库）是指负责办理财政收入收纳、划分、留解和库款支拨的“国家金库”。随着经济与政府财政活动的日益扩展，现代国库职能逐渐拓展到公共财政管理的诸多方面。

目前，国际上对国库职能的定位，一般采用国际货币基金组织（International Monetary Fund，IMF）的定义，即国库不单是指国家金库，更重要的是指财政代表政府控制预算执行，保管政府资产和负债的一系列管理职能。

国库集中收付管理、国债管理和国库现金管理构成现代国库管理制度的核心内容，三者相互促进，有机一体，与其他国库管理制度共同构成现代国库管理制度，较好地实现了国库的一系列管理职能，是一个科学的财政管理体系。

国库集中收付管理奠定了现代国库管理制度的基础，为开展国库现金管理和高效国债管理提供了条件。国债管理，特别是国债余额管理，推进了现代国库管理制度的发展和完善，为开展国库现金管理创造了灵活的机制。国库现金管理实现了现代国库管理制度的高层次目标，通过加强财政自身管理实现科学理财，提高财政资金效益。

二、国库集中收付制度

我国自2001年进行财政国库管理制度改革，逐步建立以国库单一账户体系为基础、资金缴拨以国库集中收付为主要形式的财政国库管理制度。国库集中收付制度是对财政资金的账户设置和收支缴拨方式的根本性变革。

（一）国库单一账户制度

1. 国库单一账户制度概念。国库单一账户制度，是指将政府所有财政性资金，集中在国库或国库指定的代理银行开设账户，所有财政收入直接缴入这一账户，所有财政支出直接通过这一账户进行拨付的财政资金管理制度。

2. 国库单一账户体系。

（1）国库单一账户，亦称为国库存款账户，是财政部门在中国人民银行开设的国库存款账户，用于记录、核算和反映纳入财政预算管理的财政收入和支出活动，并用于与财政部门在商业银行（也称代理银行）开设的零余额账户进行清算，实现支付。

（2）零余额账户，财政部门按规定在商业银行开设的财政零余额账户，用于财政直接支付，并与国库单一账户清算，做到日终零余额管理；预算单位（行政事业单位）按照财政部门要求，按规定在商业银行开设的预算单位零余额账户，用于财政授权支付，并与国库单一账户清算，做到日终零余额管理。

当商业银行根据国库支付中心或预算单位开具的支付令向有关商品和服务提供者支付款项，并按日向中国人民银行国库存款账户申请清算、收回代垫支付的款项后，该账户的余额即为零，表明代理银行当天为国库存款账户代垫资金的款项，可以从国库存款账户收回全部资金，每日终了清算后该账户余额为零。

（3）财政专户账户，是财政部门为履行财政管理职能，在商业银行开设的用于管理核算特定财政资金的银行结算账户。

财政专户主要是用来满足社会保险基金核算管理、一些具有专项用途的资金管理、非税收入收缴管理、乡级财政资金存放、外国政府和国际金融组织贷款赠款资金管理、外币资金核算管理等需要。

上述账户和专户要与财政部门（财政总预算会计）及其支付执行机构（国库支付中心会计）、中国人民银行国库部门（国库会计）和预算单位（行政事业单位会计）的会计核算保持一致性，相互核对有关账务记录。

财政资金集中存放在国库存款账户，财政零余额账户、预算单位零余额账户和财政专户都是过渡账户，用来与国库存款账户进行了清算，实现支付。

（二）国库收入集中收缴程序

财政国库集中收付制度实施后，收入的收缴方式分为直接缴库和集中汇缴两种。

1. 直接缴库程序。直接缴库的税收收入，由纳税人或税务代理人提出纳税申报，经征收机关审核无误后，由纳税人通过开户银行将税款缴入国库单一账户。直接缴库的其他收入，比照上述程序直接缴入国库单一账户或财政专户。

2. 集中汇缴程序。小额零散税收和法律法规另有规定的应缴收入，由征收机关于收缴收入的当日汇总缴入国库单一账户。非税收入中的现金缴款，比照上述程序汇总缴入国库单一账户或财政专户。

（三）国库集中支付的程序

财政性资金的支付实行财政集中支付方式，除了特殊情况需要实拨方式支付外，按照不同的支付主体，对不同类型的支出，实行财政直接支付和财政授权支付两种方式。财政直接支付和财政授权支付的具体支出项目，由各级财政部门确定。

1. 财政直接支付程序。预算单位按照批复的部门预算和资金使用计划向财政部门提出支付申请，财政部门根据批复的部门预算和用款计划及相关要求对支付申请审核无误后，向人民银行国库或代理银行开具支付令，财政性资金通过国库单一账户体系划拨到收款人的银行账户。财政直接支付一般程序如下：

（1）支付申请。地方基层预算单位办理财政直接支付申请时，填制《财政直接支付申请书》，经一级预算单位审核汇总后，填制《财政直接支付汇总申请书》，并附基层单位填制《财政直接支付申请书》报财政国库支付执行机构。

（2）支付指令。财政国库支付执行机构，审核一级预算单位汇总支付申请无误后，开具《财政直接支付汇总清算额度通知书》和《财政直接支付凭证》，经财政国库管理机构加盖印章后，分别送中国人民银行和代理银行。

（3）信息反馈。代理银行根据收到的《财政直接支付凭证》及时将资金支付给收款人和用款单位，代理银行办理资金支付业务后开具《财政直接支付入账通知书》，并在支付资金的当日将支付信息反馈给财政国库管理部门。

（4）代理银行根据财政国库支付执行机构的支付命令，将当日实际支付的资金，按一级预算单位分预算科目（款级）汇总按实际支付清单与国库单一账户进行资金清算。

（5）代理银行根据《财政直接支付凭证》办理资金支付后，开具《财政直接支付入账通知书》给一级预算单位和基层预算单位，作为一级预算单位和基层预算单位收到或付出相应款项的 。

（6）基层预算单位收到《财政直接支付入账通知书》后进行相应的会计核算工作。

财政直接支付由财政部门进行审核。财政直接支付由预算单位根据年度预算下达的指标，通过财政一体化系统提出直接支付用款申请，经单位财务主管审核后，提交财政部门审核。

2. 财政授权支付程序。预算单位按照批复的部门预算和资金使用计划，向财政部门申请授权支付的分月用款计划，财政部门将批准后的分月用款计划通知代理银行和预算单位，并通知中国人民银行国库部门。预算单位在分月用款计划内，自行向代理银行开具支付令，代理银行通过银行清算系统先行付款，并在每日轧账前与国库单一账户清算。财政授权支付程序一般程序如下：

（1）额度下达。基层预算单位按照批复的部门预算和资金用款计划，向财政部门申请授权支付的月度用款限额。财政授权支付由主管部门进行审核。财政授权支付由预算单位根据年度预算下达的指标，通过财政一体化系统提出授权支付用款计划申请，经主管部门审核后，提交财政支付中心下达用款额度。

（2）财政国库管理机构，根据批准的一级预算单位用款计划中各基层预算单位月度财政授权支付额度，在每月 25 日前，分别向中国人民银行和代理银行签发下月《财政授权支付汇总清算额度通知书》和《财政授权支付额度通知单》。

（3）代理银行在收到财政部门下达的《财政授权支付额度通知单》后，将所确定的各基层预算单位财政授权支付额度，通知其所属的有关分支机构。各分支机构根据《财政授权支付额度通知单》向有关预算单位发送《财政授权支付额度到账通知书》。

（4）基层预算单位凭《财政授权支付额度到账通知书》确定的用款额度支用资金。代理银行凭据《财政授权支付额度通知单》受理预算单位授权支付业务，控制预算单位的支付金额，并与国库单一账户进行资金清算。

（5）支付指令。基层预算单位支用款时，填制《财政授权支付凭证》送交代理银行。

（6）代理银行日（月）报表。代理银行根据国库集中支付业务发生情况编报《财政授权支付日报表》《财政授权支付日报表（经济分类）》《财政支出月报表》《财政支出月报表（经济分类）》《财政直接支付业务汇总清单》和《财政授权支付业务汇总清单》报送财政部门（国库司、处、科、股）。

（7）对账管理。财政部门、预算单位、代理银行之间按照预算科目、区分预算来源进行对账，对账管理有关报表格式和填报要求保持不变。

2013 年 9 月 27 日，财政部、中国人民银行召开了国库集中支付电子化管理全国推广电视电话会议，对国库集中支付电子化管理全国推广工作提出了明确要求。国库集中支付电子化运行后，将通过电子凭证库比对审核，取消所有纸质凭证传递，预算单位支付款项完全可以在办公室网上操作，真正实现足不出户办理支付业务。

2017 年 11 月 30 日，为了规范国库集中支付电子化管理，推动国库业务实现全电子化，提高业务协同和数据共享水平，财政部、中国人民银行出台了《国库集中支付电子化管理接口报文规范（2017）》（财库〔2017〕201 号）。

三、国库现金管理

（一）国库现金管理概述

国库现金，是指各级政府存放在同级国库的财政资金。包括中央国库现金和地方国库现金。

国库现金管理是指在确保国库现金安全和资金支付需要的前提下，财政部门为提高财政资金效益、降低财政筹资成本，运用金融工具有效运作财政库款的管理活动。国际上，主要市场经济国家普遍实施国库现金管理，运用各种金融工具灵活管理国库现金余缺，建立库底目标余额管理机制，提高财政资金效益。

经国务院批准，2006 年我国正式开展中央国库现金管理工作。2014 年，经国务院同意，财政部会同中国人民银行总行选取北京、上海、深圳、广东、黑龙江和湖北 6 个省、市开展地方国库现金管理试点。2016 年地方国库现金管理试点地区推广到天津、河北、吉林、江苏、浙江、安徽、福建、厦门、江西、海南、四川、陕西、甘肃、青海、新疆 15 个省（区、市）。2017 年 1 月 22 日财政部、中国人民银行联合发文“关于全面开展省级地方国库现金管理的通知”（财库［2017］8 号）要求在全国全面开展省级地方国库现金管理。

各级财政部门在切实加快预算执行、确保国库资金安全和满足财政支付需要基础上，统筹考虑当期库款余额和后期库款收支预测情况等，合理把握国库现金管理操作规模、频率和期限，科学规范实施国库现金管理。

阅读资料 财政部 中国人民银行关于印发《中央国库现金管理暂行办法》的通知（财库［2006］37 号）http：//www. mof. gov. cn/mofhome/guokusi/redianzhuanti/guokuxianjinguanli/200807/t20080725_ 58828. html

（二）国库现金管理的操作方式

国库现金管理的操作方式包括商业银行定期存款、买回国债、国债回购和逆回购等。目前，我国中央国库现金管理工作主要采取两种相对安全的操作方式，即商业银行定期存款和买回国债。

1. 商业银行定期存款操作。商业银行定期存款，是指将暂时闲置的国库现金按一定期限存放在商业银行，商业银行提供足额国债为质押，并向财政部门支付利息的交易行为。商业银行定期存款期限一般在 1 年（含 1 年）以内。为保证国库资金安全，国库现金管理存款银行在接受国库存款时，必须以可流通的国债和地方政府债券为质押。

2. 买回国债操作。买回国债，是指财政部利用国库现金从国债市场买回未到期的可流通国债并予以注销或持有到期的交易行为。

四、政府债务管理制度

（一）政府债务概念及其分类

1. 政府债务概念。政府债务（亦称公债）是指政府凭借其信誉，政府作为债务人与债权人之间按照有偿原则发生信用关系来筹集财政资金的一种信用方式，也是政府调度社会资金，弥补财政赤字，并借以调控经济运行的一种特殊分配方式。

2. 政府债务分类。

（1）按发行主体可分为中央公债（中央政府债务、国家公债）和地方公债（地方政府债务、地方公债）。中央公债是由中央政府发行与偿还的债务，也称作国债。国债收入列入中央预算，由中央政府安排支出和使用，还本付息也由中央政府承担，用于实现中央政府的职能。

地方公债是由地方政府发行和偿还的债务。债务收入列入地方预算，由地方政府安排使用，还本付息也由地方政府承担，地方公债的发行范围并不局限于本地区。

（2）按发行地域（地点）可分为内债和外债。内债是政府在本国境内发行的公债，其认购主体是国内法人和本国公民，债权人为金融机构、机关团体、企业和居民个人，其发行与偿还一般以本国货币为计量单位。

政府外债是指财政部代表我国政府对外举借的债务，以国家主权信用为基础，又称主权外债，包括国际金融组织贷款、外国政府贷款和境外发行本外币债券 3 种形式，可分为中央财政统借统还和统借自还两类。

（3）按举债形式可分为国家借款和发行债券。国家借款是最原始的举债形式，它具有手续简便、成本费用较低等优点，因此现代国家在举借外债和向本国中央银行借债时仍主要采用这一方式。而发行债券具有普遍性、法律保证性以及持久性等特点，应用范围较广，效能较高，因此对公众和企业的借债主要采用发行债券的方式。发行债券的主要缺陷是成本较高，需要有发达的信用。

（4）按偿还期限可分为短期、中期和长期公债。短期公债多指 1 年以内到期的公债，其特点是周期短、流动性强，近似货币。中期公债一般指 1 年以上 10 年以内的债券，它与短期和长期公债相配合，有利于吸收资金，既可以用来弥补财政赤字，又可以作为重点建设资金的来源。长期公债是指期限在 10 年以上的公债，一般用于特大的经济建设项目或应付突发事件。

（5）按政府举债方式和资金用途可分为一般债券和专项债券。一般债券是指政府为没有收益的公益性项目发行的、约定一定期限内主要以一般公共预算收入还本付息的政府债券。专项债券是指政府为有一定收益的公益性项目发行的、约定一定期限内以公益性项目对应的政府性基金或专项收入还本付息的政府债券。

（二）国债管理概念

1. 国债管理定义。国债管理是在控制国债规模和国债风险的前提下，通过国债发行、兑付、交易等一系列管理活动，长期以最小的成本满足财政筹资需要，同时促进国债市场发展。是现代国库管理制度负债管理职能的重要体现，它与国库现金管理密切配合，可以大大提高资产负债管理的效率和效益。

目前，我国国债管理制度主要包括国债余额管理制度、国债计划管理制度和国债计划执行制度。

预算法规定，中央一般公共预算中必需的部分资金，可以通过举借国内和国外债务等方式筹措，举借债务应当控制适当的规模，保持合理的结构。对中央一般公共预算中举借的债务实行余额管理，余额的规模不得超过全国人大批准的限额。国务院财政部门具体负责对中央政府债务的统一管理。

经国务院批准的省、自治区、直辖市的预算中必需的建设投资的部分资金，可以在国务院确定的限额内，通过发行地方政府债券举借债务的方式筹措。举借债务的规模，由国务院报全国人大或者全国人大常委会批准。省、自治区、直辖市依照国务院下达的限额举借的债务，列入本级预算调整方案，报本级人大常务委员会批准。举借的债务应当有偿还计划和稳定的偿还资金来源，只能用于公益性资本支出，不得用于经常性支出。除此以外，地方政府及其所属部门不得以任何方式举借债务。除法律另有规定外，地方政府及其所属部门不得为任何单位和个人的债务以任何方式提供担保。

2. 国债管理形式。国债管理是现代国库管理制度负债管理职能的重要体现，它与国库现金管理密切配合，可以大大提高资产负债管理的效率和效益。

自 1981 年恢复发行国债以来，我国一直采取逐年审批年度发行额的方式管理国债。2000 年预算编制调整后，中央财政安排国债项目资金和当年需归还的债务利息均列入中央预算支出，此后每年的国债发行规模等于“财政预算的赤字额度与当年到期国债需要归还的本金”的总和。直到 2006 年，财政部才正式推出国债余额管理。

（三）地方政府债务管理

1. 地方政府债券。地方政府举债一律采取在国务院批准的限额内发行地方政府债券方式，除此以外地方政府及其所属部门不得以任何方式举借债务。

地方政府债券分为一般债券和专项债券。没有收益的公益性事业发展确需政府举借一般债务的，通过发行一般债券融资，主要以一般公共预算收入偿还；有一定收益的公益性事业发展确需政府举借专项债务的，通过发行专项债券融资，以对应的政府性基金或专项收入偿还。各市、县（区）政府要将一般债务收支纳入一般公共预算管理，将专项债务收支纳入政府性基金预算管理。各部门、各单位要将债务收支纳入部门和单位预算管理。

（1）地方政府一般债券，是指省、自治区、直辖市政府（含经省级政府批准自办债券发行的计划单列市政府）为没有收益的公益性项目发行的、约定一定期限内主要以一般公共预算收入还本付息的政府债券。一般债券采用记账式固定利率附息形式。

省、自治区、直辖市依照国务院下达的限额举借的债务，列入本级预算调整方案，报本级人大常委会批准。债券资金收支列入一般公共预算管理。

阅读资料 关于印发《地方政府一般债务预算管理办法》的通知（财预〔2016〕154号）http：//yss. mof. gov. cn/zhuantilanmu/zfzw/201612/t20161206_ 2475287. html

（2）地方政府专项债券，是指省、自治区、直辖市政府（含经省级政府批准自办债券发行的计划单列市政府）为有一定收益的公益性项目发行的、约定一定期限内以公益性项目对应的政府性基金或专项收入还本付息的政府债券。

地方政府债券由各地按照市场化原则自发自还，遵循公开、公平、公正的原则，发行和偿还主体为地方政府。

> **阅读资料** 关于印发《地方政府专项债务预算管理办法》的通知（财预［2016］155号）http：//yss. mof. gov. cn/zhuantilanmu/zfzw/201612/t20161206_ 2475290. html

2. 地方政府债务管理。地方政府债务管理经历三个阶段：代发代还、自发代还和自发自还。

（1）代发代还，2009 年起为实施好积极的财政政策，国务院同意地方政府在国务院批准额度内发行债券。当时由于地方政府债券发行渠道尚未建立，2009 年和 2010 年地方政府债券由财政部代理发行，代办还本付息。

（2）自发代还，2011—2013 年，经国务院批准，上海等地区试点在国务院批准的额度内自行发行债券，但仍由财政部代办还本付息。

（3）自发自还，在首批试点的上海市、深圳市、浙江省及广东省之外，江苏省和山东省在 2013 年也加入到了自行发债试点的行列中，之后还将试点范围扩大至江西省、宁夏回族自治区、北京市及青岛市。经国务院批准，2014 年上海等 10 个地区开展了地方政府债券自发自还试点工作。

> **阅读资料** 《国务院关于加强地方政府性债务管理的意见》（国发〔2014〕43 号）http：//yss. mof. gov. cn/zhuantilanmu/zfzw/201611/t20161122_ 2463924. html
> **阅读资料** 关于进一步规范地方政府举债融资行为的通知（财预〔2017〕50 号）http：//yss. mof. gov. cn/zhuantilanmu/dfzgl/zcfg/201705/t20170503_ 2592801. html

【思考题】

1. 简述我国政府预算体系。
2. 简述我国政府收支分类。
3. 简述我国现代国库制度。
4. 简述我国国库单一账户体系。

第二篇　政府会计实务（上）：财政总预算会计实务

第四章 财政总预算会计概述

学习目标

- □ 了解总预算会计管理基础工作
- □ 熟悉会计信息质量特征
- □ 掌握总预算会计概念、会计目标、基本假设、会计要素和会计科目

第一节 总预算会计概述

一、总预算会计的概念及改革历程

（一）总预算会计定义

财政总预算会计，是各级政府财政核算、反映、监督政府一般公共预算资金、政府性基金预算资金、国有资本经营预算资金、社会保险基金预算资金以及财政专户管理资金、专用基金和代管资金等资金活动的专业会计。简称为“总会计”“总预算会计”等。

总会计主体是各级政府，反映的是宏观的总体，即一个省、一个市或一个县等的预算收支情况。政府总会计核算的对象是预算资金的集中、分配和执行结果。

总会计制度是财政管理领域一项重要的基础性制度。总会计工作是财政管理的基础性工作，承担着反映预算执行情况，参与预算管理的重要职能。财政总会计制度要与预算管理制度改革相衔接，充分体现预算管理制度改革对总会计核算的要求。

（二）总预算会计的发展历程

新中国成立以来，总预算会计经历了以下几次主要改革。

1. 1949—1965 年创立“总预算会计”，分设资产、负债、岁入、岁出会计要素，以“资产 = 负债”作为基本会计等式，实行收付实现制，采用借贷记账法，编报资产负债表、收支决算表。

2. 1966—1997 年调整为“财政总会计”，改设资金来源、资金运用、资金结存会计要素，改设基本会计等式为“资金来源 - 资金运用 = 资金结存”，改用资金收付记账法，编报资金活动情况表、财政收支决算总表、预算外收支决算表。

3. 1998 年实行总会计的重大改革，涉及会计要素、会计等式、记账方法和会计报表等各个方面。它分设资产、负债、净资产、收入、支出会计要素，确立“资产 - 负债 = 净资产”“收入 - 支出 = 结余”，实行收付实现制，采用借贷记记账法，运用历史成本模式。

总会计作为实行财政国库管理的一项基本制度，对于保证国库安全、高效运行具有重要意义。随着经济发展和社会主义市场经济体制下公共财政的发展要求，总会计工作逐步得到发展和加强。

从制度建设上，财政部于 1984 年、1988 年和 1998 年三次对总会计制度进行了修订，其中，1998 年对政府预算会计制度进行的改革，确立了现行总会计的基本模式。

4. 2007 年补充调整。2000 年 6 月，财政部调整内部机构，成立国库司，研究和推行财政国库管理制度改革。2001 年 7 月，成立国库支付中心，地方各级财政部门先后设立国库处（科、股）及国库支付中心，进一步强化了总会计的管理职责。随着现代财政管理制度改革深化，推行政府收支分类、国库集中收付制度、政府采购和部门预算等项制度改革，2007 年对总会计制度收支分类和核算内容进行补充调整。

5. 2016 年总会计制度改革。党的十八届三中全会明确提出财政是国家治理的基础和重要支柱，要求深化财税体制改革，建立现代财政制度。建立权责发生制政府综合财务报告制度被写入三中全会决定，新《预算法》明确要求编制政府综合财务报告。为了适应改革需要，2016 年实施了新的总会计制度。

总会计制度通过采用“双分录”核算方法，在核算预算收支的同时，全面核算单位资产负债，尝试将预算会计和财务会计功能相融合。新制度改进了会计核算方法，既核算反映政府预算收支执行情况，也核算反映政府资产负债情况。

> **阅读资料**　关于印发《财政总预算会计制度》的通知（财库［2015］192 号）http：//www. mof. gov. cn/mofhome/guokusi/zhengfuxinxi/guizhangzhidu/201510/t20151022_1517735. html

二、总预算会计的特征

总预算会计实际上是一种资金会计，它所核算的资产、负债、收入和支出都具有货币性的特征。

（一）会计主体是各级政府

总预算会计反映的是宏观的总体，即一个县、一个市、一个省等政府预算收支情况而不是各级政府的财政部门。

政府预算管理体系决定了总会计体系，我国的政府预算是按照统一领导、分级管理的原则进行的，有一级政府就有一级财政，有一级财政原则上应有一级政府预算。每一级政府设立一级财政总预算，每一级总预算都有相应的总会计。

各级政府都要编制自己的财政总预算，由本级政府部门预算和下级总预算组成。并在财政部门设立总会计，对本级政府财政总预算执行情况及其结果进行记录、核算、反映和监督。政府授权财政部门组织财政预算收支会计核算。

总会计体系与政府财政预算组成体系相一致，分设中央，省区市，设区的市州，县、不设区的市，乡镇等五级总会计。中央政府财政部在国库司设立中央总会计；省、自治区、直辖市政府财政厅（局）在国库处设立省（自治区、直辖市）总会计；设立区的市、自治州政府财政局在国库科设立市（州）总会计；县、自治县、不设区的市、市辖区政府财政局在国库股设立县（市、区）总会计；乡、民族乡、镇政府财政所设立乡（镇）总会计。

（二）核算的对象是财政资金的集中、分配和执行结果

总会计只是对财政预算资金的筹集和分配进行核算，不实际使用资金即不花钱办事，严格讲总会计只是一种资金会计。核算对象是财政预算资金活动。

核算对象是财政预算资金的收支活动及其结果，而不是政府全部的财务活动及其结果。目前总会计不核算政府的实物资产，也不核算事业单位通过市场取得的非财政性资金的收支活动，如经营预算收入等。

实行财政专户管理的财政专户管理资金、专用基金和代管资金，虽然未纳入预算管理，但也纳入总会计核算。与行政事业单位会计相比，总会计以预算管理为核心，具有较强宏观性、社会性、政策性、统一性。

无论是各级政府的财政预算收入还是财政预算支出，它们都具有广泛涉及社会公共利益的特征。因此，总会计反映的信息具有宏观性和公共性的特征。

预算会计遵从预算。值得一提的是，2013 年度中央政府开始编报社会保险基金预算，但由于社会保险基金未纳入政府财政预算管理，会计核算仍然单列，社会保险经办机构经办的社会保险基金的会计核算执行《社会保险基金会计制度》，不纳入总会计核算范围。全国社会保障基金理事会负责全国社会保障基金的财务管理与会计核算。

（三）会计核算以收付实现制为基础，个别事项采用权责发生制

总会计的会计核算一般采用收付实现制，部分经济业务或者事项应当按照规定采用权责发生制核算。

总会计核算以收付实现制为主，但中央总会计的个别事项可以采用权责发生制。总会计在确认收入和支出时，一般应当以实际收到或付出货币资金为准，而不是以应收或者应付的资金为准。

（四）会计要素分为资产类、负债类、净资产类、收入类和支出类五类

与行政事业单位会计相比，目前总会计要素只有资产类、负债类、净资产类、收入类和支出类。

（五）提供的会计信息不仅要符合会计法和政府会计准则要求，还要符合预算法规定

总会计所提供的信息，不仅要符合会计法和一般的会计原则，以满足债权人、投资人和社会公众等信息使用者需要；还要符合《预算法》的要求以满足人大、上级财政部门及本级政府对预算管理和财政决策方面的需要。

三、总会计的作用

（一）总会计的任务

总会计的主要职责是进行会计核算，反映预算执行，实行会计监督，参与预算管理，合理调度资金。

1. 总会计的基本任务。总会计的工作任务主要包括：（1）进行会计核算。办理政府财政各项收支、资产负债的会计核算工作，反映政府财政预算执行情况和财务状况；（2）严格财政资金收付调度管理。组织办理财政资金的收付、调拨，在确保资金安全性、规范性、流动性前提下，合理调度管理资金，提高资金使用效益；（3）规范账户管理。加强对国库单一账户、财政专户、零余额账户和预算单位银行账户等的管理；（4）实行会计监督，参与预算管理。通过会计核算和反映，进行预算执行情况分析，并对总预算、部门预算和单位预算执行实行会计监督；（5）协调预算收入征收部门、国家金库、国库集中收付代理银行、财政专户开户银行和其他有关部门之间的业务关系；（6）组织本地区财政总决算、部门决算编审和汇总工作；（7）组织和指导下级政府总会计工作。

2. 总会计的作用。一是筹集和安排使用预算资金的基础；二是对各级预算决算进行审查的前提；三是进行有效的预算监督的保证。

（二）总会计管理基础工作

总会计管理基础工作内容详见《总会计管理基础工作规定》相关要求。

> **阅读资料** 关于印发《财政总预算会计管理基础工作规定》的通知（财库［2012］1号）http：//gks. mof. gov. cn/zhengfuxinxi/guizhangzhidu/201202/t20120213_ 627625. html

第二节
会计目标和会计假设

一、会计目标

总会计的核算目标是向会计信息使用者提供政府财政预算执行情况、财务状况等会计信息，反映政府财政受托责任履行情况。

总预算会计核算目标，不仅要反映预算收支执行情况的目标功能，而且还要全面反映政府资产负债等财务状况的目标功能。目标定位不仅能够准确反映财政收支情况，而且能够反映重大财政经济政策的实施情况，为分析政策实施效果，促进完善相关政策提供会计信息基础。

总会计的会计信息使用者包括人民代表大会、政府及其有关部门、政府财政部门自身和其他会计信息使用者。

二、会计规范

总会计是政府会计的重要组成部分，其会计规范包括：会计法、预算法；政府会计基本准则；政府会计具体准则；政府财政总会计制度。

三、会计假设、会计基础和记账方法

（一）会计假设

1. 会计主体。总会计主体为各级政府，具体负责组织实施是同级政府财政部门。总会计制度适用于中央，省、自治区、直辖市，设区的市、自治州，县、自治县、不设区的市、市辖区，乡、民族乡、镇等各级政府财政部门的总会计。

中央总会计设置在财政部国库司；地方各级总会计分别设置在各级政府财政部门的国库处室，如国库处、科、股等。

2. 持续经营。总会计的会计核算应当以本级政府财政业务活动持续正常地进行为前提。

3. 会计分期。总会计应当划分会计期间，分期结算账目和编制会计报表。会计期间至少分为年度和月度。会计年度、月度等会计期间的起讫日期采用公历日期。年度终了后，可根据工作特殊需要设置一定期限的上年决算清理期。

4. 货币计量。总会计应当以人民币作为记账本位币，以元为金额单位，元以下记至角、分。发生外币业务，在登记外币金额的同时，一般应当按照业务发生当日中国人民银行公布的汇率中间价，将有关外币金额折算为人民币金额记账。

期末，各种以外币计价或结算的资产负债项目，应当按照期末中国人民银行公布的汇率中间价进行折算。其中，货币资金项目因汇率变动产生的差额计入有关支出等科目；其他资产负债项目因汇率变动产生的差额计入有关净资产等科目。

（二）会计基础和记账方法

总会计的会计核算一般采用收付实现制，部分经济业务或者事项应当按照规定采用权责发生制核算。总会计应当采用借贷记账法记账。

收付实现制原则是指总会计在确认收入和支出时，一般以实际收到或者实际付出的货币资金为标准，而不是以应收或者应付财政预算资金为标准。总会计采用收付实现制基础，有利于将总会计的核算基础与政府预算的编制基础保持一致，从而有利于总会计如实反映政府预算的执行情况和结果。

第三节
会计信息质量要求

一、可靠性

总会计应当以实际发生的经济业务或者事项为依据进行会计核算，如实反映各项会计要素的情况和结果，保证会计信息真实可靠，全面反映政府财政的预算执行情况和财务状况等。

二、相关性

总会计提供的会计信息应当与政府财政受托责任履行情况的反映、会计信息使用者的监督、决策和管理需要相关，有助于会计信息使用者对政府财政过去、现在或者未来的情况做出评价或者预测。

三、及时性

总会计对于已经发生的经济业务或者事项，应当及时进行会计核算。

四、可比性

总会计提供的会计信息应当具有可比性。同一政府财政不同时期发生的相同或者相似的经济业务或者事项，应当采用一致的会计政策，不得随意变更。确需变更的，应当将变更的内容、理由和对政府财政预算执行情况、财务状况的影响在附注中予以说明。不同政府财政发生的相同或者相似的经济业务或者事项，应当采用统一的会计政策，确保不同政府财政的会计信息口径一致、相互可比。

五、明晰性（可理解性）

总会计提供的会计信息应当清晰明了，便于会计信息使用者理解和使用。

第四节

会计要素和会计科目

一、会计对象与会计要素

（一）会计对象

会计对象，即会计核算、反映和监督的内容，亦即政府的资金活动。总会计对象包括政府财政预算资金和其他财政资金，即政府财政预算资金有一般公共预算资金、政府性基金预算资金、国有资本经营预算资金；政府其他财政资金主要有财政专户管理资金、专用基金和代管资金等。现行总会计对象不包括社会保险基金预算资金。

（二）会计要素

会计要素是对会计对象的分类，是从会计的角度解释构成政府经济活动的必要因素。总会计应当按照业务或事项的经济特征确定会计要素。会计要素包括资产、负债、净资产、收入和支出。

二、会计科目

总会计制度一个重要功能就是要通过科学设置会计科目和报表体系，将预算管理制度改革的成果全面、完整、准确地通过会计记录予以反映，满足财政管理需要和社会各界对财政信息公开的需求。

为正确的核算各类会计事项，财政部统一规定了会计科目和会计核算方法。按照总会计要素的类别，总预算会计科目可分为资产、负债、净资产、收入、支出五类。各级总会计适用的会计科目如表 4－1 所示。

表 4－1　　财政总预算会计科目表

序号	科目编号	会计科目名称
一、资产类		
1	1001	国库存款
2	1003	国库现金管理存款
3	1004	其他财政存款
4	1005	财政零余额账户存款
5	1006	有价证券
6	1007	在途款
7	1011	预拨经费
8	1021	借出款项

续表

序号	科目编号	会计科目名称
9	1022	应收股利
10	1031	与下级往来
11	1036	其他应收款
12	1041	应收地方政府债券转贷款
13	1045	应收主权外债转贷款
14	1071	股权投资
15	1081	待发国债
二、负债类		
16	2001	应付短期政府债券
17	2011	应付国库集中支付结余
18	2012	与上级往来
19	2015	其他应付款
20	2017	应付代管资金
21	2021	应付长期政府债券
22	2022	借入款项
23	2026	应付地方政府债券转贷款
24	2027	应付主权外债转贷款
25	2045	其他负债
26	2091	已结报支出
三、净资产类		
27	3001	一般公共预算结转结余
28	3002	政府性基金预算结转结余
29	3003	国有资本经营预算结转结余
30	3005	财政专户管理资金结余
31	3007	专用基金结余
32	3031	预算稳定调节基金
33	3033	预算周转金
34	3081 308101 308102 308103 308104	资产基金 应收地方政府债券转贷款 应收主权外债转贷款 股权投资 应收股利
35	3082 308201 308202 308203 308204 308205 308206	待偿债净资产 应付短期政府债券 应付长期政府债券 借入款项 应付地方政府债券转贷款 应付主权外债转贷款 其他负债

续表

序号	科目编号	会计科目名称
四、收入类		
36	4001	一般公共预算本级收入
37	4002	政府性基金预算本级收入
38	4003	国有资本经营预算本级收入
39	4005	财政专户管理资金收入
40	4007	专用基金收入
41	4011	补助收入
42	4012	上解收入
43	4013	地区间援助收入
44	4021	调入资金
45	4031	动用预算稳定调节基金
46	4041	债务收入
47	4042	债务转贷收入
五、支出类		
48	5001	一般公共预算本级支出
49	5002	政府性基金预算本级支出
50	5003	国有资本经营预算本级支出
51	5005	财政专户管理资金支出
52	5007	专用基金支出
53	5011	补助支出
54	5012	上解支出
55	5013	地区间援助支出
56	5021	调出资金
57	5031	安排预算稳定调节基金
58	5041	债务还本支出
59	5042	债务转贷支出

各级总会计应严格按照下列规定运用会计科目：**一是**各级总会计应当对有关法律、法规允许进行的经济活动，按照总会计制度的规定使用会计科目进行核算；不得以总会计制度规定的会计科目及使用说明作为进行有关经济活动的依据。**二是**各级总会计应当按照总会计制度的规定设置和使用会计科目，不需使用的总账科目可以不用；在不影响会计处理和编报会计报表的前提下，各级总会计可以根据实际情况自行增设制度规定以外的明细科目，或者自行减少、合并制度规定的明细科目。**三是**各级总会计应当使用总会计制度统一规定的会计科目编号，不得随意打乱重编。

【思考题】

1. 简述总会计目标和会计准则（规范）。
2. 简述总会计主要特征。
3. 简述总会计基本假设和会计基础。
4. 简述总会计对象和会计要素。
5. 简述总会计信息质量特征。
6. 与1998年《总会计制度》相比，2016年实行的《总会计制度》有哪些创新和变化?

第五章
政府财政资产

学习目标

- □ 了解政府财政资产概念、内容
- □ 熟悉财政资产管理要求，资产确认与计量
- □ 掌握财政存款、有价证券、应收股利、借出款项、暂付及应收款项、预拨经费、应收转贷款和股权投资等账务处理

第一节
资产概述

一、资产概念

资产，是指政府财政占有或控制的，能以货币计量的经济资源。

总会计核算的资产按照流动性，分为流动资产和非流动资产。流动资产是指预计在1年内（含1年）变现的资产；非流动资产是指流动资产以外的资产。

总会计核算的资产具体包括财政存款、有价证券、应收股利、借出款项、暂付及应收款项、预拨经费、应收转贷款和股权投资等。

总会计是一种资金会计，因此，其资产也主要体现为货币性和往来性的资产。没有实物资产如固定资产、存货等，也没有无形资产。

二、政府财政资产种类

（一）财政存款与在途款

财政存款，是指政府财政部门代表政府管理的国库存款、国库现金管理存款以及其他财政存款等。财政存款的支配权属于同级政府财政部门，并由总会计负责管理，统一在国库或选定的银行开立存款账户，统一收付，不得透支，不得提取现金。

在途款，是指决算清理期和库款报解整理期内发生的需要通过过渡处理的属于上年度收入、支出等业务的资金数。

阅读资料 关于进一步加强财政部门和预算单位资金存放管理的指导意见（财库［2017］76号）http：//gks. mof. gov. cn/zhengfuxinxi/guizhangzhidu/201704/t20170411_ 2578985. html

（二）政府财政债权

政府财政持有的债权包括借出款项、暂付及应收款项、预拨经费和应收转贷款等各种债权。

借出款项是指政府财政按照对外借款管理相关规定借给预算单位临时急需，并需按期收回的款项。

暂付及应收款项是指政府财政业务活动中形成的债权，包括与下级往来和其他应收款等。暂付及应收款项应当及时清理结算，不得长期挂账。

预拨经费是指政府财政在年度预算执行中预拨出应在以后各月列支以及会计年度终了前根据“二上”预算预拨出的下年度预算资金。预拨经费（不含预拨下年度预算资金）应在年终前转列支出或清理收回。

应收转贷款是指政府财政将借入的资金转贷给下级政府财政的款项，包括应收地方政府债券转贷款、应收主权外债转贷款等。

（三）政府财政投资与应收股利

政府财政投资包括有价证券与股权投资。有价证券是指政府财政按照有关规定取得并持有的政府债券。股权投资是指政府持有的各类股权投资资产，包括国际金融组织股权投资、投资基金股权投资、国有企业股权投资等。政府股权投资是政府的一项重要资产。

应收股利是指政府因持有股权投资应当收取的现金股利或利润。

三、资产确认与计量

政府会计准则规定了政府资产的定义、确认基础和计量属性。符合基本准则规定的资产定义的经济资源，在同时满足条件时，确认为资产。内容详见第二章。

总会计对符合总会计制度资产定义的经济资源，应当在取得对其相关的权利，并且能够可靠地进行货币计量时确认。符合资产定义并确认的资产项目，应当列入资产负债表。总会计核算的资产，应当按照取得或发生时实际金额进行计量。

第二节

财政存款和在途款

根据财政预算资金存款地点的不同，财政存款可以划分为：国库存款、国库现金管理存款、其他财政存款和财政零余额账户存款。

一、国库存款

（一）国库存款的概念和管理

国库存款指各级政府财政存放在中国人民银行国库的财政预算资金存款。即政府财政存放在国库单一账户的款项。核算范围包括一般公共预算资金存款、政府性基金预算资金存款、国有资本经营预算资金存款等种类。

国库存款的主要管理要求：

（1）集中支付，统一调度。国库存款支配权属于总会计，由总会计集中支付，统一调度。政府的其他职能部门不能支付国库存款，也不能调度国库存款中的任何资金。

（2）严格控制国库存款的开户。根据国家金库管理相关规定，国库存款由总会计统一在中国人民银行开立存款账户，不能随意将国库存款转到其他金融机构的存款账户上。

（3）根据年度预算和季度分月用款计划拨付存款资金。总会计应当根据经批准的部门预算和单位季度用款计划拨付财政资金，严禁超预算、超计划的预算拨款。

（4）办理转账，不提取现金。总会计行使的是财政资金的分配职能，不是财政资金的实际使用者。因此，总会计开出的各种资金拨付凭证只能用于办理转账业务，不能用于从国库存款中提取现金。

（5）在存款余额内支付，不能透支。总会计只能在国库存款余额内办理资金拨付，不能办理超过国库存款余额的资金拨付。

（二）国库存款账务处理

1. 科目设置。总会计设置“国库存款”科目，核算政府财政存放在国库单一账户的款项。借方登记国库存款增加数，贷方登记国库存款减少数，借方余额反映国库存款的结存数。

2. 核算实务。

业务类型（简称业务）1：收到预算收入时，借记本科目，贷记有关预算收入科目。当日收入数为负数时，以红字记入（采用计算机记账的，用负数反映）。

总预算会计收到预算收入时，总会计应根据国库报来的收入日报表入账；收到上级补助、下级上解收入时，应根据国库转来的有关结算凭证入账。对应国库存款记借方，表示国库存款增加数。

业务2：收到国库存款利息收入时，借记本科目，贷记“一般公共预算本级收入”

科目。

业务3：收到缴入国库的来源不清的款项时，借记本科目，贷记“其他应付款”等科目。

业务4：国库存款减少时，按照实际支付的金额，借记有关科目，贷记本科目。

【例5－1】某政府财政发生如下经济业务：

（1）收到中国人民银行国库报来的预算收入日报表，当日收到本级一般公共预算收入68万元。

借：国库存款　　680 000
　　贷：一般公共预算本级收入　　680 000

（2）收到国库报来的预算收入日报表，当日收到本级政府性基金预算收入8万元。

借：国库存款　　80 000
　　贷：政府性基金预算本级收入　　80 000

（3）收到国库报来的预算收入日报表，当日收到本级国有资本经营预算收入2万元。

借：国库存款　　20 000
　　贷：国有资本经营预算本级收入　　20 000

（4）收到国库转来的有关结算凭证，当日收到上级预算补助16万元。

借：国库存款　　160 000
　　贷：补助收入　　160 000

（5）按财政体制收到所属某县财政上解的一般公共预算收入145万元。

借：国库存款　　1 450 000
　　贷：上解收入　　1 450 000

（6）根据财政国库支付执行机构每日报来的《预算支出结算清单》，代同级预算单位直接支付给供应商政府集中采购设备款25万元，与中国人民银行划款凭证核对无误后，列报一般公共预算支出。

借：一般公共预算本级支出　　250 000
　　贷：国库存款　　250 000

（7）将当日代理银行汇总的预算单位零余额账户授权支付数5万元，与中国人民银行汇总划款凭证核对无误后，列报基金预算支出。

借：政府性基金预算本级支出　　50 000
　　贷：国库存款　　50 000

（8）按财政体制向省级财政上解一般公共预算收入225万元。

借：上解支出　　2 250 000
　　贷：国库存款　　2 250 000

二、国库现金管理存款

（一）国库现金管理存款概念和管理

国库现金管理存款是指政府财政实行国库现金管理业务存放在商业银行的款项。

在国际上，各国实施国库单一账户改革后，都陆续对闲置库款实施现金管理，在确保支付安全的前提下压缩库款现金。国库现金管理已成为市场经济国家财政国库管理的通行模式，成为经济运行中的一个新内容。国库现金管理应遵循安全性、流动性和收益性相统一的原则，从易到难、稳妥有序地开展。

国库现金管理相关内容请参见第三章现代财政制度。

（二）国库现金管理存款账务处理

1. 科目设置。总会计设置“国库现金管理存款”科目，专门用于核算政府财政实行国库现金管理业务存放在商业银行的款项。借方登记存款增加数，贷方登记存款减少数，期末借方余额反映政府财政实行国库现金管理业务持有的存款。

通过此科目，可以将国库现金管理存款与日常国库存款分开核算，有利于清晰反映财政存款结构，并为建立财政库底目标余额管理制度提供核算基础。

2. 核算实务。

业务1：按照国库现金管理有关规定，将库款转存商业银行时，按照存入商业银行的金额，借记本科目，贷记“国库存款”科目。

业务2：国库现金管理存款收回国库时，按照实际收回的金额，借记“国库存款”科目，按照原存入商业银行的存款本金金额，贷记本科目，按照两者的差额，贷记“一般公共预算本级收入”科目。

【例5－2】某政府财政发生如下经济业务：

（1）市财政局为提高财政资金使用效益，按规定将暂时闲置的国库现金1 000万元按一年定期存放市工商银行分行，利率3.02%。国库于当日将款项存入市工商银行，同时质押足额债券。根据《国家金库××库库存日报表》《地方国库现金管理商业银行定期存款资金划出明细表》，与中国人民银行划款凭证核对无误，由中国人民银行向存款银行划拨资金后。

借：国库现金存款	10 000 000	
贷：国库存款		10 000 000

（2）上述国库现金存款于到期日20×8年3月23日收回，实收利息30.2万元。市工商银行向市财政支付利息，存款银行将到期定期存款本息足额划入国家金库。国库于本息款项收纳当日解除了商业银行质押的国债。根据《国家金库××库库存日报表》《地方国库现金管理定期存款月（年）报表》和《地方国库现金管理商业银行定期存款本息划回明细表》，与中国人民银行划款凭证核对无误后。

借：国库存款	10 302 000	
贷：国库现金存款		10 000 000
一般公共预算本级收入		302 000

三、其他财政存款

（一）其他财政存款概念和管理

其他财政存款指除国库存款和国库现金管理存款以外，各级政府财政存放在商业银行财政专户的财政性资金存款。其核算范围主要是各级总会计未列入“国库存款”“国库现金管理存款”科目反映的各项财政性存款的增减变动及结存情况，包括：（1）财政部门指定存入商业银行的专用基金存款；（2）未设国库的乡（镇）财政在商业银行的预算资金存款；（3）未纳入预算并实行财政专户管理的资金存款等（见表5－1）。

表5－1　　政府预算执行中账户开设与使用比较表

会　计	开设使用账户	资金性质
总会计	国库存款账户、国库现金管理存款账户、财政专户	
国库支付中心会计	财政零余额账户	
行政事业单位会计	预算单位零余额账户、银行存款账户	

财政部门和预算单位资金存放管理应遵循以下原则：

1. 依法合规。资金存放应当符合法律法规和政策规定，符合廉政建设要求。

2. 公正透明。资金存放银行选择应当公开、公平、公正，程序透明，结果透明，兼顾效率。

3. 安全优先。资金存放应当以确保资金安全为前提，充分评估资金存放银行经营状况，防止出现资金安全风险事件。

4. 科学评估。综合考虑资金安全性、流动性、支持经济发展、资金收益等因素，科学设置资金存放银行评选指标。

5. 权责统一。实施资金存放的单位应当履行资金存放管理的主体责任，组织好资金存放管理工作，保证资金存放平稳有序。

阅读资料　关于进一步加强财政部门和预算单位资金存放管理的指导意见（财库［2017］76号）http：//gks. mof. gov. cn/zhengfuxinxi/guizhangzhidu/201704/t20170411_ 2578985. html

（二）其他财政存款账务处理

1. 科目设置。总会计设置“其他财政存款”科目，核算政府财政未列入“国库存款”“国库现金管理存款”科目反映的各项存款。包括未设国库的乡（镇）财政在商业银行的预算资金存款以及部分由财政部门指定存入专业银行的专用基金存款等。借方登记存款增加数，贷方登记存款减少数，期末借方余额反映政府财政持有的其他财政存款。为了便于管理，本科目应当按照资金性质和存款银行等进行明细核算。

2. 核算实务。

业务1：财政专户收到款项时，应据经办行报来的收入日报表或银行收款通知入账，按照实际收到的金额，借记本科目，贷记有关科目。

业务2：其他财政存款产生的利息收入，除规定作为专户资金收入外，其他利息收入都应缴入国库纳入一般公共预算管理。取得其他财政存款利息收入时，按照实际获得的利息金额，根据以下情况分别处理：按规定作为专户资金收入的，借记本科目，贷记“应付代管资金”或有关收入科目；按规定应缴入国库的，借记本科目，贷记“其他应付款”科目。将其他财政存款利息收入缴入国库时，借记“其他应付款”科目，贷记本科目；同时，借记“国库存款”科目，贷记“一般公共预算本级收入”科目。

业务3：其他财政存款减少时，应根据有关支付凭证回单入账。按照实际支付的金额，借记有关科目，贷记本科目。

【例 5－3】某政府财政发生如下经济业务：

（1）接商业银行通知，收到一笔教育收费 36 万元，该笔收入属于未纳入预算并实行财政专户管理的资金。

借：其他财政存款　　360 000

　　贷：财政专户管理资金收入　　360 000

（2）根据中央专项资金特设账户代理银行转来的收款凭证，收到农村义务教育中央专项资金 4.5 万元。

借：其他财政存款——中央专项资金存款　　45 000

　　贷：与上级往来　　45 000

（3）某市财政部门办理农村义务教育中央专项资金财政直接支付业务，支付金额 2.2 万元。

借：一般公共预算本级支出　　22 000

　　贷：其他财政存款——中央专项资金存款　　22 000

四、财政零余额账户存款

（一）财政零余额账户存款概念

财政零余额账户存款是财政国库支付执行机构在代理银行办理财政直接支付的业务。财政零余额账户存款是财政国库支付执行机构专用科目，是核算、反映财政国库支付执行机构在代理银行开设的财政零余额账户办理财政直接支付的业务。

财政国库支付执行机构按规定办理财政资金的支付，并及时将财政资金的支付情况向财政国库管理机构（国库司、处、科、股）报告。

（二）财政零余额账户存款账务处理

1. 科目设置。总会计设置“财政零余额账户存款”科目，核算财政国库支付执行机构在代理银行办理财政直接支付的业务。财政国库支付执行机构未单设的地区不使用该科目。借方登记存款增加数，贷方登记存款减少数，本科目当日资金结算后一般应无余额。

2. 核算实务。

业务 1：财政国库支付执行机构为预算单位直接支付款项时，借记有关预算支出科目，贷记本科目。

业务 2：财政国库支付执行机构每日将按部门分“类”“款”“项”汇总的预算支出结算清单等结算单与中国人民银行国库划款凭证核对无误后，送总会计结算资金，按照结算的金额，借记本科目，贷记“已结报支出”科目。

【例 5－4】某政府财政发生如下经济业务：

（1）采用财政直接支付方式，通过财政零余额账户为本级某预算单位支付政府采购资金 10 万元给供应商。该笔属于一般公共预算支出。

财政国库支付执行机构：

借：一般公共预算本级支出　　100 000

　　贷：财政零余额账户存款　　100 000

（2）财政国库支付执行机构当天将上述支付项目按部门分“类”“款”“项”汇总的

预算支出结算清单等结算单与中国人民银行国库划款凭证核对无误后，送总会计结算资金。按照结算的金额，会计处理如下：

①财政国库支付执行机构：

借：财政零余额账户存款　　100 000

　　贷：已结报支出　　100 000

②总会计：

借：一般公共预算本级支出　　100 000

　　贷：国库存款　　100 000

（3）年终，财政国库支付执行机构根据“已结报支出”和“一般公共预算本级支出”等有关账户办理结转。

借：已结报支出　　100 000

　　贷：一般公共预算本级支出　　100 000

五、在途款

（一）在途款概念与管理

在途款，是指在国库存款的报解整理期内，总会计收到属于上年度的收入、收回不属于上年度的支出和其他需要作为在途款过渡的款项。根据中国人民银行国库管理制度的规定，在每年年度终了后，各支库应设置10天的库款报解整理期。

按照总会计收付实现制原则，应当作为当年收支款项与实际收支的款项之间会产生时间差。在途款形成的原因主要有：

1. 属于当年的财政预算收入在年终时不一定都能及时入库；由于库款的报解入库需要一定的时间，年终就会存在国库经收处或者各级国库已经在年前收纳，以及在清理期交纳应属于决算年度收入的款项，但是尚未转到支库或者尚未报解到各该上级国库的各种收入，这些款项称为在途款。

2. 当年支付的库款不一定都属于当年的财政预算支出。当年财政国库存款的出库不一定都是当年的财政预算支出，如收回不属于上年度的支出。

（二）在途款账务处理

1. 科目设置。总会计设置“在途款”科目，核算决算清理期和库款报解整理期内发生的需要通过本科目过渡处理的属于上年度收入、支出等业务的资金数。本科目期末借方余额反映政府财政持有的在途款。

对“在途款”科目的登记要求如下：本科目核算决算清理期和库款报解整理期内发生的上下年度收入、支出业务及需要通过本科目过渡处理的资金数。在库款报解整理期内收到属于上年度收入的款项时，借记本科目，贷记“一般公共预算本级收入”“补助收入”“上解收入”等收入科目；收回属于上年度拨款或支出时，借记本科目，贷记“预拨经费”或“一般公共预算支出”等科目；在新年度账上，冲转在途款时，借记“国库存款”科目，贷记本科目。

2. 核算实务。

业务1：决算清理期和库款报解整理期内收到属于上年度收入时，在上年度账务中，借记本科目，贷记有关收入科目；收回属于上年度拨款或支出时，在上年度账务中，借记本科目，贷记“预拨经费”或有关支出科目。

业务2：冲转在途款时，在本年度账务中，借记“国库存款”科目，贷记本科目。

【例5－5】 某政府财政发生如下经济业务：

总会计在决算清理期间收到国库的“预算收入日报表”，属于上年度的一般公共预算本级收入4万元。

在上年度账上作如下处理：

借：在途款　　40 000

　　贷：一般公共预算本级收入　　40 000

在本年度新账上登记为：

借：国库存款　　40 000

　　贷：在途款　　40 000

第三节

借出款项、暂付及应收款项和预拨经费

一、借出款项

（一）借出款项概念与管理

借出款项，是指政府财政按照对外借款管理相关规定借给预算单位临时急需，并需按期收回的款项。

各级财政部门应加强财政对外借款管理，各级财政严禁违规对非预算单位及未纳入年度预算的项目借款或垫付财政资金。年终应全面清理已经发生的财政借垫款，应当由预算安排支出的按规定列支，符合制度规定的临时性借垫款按期及时收回，不符合制度规定的借垫款限期收回。

各级财政总会计要全面清理已发生的财政暂付款项，对符合制度规定的临时性暂付款项，应及时收回，经核实确实无法收回的按规定程序报批后核销；对符合制度规定应当在支出预算中安排的款项，按规定列入预算支出；对不符合制度规定的财政暂付款项要限期收回。严格控制新增财政对外借款，对确需出借的临时急需款项，要按照有关规定严格限定借款对象、用途和期限，并报经同级政府常务会议批准同意后办理借款手续。加强对借款单位资金使用情况的监督检查，一经发现有借款用途发生改变等情况要立即收回借款。

为了区分财政对外借款与日常往来资金，规范财政对外借款管理，提供更加明晰的会计信息。总会计制度设置“借出款项”和“其他应收款”两个债权科目，其中“借出款项”科目，专门用于核算财政对外借款业务，其他日常往来结算业务形成的债权则通过“其他应收款”科目核算反映。

（二）借出款项账务处理

1. 科目设置。总会计设置“借出款项”科目，核算政府财政按照对外借款管理相关规定借给预算单位临时急需的，并需按期收回的款项。本科目应当按照借款单位等进行明细核算。本科目期末借方余额反映政府财政借给预算单位尚未收回的款项。

2. 核算实务。

业务1：将款项借出时，按照实际支付的金额，借记本科目，贷记“国库存款”等科目。

业务2：收回借款时，按照实际收到的金额，借记“国库存款”等科目，贷记本科目。

【例5－6】某政府财政发生如下经济业务：

市财政在向市教育局发放紧急借款40万元，用于修建危险校舍。

借：借出款项——市教育局　　400 000
　　贷：国库存款　　400 000

经批准，同意将市教育局借款40万元的一半转为拨款，另一半由市教育局归还，并收入国库。

借：一般公共预算本级支出　　200 000
　　贷：借出款项——市教育局　　200 000
借：国库存款　　200 000
　　贷：借出款项——市教育局　　200 000

二、暂付及应收款项

（一）暂付及应收款项概念与管理

暂付及应收款项，是指政府财政业务活动中形成的债权，包括与下级往来和其他应收款等。暂付及应收款项应当及时清理结算，不得长期挂账。

暂付及应收款是预算往来结算中形成的债权，包括在预算执行过程中上下级财政结算形成的债权（采用“与下级往来”核算）以及其他日常往来结算业务形成的债权则通过“其他应收款”科目核算反映。与用款单位借款（采用“借出款项”核算）形成的债权不同。

1. 与下级往来。与下级往来，是指本级财政与下级财政间由于财政体制结算、借给下级财政周转款项（如调度款）等原因而形成的待结算款项。包括本级财政应收取或收回下级财政的款项和本级财政应支付下级财政的款项。借给下级政府财政款项、体制结算中应当由下级政府财政上缴的收入数。

与下级往来主要有两种情况：一种是与下级财政之间发生的资金调度往来；二是体制结算中应由下级财政上缴而未缴的收入数，应补助下级未补助的支出数。

因此，与下级往来账户只是按发生业务的对象划分，并不代表一定是债权账户，该账户是“双向”，其余额可能在借方，也可能在贷方。借方余额表示下级财政欠本级财政的款项，即为债权；贷方余额则表示本级财政欠下级财政的款项，如应补未补数，即为债务。

借出款项、与下级往来联系与区别见表5－2。

表5－2

会计科目	债权人	债务人	业务性质
借出款项	财政部门	预算（用款）单位	财政对外借款
与下级往来	上级财政部门	下级财政部门	上下级财政结算
其他应收款	财政部门	预算（用款）单位	日常往来结算

2. 其他应收款。其他应收款是指政府财政临时发生的其他应收、暂付、垫付款项。包括项目单位拖欠外国政府和国际金融组织贷款本息和相关费用导致相关政府财政履行担保责任，代偿的贷款本息费。

（二）与下级往来账务处理

1. 科目设置。总会计设置“与下级往来”科目，核算本级政府财政与下级政府财政的往来待结算款项。本科目应当按照下级政府财政、资金性质等进行明细核算。本科目期末借方余额反映下级政府财政欠本级政府财政的款项；期末贷方余额反映本级政府财政欠下级政府财政的款项。

2. 核算实务。

业务1：借给下级政府财政款项时，借记本科目，贷记“国库存款”科目。

业务2：体制结算中应当由下级政府财政上交的收入数，借记本科目，贷记“上解收入”科目。

业务3：借款收回、转作补助支出或体制结算应当补助下级政府财政的支出，借记“国库存款”“补助支出”等有关科目，贷记本科目。

业务4：发生上解多交应当退回的，按照应当退回的金额，借记“上解收入”科目，贷记本科目。

业务5：发生补助多补应当退回的，按照应当退回的金额，借记本科目，贷记“补助支出”科目。

【例5－7】某政府财政发生如下经济业务：

（1）同意下属甲县财政局申请，借给临时调度款300万元。

借：与下级往来——甲县　　3 000 000
　　贷：国库存款　　3 000 000

（2）将上述案例中借给甲县财政局款项中的200万元作为对该县的补助，其余100万元由其归还并收回。

借：补助支出——转移性支出——上下级政府间转移性支出　　2 000 000
　　贷：与下级往来——甲县　　2 000 000
借：国库存款　　1 000 000
　　贷：与下级往来——甲县　　1 000 000

（三）其他应收款账务处理

1. 科目设置。总会计设置“其他应收款”科目，核算政府财政临时发生的其他应收、暂付、垫付款项。项目单位拖欠外国政府和国际金融组织贷款本息和相关费用导致相关政府财政履行担保责任，代偿的贷款本息费，也通过本科目核算。本科目应当按照资金性质、债务单位等进行明细核算。本科目应及时清理结算。年终，原则上应无余额。

2. 核算实务。

业务1：发生其他应收款项时，借记本科目，贷记“国库存款”“其他财政存款”等科目。

业务2：收回或转作预算支出时，借记“国库存款”“其他财政存款”或有关支出科目，贷记本科目。

业务3：政府财政对使用外国政府和国际金融组织贷款资金的项目单位履行担保责任，代偿贷款本息费时，借记本科目，贷记“国库存款”“其他财政存款”等科目。政府财政行使追索权，收回项目单位贷款本息费时，借记“国库存款”“其他财政存款”等科目，贷记本科目。政府财政最终未收回项目单位贷款本息费，经核准列支时，借记“一般公共预算本级支出”等科目，贷记本科目。

【例5-8】某政府财政发生如下经济业务：

（1）××市财政局临时发生的代市教育局垫付款项10万元。发生其他应收款项时：

借：其他应收款——市教育局　　100 000
　　贷：国库存款　　100 000

（2）上述代市教育局垫付款项10万元收回时：

借：国库存款　　100 000
　　贷：其他应收款——市教育局　　100 000

（3）市政府财政对使用外国政府和国际金融组织贷款资金的乙项目单位履行担保责任，代偿贷款本息费550万元时：

借：其他应收款——乙项目单位　　5 500 000
　　贷：国库存款　　5 500 000

（4）政府财政行使追索权，收回项目单位贷款本息费时：

借：国库存款　　5 500 000
　　贷：其他应收款——乙项目单位　　5 500 000

三、预拨经费

（一）预拨经费概念与范围

预拨经费是指政府财政在年度预算执行中预拨出应在以后各月列支以及会计年度终了前根据“二上”预算预拨出的下年度预算资金。预拨经费（不含预拨下年度预算资金）应在年终前转列支出或清理收回。

预拨款项与其他财政资产不同，属于待报账资产。首先，从所有权而言，它是政府预算已经分配的资金，从某种意义上讲，财政已失去资金支配权；其次，它正处于耗用阶段，只待用款单位报账后即予核销。因此，对于预拨款项，财政部门只有管理权而缺乏类似于其他各项资产所具有的完全意义上的支配权。

总会计在财政预算年度末向预算单位或用款单位预拨下年度经费时，不确认为预算支出，而作为一项待转销资产即预拨经费处理，等新财政年度预算经同级人大批准或经有关程序批准后，预拨经费才可以按照批准的预算数额转作预算支出。

（二）预拨经费账务处理

1. 科目设置。总会计设置“预拨经费”科目，核算政府财政预拨给预算单位尚未列为预算支出的款项。本科目应当按照预拨经费种类、预算单位等进行明细核算。本科目借方余额反映政府财政年末尚未转列支出或尚待收回的预拨经费数。

2. 核算实务。

业务1：拨出款项时，借记本科目，贷记“国库存款”科目。

业务2：转列支出或收回预拨款项时，借记“一般公共预算本级支出”“政府性基金预算本级支出”“国库存款”等科目，贷记本科目。

【例5-9】某政府财政发生如下经济业务：

（1）预拨给市教育局下年度行政经费20万元。

借：预拨经费——市教育局　　200 000
　　贷：国库存款　　200 000

（2）20×8年根据批复部门预算，上述预拨经费转列支出20万元。

借：一般公共预算本级支出　　200 000
　　贷：预拨经费——市教育局　　200 000

第四节 应收转贷款与待发国债

一、应收转贷款概念与范围

应收转贷款是指政府财政将借入的资金转贷给下级政府财政的款项，包括应收地方政府债券转贷款、应收主权外债转贷款等。

2015年以前我国地方政府举债采用代发代还和自发代还形式。2009年和2010年地方政府债券由财政部代理发行，代办还本付息。2011—2013年，经国务院批准，上海等地区试点在国务院批准的额度内自行发行债券，但仍由财政部代办还本付息。从2015年开始，经国务院批准，省、自治区、直辖市政府可以适度举借债务，市县级政府确需举借债务的由省、自治区、直辖市政府代为举借。

为了适用地方政府性债务管理变化，针对新《预算法》赋予省级政府发债权，设置了与地方政府债券转贷业务相关的会计科目。包括“应收地方政府债券转贷款”和“应付地方政府债券转贷款”科目，分别核算反映地方政府债券转贷业务形成的相关资产负债事项。

上级政府财政将借入的资金转贷给下级政府财政的款项，上级政府财政对下级政府财政形成债权，而下级政府财政形成对上级政府财政负债。上级政府财政使用“应收地方政府债券转贷款”“应收主权外债转贷款”；下级政府财政使用“应付地方政府债券转贷款”“应付主权外债转贷款”。

地方政府债务管理内容详见第三章现代财政制度。

二、应收转贷款账务处理

（一）应收地方政府债券转贷款账务处理

1. 科目设置。总会计设置“应收地方政府债券转贷款”科目，核算本级政府财政转贷给下级政府财政的地方政府债券资金的本金及利息。本科目下应当设置“应收地方政府一般债券转贷款”和“应收地方政府专项债券转贷款”明细科目，其下分别设置“应收本金”和“应收利息”两个明细科目，并按照转贷对象进行明细核算。本科目期末借方余额反映政府财政应收未收的地方政府债券转贷款本金和利息。

2. 核算实务。

业务1：向下级政府财政转贷地方政府债券资金时，按照转贷的金额，借记“债务转贷支出”科目，贷记“国库存款”科目；根据债务管理部门转来的相关资料，按照到期应收回的转贷本金金额，借记本科目，贷记“资产基金——应收地方政府债券转贷款”科目。

业务2：期末确认地方政府债券转贷款的应收利息时，根据债务管理部门计算出的转贷款本期应收未收利息金额，借记本科目，贷记“资产基金——应收地方政府债券转贷款”科目。

业务3：收回下级政府财政偿还的转贷款本息时，按照收回的金额，借记“国库存款”等科目，贷记“其他应付款”或“其他应收款”科目；根据债务管理部门转来的相关资料，按照收回的转贷款本金及已确认的应收利息金额，借记“资产基金——应收地方政府债券转贷款”科目，贷记本科目。

业务4：扣缴下级政府财政的转贷款本息时，按照扣缴的金额，借记“与下级往来”科目，贷记“其他应付款”或“其他应收款”科目；根据债务管理部门转来的相关资料，按照扣缴的转贷款本金及已确认的应收利息金额，借记“资产基金——应收地方政府债券转贷款”科目，贷记本科目。

【例5-10】某政府财政发生如下经济业务：

（1）20×8年9月10日向下级××县财政转贷地方政府债券资金10 000万元时，按照转贷的金额：

借：债务转贷支出——转移性支出——债务转贷　　　　100 000 000
　　贷：国库存款　　　　　　　　　　　　　　　　　　100 000 000

同时，根据债务管理部门转来的相关资料，按照到期应收回的转贷本金金额：

借：应收地方政府债券转贷款——应收地方政府一般债券转贷款（应收本金）
　　　　　　　　　　　　　　　　　　　　　　　　　100 000 000
　　贷：资产基金——应收地方政府债券转贷款　　　　　100 000 000

（2）12月31日，确认地方政府债券转贷款的应收利息时，根据债务管理部门计算出的转贷款本期应收未收利息金额351万元：

借：应收地方政府债券转贷款——应收地方政府一般债券转贷款（应收利息）

3 510 000

贷：资产基金——应收地方政府债券转贷款　3 510 000

（3）20×9年5月8日收回下级××县政府财政偿还的转贷款本息10 351万元时：

借：国库存款　103 510 000

贷：其他应付款　103 510 000

同时，根据债务管理部门转来的相关资料，按照收回的转贷款本金及已确认的应收利息金额：

借：资产基金——应收地方政府债券转贷款　103 510 000

贷：应收地方政府债券转贷款——应收地方政府一般债券转贷款（应收本金）

100 000 000

应收地方政府债券转贷款——应收地方政府一般债券转贷款（应收利息）

3 510 000

（二）应收主权外债转贷款账务处理

1. 科目设置。总会计设置“应收主权外债转贷款”科目，核算本级政府财政转贷给下级政府财政的外国政府和国际金融组织贷款等主权外债资金的本金及利息。本科目下应当设置“应收本金”和“应收利息”两个明细科目，并按照转贷对象进行明细核算。本科目期末借方余额反映政府财政应收未收的主权外债转贷款本金和利息。

2. 核算实务。

业务1：本级政府财政向下级政府财政转贷主权外债资金，且主权外债最终还款责任由下级政府财政承担的，相关账务处理如下：

（1）本级政府财政支付转贷资金时，根据转贷资金支付相关资料，借记“债务转贷支出”科目，贷记“其他财政存款”科目；根据债务管理部门转来的相关资料，按照实际持有的债权金额，借记本科目，贷记“资产基金——应收主权外债转贷款”科目。

（2）外方将贷款资金直接支付给用款单位或供应商时，本级政府财政根据转贷资金支付相关资料，借记“债务转贷支出”科目，贷记“债务收入”或“债务转贷收入”科目；根据债务管理部门转来的相关资料，按照实际持有的债权金额，借记本科目，贷记“资产基金——应收主权外债转贷款”科目；同时，借记“待偿债净资产”科目，贷记“借入款项”或“应付主权外债转贷款”科目。

业务2：期末确认主权外债转贷款的应收利息时，根据债务管理部门计算出转贷款的本期应收未收利息金额，借记本科目，贷记“资产基金——应收主权外债转贷款”科目。

业务3：收回转贷给下级政府财政主权外债的本息时，按照收回的金额，借记“其他财政存款”科目，贷记“其他应付款”或“其他应收款”科目；根据债务管理部门转来的相关资料，按照实际收回的转贷款本金及已确认的应收利息金额，借记“资产基金——应收主权外债转贷款”科目，贷记本科目。

业务4：扣缴下级政府财政的转贷款本息时，按照扣缴的金额，借记“与下级往来”科目，贷记“其他应付款”或“其他应收款”科目；根据债务管理部门转来的相关资料，按照扣缴的转贷款本金及已确认的应收利息金额，借记“资产基金——应收主权外债转贷款”科目，贷记本科目。

应收主权外债转贷款的账务处理与应收地方政府债券转贷款类似，都采用“双分录”核算方法处理，既反映预算支出，又体现资产变化对净资产的影响。值得注意的是：地方政府债券转贷款通过国库支出与收回，而主权外债转贷款则是通过财政专户管理。

三、待发国债

（一）待发国债概念

待发国债是中央财政总会计专用科目，是指中央财政预计发行国债与实际发行国债之间的差额。

（二）待发国债账务处理

1. 科目设置。总会计设置“待发国债”科目，核算为弥补中央财政预算收支差额，中央财政预计发行国债与实际发行国债之间的差额。本科目期末借方余额反映中央财政尚未使用的国债发行额度。

2. 核算实务。

业务1：年度终了，实际发行国债收入用于债务还本支出后，小于为弥补中央财政预算收支差额中央财政预计发行国债时，按两者的差额，借记本科目，贷记相关科目；

业务2：实际发行国债收入用于债务还本支出后，大于为弥补中央财政预算收支差额中央财政预计发行国债时，按两者的差额，借记相关科目，贷记本科目。

第五节
政府投资与应收股利

一、政府投资

政府投资，是指政府会计主体按规定以货币资金、实物资产、无形资产等方式形成的债权或股权投资。有价证券与股权投资是政府投资的两种主要形式，也是政府的重要资产。各级政府财政应该按规定盘活财政结余，提高财政资金使用效益，发挥好财政资金的杠杆作用，同时进行会计核算。

总会计如果在会计处理上采用权责发生制时，应遵行《政府会计准则第2号——投资》相关规定进行确认和计量。

二、有价证券

（一）有价证券概念与管理

有价证券，是指政府财政按照有关规定取得并持有的政府债券。各级政府财政部门按规定只能用各项财政结余购买国家指定由地方各级政府购买的有价证券。支付购买有价证券的资金不能列作支出。

各级总会计应加强对有价证券的管理，具体要求如下：

1. 各级政府财政部门只能用各项财政结余资金购买国家指定的有价证券，或者由地方各级政府购买的有价证券；

2. 按规定，支付购买有价证券的财政资金不能列作预算支出，不能作为预算资金支出反映，只是货币形式改变，即由国库存款转变为有价证券票据形式；

3. 有价证券到期或兑付时，取得的利息，以及转让有价证券时取得的超过有价证券账面成本的部分，根据资金专款专用原则，应当按购入有价证券时使用的资金性质分别记入一般公共预算本级收入或政府性基金预算本级收入；

4. 购入有价证券应当视同货币资金妥善保管，防止损失。

（二）有价证券账务处理

1. 科目设置。总会计设置“有价证券”科目，核算政府财政按照有关规定取得并持有的有价证券金额。本科目应当按照有价证券种类和资金性质进行明细核算。

有价证券应按取得时实际支付的价款数入账，当期取得有价证券的兑付利息以及有价证券转让时取得的收入与账面成本的差额，应按购买时资金性质，分别计入一般公共预算本级收入、政府性基金预算本级收入。为了便于管理，该账户应按有价证券的种类和资金性质设置明细账户。本科目期末借方余额反映政府财政持有的有价证券金额。

2. 核算实务。

业务1：购入有价证券时，按照实际支付的金额，借记本科目，贷记“国库存款”“其他财政存款”等科目。

业务2：转让或到期兑付有价证券时，按照实际收到的金额，借记“国库存款”“其他财政存款”等科目，按照该有价证券的账面余额，贷记本科目，按其差额，贷记“一般公共预算本级收入”等科目。

【例5－11】某政府财政发生如下经济业务：

（1）动用一般公共预算结余资金购买特别国债（三期）20万元，期限5年，票面年利率为3.59%。

借：有价证券——特别国债（三期）	200 000	
贷：国库存款		200 000

（2）用以前年度政府性基金预算结余购买的记账式（十期）国债到期，年利率4.40%，期限10年。收到兑付的本金10万元，利息4.4万元。

借：国库存款	144 000	
贷：有价证券——记账式（十期）国债		100 000
政府性基金预算本级收入		44 000

三、政府股权投资

（一）政府股权投资概念和管理

股权投资，是指政府持有的各类股权投资资产。政府股权投资是政府的一项重要资产，具体包括国际金融组织的股权投资、投资基金股权投资和企业股权投资等。为规范股权投资的核算，总会计制度要求采用权益法核算此类资产的变动情况，增设“股权投资”和“应收股利”科目，分别核算政府持有的各种股权投资，以及因持有股权应当收取的现金股利或利润。

总会计在会计处理上采用权责发生制时，应根据《政府会计准则第 2 号——投资》相关规定进行账务处理。

阅读资料 关于印发《政府投资基金暂行管理办法》的通知财预（［2015］210 号）http：//www.gov.cn/gongbao/content/2016/content_5051233.htm

（二）政府股权投资账务处理

1. 科目设置。总会计设置“股权投资”科目，核算政府持有的各类股权投资。包括国际金融组织股权投资、投资基金股权投资和企业股权投资等。股权投资一般采用权益法进行核算。本科目应当按照“国际金融组织股权投资”“投资基金股权投资”“企业股权投资”设置一级明细科目，在一级明细科目下，可根据管理需要，按照被投资主体进行明细核算。对每一被投资主体还可按“投资成本”“收益转增投资”“损益调整”“其他权益变动”进行明细核算。本科目期末借方余额反映政府持有的各种股权投资金额。

2. 核算实务。

业务 1：国际金融组织股权投资。

（1）政府财政代表政府认缴国际金融组织股本时，按照实际支付的金额，借记“一般公共预算本级支出”等科目，贷记“国库存款”科目；根据股权投资确认相关资料，按照确定的股权投资成本，借记本科目，贷记“资产基金——股权投资”科目。

（2）从国际金融组织撤出股本时，按照收回的金额，借记“国库存款”科目，贷记“一般公共预算本级支出”科目；根据股权投资清算相关资料，按照实际撤出的股本，借记“资产基金——股权投资”科目，贷记本科目。

业务 2：投资基金股权投资。

（1）政府财政对投资基金进行股权投资时，按照实际支付的金额，借记“一般公共预算本级支出”等科目，贷记“国库存款”等科目；根据股权投资确认相关资料，按照实际支付的金额，借记本科目（投资成本），按照确定的在被投资基金中占有的权益金额与实际支付金额的差额，借记或贷记本科目（其他权益变动），按照确定的在被投资基金中占有的权益金额，贷记“资产基金——股权投资”科目。

（2）年末，根据政府财政在被投资基金当期净利润或净亏损中占有的份额，借记或贷记本科目（损益调整），贷记或借记“资产基金——股权投资”科目。

（3）政府财政将归属财政的收益留作基金滚动使用时，借记本科目（收益转增投资），贷记本科目（损益调整）。

（4）被投资基金宣告发放现金股利或利润时，按照应上缴政府财政的部分，借记“应收股利”科目，贷记“资产基金——应收股利”科目；同时按照相同的金额，借记“资产基金——股权投资”科目，贷记本科目（损益调整）。

（5）被投资基金发生除净损益以外的其他权益变动时，按照政府财政持股比例计算应享有的部分，借记或贷记本科目（其他权益变动），贷记或借记“资产基金——股权投资”科目。

（6）投资基金存续期满、清算或政府财政从投资基金退出需收回出资时，政府财政按照实际收回的资金，借记“国库存款”等科目，按照收回的原实际出资部分，贷记“一般公共预算本级支出”等科目，按照超出原实际出资的部分，贷记“一般公共预算本级收入”等科目；根据股权投资清算相关资料，按照因收回股权投资而减少在被投资基金中占有的权益金额，借记“资产基金——股权投资”科目，贷记本科目。

业务3：企业股权投资。企业股权投资的账务处理，根据管理条件和管理需要，参照投资基金股权投资的账务处理。

【例5-12】某政府财政发生如下经济业务：

（1）政府财政对投资基金进行股权投资时，市财政根据批准预算，从一般公共预算本级安排设立产业引导基金资金10亿元，按照实际支付的金额：

借：一般公共预算本级支出——对企业资本性支出　　1 000 000 000
　　贷：国库存款　　1 000 000 000

同时，根据股权投资确认相关资料，按照确定的在被投资基金中占有的权益金额为9.5亿元：

借：股权投资——投资基金股权投资——投资成本　　1 000 000 000
　　贷：股权投资——投资基金股权投资——其他权益变动　　50 000 000
　　　　资产基金——股权投资　　950 000 000

（2）年末，按权益法计算，根据政府财政在被投资基金当期净利润中占有的份额2亿元：

借：股权投资——投资基金股权投资——损益调整　　200 000 000
　　贷：资产基金——股权投资　　200 000 000

（3）政府财政将归属财政的收益留作基金滚动使用时：

借：股权投资——投资基金股权投资——收益转增投资　　200 000 000
　　贷：股权投资——投资基金股权投资——损益调整　　200 000 000

（4）被投资基金宣告发放现金股利或利润1 000万元时，按照应上缴政府财政的部分：

借：应收股利　　10 000 000
　　贷：资产基金——应收股利　　10 000 000

同时按照相同的金额：

借：资产基金——股权投资　　10 000 000
　　贷：股权投资——投资基金股权投资——损益调整　　10 000 000

（5）投资基金存续期满、清算或政府财政从投资基金退出需收回出资时，政府财政按照实际收回产业引导基金资金12亿元：

借：国库存款　　1 200 000 000
　　贷：一般公共预算本级支出——对企业资本性支出　　1 000 000 000
　　　　一般公共预算本级收入　　200 000 000

根据股权投资清算相关资料，按照因收回股权投资而减少在被投资基金中占有的权益金额：

借：资产基金——股权投资　　950 000 000

　　贷：股权投资——投资基金股权投资——投资成本　　950 000 000

四、应收股利

（一）应收股利概念

应收股利是指政府因持有股权投资应当收取的现金股利或利润。总会计应该在持有股权投资期间被投资主体宣告发放现金股利或利润的，确认并计量按应上缴政府财政的部分。

（二）应收股利账务处理

1. 科目设置。总会计设置“应收股利”科目，核算政府因持有股权投资应当收取的现金股利或利润。本科目应当按照被投资主体进行明细核算。本科目期末借方余额反映政府尚未收回的现金股利或利润。

2. 核算实务。

业务1：持有股权投资期间被投资主体宣告发放现金股利或利润的，按应上缴政府财政的部分，借记本科目，贷记“资产基金——应收股利”科目；按照相同的金额，借记“资产基金——股权投资”科目，贷记“股权投资（损益调整）”科目。

业务2：实际收到现金股利或利润，借记“国库存款”等科目，贷记有关收入科目；按照相同的金额，借记“资产基金——应收股利”科目，贷记本科目。

【思考题】

1. 简述政府财政资产概念及其内容？
2. 如何加强财政存款管理？
3. 其他财政存款核算范围包括哪些？
4. 总会计制度对财政对外借款业务会计核算有哪些规定？
5. 预拨经费与其他财政资产有什么不同？

第六章 政府财政负债

学习目标

- □ 了解政府财政负债概念和构成
- □ 熟悉政府财政负债的特征
- □ 掌握应付国库集中支付结余、暂收及应付款项、应付政府债券、借入款项、应付转贷款、其他负债、应付代管资金等账务处理

第一节 负债概述

一、负债概念及内容

（一）政府财政负债概念

政府财政负债是指政府财政承担的能以货币计量、需以资产偿付的债务。

财政虽然是主管分配资金的职能部门，但在预算执行中，与上下级财政、与预算单位之间也会因体制结算、资金调拨等原因存在着互欠事项，加之政府依法发行公债等，这就形成了总会计的负债事项。总会计的主体是各级政府，因此政府财政负债是政府授权财政代表政府管理的负债，或者说是一级政府的负债。

（二）政府财政负债分类及其内容

政府财政负债根据不同的分类标准有不同的分类：

1. 按照流动性划分，分为流动负债和非流动负债。流动负债是指预计在 1 年内（含 1 年）偿还的负债；非流动负债是指流动负债以外的负债。负债的偿付形式主要是货币资金。

2. 按照核算内容划分，包括：（1）政府债券发行和转贷所形成的负债，如应付政府债券、借入款项、应付转贷款等；（2）政府财政业务活动中形成的债务，包括与上级往来和其他应付款等；（3）应付政策性负债，如其他负债；（4）政府财政代为管理的，使用权属于被代管主体的资金，如应付代管资金；（5）政府财政尚未支付的国库集中支付结余，国库集中支付中，采用权责发生制列支后形成的债务，如应付国库集中支付结余。

二、政府财政负债的特点

由于政府财政行使财政资金调度分配职能的特殊性，财政负债主要是上下级财政之间的资金调度结算转移，以及政府利用信用形式的债务，与其他会计主体的负债不同。

1. 负债主体的特殊性。负债主体是一级政府，与市场主体或其他会计主体相比，有比较高的信用度，一般来说，不会造成债权人的损失。

2. 负债偿还的特殊性。政府财政总会计负债是需以货币资金资产偿付的债务，即只能以减少资产的方式来偿还债务。这是由总会计负债主体的特殊性所决定的。

3. 负债内容的特殊性。政府总会计所核算的负债，除一般会计都核算的暂收、应付等往来款项外，还包括各级政府按法定程序和核定数额所举借的债务。具体表现为中央预算按全国人大批准的数额举借的国内和国外债务，以及与地方政府债券发行和转贷业务相关的债务，即我们通常所说的公债。此外，还包括应付政策性负债是指政府财政因有关政策明确要求其承担支出责任的事项而形成的应付未付款项。应付代管资金是指政府财政代为管理的、使用权属于被代管主体的资金。

三、政府财政负债确认与计量

基本准则规定了政府负债的定义、确认基础和计量属性。内容详见第二章。

总会计制度规定，总会计对符合总会计制度负债定义的债务，应当在对其承担偿还责任，并且能够可靠地进行货币计量时确认。

符合负债定义并确认的负债项目，应当列入资产负债表。政府财政承担或有责任（偿债责任需要通过未来不确定事项的发生或不发生予以证实）的负债，不列入资产负债表，但应当在报表附注中披露。总会计核算的负债，应当按照承担的相关合同金额或实际发生金额进行计量。

第二节 应付国库集中支付结余和暂收及应付款项

一、应付国库集中支付结余

（一）应付国库集中支付结余概念

应付国库集中支付结余是指国库集中支付中，按照财政部门批复的部门预算，当年未支而需结转下一年度支付的款项采用权责发生制列支后形成的债务。

实施国库集中支付后，采用财政直接支付方式和财政授权支付方式，通过零余额账户支付或使用额度。

年初，政府财政根据人大批准的部门预算，批复部门预算，并按季（月）用款计划支付或下达额度。年末，政府财政和行政事业单位应根据代理银行提供的对账单，如有未使用的额度（尚未使用资金额度、当年未支而需结转下一年度支付的款项）作银行注销额度，并在下年初恢复以前年度财政资金额度。

根据总会计制度规定，国库集中支付中，按照财政部门批复的部门预算，当年未支而需结转下一年度支付的款项即国库集中支付结余，可以采用权责发生制列支，确认政府财政对行政事业单位的负债，总会计列入应付国库集中支付结余，行政事业单位会计列为财政应返还额度。

地方各级财政部门除国库集中支付结余外，不得采用权责发生制列支。权责发生制列支只限于年末采用，平时不得采用。

（二）应付国库集中支付结余账务处理

1. 科目设置。总会计设置“应付国库集中支付结余”科目，核算政府财政采用权责发生制列支，预算单位尚未使用的国库集中支付结余资金。本科目应当根据管理需要，按照政府收支分类科目等进行相应明细核算。本科目期末贷方余额反映政府财政尚未支付的国库集中支付结余。

2. 核算实务。

业务1：年末，对当年形成的国库集中支付结余采用权责发生制列支时，借记有关支出科目，贷记本科目。

业务2：以后年度实际支付国库集中支付结余资金时，分以下情况处理：

（1）按原结转预算科目支出的，借记本科目，贷记“国库存款”科目。

（2）调整支出预算科目的，应当按原结转预算科目作冲销处理，借记本科目，贷记有关支出科目。同时，按实际支出预算科目作列支账务处理，借记有关支出科目，贷记“国库存款”科目。

【例6－1】 ××市财政局发生如下经济业务：

（1）20×8年12月31日，按照财政部门批复的部门预算，根据当年未支而需结转下一年度支付的款项10万元，根据代理银行提供的对账单注销额度，以权责发生制基础列支。

借：一般公共预算本级支出　　100 000
　　贷：应付国库集中支付结余　　100 000

（2）下年初（20×9年），按原结转预算科目支出，恢复以前年度财政资金额度10万元，根据代理银行提供的额度恢复到账通知书作恢复额度，账务处理如下：

借：应付国库集中支付结余　　100 000
　　贷：国库存款　　100 000

二、暂收及应付款项

（一）暂收及应付款项概念与内容

暂收及应付款项是指政府财政业务活动中形成的债务，包括与上级往来和其他应付款等。暂收及应付款项属于往来结算中形成的债务，属于待结算款项，结算时可能需要退还，也可能会转作收入。包括在预算执行中上下级财政结算中形成的债务，如结算中发生的应付款、与上级往来，以及收到其他性质不明的款项。暂收及应付款项应当及时清理结算，避免长期挂账。

1. 与上级往来。与上级往来是本级政府财政与上级政府财政的往来待结算款项。

本级财政与上级财政间由于财政体制结算或者向上级财政借入款项，如临时资金调度款等原因而形成的待结算款项。同一笔业务中，不论是债权还是债务，下级财政都用“与上级往来”科目，而其上级财政部门则是用“与下级往来”科目，分别反映上下财政债权债务情况。至于是负债还是债权，从科目的借方或贷方余额来判断。

2. 其他应付款。其他应付款是指本级政府财政除了与上级政府财政发生的往来待结算款项外，临时发生的暂收、应付和收到的不明性质款项，税务机关代征入库的社会保险费、项目单位使用并承担还款责任的外国政府和国际金融组织贷款。

（二）与上级往来账务处理

1. 科目设置。总会计设置“与上级往来”科目，核算本级政府财政与上级政府财政的往来待结算款项。本科目应当按照往来款项的类别和项目等进行明细核算。本科目期末贷方余额反映本级政府财政欠上级政府财政的款项；借方余额反映上级政府财政欠本级政府财政的款项。

2. 核算实务。与上级往来的主要账务处理如下：

业务1：本级政府财政从上级政府财政借入款或体制结算中发生应上缴上级政府财政款项时，借记“国库存款”“上解支出”等科目，贷记本科目。

业务2：本级政府财政归还借款、转作上级补助收入或体制结算中应由上级补给款项时，借记本科目，贷记“国库存款”“补助收入”等科目。

【例6-2】某政府财政发生如下经济业务：

（1）向上级财政借入资金100万元，作为短期周转需要。

借：国库存款　　1 000 000

　　贷：与上级往来　　1 000 000

（2）将上述借款中60万元归还上级财政。应编制会计分录为：

借：与上级往来　　600 000

　　贷：国库存款　　600 000

（3）经上级财政批准，40万元借款作为上级对本级财政的补助。

借：与上级往来　　400 000

　　贷：补助收入　　400 000

（4）年终财政体制结算，市财政应向上级财政上解未解款项100万元。将尚未上解的100万元应上解款作往来款项处理。

借：上解支出——转移性支出——上下级政府间转移性支出　　1 000 000
　　贷：与上级往来　　1 000 000

（5）年终体制结算，上级财政应补未补本级收入 300 万元。

借：与上级往来　　3 000 000
　　贷：补助收入　　3 000 000

（三）其他应付款账务处理

1. 科目设置。总会计设置"其他应付款"科目，核算政府财政临时发生的暂收、应付和收到的不明性质款项。税务机关代征入库的社会保险费、项目单位使用并承担还款责任的外国政府和国际金融组织贷款，也通过本科目核算。本科目应当按照债权单位或资金来源等进行明细核算。本科目期末贷方余额反映政府财政尚未结清的其他应付款项。

2. 核算实务。

业务1：收到暂存款项时，借记"国库存款""其他财政存款"等科目，贷记本科目。

业务2：将暂存款项清理退还或转作收入时，借记本科目，贷记"国库存款""其他财政存款"或有关收入科目。

业务3：社会保险费代征入库时，借记"国库存款"科目，贷记本科目。社会保险费国库缴存社保基金财政专户时，借记本科目，贷记"国库存款"科目。

业务4：收到项目单位承担还款责任的外国政府和国际金融组织贷款资金时，借记"其他财政存款"科目，贷记本科目；付给项目单位时，借记本科目，贷记"其他财政存款"科目。收到项目单位偿还贷款资金时，借记"其他财政存款"科目，贷记本科目；付给外国政府和国际金融组织项目单位还款资金时，借记本科目，贷记"其他财政存款"科目。

【例6－3】某政府财政发生如下经济业务：

（1）收到性质不明的预算缴款 10 万元，列作暂存。

借：国库存款　　100 000
　　贷：其他应付款　　100 000

（2）续上例，查清原性质不清的预算缴款 10 万元，其中 8 万元是本级公安局交来的罚没收入，转作预算收入；另 2 万元是本级工商行政管理局错收的罚款，需退还被罚者，经核准后退库。

借：其他应付款　　100 000
　　贷：一般公共预算本级收入　　80 000
　　　　国库存款　　20 000

（3）本级地税局代征社会保险费 200 万元入库。

借：国库存款　　2 000 000
　　贷：其他应付款——社会保险费　　2 000 000

（4）将社会保险费 200 万元转存社保基金财政专户时：

借：其他应付款——社会保险费　　2 000 000
　　贷：国库存款　　2 000 000

第三节 应付政府债券

一、应付政府债券概念与内容

应付政府债券，是指政府财政采用发行政府债券方式筹集资金而形成的负债，包括应付短期政府债券和应付长期政府债券。

政府采用发行政府债券和以政府名义借款的方式，债务分为举债和借款两种形式，分别在“应付政府债券”和“借入款项”反映。

新修订的《预算法》赋予省级政府发债权，经国务院批准，省、自治区、直辖市政府可以适度举借债务，市县级政府确需举借债务的由省、自治区、直辖市政府代为举借。

省级财政部门自收到经国务院批准后下达的分地区地方政府债务限额起，尽快提请完成本地区政府债务安排的法定审批程序，加快地方政府债务限额下达进度。省级财政部门要综合考虑资金需求、债务到期情况、库款规模、债券市场状况，合理确定债券发行时间和节奏。置换债券发行后，各级财政部门要抓紧置换存量债务，减少资金留存国库时间。

地方政府举债有两种模式，**第一种**为地方政府直接发债；**第二种**是中央或省政府发行国债，再转贷给地方或下级政府使用。地方政府直接发债形成的债务为应付政府债券，而通过中央（或上级）政府举债后再转贷给地方（或下级政府）的债务为应付地方政府债券转贷款。

政府债务及其管理的内容，详见第三章。

二、应付政府债券账务处理

总会计制度设置了与地方政府债券发行业务相关的会计科目，即“应付短期政府债券”“应付长期政府债券”科目，用于分别核算反映政府财政采用发行短期和长期政府债券方式筹集资金而形成的负债。

（一）应付短期政府债券账务处理

1. 科目设置。总会计设置“应付短期政府债券”科目，核算政府财政部门以政府名义发行的期限不超过1年（含1年）的国债和地方政府债券的应付本金和利息。本科目下应当设置“应付国债”“应付地方政府一般债券”“应付地方政府专项债券”等一级明细科目，在一级明细科目下，再分别设置“应付本金”“应付利息”明细科目，分别核算政府债券的应付本金和利息。债务管理部门应当设置相应的辅助账，详细记录每期政府债券金额、种类、期限、发行日、到期日、票面利率、偿还本金及付息情况等。本科目期末贷方余额，反映政府财政尚未偿还的短期政府债券本金和利息。

2. 核算实务。

业务1：实际收到短期政府债券发行收入时，按照实际收到的金额，借记“国库存款”科目，按照短期政府债券实际发行额，贷记“债务收入”科目，按照发行收入和发行额的差额，借记或贷记有关支出科目；根据债券发行确认文件等相关债券管理资料，按照到期应付的短期政府债券本金金额，借记“待偿债净资产——应付短期政府债券”科目，贷记本科目。

业务2：期末确认短期政府债券的应付利息时，根据债务管理部门计算出的本期应付未付利息金额，借记“待偿债净资产——应付短期政府债券”科目，贷记本科目。

业务3：实际支付本级政府财政承担的短期政府债券利息时，借记“一般公共预算本级支出”或“政府性基金预算本级支出”科目，贷记“国库存款”等科目；实际支付利息金额中属于已确认的应付利息部分，还应根据债券兑付确认文件等相关债券管理资料，借记本科目，贷记“待偿债净资产——应付短期政府债券”科目。

业务4：实际偿还本级政府财政承担的短期政府债券本金时，借记“债务还本支出”科目，贷记“国库存款”等科目；根据债券兑付确认文件等相关债券管理资料，借记本科目，贷记“待偿债净资产——应付短期政府债券”科目。

业务5：省级财政部门采用定向承销方式发行短期地方政府债券置换存量债务时，根据债权债务确认相关资料，按照置换本级政府存量债务的额度，借记“债务还本支出”科目，贷记“债务收入”科目；根据债务管理部门转来的相关资料，按照置换本级政府存量债务的额度，借记“待偿债净资产——应付短期政府债券”科目，贷记本科目。

【例6－4】某政府财政发生如下经济业务：

财政根据《预算法》有关规定，由地方政府发行20×8年××市政府一般债券（一期）即一般债券融资10亿元，用于没有收益的公益性事业发展，本期地方政府债券期限1年，经招标确定的票面年利率为2.81%，20×9年1月17日偿还本金并支付一次利息。

（1）20×8年发行地方政府债券时：实际收到短期政府债券发行收入时，按照实际收到的金额10亿元。

借：国库存款　　　　1 000 000 000
　贷：债务收入　　　　1 000 000 000

同时，在债务收入明细账户的贷方登记如下：

债务收入——地方政府债务收入——一般债务收入 1 000 000 000

同时，根据债券发行确认文件等相关债券管理资料，按照到期应付的短期政府债券本金金额10亿元：

借：待偿债净资产——应付短期政府债券　　　　1 000 000 000
　贷：应付短期政府债券——应付地方政府一般债券——应付本金
　　　　1 000 000 000

（2）期末确认短期政府债券的应付利息时，根据债务管理部门（财政局国库处）计算出的本期应付未付利息金额2 810万元：

借：待偿债净资产——应付短期政府债券　　　　28 100 000
　贷：应付短期政府债券——应付地方政府一般债券——应付利息 28 100 000

（3）20×9年1月17日实际支付本级政府财政承担的短期政府债券利息2 810万元时：

借：一般公共预算本级支出——债务利息及费用支出——国内债务付息 28 100 000
　　贷：国库存款 28 100 000

同时，实际支付利息金额中属于已确认的应付利息部分，还应根据债券兑付确认文件等相关债券管理资料：

借：应付短期政府债券——应付地方政府一般债券——应付利息 28 100 000
　　贷：待偿债净资产——应付短期政府债券 28 100 000

（4）实际偿还本级政府财政承担的短期政府债券本金10亿元时：

借：债务还本支出——国内债务还本 1 000 000 000
　　贷：国库存款 1 000 000 000

同时，根据债券兑付确认文件等相关债券管理资料：

借：应付短期政府债券——应付地方政府一般债券——应付利息 1 000 000 000
　　贷：待偿债净资产——应付短期政府债券 1 000 000 000

（二）应付长期政府债券账务处理

1. 科目设置。总会计设置“应付长期政府债券”科目，核算政府财政部门以政府名义发行的期限超过1年的国债和地方政府债券的应付本金和利息。本科目下应当设置“应付国债”“应付地方政府一般债券”“应付地方政府专项债券”等一级明细科目，在一级明细科目下，再分别设置“应付本金”“应付利息”明细科目，分别核算政府债券的应付本金和利息。债务管理部门应当设置相应的辅助账，详细记录每期政府债券金额、种类、期限、发行日、到期日、票面利率、偿还本金及付息情况等。本科目期末贷方余额反映政府财政尚未偿还的长期政府债券本金和利息。

2. 核算实务。

业务1：实际收到长期政府债券发行收入时，按照实际收到的金额，借记“国库存款”科目，按照长期政府债券实际发行额，贷记“债务收入”科目，按照发行收入和发行额的差额，借记或贷记有关支出科目；根据债券发行确认文件等相关债券管理资料，按照到期应付的长期政府债券本金金额，借记“待偿债净资产——应付长期政府债券”科目，贷记本科目。

业务2：期末确认长期政府债券的应付利息时，根据债务管理部门计算出的本期应付未付利息金额，借记“待偿债净资产——应付长期政府债券”科目，贷记本科目。

业务3：实际支付本级政府财政承担的长期政府债券利息时，借记“一般公共预算本级支出”或“政府性基金预算本级支出”科目，贷记“国库存款”等科目；实际支付利息金额中属于已确认的应付利息部分，还应根据债券兑付确认文件等相关债券管理资料，借记本科目，贷记“待偿债净资产——应付长期政府债券”科目。

业务4：实际偿还本级政府财政承担的长期政府债券本金时，借记“债务还本支出”科目，贷记“国库存款”等科目；根据债券兑付确认文件等相关债券管理资料，借记本科目，贷记“待偿债净资产——应付长期政府债券”科目。

业务5：本级政府财政偿还下级政府财政承担的地方政府债券本息时，借记“其他应付款”或“其他应收款”科目，贷记“国库存款”科目；根据债券兑付确认文件等相关债券管理资料，按照实际偿还的长期政府债券本金及已确认的应付利息金额，借记本科目，贷记“待偿债净资产——应付长期政府债券”科目。

业务6：省级财政部门采用定向承销方式发行长期地方政府债券置换存量债务时，根据债权债务确认相关资料，按照置换本级政府存量债务的额度，借记“债务还本支出”科目，按照置换下级政府存量债务的额度，借记“债务转贷支出”科目，按照置换存量债务的总额度，贷记“债务收入”科目；根据债务管理部门转来的相关资料，按照置换存量债务的总额度，借记“待偿债净资产——应付长期政府债券”科目，贷记本科目。同时，按照置换下级政府存量债务额度，借记“应收地方政府债券转贷款”科目，贷记“资产基金——应收地方政府债券转贷款”科目。

【例6－5】某政府财政发生如下经济业务：

财政根据《预算法》有关规定，20×8年由地方政府发行市政债券等专项债券融资10亿元，用于城市建设等公益性资本支出（有一定收益的公益性事业），本期地方政府债券期限为2年，经招标确定的票面年利率为3.81%，20×9年1月17日偿还本金并支付一次利息。以对应的政府性基金或专项收入偿还。

（1）20×8年发行××市政府专项债券（二期）地方政府债券时，实际收到长期政府债券发行收入10亿元：

借：国库存款　　1 000 000 000

　　贷：债务收入　　1 000 000 000

同时，根据债券发行确认文件等相关债券管理资料，按照到期应付的长期政府债券本金金额100亿元：

借：待偿债净资产——应付长期政府债券　　1 000 000 000

　　贷：应付长期政府债券——应付地方政府专项债券——应付本金

　　　　1 000 000 000

（2）期末确认政府债券的应付利息时，根据债务管理部门计算出的本期应付未付利息金额3 810万元：

借：待偿债净资产——应付长期政府债券　　38 100 000

　　贷：应付长期政府债券——应付地方政府专项债券——应付利息 38 100 000

（3）20×9年1月17日实际支付本级政府财政承担的长期政府债券利息3 810万元时：

借：政府性基金预算本级支出——债务利息及费用支出——国内债务付息

　　38 100 000

　　贷：国库存款　　38 100 000

同时，实际支付利息金额中属于已确认的应付利息部分，还应根据债券兑付确认文件等相关债券管理资料：

借：应付长期政府债券——应付地方政府专项债券——应付利息 38 100 000

贷：待偿债净资产——应付长期政府债券　　38 100 000

（4）实际偿还本级政府财政承担的长期政府债券本金 10 亿元时：

借：债务还本支出——国内债务还本　　1 000 000 000

贷：国库存款　　1 000 000 000

同时，根据债券兑付确认文件等相关债券管理资料：

借：应付长期政府债券——应付地方政府专项债券——应付利息

1 000 000 000

贷：待偿债净资产——应付长期政府债券　　1 000 000 000

第四节
借入款项

一、借入款项概念与内容

借入款项，是指政府财政部门以政府名义向外国政府、国际金融组织等借入的款项，以及通过经国务院批准的其他方式借款形成的负债。

对借入款项管理应做到：**一是**做好到期债务的催收和偿还工作。做到按期支付到期借款本息，切实履行借款承诺，维护政府信誉。**二是**做好借入资金的管理，严格专款专用、专户管理、专人专账、封闭运行。**三是**做好债权债务管理。按照“谁举债、谁偿还”的原则，明确债务性质、细化债务主体，确保按期归还到期债务。**四是**做好制度完善。规范和完善偿债基金制度，每年将一部分到期本息纳入年初财政预算，确保还款来源。

政府债务及其管理的内容，详见第三章。

二、借入款项账务处理

1. 科目设置。总会计设置“借入款项”科目，核算政府财政部门以政府名义向外国政府和国际金融组织等借入的款项，以及经国务院批准的其他方式借入的款项。本科目下应设置“应付本金”“应付利息”明细科目，分别对借入款项的应付本金和利息进行明细核算，还应当按照债权人进行明细核算。债务管理部门应当设置相应的辅助账，详细记录每笔借入款项的期限、借入日期、偿还及付息情况等。本科目期末贷方余额反映本级政府财政尚未偿还的借入款项本金和利息。

2. 核算实务。

业务 1：借入主权外债的账务处理如下：

（1）本级政府财政收到借入的主权外债资金时，借记“其他财政存款”科目，贷记“债务收入”科目；根据债务管理部门转来的相关资料，按照实际承担的债务金额，借记“待偿债净资产——借入款项”科目，贷记本科目。

（2）本级政府财政借入主权外债，且由外方将贷款资金直接支付给用款单位或供应商时，应根据以下情况分别处理：

①本级政府财政承担还款责任，贷款资金由本级政府财政同级部门（单位）使用的，本级政府财政部门根据贷款资金支付相关资料，借记“一般公共预算本级支出”等科目，贷记“债务收入”科目；根据债务管理部门转来的相关资料，按照实际承担的债务金额，借记“待偿债净资产——借入款项”科目，贷记本科目。

②本级政府财政承担还款责任，贷款资金由下级政府财政同级部门（单位）使用的，本级政府财政部门根据贷款资金支付相关资料及预算指标文件，借记“补助支出”科目，贷记“债务收入”科目；根据债务管理部门转来的相关资料，按照实际承担的债务金额，借记“待偿债净资产——借入款项”科目，贷记本科目。

③下级政府财政承担还款责任，贷款资金由下级政府财政同级部门（单位）使用的，本级政府财政部门根据贷款资金支付相关资料，借记“债务转贷支出”科目，贷记“债务收入”科目；根据债务管理部门转来的相关资料，按照实际承担的债务金额，借记“待偿债净资产——借入款项”科目，贷记本科目；同时，借记“应收主权外债转贷款”科目，贷记“资产基金——应收主权外债转贷款”科目。

（3）期末确认借入主权外债的应付利息时，根据债务管理部门计算出的本期应付未付利息金额，借记“待偿债净资产——借入款项”科目，贷记本科目。

（4）偿还本级政府财政承担的借入主权外债本金时，借记“债务还本支出”科目，贷记“国库存款”“其他财政存款”等科目；根据债务管理部门转来的相关资料，按照实际偿还的本金金额，借记本科目，贷记“待偿债净资产——借入款项”科目。

（5）偿还本级政府财政承担的借入主权外债利息时，借记“一般公共预算本级支出”等科目，贷记“国库存款”“其他财政存款”等科目；实际偿还利息金额中属于已确认的应付利息部分，还应根据债务管理部门转来的相关资料，借记本科目，贷记“待偿债净资产——借入款项”科目。

（6）偿还下级政府财政承担的借入主权外债的本息时，借记“其他应付款”或“其他应收款”科目，贷记“国库存款”“其他财政存款”等科目；根据债务管理部门转来的相关资料，按照实际偿还的本金及已确认的应付利息金额，借记本科目，贷记“待偿债净资产——借入款项”科目。

（7）被上级政府财政扣缴借入主权外债的本息时，借记“其他应收款”科目，贷记“与上级往来”科目；根据债务管理部门转来的相关资料，按照实际扣缴的本金及已确认的应付利息金额，借记本科目，贷记“待偿债净资产——借入款项”科目。列报支出时，对应由本级政府财政承担的还本支出，借记“债务还本支出”科目，贷记“其他应收款”科目；对应由本级政府财政承担的利息支出，借记“一般公共预算本级支出”等科目，贷记“其他应收款”科目。

（8）债权人豁免本级政府财政承担偿还责任的借入主权外债本息时，根据债务管理部门转来的相关资料，按照被豁免的本金及已确认的应付利息金额，借记本科目，贷记“待偿债净资产——借入款项”科目。

债权人豁免下级政府财政承担偿还责任的借入主权外债本息时，根据债务管理部门转来的相关资料，按照被豁免的本金及已确认的应付利息金额，借记本科目，贷记“待偿债净资产——借入款项”科目；同时，借记“资产基金——应收主权外债转贷款”科目，贷记“应收主权外债转贷款”科目。

业务2：其他借入款项账务处理参照本科目使用说明中借入主权外债业务的账务处理。

【例6－6】某政府财政发生如下经济业务：

××政府财政借入主权外债5亿元，并由本级政府财政承担还款责任：

（1）本级政府财政收到借入的主权外债资金时：

借：其他财政存款　500 000 000

　贷：债务收入　500 000 000

同时，根据债务管理部门（内债一般是财政局国库处管理，外债则是由金融处管理，下同）转来的相关资料，按照实际承担的债务金额：

借：待偿债净资产——借入款项　500 000 000

　贷：借入款项——应付本金　500 000 000

（2）本级政府财政借入主权外债，且由外方将贷款资金直接支付给用款单位或供应商时，应根据以下情况分别处理：

本级政府财政承担还款责任，贷款资金由本级政府财政同级部门（单位）使用的，本级政府财政部门根据贷款资金支付相关资料：

借：一般公共预算本级支出——债务还本支出——国内债务还本

500 000 000

　贷：债务收入　500 000 000

同时，根据债务管理部门转来的相关资料，按照实际承担的债务金额：

借：待偿债净资产——借入款项　500 000 000

　贷：借入款项——应付本金　500 000 000

（3）期末确认借入主权外债的应付利息500万元时，根据债务管理部门计算出的本期应付未付利息金额：

借：待偿债净资产——借入款项　5 000 000

　贷：借入款项——应付利息　5 000 000

（4）偿还本级政府财政承担的借入主权外债本金时：

借：债务还本支出　500 000 000

　贷：国库存款　500 000 000

同时，根据债务管理部门转来的相关资料，按照实际偿还的本金金额：

借：借入款项——应付本金　500 000 000

　贷：待偿债净资产——借入款项　500 000 000

（5）偿还本级政府财政承担的借入主权外债利息时：

借：一般公共预算本级支出——债务利息及费用支出——国外债务付息

5 000 000

　贷：国库存款（“其他财政存款”等科目）　5 000 000

同时，实际偿还利息金额中属于已确认的应付利息部分，还应根据债务管理部门转来的相关资料：

借：借入款项——应付利息　　5 000 000

　　贷：待偿债净资产——借入款项　　5 000 000

第五节 应付转贷款

一、应付转贷款概念与内容

应付转贷款，是指地方政府财政向上级政府财政借入转贷资金而形成的负债，包括应付地方政府债券转贷款和应付主权外债转贷款等。

与地方政府转贷业务相关的会计科目“应收地方政府债券转贷款”和“应付地方政府债券转贷款”分别核算反映地方政府债券转贷业务形成的相关资产负债事项。

二、应付转贷款账务处理

（一）应付地方政府债券转贷款账务处理

1. 科目设置。总会计设置“应付地方政府债券转贷款”科目，核算地方政府财政从上级政府财政借入的地方政府债券转贷款的本金和利息。本科目下应设置“应付地方政府一般债券转贷款”和“应付地方政府专项债券转贷款”一级明细科目，在一级明细科目下再分别设置“应付本金”和“应付利息”两个明细科目，分别对应付本金和利息进行明细核算。本科目期末贷方余额反映本级政府财政尚未偿还的地方政府债券转贷款的本金和利息。上下级财政之间临时性借垫款、调度款项，不通过本科目核算。

2. 核算实务。

业务 1：收到上级政府财政转贷的地方政府债券资金时，借记“国库存款”科目，贷记“债务转贷收入”科目；根据债务管理部门转来的相关资料，按照到期应偿还的转贷款本金金额，借记“待偿债净资产——应付地方政府债券转贷款”科目，贷记本科目。

业务 2：期末确认地方政府债券转贷款的应付利息时，根据债务管理部门计算出的本期应付未付利息金额，借记“待偿债净资产——应付地方政府债券转贷款”科目，贷记本科目。

业务 3：偿还本级政府财政承担的地方政府债券转贷款本金时，借记“债务还本支出”科目，贷记“国库存款”等科目；根据债务管理部门转来的相关资料，按照实际偿还的本金金额，借记本科目，贷记“待偿债净资产——应付地方政府债券转贷款”科目。

业务 4：偿还本级政府财政承担的地方政府债券转贷款的利息时，借记“一般公共预算本级支出”或“政府性基金预算本级支出”科目，贷记“国库存款”等科目；实际支付利息金额中属于已确认的应付利息部分，还应根据债务管理部门转来的相关资料，借记本科目，贷记“待偿债净资产——应付地方政府债券转贷款”科目。

业务5：偿还下级政府财政承担的地方政府债券转贷款的本息时，借记“其他应付款”或“其他应收款”科目，贷记“国库存款”等科目；根据债务管理部门转来的相关资料，按照实际偿还的本金及已确认的应付利息金额，借记本科目，贷记“待偿债净资产——应付地方政府债券转贷款”科目。

业务6：被上级政府财政扣缴地方政府债券转贷款本息时，借记“其他应收款”科目，贷记“与上级往来”科目；根据债务管理部门转来的相关资料，按照实际扣缴的本金及已确认的应付利息金额，借记本科目，贷记“待偿债净资产——应付地方政府债券转贷款”科目。列报支出时，对本级政府财政承担的还本支出，借记“债务还本支出”科目，贷记“其他应收款”科目；对本级政府财政承担的利息支出，借记“一般公共预算本级支出”或“政府性基金预算本级支出”科目，贷记“其他应收款”科目。

业务7：采用定向承销方式发行地方政府债券置换存量债务时，省级以下（不含省级）财政部门根据上级财政部门提供的债权债务确认相关资料，按照置换本级政府存量债务的额度，借记“债务还本支出”科目，按照置换下级政府存量债务的额度，借记“债务转贷支出”科目，按照置换存量债务的总额度，贷记“债务转贷收入”科目；根据债务管理部门转来的相关资料，按照置换存量债务的总额度，借记“待偿债净资产——应付地方政府债券转贷款”科目，贷记本科目。同时，按照置换下级政府存量债务额度，借记“应收地方政府债券转贷款”科目，贷记“资产基金——应收地方政府债券转贷款”科目。

【例6-7】某政府财政发生如下经济业务：

为筹集财政资金，支持地方经济和社会发展，根据20×8年地方政府债券发行安排，上级财政部门决定代理本级政府发行20×8年地方政府一般债券10亿元，承销团成员于20×8年10月24日，按照承销额度及缴款通知书上确定金额将发行款通过大额实时支付系统缴入本级财政部门指定国家金库账户。

（1）收到上级政府财政转贷的地方政府债券资金（一般债券）10亿元时：

借：国库存款　　1 000 000 000

　　贷：债务转贷收入　　1 000 000 000

在债务转贷收入明细账户的贷方登记如下：

地方政府一般债务转贷收入——地方政府一般债券转贷收入　1 000 000 000

根据债务管理部门转来的相关资料，按照到期应偿还的转贷款本金金额：

借：待偿债净资产——应付地方政府债券转贷款　　1 000 000 000

　　贷：应付地方政府债券转贷款——应付地方政府一般债券转贷款（应付本金）　　1 000 000 000

在应付地方政府债券转贷明细账户的贷方登记如下：

应付地方政府一般债券转贷款——应付本金 1 000 000 000

（2）期末确认地方政府债券转贷款的应付利息时，根据债务管理部门计算出的本期应付未付利息金额300万元：

借：待偿债净资产——应付地方政府债券转贷款　　3 000 000
　　贷：应付地方政府债券转贷款——应付地方政府一般债券转贷款（应付利息）
　　　　3 000 000

（3）偿还本级政府财政承担的地方政府债券转贷款本金时：

借：债务还本支出——国内债务还本　　1 000 000 000
　　贷：国库存款　　1 000 000 000

根据债务管理部门转来的相关资料，按照实际偿还的本金金额：

借：应付地方政府债券转贷款　　1 000 000 000
　　贷：待偿债净资产——应付地方政府债券转贷款　　1 000 000 000

同时，在“应付地方政府债券转贷款”明细账借方登记：

应付地方政府一般债券转贷款——应付本金　1 000 000 000

（4）偿还本级政府财政承担的地方政府债券转贷款的利息时：

借：一般公共预算本级支出——转移性支出——债务转贷　　3 000 000
　　贷：国库存款　　3 000 000

实际支付利息金额中属于已确认的应付利息部分，还应根据债务管理部门转来的相关资料：

借：应付地方政府债券转贷款——应付地方政府一般债券转贷款（应付利息）
　　3 000 000
　　贷：待偿债净资产——应付地方政府债券转贷款　　3 000 000

（二）应付主权外债转贷款

1. 科目设置。总会计设置“应付主权外债转贷款”科目，核算本级政府财政从上级政府财政借入的主权外债转贷款的本金和利息。本科目下应当设置“应付本金”和“应付利息”两个明细科目，分别对应付本金和利息进行明细核算。本科目期末贷方余额反映本级政府财政尚未偿还的主权外债转贷款本金和利息。

2. 核算实务。

业务1：收到上级政府财政转贷的主权外债资金时，借记“其他财政存款”科目，贷记“债务转贷收入”科目；根据债务管理部门转来的相关资料，按照实际承担的债务金额，借记“待偿债净资产——应付主权外债转贷款”科目，贷记本科目。

业务2：从上级政府财政借入主权外债转贷款，且由外方将贷款资金直接支付给用款单位或供应商时，应根据以下情况分别处理：

（1）本级政府财政承担还款责任，贷款资金由本级政府财政同级部门（单位）使用的，本级政府财政根据贷款资金支付相关资料，借记“一般公共预算本级支出”等科目，贷记“债务转贷收入”科目；根据债务管理部门转来的相关资料，按照实际承担的债务金额，借记“待偿债净资产——应付主权外债转贷款”科目，贷记本科目。

（2）本级政府财政承担还款责任，贷款资金由下级政府财政同级部门（单位）使用的，本级政府财政部门根据贷款资金支付相关资料及预算指标文件，借记“补助支出”科目，贷记“债务转贷收入”科目；根据债务管理部门转来的相关资料，按照实际承担的债务金额，借记“待偿债净资产——应付主权外债转贷款”科目，贷记本科目。

（3）下级政府财政承担还款责任，贷款资金由下级政府财政同级部门（单位）使用的，本级政府财政部门根据贷款资金支付相关资料，借记“债务转贷支出”科目，贷记“债务转贷收入”；根据债务管理部门转来的相关资料，按照实际承担的债务金额，借记“待偿债净资产——应付主权外债转贷款”科目，贷记本科目；同时，借记“应收主权外债转贷款”科目，贷记“资产基金——应收主权外债转贷款”科目。

业务3：期末确认主权外债转贷款的应付利息时，按照债务管理部门计算出的本期应付未付利息金额，借记“待偿债净资产——应付主权外债转贷款”科目，贷记本科目。

业务4：偿还本级政府财政承担的借入主权外债转贷款的本金时，借记“债务还本支出”科目，贷记“其他财政存款”等科目；根据债务管理部门转来的相关资料，按照实际偿还的本金金额，借记本科目，贷记“待偿债净资产——应付主权外债转贷款”科目。

业务5：偿还本级政府财政承担的借入主权外债转贷款的利息时，借记“一般公共预算本级支出”等科目，贷记“其他财政存款”等科目；实际偿还利息金额中属于已确认的应付利息部分，还应根据债务管理部门转来的相关资料，借记本科目，贷记“待偿债净资产——应付主权外债转贷款”科目。

业务6：偿还下级政府财政承担的借入主权外债转贷款的本息时，借记“其他应付款”或“其他应收款”科目，贷记“其他财政存款”等科目；根据债务管理部门转来的相关资料，按照实际偿还的本金及已确认的应付利息金额，借记本科目，贷记“待偿债净资产——应付主权外债转贷款”科目。

业务7：被上级政府财政扣缴借入主权外债转贷款的本息时，借记“其他应收款”科目，贷记“与上级往来”科目；根据债务管理部门转来的相关资料，按照被扣缴的本金及已确认的应付利息金额，借记本科目，贷记“待偿债净资产——应付主权外债转贷款”科目。列报支出时，对本级政府财政承担的还本支出，借记“债务还本支出”科目，贷记“其他应收款”科目；对本级政府财政承担的利息支出，借记“一般公共预算本级支出”等科目，贷记“其他应收款”科目。

业务8：上级政府财政豁免主权外债转贷款本息时，根据以下情况分别处理：

（1）豁免本级政府财政承担偿还责任的主权外债转贷款本息时，根据债务管理部门转来的相关资料，按照豁免转贷款的本金及已确认的应付利息金额，借记本科目，贷记“待偿债净资产——应付主权外债转贷款”科目。

（2）豁免下级政府财政承担偿还责任的主权外债转贷款本息时，根据债务管理部门转来的相关资料，按照豁免转贷款的本金及已确认的应付利息金额，借记本科目，贷记“待偿债净资产——应付主权外债转贷款”科目；同时，借记“资产基金——应收主权外债转贷款”科目，贷记“应收主权外债转贷款”科目。

应收主权外债转贷款账务处理，请参照应付地方政府债券转贷款账务处理。

第六节 其他负债与应付代管资金

政府财政除了上述负债外，还会因有关政策明确要求其承担支出责任的事项而形成的应付未付款项；政府财政代为管理的，使用权属于被代管主体的资金等负债。

一、其他负债

（一）其他负债概念

其他负债属于应付政策性负债，是指政府财政因有关政策明确要求其承担支出责任的事项而形成的应付未付款项。

（二）其他负债账务处理

1. 科目设置。总会计设置“其他负债”科目，核算政府财政因有关政策明确要求其承担支出责任的事项而形成的应付未付款项。本科目应当按照债权单位和项目等进行明细核算。本科目贷方余额反映政府财政承担的尚未支付的其他负债余额。

2. 核算实务。

业务1：有关政策已明确政府财政承担的支出责任，按照确定应承担的负债金额，借记“待偿债净资产”科目，贷记本科目。

业务2：实际偿还负债时，借记有关支出等科目，贷记“国库存款”等科目，同时，按照相同的金额，借记本科目，贷记“待偿债净资产”科目。

【例6－8】某政府财政发生如下经济业务：

因有关政策明确要求本级财政承担支出责任的事项而形成的应付未付款项100万元。

（1）有关政策已明确政府财政承担的支出责任，按照确定应承担的负债金额100万元：

借：待偿债净资产——其他负债	1 000 000	
贷：其他负债		1 000 000

（2）实际偿还负债时：

借：一般公共预算本级支出——其他支出	1 000 000	
贷：国库存款		1 000 000

同时，按照相同的金额：

借：其他负债	1 000 000	
贷：待偿债净资产——其他负债		1 000 000

二、应付代管资金

（一）应付代管资金概念

应付代管资金，是指政府财政代为管理的，使用权属于被代管主体的资金。

财政代管资金，是指预算单位实行国库集中支付改革取消其实有资金银行账户后，收到的除本级财政拨款以外纳入财政为各预算单位统一开设的银行账户由财政代为管理的其他资金，包括预算单位往来账户、工会经费账户、专项资金账户等账户资金。

财政部门应设财政代管资金专户，将预算单位自有资金实行统一管理集中支付，对提高资金使用透明度加强财政监督取得显著成效。为充分发挥资金使用效益，财政部门不断采取措施，提高财政代管资金管理水平。

财政代管资金账户按财政专户管理办法进行管理。财政部门、预算单位和代理银行各方应加强对账管理，发现问题及时互相告知，确保财政代管资金的安全、完整。

（二）应付代管资金账务处理

1. 科目设置。总会计设置“应付代管资金”科目，核算政府财政代为管理的、使用权属于被代管主体的资金。本科目应当根据管理需要进行相关明细核算。本科目期末贷方余额反映政府财政尚未支付的代管资金。

2. 核算实务。

业务1：收到代管资金时，借记“其他财政存款”等科目，贷记本科目。

业务2：支付代管资金时，借记本科目，贷记“其他财政存款”等科目。

业务3：代管资金产生的利息收入按照相关规定仍属于代管资金的，借记“其他财政存款”等科目，贷记本科目。

【例6－9】某政府财政发生如下经济业务：

（1）市财政收到市地税局代征社会保险基金收入1 000万元，存入社会保险基金财政专户。

借：其他财政存款　　10 000 000

　　贷：应付代管资金——社会保险基金　　10 000 000

（2）市国库集中支付执行机构按照财政国库部门审批下达的用款计划，根据预算单位的支付申请，审核支付养老保险基金100万元。

借：应付代管资金——社会保险基金　　1 000 000

　　贷：其他财政存款　　1 000 000

（3）总会计接代理银行通知，收到代管资金产生的利息收入5 000元，按照相关规定仍属于代管资金的：

借：其他财政存款　　5 000

　　贷：应付代管资金——社会保险基金　　5 000

三、已结报支出

（一）已结报支出概念

已结报支出，是指政府财政部门国库支付执行机构已清算的国库集中支付数额。

财政国库支付执行机构会计是总会计的延伸，其会计核算按总会计制度执行。“财政零余额账户存款”“已结报支出”是财政国库支付执行机构会计专用科目。

（二）已结报支出账务处理

1. 科目设置。总会计设置“已结报支出”科目，核算政府财政国库支付执行机构已清算的国库集中支付支出数额。财政国库支付执行机构未单设的地区，不使用该科目。本科目年终转账后无余额。

2. 核算实务。

业务1：每日汇总清算后，财政国库支付执行机构会计根据有关划款凭证回执联和按部门分“类”“款”“项”汇总的《预算支出结算清单》，对于财政直接支付，借记“财政零余额账户存款”科目，贷记本科目；对于财政授权支付，借记“一般公共预算本级支出”“政府性基金预算本级支出”“国有资本经营预算本级支出”等科目，贷记本科目。

业务2：年终财政国库支付执行机构按照累计结清的支出金额，与有关方面核对一致后转账时，借记本科目，贷记“一般公共预算本级支出”“政府性基金预算本级支出”“国有资本经营预算本级支出”等科目。

【案例6-10】某政府财政发生如下经济业务：

（1）财政直接支付。

①市财政局国库支付中心为预算单位直接支付款项时，根据银行支付凭证回执联，按部门分“类”“款”“项”列报预算支出，其中：一般公共预算本级支出20万元、政府性基金预算本级支出10万元、国有资本经营预算本级支出5万元：

借：一般公共预算本级支出——财政直接支付　200 000
　　政府性基金预算本级支出——财政直接支付　100 000
　　国有资本经营预算本级支出——财政直接支付　50 000
　　贷：财政零余额账户存款　350 000

②每日汇总清算后，财政国库支付执行机构会计根据有关划款凭证回执联和按部门分“类”“款”“项”汇总的《预算支出结算清单》与中国人民银行国库划款凭证核对无误后，送总预算会计结算资金，会计分录为：

借：财政零余额账户存款　350 000
　　贷：已结报支出——财政直接支付　350 000

（2）财政授权支付。

①财政国库支付执行机构对财政部门批准下达各预算单位零余额账户的用款额度，不作正式会计分录，但需要备查登记。

②财政国库支付执行机构对于授权支付的款项，根据代理银行报来的《财政支出日（旬、月）报表》，其中：一般公共预算本级支出15万元、政府性基金预算本级支出5万元、国有资本经营预算本级支出1万元，与中国人民银行国库划款凭证核对无误后，列报支出，并登记预算单位支出明细账，会计分录为：

借：一般公共预算本级支出——单位零余额账户额度　150 000
　　政府性基金预算本级支出——单位零余额账户额度　50 000
　　国有资本经营预算本级支出——单位零余额账户额度　10 000
　　贷：已结报支出——财政授权支付　210 000

（3）年终财政国库支付执行机构按照累计结清的支出金额，与有关方面核对一致后转账时：

借：已结报支出——财政直接支付　350 000

已结报支出——财政授权支付	210 000	
贷：一般公共预算本级支出——财政直接支付		200 000
一般公共预算本级支出——单位零余额账户额度		150 000
政府性基金预算本级支出——财政直接支付		100 000
政府性基金预算本级支出——单位零余额账户额度		50 000
国有资本经营预算本级支出——财政直接支付		50 000
国有资本经营预算本级支出——单位零余额账户额度		10 000

【思考题】

1. 政府财政负债的概念及分类是什么？
2. 政府财政负债的特点有哪些？
3. 区别应付政府债券与借入款项、应付转贷款。

第七章 政府财政收入

学习目标

- □ 了解现行政府收入分类科目与总会计收入科目联系与区别
- □ 熟悉总会计收入科目体系及内容
- □ 掌握政府财政本级收入、转移性收入、债务性收入、其他收入科目账务处理

第一节 收入的概述

一、收入的概念与内容

（一）政府收入分类内容

政府收入即政府财政收入，是预算年度内通过一定的形式和程序，依法有计划地筹措到的归国家支配的资金，是国家参与国民收入分配的主要形式，是国家实现职能的财力保障。目前，政府收入主要是指政府财政收入。

政府收入按其来源和性质进行分类。根据《政府收支分类科目》汇总表，2018 年收入科目按照经济性质分为“类”、“款”、“项”、“目”四级，其中类级科目 6 个，分别是“税收收入”“社会保险基金收入”“非税收入”“贷款转贷回收本金收入”“债务收入”和“转移性收入”。

政府收支分类内容请参见第三章。

（二）收入核算的内容

收入，是指政府财政为实现政府职能，根据法律法规等所筹集的资金。

根据总会计核算目标，总会计不仅要反映预算执行情况，也要反映资产负债等财务状况。因此，对财政收入科目名称设置和核算内容划分，总会计对收入科目分类设置要考虑到预算管理和财务管理双重需要，满足提供预算执行情况和财务状况双重会计目标。有利于提升财政财务信息质量，全面深化预算管理制度改革、建立现代财政制度；有利于推进政府综合财务报告制度建设。

总会计核算的收入按照收入来源和资金性质不同可以分为本级政府预算收入、转移性收入、债务性收入和其他财政资金收入等。本级政府预算收入根据预算管理需要细分为一般公共预算本级收入、政府性基金预算本级收入和国有资本经营预算本级收入。转移性收入包括补助收入、上解收入、调入资金和地区间援助收入等。具有负债性的债务性收入根据贷款对象和来源分为债务收入和债务转贷收入。其他财政资金收入包括财政专户管理资金收入和专用基金收入。

阅读资料 《国务院关于深化预算管理制度改革的决定》（国发〔2014〕45号）http：//www.gov.cn/zhengce/content/2014－10/08/content_9125.htm

二、总会计核算的收入科目与政府收入分类科目关系

（一）联系

政府收支分类，就是对政府收入和支出进行类别和层次划分，以全面、准确、清晰地反映政府收支活动。收入分类主要完整反映政府收入的来源和性质，说明政府的钱是从哪里来的，这是一种经济性质分类。政府收入的分类是对收入进行科学系统的划分，即根据收入的性质、来源和缴款形式，从不同角度按照其内在联系进行科学系统的分类。

政府收支分类科目是编制政府预决算、组织预算执行以及财政部门和预算单位进行会计明细核算的重要依据。对收入进行科学系统的分类，是政府预算管理统一性和规范化的要求，是进行各项预算管理和会计核算活动的主要前提。

总会计收支类科目依据政府收支分类科目来设计的。总会计的会计科目设置，尤其是收支类会计科目设置与政府收支分类科目设置密切相关。

总会计核算的收入按照不同类型资金可以划分为一般公共预算本级收入、政府性基金预算本级收入、国有资本经营预算本级收入、财政专户管理资金收入、专用基金收入、转移性收入、债务收入、债务转贷收入等。

一般公共预算本级收入的分类应按政府收入分类科目一般公共预算收入类、款、项、目进行明细分类核算。一般公共预算本级收入明细科目是按政府收入分类科目类、款、项、目四级科目设置。如政府收支分类科目一般公共预算收入按四级科目设置为：税收收入（类）——增值税（款）——国内增值税（项）——国有企业增值税（目），在总会计科目设置上就是：一般公共预算本级收入——税收收入——增值税——国内增值税——国有企业增值税。

政府性基金预算本级收入和国有资本经营预算本级收入也比照上述规则进行科目设置

和明细核算。总会计核算的收入中的债务收入、转移性收入也是根据政府收入分类科目进行设置。

（二）区别

1. 划分依据不同。由于政府收入分类科目与总会计核算的收入科目分类依据不同，分类内容会有所不同，政府收入分类是按经济性质划分收入，是为政府预算管理服务的，主要是为政府预算编制和执行服务的；总会计核算的收入科目是按收入类型和资金性质划分，主要是反映、核算、监督政府财务状况和各项预算的执行情况及其结果。

2. 内容不同。总会计核算的收入科目与政府收入分类科目包含内容和范围不同。2018 年政府收支分类科目从两个方面对政府收支进行分类，一是按四本预算划分——政府收支分类科目简目；二是按收支内容进行划分——政府收支分类科目汇总表。

根据 2018 年政府收支分类科目简目将政府收支分别纳入四本预算，即一般公共预算收支科目、政府性基金预算收支科目、国有资本经营预算收支科目和社会保险基金预算收支科目。而总会计只核算反映三本预算的收支。政府收入分类科目包括社会保险基金预算收入科目。根据现行总会计制度的规定，总会计暂不核算社会保险基金预算本级收入。

在政府收入分类科目中，为了体现预算的完整性，债务收入和转移性收入按预算类别纳入四本预算中，而在总会计核算的收入分类中则单列作为一级会计科目核算，如债务收入、补助收入、上解收入等，这些收入不纳入本级收入。此外，政府部分收入如纳入财政专户管理的其他财政资金收入，虽然不纳入政府预算管理，没有在四本预算收支中反映，但总会计却要对其收支进行核算和反映，如非税收入中教育收费；转移性收入中的收回存量资金等。

总会计收入科目与政府收入分类科目不同，见表 7－1。

表 7－1　　政府预算、政府收入分类科目和总会计收入科目对照表

政府收入分类科目	总会计核算的收入会计科目	是否纳入预算
1. 税收收入	一般公共预算本级收入	一般公共预算
2. 社会保险基金收入	其他应付款	社会保险基金预算
3. 非税收入，其中：		
（1）政府性基金收入	政府性基金预算本级收入	政府性基金预算
（2）专项收入	一般公共预算本级收入	一般公共预算
（3）行政事业性收费收入	一般公共预算本级收入	一般公共预算
其中：教育收费	财政专户管理资金收入	
（4）罚没收入等	一般公共预算本级收入	一般公共预算
（5）国有资本经营收入	国有资本经营预算本级收入	国有资本经营预算
	一般公共预算本级收入	一般公共预算
（6）国有资源（资产）有偿使用收入	一般公共预算本级收入	一般公共预算
（7）捐赠收入	一般公共预算本级收入	一般公共预算
（8）政府住房基金收入	一般公共预算本级收入	一般公共预算
（9）其他收入	一般公共预算本级收入	一般公共预算

续表

政府收入分类科目	总会计核算的收入会计科目	是否纳入预算
4. 贷款转贷回收本金收入	应收地方政府债券转贷款、应收主权外债转贷款	
5. 债务收入	债务收入（一般）	一般公共预算
	债务收入（专项）	政府性基金预算
6. 转移性收入：返还性收入、一般性转移支付收入、专项转移支付收入、其他收入、政府性基金转移收入、国有资本经营预算转移支付收入、上解收入、上年结余收入、调入资金、债务转贷收入、接受其他地区援助收入等	补助收入（一般）	一般公共预算
	补助收入（专项）	政府性基金预算
	上解收入（一般公共预算）	一般公共预算
	上解收入（政府性基金预算）	政府性基金预算
	地区间援助收入	一般公共预算
	调入资金（一般公共预算资金）	一般公共预算
	调入资金（政府性基金预算资金）	政府性基金预算
	动用预算稳定调节基金	一般公共预算
其中：债券转贷收入	债务转贷收入（一般）	一般公共预算
	债务转贷收入（专项）	政府性基金预算
	专用基金收入	
	财政专户管理资金收入	

上述分析说明，政府收入分类科目不同于总会计核算的收入科目。一般公共预算收入不等于总会计一般公共预算本级收入科目。政府收入分类科目中的政府性基金预算收入和国有资本经营预算收入科目与总会计政府性基金预算本级收入和国有资本经营预算本级收入科目也存在内容不一致。主要区别在于转移性收入和债务收入。

三、总会计核算的收入确认标准与计量要求

政府会计准则规定了政府收入的定义、确认基础和计量属性。总会计核算采用权责发生制，应按《政府会计准则——基本准则》规定对收入定义、确认和计量。内容详见第二章。

总会计核算一般采用收付实现制，部分经济业务或者事项应当按照规定采用权责发生制核算。总会计的各项收入一般以收付实现制为基础，在款项缴入国库或财政专户时确认。具体来讲，一般公共预算本级收入、政府性基金预算本级收入、国有资本经营预算本级收入、财政专户管理资金收入和专用基金收入应当按照实际收到的金额入账。转移性收入应当按照财政体制的规定或实际发生的金额入账。债务收入应当按照实际发行额或借入的金额入账，债务转贷收入应当按照实际收到的转贷金额入账。

四、总会计核算的收入管理

总会计应当加强各项收入的管理，严格会计核算手续。对于各项收入的账务处理必须以审核无误的国库入库凭证、预算收入日报表和其他合法凭证为依据。发现错误，应当按

照相关规定及时通知有关单位共同更正。

对于已缴入国库和财政专户的收入退库（付），要严格把关，强化监督。凡不属于国家规定的退库（付）项目，一律不得冲退收入。属于国家规定的退库（付）事项，具体退库（付）程序按财政部的有关规定办理。

实施政府非税收入收缴电子化管理，是建立现代财政国库管理制度的一项重要的基础性工作。地方各级财政部门应当积极创造条件，加快推进收缴电子化管理工作。根据财政部《关于加快推进地方政府非税收入收缴电子化管理工作的通知》（财库［2017］7号）规定，2017年，省级财政部门都应启动实施收缴电子化管理工作。2018年，地市级财政部门应逐步开展收缴电子化管理工作。2020年，地方各级财政部门应全面推行收缴电子化管理工作。

第二节 本级收入

本级收入包括一般公共预算本级收入、政府性基金预算本级收入、国有资本经营预算本级收入。

一、一般公共预算本级收入的核算

（一）一般公共预算本级收入的概念和内容

一般公共预算本级收入，是指政府财政筹集的纳入本级一般公共预算管理的税收收入和非税收入。一般公共预算本级收入是一级财政一般公共预算收入的主体收入，构成一般公共预算的主要收入。

根据预算法规定，我国政府预算包括一般公共预算、政府性基金预算、国有资本经营预算、社会保险基金预算。

一般公共预算是以税收为主体的财政收入，安排用于保障和改善民生、推动经济社会发展、维护国家安全、维持国家机构正常运转等方面的收支预算。

地方各级政府一般公共预算包括本级各部门的预算和税收返还、转移支付预算。地方各级政府一般公共预算收入包括地方本级收入、上级政府对本级政府的税收返还和转移支付、下级政府的上解收入。

《2018年政府收支分类科目》简目——一般公共预算收支科目规定，一般公共预算收入科目包括税收收入、非税收入、债务收入和转移性收入四类。一般公共预算和一般公共预算收入分类科目参见第三章。

总会计核算的一般公共预算本级收入内容与政府收入分类科目中一般公共预算收入科目内容不完全一致，一般公共预算本级收入内容包括税收收入和部分非税收入，但不包括非税收入中的政府性基金预算收入、国有资本经营收入（纳入国有资本经营预算本级收入)、社会保险基金收入、债务收入、贷款转贷回收本金收入和转移性收入等。

1. 税收收入。税收收入是指国家凭借其政治权力，依据法定标准，从纳税人无偿取得的一种财政收入。税收历来是国家财政收入的主要来源。税收收入包括增值税、消费税、企业所得税、企业所得税退税、个人所得税、资源税、城市维护建设税、房产税、印花税、城镇土地使用税、土地增值税、车船税、船舶吨税、车辆购置税、关税、耕地占用税、契税、烟叶税、环保税和其他税收收入等。

2. 非税收入。非税收入是指除税收以外，由各级国家机关、事业单位、代行政府职能的社会团体及其他组织依法利用国家权力、政府信誉、国有资源（资产）所有者权益等取得的各项收入。

非税收入中除了纳入政府性基金预算管理的“政府性基金收入”；纳入国有资本经营预算管理的“国有资本经营收入”；纳入财政专户管理的行政事业性收费收入如教育收费外，其余非税收入全部纳入本级一般公共预算管理。所以，纳入一般公共预算本级收入核算的非税收入主要有专项收入、行政事业性收费收入、罚没收入、国有资本经营收入(主要是指各级政府及其部门机构履行出资人职责的企业上缴的国有资本收益)、国有资源（资产）有偿使用收入、捐赠收入、政府住房基金收入、其他收入等内容。

（二）一般公共预算本级收入核算

1. 科目设置。总会计设置“一般公共预算本级收入”科目，核算政府财政筹集的纳入本级一般公共预算管理的税收收入和非税收入。本科目应当根据《政府收支分类科目》中“一般公共预算收入科目”规定进行明细核算。本科目平时贷方余额反映一般公共预算本级收入的累计数。年终结转后，本科目无余额。

2. 核算实务。

业务1：收到款项时，根据国库报来的当日预算收入日报表所列一般公共预算本级收入数，借记“国库存款”等科目，贷记本科目。

业务2：年终转账时，本科目贷方余额全数转入“一般公共预算结转结余”科目，借记本科目，贷记“一般公共预算结转结余”科目。

【例7-1】某政府财政发生如下经济业务：

收到中国人民银行国库报来的预算收入日报表。其中，一般公共预算本级收入合计10.5万元，具体项目和金额为：税收收入——增值税——国内增值税——国有企业增值税7.5万元，税收收入——企业所得税——国有企业所得税2万元，非税收入——专项收入——教育费附加收入——教育费附加收入7 000元，非税收入——行政事业性收费收入——公安行政事业性收费收入——外国人签证费2 000元，非税收入——罚没收入——一般罚没收入——公安罚没收入1 000元。

借：国库存款	105 000	
贷：一般公共预算本级收入		105 000

同时，在一般公共预算本级收入明细账的贷方登记如下：

税收收入——增值税——国内增值税——国有企业增值税	75 000
税收收入——企业所得税——国有企业所得税	20 000
非税收入——专项收入——教育费附加收入——教育费附加收入	7 000

非税收入——行政事业性收费收入——公安行政事业性收费收入
——外国人签证费 2 000
非税收入——罚没收入——一般罚没收入——公安罚没收入 1 000

【例 7－2】××乡镇财政所（尚未设立国库）20×7 年发生如下经济业务：

某乡镇财政所（尚未设立国库）总会计收到县财政局返还数为 12 万元，根据国有商业银行（央行指定代理的商业银行）收账通知单填制凭证。

借：其他财政存款 120 000
贷：一般公共预算本级收入 120 000

二、政府性基金预算本级收入的核算

（一）政府性基金预算本级收入的概念和内容

政府性基金预算本级收入，是指政府财政筹集的纳入本级政府性基金预算管理的非税收入。不包括政府性基金预算的债务收入和转移性收入。

政府性基金收入统一归入“非税收入”，并设款项科目反映。政府性基金支出则在有关类款级支出功能分类科目下单独设置项级科目反映。

《2018 年政府收支分类科目》简目——政府性基金预算收入科目包括非税收入、债务收入和转移性收入三类。列入政府性基金预算收入科目的非税收入包括政府性基金收入和专项债券对应项目专项收入。

2018 年非税收入中属于政府性基金收入的包括：农网还贷资金收入、铁路建设基金收入、民航发展基金、海南高等级公路车辆通行附加费收入、港口建设费收入、旅游发展基金、国家电影事业发展专项资金、国有土地收益基金收入、农业土地开发资金收入、国有土地使用权出让收入、大中型水库移民后期扶持基金、大中型水库库区基金收入、三峡水库库区基金收入、中央特别国债经营基金收入、中央特别国债经营基金财务收入、彩票公益金收入、城市基础设施配套费收入、小型水库移民扶持基金收入、国家重大水利工程建设基金收入、车辆通行费、核电站乏燃料处理处置基金收入、可再生能源电价附加收入、船舶油污损害赔偿基金收入、废弃电器电子产品处理基金收入、污水处理费收入、彩票发行机构和彩票销售机构的业务费用、其他政府性基金收入等。

2018 年非税收入中属于专项债券对应项目专项收入包括：土地储备专项债券对应项目专项收入、政府收费公路专项债券对应项目专项收入和其他地方自行试点项目收益专项债券对应项目专项收入等。

政府性基金收入应按规定及时、足额缴入相应级次国库，不得截留、坐支和挪作他用。各级财政部门应当按照有关规定，监督政府性基金的征收和解缴入库。

政府性基金预算和政府性基金预算收入科目参见第三章。

（二）政府性基金预算本级收入核算

1. 科目设置。总会计设置“政府性基金预算本级收入”科目，核算政府财政筹集的纳入本级政府性基金预算管理的非税收入。本科目应当根据《政府收支分类科目》中“政府性基金预算收入科目”规定进行明细核算。应按《政府收支分类科目》所列“政府性基金预算收入科目”“类”“款”“项”“目”级科目设置明细账。本科目平时贷方余额反映政府性基金预算本级收入的累计数。

2. 核算实务。

业务1：收到款项时，根据当日预算收入日报表所列政府性基金预算本级收入数，借记“国库存款”等科目，贷记本科目。

业务2：年终转账时，本科目贷方余额全数转入“政府性基金预算结转结余”科目，借记本科目，贷记“政府性基金预算结转结余”科目。结转后，本科目无余额。

【例7-3】 某政府财政发生如下经济业务：

收到中国人民银行国库报来的预算收入日报表。其中，政府性基金预算本级收入65万元，具体项目和金额为：非税收入——政府性基金预算收入——国有土地收益基金收入35万元，非税收入——政府性基金预算收入——农网还贷资金收入——地方农网还贷资金收入15万元，非税收入——政府性基金预算收入——城市基础设施配套费收入5万元，非税收入——政府性基金预算收入——小型水库移民扶持基金收入10万元。

借：国库存款	650 000	
贷：政府性基金预算本级收入		650 000

同时，在政府性基金预算本级收入明细账户的贷方登记如下：

非税收入——国有土地收益基金收入	350 000
非税收入——农网还贷资金——地方农网还贷资金收入	150 000
非税收入——城市基础设施配套费收入	50 000
非税收入——小型水库移民扶持基金收入	100 000

三、国有资本经营预算本级收入的核算

（一）国有资本经营预算本级收入概念和内容

国有资本经营预算本级收入，是指政府财政筹集的纳入本级国有资本经营预算管理的非税收入。包括：国有独资企业、国有独资公司按规定上缴国家的利润；国有控股、参股企业国有股权（股份）获得的股息和股利；国有企业国有产权（含国有股份）转让收入；国有独资企业实施清算所得净收入，以及国有控股、参股企业国有股权（股份）分享的清算净收入；企业化管理事业单位上缴的利润；其他国有资本收益收入。不包括转移性收入。

《2018年政府收支分类科目》简目——国有资本经营预算收入科目包括非税收入和转移性收入。非税收入主要是指纳入国有资本经营预算收入科目的国有资本经营收入。国有资本经营预算和国有资本经营预算收入分类科目参见第三章。

（二）国有资本经营预算本级收入核算

1. 科目设置。总会计设置“国有资本经营预算本级收入”科目，核算政府财政筹集的纳入本级国有资本经营预算管理的非税收入。本科目应当根据《政府收支分类科目》中“国有资本经营预算收入科目”规定进行明细核算。本科目平时贷方余额反映国有资本经营预算本级收入的累计数。

2. 核算实务。

业务1：收到款项时，根据当日预算收入日报表所列国有资本经营预算本级收入数，

借记“国库存款”等科目，贷记本科目。

业务2：年终转账时，本科目贷方余额全数转入“国有资本经营预算结转结余”科目，借记本科目，贷记“国有资本经营预算结转结余”科目。结转后，本科目无余额。

【例7-4】某政府财政发生如下经济业务：

收到中国人民银行国库报来的预算收入日报表。其中，国有资本经营预算本级收入合计117万元，具体项目和金额为：非税收入——国有资本经营收入——利润收入——电力企业利润收入10万元，非税收入——清算收入——国有股权、股份清算收入5万元；非税收入——股利、股息收入——国有控股公司股利、股息收入2万元；非税收入——产权转让收入——国有独资企业产权转让收入100万元。

借：国库存款	1 170 000	
贷：国有资本经营预算本级收入		1 170 000

同时，在国有资本经营预算本级收入明细账户的贷方登记如下：

非税收入——利润收入——电力企业利润收入	100 000
非税收入——清算收入——国有股权、股份清算收入	50 000
非税收入——股利股息收入——国有控股公司股利、股息收入	20 000
非税收入——产权转让收入——国有独资企业产权转让收入	1 000 000

第三节 转移性收入

一、转移性收入概念及内容

（一）转移性收入概念

转移性收入，是指在各级政府财政之间进行资金调拨以及在本级政府财政不同类型资金之间调剂所形成的收入，包括补助收入、上解收入、调入资金和地区间援助收入等。

转移性收支，是指根据财政管理体制规定在中央与地方、地方各级财政之间，由于共享收入的分配、专项转移支付、体制结算而产生的收支，以及三本预算之间的调拨收支事项。与政府财政本级收入不同，这类收入并不是从社会再生产分配中集中的收入，而是财政内部财力转移和调节。

转移性收支使某一级财政的财力或政府性基金预算（国有资本经营预算）减少，同时引起另一级财政财力或一般公共预算（政府性基金预算）的增加。从总体上讲，并没有净增加或减少预算资金总量，年终汇总时转移性收入和转移性支出相抵后，除“调入资金”“动用预算稳定调节基金”“调出资金”“安排预算稳定调节基金”等不相互对冲外，其余全部冲销，决算中就不再反映这些调拨性收支，避免虚增收支。

转移性收支是财政资金活动的一个重要组成部分，也是贯彻财政体制、均衡地方财政公共服务、执行转移支付的一种手段。它通过上解、补助的方式以调整上下级之间、地区之间的财力，以调入调出方式协调政府预算的最终平衡。

（二）政府收支分类科目中的转移性收入内容

2018年《政府收支分类科目》中，“转移性收入类”中的“款”级科目内容主要有：返还性收入；一般性转移支付收入；专项转移支付收入；政府性基金转移收入；国有资本经营预算转移收入；上解收入；上年结余收入；调入资金；债务转贷收入；接受其他地区援助收入；收回存量资金。

2018年政府收支分类科目中，一般公共预算收入科目，转移性收入“款”级科目内容主要有：返还性收入、一般性转移支付收入、专项转移支付收入、上解收入、上年结余收入、调入资金、债务转贷收入、接受其他地区援助收入。

政府性基金预算收入科目，转移性收入“款”级科目内容主要有：政府性基金转移收入、上年结余收入、调入资金、债务转贷收入。

国有资本经营预算收入科目，转移性收入“款”级科目内容主要有：国有资本经营预算转移支付收入。

（三）总会计核算的转移性收入内容

现行总会计核算的转移性收入包括补助收入、上解收入、调入资金和地区间援助收入等。转移性收入按照资金的方向区分为补助收入、上解收入等，再按照转移资金的性质划分为一般公共预算补助（上解）收入和政府性基金预算补助（上解）收入等。

总会计对转移性收入进行单独核算的原因，一是为了区分本级政府的财政收入和上下级政府间财力转移财政资金形成的财政收入。本级政府的财政收入通过政府财政本级收入、专用基金收入、财政专户管理资金收入等账户核算；上下级政府间转移财政资金形成的财政收入则通过补助收入、上解收入账户核算；二是为了政府财政预算中的一般公共预算、政府性基金预算和国有资本经营预算等预算种类反映内容的完整性，如政府财政预算中的一般公共预算收入包括：本级政府财政通过征收税费等取得的一般公共预算本级收入、通过上下级政府间转移一般公共预算资金取得的一般公共预算补助收入和一般公共预算上解收入、通过从政府性基金预算结余和国有资本经营预算结余中调入到一般公共预算取得的一般公共预算调入资金、接受其他地区援助收入等。

二、补助收入核算

补助收入，是指上级政府财政按照财政体制规定或因专项需要补助给本级政府财政的款项，包括上级税收返还、转移支付等。包括返还性补助收入、一般性转移支付补助收入、专项转移支付补助收入、政府性基金转移支付补助收入等。补助收入属于上一级财政对下一级财政的财力转移，补助收入会减少上一级财政的财力，增加下一级财政的财力。

按预算管理可以划分为一般公共预算补助收入和政府性基金预算补助收入。一般公共预算补助收入科目内容主要有：返还性收入、一般性转移支付收入和专项转移支付收入。政府性基金预算补助收入主要是专项转移支付收入。

（一）科目设置

总会计设置“补助收入”科目，核算上级政府财政按照财政体制规定或因专项需要补助给本级政府财政的款项，包括税收返还、转移支付等。本科目下应当按照不同的资金性质设置“一般公共预算补助收入”“政府性基金预算补助收入”等明细科目。本科目平时贷方余额反映补助收入的累计数。年终结转后，本科目无余额。

（二）核算实务

业务1：收到上级政府财政拨入的补助款时，借记“国库存款”“其他财政存款”等科目，贷记本科目。

业务2：专项转移支付资金实行特设专户管理的，政府财政应当根据上级政府财政下达的预算文件确认补助收入。年度当中收到资金时，借记“其他财政存款”科目，贷记“与上级往来”等科目；年度终了，根据专项转移支付资金预算文件，借记“与上级往来”科目，贷记本科目。

业务3：从“与上级往来”科目转入本科目时，借记“与上级往来”科目，贷记本科目。

业务4：有主权外债业务的财政部门，贷款资金由本级政府财政同级部门（单位）使用，且贷款的最终还款责任由上级政府财政承担的，本级政府财政部门收到贷款资金时，借记“其他财政存款”科目，贷记本科目；外方将贷款资金直接支付给供应商或用款单位时，借记“一般公共预算本级支出”，贷记本科目。

业务5：年终与上级政府财政结算时，根据预算文件，按照尚未收到的补助款金额，借记“与上级往来”科目，贷记本科目。退还或核减补助收入时，借记本科目，贷记“国库存款”“与上级往来”等科目。

业务6：年终转账时，本科目贷方余额应根据不同资金性质分别转入对应的结转结余科目，借记本科目，贷记“一般公共预算结转结余”“政府性基金预算结转结余”等科目。

【例7－5】某政府财政发生如下经济业务：

（1）收到上级财政拨来的一般公共预算补助款，转移性收入——一般性转移支付收入——体制补助收入6 000万元。国库送来收账通知单。

借：国库存款　　60 000 000

　　贷：补助收入　　60 000 000

同时，在补助收入明细账户的贷方登记如下：

一般公共预算补助收入——一般性转移支付收入——体制补助收入　　60 000 000

（2）接到上级财政的通知，以前向上级借入的调度款250万元，转为政府性基金预算补助款。

借：与上级往来　　2 500 000

　　贷：补助收入　　2 500 000

同时，在补助收入明细账户的贷方登记如下：

政府性基金预算补助收入——政府性基金转移收入——政府性基金补助收入　　2 500 000

三、上解收入核算

上解收入，是指按照财政体制规定由下级政府财政上交给本级政府财政的款项。包括财力性转移支付上解收入、专项转移支付上解收入、政府性基金转移上解收入等。上解收入属于下一级财政对上一级财政的财力转移。上解收入会减少下一级财政的财力，增加上一级财政的财力。

按预算管理划分为：一般公共预算上解收入和政府性基金预算上解收入，一般公共预算上解收入包括体制上解收入和专项上解收入。

（一）科目设置

总会计设置“上解收入”科目，核算按照体制规定由下级政府财政上交给本级政府财政的款项。本科目下应当按照不同资金性质设置“一般公共预算上解收入”“政府性基金预算上解收入”等明细科目。同时，还应当按照上解地区进行明细核算。本科目平时贷方余额反映上解收入的累计数。年终结转后，本科目无余额。

（二）核算实务

业务1：收到下级政府财政的上解款时，借记“国库存款”等科目，贷记本科目。

业务2：年终与下级政府财政结算时，根据预算文件，按照尚未收到的上解款金额，借记“与下级往来”科目，贷记本科目。退还或核减上解收入时，借记本科目，贷记“国库存款”“与下级往来”等科目。

业务3：年终转账时，本科目贷方余额应根据不同资金性质分别转入对应的结转结余科目，借记本科目，贷记“一般公共预算结转结余”“政府性基金预算结转结余”等科目。

【例7－6】某政府财政发生如下经济业务：

（1）收到下级财政部门按体制规定上解的款项，转移性收入——上解收入——体制上解收入460万元。

借：国库存款　　4 600 000

　　贷：上解收入　　4 600 000

同时，在上解收入明细账户的贷方登记如下：

一般公共预算上解收入——转移性收入——体制上解收入　　4 600 000

（2）收到下级财政专项上解收入150万元。

借：国库存款　　1 500 000

　　贷：上解收入　　1 500 000

同时，在上解收入明细账户的贷方登记如下：

一般公共预算上解收入——转移性收入——专项上解收入　　1 500 000

四、地区间援助收入核算

地区间援助收入，是指受援方政府财政收到援助方政府财政转来的可统筹使用的各类援助、捐赠等资金收入。

（一）科目设置

总会计设置“地区间援助收入”科目，核算受援方政府财政收到援助方政府财政转来的可统筹使用的各类援助、捐赠等资金收入。本科目应当按照援助地区及管理需要进行相应的明细核算。本科目平时贷方余额反映地区间援助收入的累计数。年终结转后，本科目无余额。

（二）核算实务

业务1：收到援助方政府财政转来的资金时，借记“国库存款”科目，贷记本科目。

业务2：年终转账时，本科目贷方余额全数转入“一般公共预算结转结余”科目，借记本科目，贷记“一般公共预算结转结余”科目。

【例7－7】某政府财政发生如下经济业务：

收到某省政府财政转来的援助资金60万元。

借：国库存款　　600 000

　　贷：地区间援助收入——接受其他地区援助收入——××省　　600 000

五、调入资金核算

调入资金，是指政府财政为平衡某类预算收支、从其他类型预算资金及其他渠道调入的资金。包括调入一般公共预算资金、调入政府性基金预算资金、调入专项收入和其他调入资金等。

调入资金可以发生在一般公共预算中，也可以发生在政府性基金预算中。调入资金的目的是为了平衡一般公共预算或政府性基金预算。调入资金需要经过有关部门的批准。调入资金反映不同性质资金之间的调入收入。

（1）调入一般公共预算资金。包括从预算稳定调节基金、政府性基金预算、国有资本经营预算、其他资金等调入一般公共财政预算。

（2）调入政府性基金预算资金。

（3）调入专项收入，包括海南高等级公路车辆通行附加费、港口建设费、散装水泥专项资金、新型墙体材料专项基金、国家电影事业发展专项资金、新菜地开发建设基金、新增建设用地土地有偿使用费、南水北调工程基金、城市公用事业附加、国有土地使用权出让金、国有土地收益基金、农业土地开发资金、大中型水库库区基金、彩票公益金、城市基础设施配套费、小型水库移民扶持基金、国家重大水利工程建设基金、车辆通行费、污水处理费和其他政府性基金等调入专项收入。

（4）其他调入资金。

（一）科目设置

总会计设置“调入资金”科目，核算政府财政为平衡某类预算收支、从其他类型预算资金及其他渠道调入的资金。本科目下应当按照不同资金性质设置“一般公共预算调入资金”“政府性基金预算调入资金”等明细科目。本科目平时贷方余额反映调入资金的累计数。年终结转后，本科目无余额。

（二）核算实务

业务1：从其他类型预算资金及其他渠道调入一般公共预算时，按照调入的资金金额，借记“调出资金——政府性基金预算调出资金”“调出资金——国有资本经营预算调出资金”“国库存款”等科目，贷记本科目（一般公共预算调入资金）。

业务2：从其他类型预算资金及其他渠道调入政府性基金预算时，按照调入的资金金额，借记“调出资金———般公共预算调出资金”“国库存款”等科目，贷记本科目（政府性基金预算调入资金）。

业务3：年终转账时，本科目贷方余额分别转入相应的结转结余科目，借记本科目，贷记“一般公共预算结转结余”“政府性基金预算结转结余”等科目。

【例7－8】某政府财政发生如下经济业务：

经批准，从政府性基金预算结余中调入2亿元，国有资本经营预算结余调入2亿元，以平衡一般公共预算。

借：国库存款　　400 000 000
　　贷：调入资金　　400 000 000

同时，在调入资金明细账户的贷方登记如下：

一般公共预算调入资金——从政府性基金预算调入一般公共预算 200 000 000

一般公共预算调入资金——从国有资本经营预算调入一般公共预算 200 000 000

同时，双分录处理：

借：调出资金——政府性基金预算调出资金　　200 000 000
　　　　　　——国有资本经营预算调出资金　　200 000 000
　　贷：国库存款　　400 000 000

六、动用预算稳定调节基金核算

动用预算稳定调节基金，是指政府财政为弥补本年度预算资金不足，调用的预算稳定调节基金。

从预算稳定调节基金调入一般公共预算资金在政府收入分类中列入调入资金，即调入资金——调入一般公共预算资金——调入预算稳定调节基金。但动用（调入）预算稳定调节基金与其他的调入资金不同，调入预算稳定调节基金是为弥补财政短收年份预算执行收支缺口，调用预算稳定调节基金到一般公共预算中来平衡预算，建立跨年度预算平衡机制。而其他调入资金是从不同资金性质，如政府性基金预算结余或国有资本经营预算结余中调入一般公共预算来平衡预算。

预算稳定调节基金，是指各级财政通过超收安排的具有储备性质的基金，是以往年度通过超收安排建立的；而政府性基金预算结余和国有资本经营预算结余是当年实现的收支结余。调入预算稳定调节基金在总会计账务处理中，专门设立动用预算稳定调节基金科目核算。其他的调入资金则通过调入资金科目核算。

（一）科目设置

总会计设置“动用预算稳定调节基金”科目，核算政府财政为弥补本年度预算资金的不足，调用的预算稳定调节基金。本科目平时贷方余额反映动用预算稳定调节基金的累计数。年终结转后，本科目无余额。

（二）核算实务

业务1：调用预算稳定调节基金时，借记“预算稳定调节基金”科目，贷记本科目。

业务2：年终转账时，本科目贷方余额全数转入“一般公共预算结转结余”科目，借记本科目，贷记“一般公共预算结转结余”科目。

【例7-9】某政府财政发生如下经济业务：

年度终了，为弥补财政短收年份预算执行收支缺口，经市政府批准，调用预算稳定调节基金19亿元。

借：预算稳定调节基金	1 900 000 000	
贷：动用预算稳定调节基金		1 900 000 000
同时，借：动用预算稳定调节基金	1 900 000 000	
贷：一般公共预算结转结余		1 900 000 000

阅读资料　国务院关于印发推进财政资金统筹使用方案的通知（国发〔2015〕35号）
http：//www.gov.cn/zhengce/content/2015-06/19/content_9866.htm

第四节 债务性收入

政府财政债务收入与债务转贷收入属于政府财政债务性收入，债务性收入，是指政府财政依据法律法规等规定，通过举债（发行或转贷）的方式筹集的有偿性资金收入。

各级政府举债的权限和方式各有不同，中央和省级政府可以依据预算法的规定举债，省级以下政府不得自行发行地方政府债券，但按规定经批准可以通过上级政府财政转贷的形式取得债务资金收入。政府财政直接发行的债券和向外国政府和国际金融组织借款列入债务收入；为了体现预算收入的完整性，由上级政府（中央或省级政府）转贷的债务收入列入债务转贷收入。

一、债务收入

（一）债务收入概念

债务收入，是指政府财政根据法律法规等规定，通过发行债券、向外国政府和国际金融组织借款等方式筹集的纳入预算管理的资金收入。

《2018年政府收支分类科目》债务收入包括：中央政府债务收入和地方政府债务收入。债务收入分类详见第三章。

地方政府只能通过发行地方政府债券方式举债。政府债务分类纳入一般公共预算和政府性基金预算管理。将一般债务收支纳入一般公共预算管理，主要以一般公共预算收入偿还；专项债务收支纳入政府性基金预算管理，主要通过政府性基金收入、项目收益形成的专项收入偿还。专项债务以对应的政府性基金收入、专项收入实现平衡。

总会计核算的债务收入区分为一般债务收入和专项债务收入，并在年终转账时，分别转入一般公共预算结转结余和政府性基金预算结转结余。

（二）债务收入核算

1. 科目设置。总会计设置“债务收入”科目，核算政府财政按照国家法律、国务院规定以发行债券等方式取得的，以及向外国政府、国际金融组织等机构借款取得的纳入预算管理的债务收入。本科目应当按照《政府收支分类科目》中“债务收入”科目的规定进行明细核算。本科目平时贷方余额反映债务收入的累计数。年终结转后，本科目无余额。

2. 核算实务。

业务1：省级以上政府财政收到政府债券发行收入时，按照实际收到的金额，借记“国库存款”科目，按照政府债券实际发行额，贷记本科目，按照发行收入和发行额的差额，借记或贷记有关支出科目；根据债务管理部门转来的债券发行确认文件等相关资料，按照到期应付的政府债券本金金额，借记“待偿债净资产——应付短期政府债券/应付长期政府债券”科目，贷记“应付短期政府债券”“应付长期政府债券”等科目。

业务2：政府财政向外国政府、国际金融组织等机构借款时，按照借入的金额，借记“国库存款”“其他财政存款”等科目，贷记本科目；根据债务管理部门转来的相关资料，按照实际承担的债务金额，借记“待偿债净资产——借入款项”科目，贷记“借入款项”科目。

业务3：本级政府财政借入主权外债，且由外方将贷款资金直接支付给用款单位或供应商时，应根据以下情况分别处理：

（1）本级政府财政承担还款责任，贷款资金由本级政府财政同级部门（单位）使用的，本级政府财政根据贷款资金支付相关资料，借记“一般公共预算本级支出”科目，贷记本科目；根据债务管理部门转来的相关资料，按照实际承担的债务金额，借记“待偿债净资产——借入款项”科目，贷记“借入款项”科目。

（2）本级政府财政承担还款责任，贷款资金由下级政府财政同级部门（单位）使用的，本级政府财政根据贷款资金支付相关资料及预算指标文件，借记“补助支出”科目，贷记本科目；根据债务管理部门转来的相关资料，按照实际承担的债务金额，借记“待偿债净资产——借入款项”科目，贷记“借入款项”科目。

（3）下级政府财政承担还款责任，贷款资金由下级政府财政同级部门（单位）使用的，本级政府财政根据贷款资金支付相关资料，借记“债务转贷支出”科目，贷记本科目；根据债务管理部门转来的相关资料，按照实际承担的债务金额，借记“待偿债净资产——借入款项”科目，贷记“借入款项”科目；同时，借记“应收主权外债转贷款”科目，贷记“资产基金——应收主权外债转贷款”科目。

业务4：年终转账时，本科目下“专项债务收入”明细科目的贷方余额应按照对应的政府性基金种类分别转入“政府性基金预算结转结余”相应明细科目，借记本科目（专项债务收入明细科目），贷记“政府性基金预算结转结余”科目；本科目下其他明细科目的贷方余额全数转入“一般公共预算结转结余”科目，借记本科目（其他明细科目），贷记“一般公共预算结转结余”科目。

有关政府财政债务账务处理请参照第六章。

二、债务转贷收入

（一）债务转贷收入概念

债务转贷收入，是指本级政府财政收到上级政府财政转贷的债务收入。包括地方政府债券转贷收入和主权外债转贷收入。主权外债转贷收入实行专款专用管理。

债务转贷收入具有转移性收入性质，在政府收支分类科目中列入转移性收入，包括地方政府一般债务转贷收入和地方政府专项债务转贷收入。债务转贷收入分类内容详见第三章。

（二）债务转贷收入核算

1. 科目设置。总会计设置“债务转贷收入”科目，核算省级以下（不含省级）政府财政收到上级政府财政转贷的债务收入。本科目下应当设置“地方政府一般债务转贷收入”“地方政府专项债务转贷收入”明细科目。本科目平时贷方余额反映债务转贷收入的累计数。年终结转后，本科目无余额。

2. 核算实务。

业务1：省级以下（不含省级）政府财政收到地方政府债券转贷收入时，按照实际收到的金额，借记“国库存款”科目，贷记本科目；根据债务管理部门转来的相关资料，按照到期应偿还的转贷款本金金额，借记“待偿债净资产——应付地方政府债券转贷款”科目，贷记“应付地方政府债券转贷款”科目。

业务2：省级以下（不含省级）政府财政收到主权外债转贷收入的具体账务处理如下：

（1）本级财政收到主权外债转贷资金时，借记“其他财政存款”科目，贷记本科目；根据债务管理部门转来的相关资料，按照实际承担的债务金额，借记“待偿债净资产——应付主权外债转贷款”科目，贷记“应付主权外债转贷款”科目。

（2）从上级政府财政借入主权外债转贷款，且由外方将贷款资金直接支付给用款单位或供应商时，应根据以下情况分别处理：

①本级政府财政承担还款责任，贷款资金由本级政府财政同级部门（单位）使用的，本级政府财政根据贷款资金支付相关资料，借记“一般公共预算本级支出”科目，贷记本科目；根据债务管理部门转来的相关资料，按照实际承担的债务金额，借记“待偿债净资产——应付主权外债转贷款”科目，贷记“应付主权外债转贷款”科目。

②本级政府财政承担还款责任，贷款资金由下级政府财政同级部门（单位）使用的，本级政府财政根据贷款资金支付相关资料及预算文件，借记“补助支出”科目，贷记本科目；根据债务管理部门转来的相关资料，按照实际承担的债务金额，借记“待偿债净资产——应付主权外债转贷款”科目，贷记“应付主权外债转贷款”科目。

③下级政府财政承担还款责任，贷款资金由下级政府财政同级部门（单位）使用的，本级政府财政根据转贷资金支付相关资料，借记“债务转贷支出”科目，贷记本科目；根据债务管理部门转来的相关资料，按照实际承担的债务金额，借记“待偿债净资产——应付主权外债转贷款”科目，贷记“应付主权外债转贷款”科目；同时，借记“应收主权外债转贷款”科目，贷记“资产基金——应收主权外债转贷款”科目。下级政府财政根据贷款资金支付相关资料，借记“一般公共预算本级支出”科目，贷记本科目；根据债务管理部门转来的相关资料，按照实际承担的债务金额，借记“待偿债净资产——应付主权外债转贷款”科目，贷记“应付主权外债转贷款”科目。

业务3：年终转账时，本科目下“地方政府一般债务转贷收入”明细科目的贷方余额全数转入“一般公共预算结转结余”科目，借记本科目，贷记“一般公共预算结转结余”科目。本科目下“地方政府专项债务转贷收入”明细科目的贷方余额按照对应的政府性基金种类分别转入“政府性基金预算结转结余”相应明细科目，借记本科目，贷记“政府性基金预算结转结余”科目。

债务转贷其他账务处理请参照第六章相关应付转贷款案例。

第五节 其他财政资金收入

其他财政资金收入，是指未纳入财政预算管理，纳入财政专户存储，由财政部门管理的其他财政资金收入。包括专用基金收入与财政专户管理资金收入。

一、专用基金收入

（一）专用基金收入概念

1. 专用基金收入来源。专用基金收入，是指政府财政根据法律法规等规定设立的各项专用基金（包括粮食风险基金等）取得的资金收入。

专用基金，是指财政部门按规定设置或从上级财政部门拨入的有专门用途的基金。它是通过预算安排而设置，专用基金本来就是预算资金，为了保证其专项用途，根据规定需专户存储，其收支都有严格的专用性，不能随意改变其用途。

专用基金收入的主要来源渠道：一是上级财政拨入；二是本级政府财政预算安排。如粮食风险基金的来源包括：省财政预算安排的专项资金；本级财政预算安排的专项资金；轮换价差收入；利息收入；其他可用于粮食风险基金的专项资金。

2. 专用基金收入与政府性基金预算收入异同。

（1）专用基金收入与政府性基金预算收入在管理和使用上有相同之处。两者都需要专款专用、先收后支、量入为出。

（2）专用基金收入与政府性基金预算收入不同：政府性基金预算收入的主要来源渠

道是相关的非税收入。政府性基金预算收入是按规定收取并纳入预算管理的政府性基金；而专用基金收入则是由财政部门按规定在一般公共预算支出中列支设置或从上级财政部门拨款取得的。专用基金收入一般都需要通过财政专户进行单独管理。政府性基金预算收入一般要纳入国库，而专用基金收入一般要求实行专户管理。

（二）专用基金收入管理要求

专用基金由财政部门根据预算管理要求按规定及时、足额拨付。专用基金实行专户管理，由财政部门在商业银行设立专用基金专户。专户资金按单位活期存款利率按季计息，利息收入转增专用基金本金。

财政部门应建立专用基金管理监督机制，定期或不定期对资金使用情况进行检查和核实。

专用基金专户资金实行专款专用，任何部门和单位不得挤占、截留、挪作他用，不得超预算或无预算开支粮食风险基金，严禁用各种方式套取财政补贴，并自觉接受财政、审计部门的监督检查。

（三）专用基金收入核算

1. 科目设置。总会计设置“专用基金收入”科目，核算政府财政按照法律法规和国务院、财政部规定设置或取得的粮食风险基金等专用基金收入。本科目应当按照专用基金的种类进行明细核算。本科目平时贷方余额反映取得专用基金收入的累计数。年终结转后，本科目无余额。

2. 核算实务。

业务1：通过预算支出安排取得专用基金收入转入财政专户的，借记“其他财政存款”科目，贷记本科目；同时，借记“一般公共预算本级支出”等科目，贷记“国库存款”“补助收入”等科目。退回专用基金收入时，借记本科目，贷记“其他财政存款”科目。

业务2：通过预算支出安排取得专用基金收入仍存在国库的，借记“一般公共预算本级支出”等科目，贷记“专用基金收入”科目。

业务3：年终转账时，本科目贷方余额全数转入“专用基金结余”科目，借记本科目，贷记“专用基金结余”科目。

【例7－10】某政府财政发生如下经济业务：

（1）收到上级财政部门拨入粮食风险基金180万元。

借：其他财政存款	1 800 000	
贷：专用基金收入——粮食风险基金收入		1 800 000

（2）市财政局按规定由本级预算安排配套粮食风险专用基金90万元，实行财政专户存储，办理转存手续。

借：一般公共预算本级支出	900 000	
贷：国库存款		900 000

同时，在一般公共预算本级支出明细账户的借方登记如下：

粮油物资储备支出——粮油事务——粮食风险基金	900 000	

同时记，

借：其他财政存款　　900 000
　　贷：专用基金收入——粮食风险基金收入　　900 000

二、财政专户管理资金收入

（一）财政专户管理资金收入概念

财政专户管理资金收入，是指政府财政纳入财政专户管理的教育收费等资金收入。各级财政部门对未纳入预算并实行财政专户管理的资金应当单独设账核算。

自2011年1月1日起，各级各部门、各单位的教育收费（包括目前在财政专户管理的高中以上学费、住宿费，高校委托培养费，党校收费，教育考试考务费，函大、电大、夜大及短训班培训费等，以下简称教育收费）作为本部门的事业收入，纳入财政专户管理，收缴比照非税收入收缴管理制度执行。教育收费的资金拨付，由财政部门根据部门预算和用款申请，从财政专户中核拨。

（二）财政专户管理资金收入核算

1. 科目设置。总会计设置"财政专户管理资金收入"科目，核算政府财政纳入财政专户管理的教育收费等资金收入。本科目应当按照《政府收支分类科目》中收入分类科目规定进行明细核算。同时，根据管理需要，按部门（单位）等进行明细核算。本科目平时贷方余额反映财政专户管理资金收入的累计数。年终结转后，本科目无余额。

2. 账务处理。

业务1：收到财政专户管理资金时，借记"其他财政存款"科目，贷记本科目。

业务2：年终转账时，本科目贷方余额全数转入"财政专户管理资金结余"科目，借记本科目，贷记"财政专户管理资金结余"科目。

【例7－11】某政府财政发生如下经济业务：

收到有关预算单位上缴的未纳入预算并实行财政专户管理的教育收费等资金收入共计15.2万元。其中：教育行政事业性收费收入——普通高中学费10万元，教育行政事业性收费收入——高等学校住宿费5万元，教育行政事业性收费收入——考试考务费2 000元。上述款项存入财政专户。分录会计如下：

借：其他财政存款　　152 000
　　贷：财政专户管理资金收入　　152 000

同时，在财政专户管理资金收入明细账户的贷方登记如下：

教育行政事业性收费收入——普通高中学费　　100 000
教育行政事业性收费收入——高等学校住宿费　　50 000
教育行政事业性收费收入——考试考务费　　2 000

【思考题】

1. 政府收入分类科目与总会计收入科目联系与区别是什么？
2. 简述总会计的收入概念及其种类。
3. 一般公共预算本级收入、政府性基金预算本级收入、国有资本经营预算本级收入的联系与区别？

4. 财政专户管理资金收入、专用基金收入与政府性基金预算收入联系与区别？
5. 总会计转移性收入科目包括哪些？为什么要单独进行核算？
6. 动用预算稳定平衡基金与调入资金有哪些异同？
7. 债务收入与债务转贷收入有哪些异同？

第八章 政府财政支出

学习目标

- □ 了解总会计的支出基本概念和构成、政府支出分类科目体系及内容、总会计支付方式
- □ 熟悉政府财政支出的概念及内容
- □ 掌握一般公共预算本级支出、政府性基金预算本级支出、国有资本经营预算本级支出、财政专户管理资金支出、专用基金支出、转移性支出、债务还本支出、债务转贷支出核算

第一节 支出概述

一、政府财政支出的概念和种类

政府支出，即政府财政支出是指一级政府为实现其职能而对财政资金的再分配。政府为了实现其职能，满足社会公共需要，对通过预算收入集中起来的预算资金，按照各种不同用途进行有计划的再分配，它体现政府预算资金的安排、供应和使用的全过程。

政府财政支出可以从政府预算管理角度划分即《政府收支分类科目》和从总会计核算的支出角度划分，两者有联系又有区别。

（一）政府支出分类科目

从财政信息系统的角度来看，对任何一项支出，都可以进行部门属性、功能属性、项目属性、经济属性等多种属性定位。根据政府职能活动和开支的具体用途，《2018 年政府收支分类科目》设置政府支出功能分类科目和支出经济分类科目。

1. 政府支出功能分类科目。根据政府收支分类科目汇总表，2018 年新的支出科目按照功能分为类、款、项三级。同时，根据政府预算管理需要，划分为一般公共预算支出功能分类科目、政府性基金预算支出功能分类科目、国有资本经营预算支出功能分类科目和社会保险基金预算支出功能分类科目。

2. 政府支出经济分类科目。2018 年政府支出经济分类设类、款两级，类级科目包括：工资福利支出、商品和服务支出、对个人和家庭的补助、对企事业单位的补贴、转移性支出、债务利息支出、债务还本支出、基本建设支出、其他资本性支出、其他支出 10 类。

2018 年 1 月 1 日全面实施《支出经济分类科目改革试行方案》。分设政府预算支出经济分类和部门预算支出经济分类两套科目，两套科目均设置“类”“款”两个层级。其中，政府预算支出经济分类设置 15 个类级科目，60 个款级科目。

政府支出功能分类和政府预算支出经济分类参见第三章。

（二）政府财政支出概念及内容

支出是指政府财政为实现政府职能，对财政资金的分配和使用。总会计核算的支出包括本级政府预算支出、转移性支出、债务性支出和其他财政资金支出。具体包括一般公共预算本级支出、政府性基金预算本级支出、国有资本经营预算本级支出、转移性支出、债务还本支出、债务转贷支出、专用基金支出和财政专户管理资金支出等。

二、总会计支出科目与政府支出分类科目关系

（一）总会计支出科目与政府支出分类科目涵盖范围不同

总会计核算的支出中本级支出与转移性支出和债务支出是分别设置科目，如一般公共预算本级支出是指政府财政管理的由本级政府使用的列入一般公共预算的支出。而不包括本级政府财政的转移性支出和债务支出。同时，对未纳入预算管理、具有专门用途的专项资金也设置科目进行核算，如财政专户管理资金支出、专用基金支出等。

总会计核算的政府财政本级支出包括一般公共预算本级支出、政府性基金预算本级支出和国有资本经营预算本级支出，不包括社会保险基金预算本级支出。社会保险基金收支执行《社会保险基金会计制度》，由社会保险经办机构负责管理和核算，暂不纳入总会计核算范围。

政府支出分类科目不仅按支出功能分类、支出经济分类和政府预算支出经济分类设置，还按预算管理要求分类，设置一般公共预算支出、政府性基金预算支出、国有资本经营预算支出和社会保险基金预算支出。为保证每本预算的完整性，按预算管理设置的支出不仅包括本级支出，还包括转移性支出和债务支出，如一般公共预算支出包括本级财政一般公共预算支出、由上下级政府财政资金转移形成的补助支出和上解支出、由本级政府财政不同性质资金转移形成的调出资金等。政府性基金预算支出、国有资本经营预算支出和社会保险基金预算支出科目分类也是如此。对未纳入预算管理的支出不设置科目。

（二）总会计支出科目依据政府支出分类科目设置

政府支出分类科目不仅是政府预算管理的重要依据，也是总会计支出类科目设置的依据。

根据 2007 年实行政府收支分类改革精神，暂不改变目前预算管理的基本流程和管理

模式，不改变预算平衡口径及预算资金、社会保险基金分别管理的方式。

政府支出分类科目不仅按支出功能分类科目和支出经济分类科目设置，而且按“全口径预算”和预算管理范围要求将所有政府支出分别纳入四本预算管理。

总会计核算的支出科目依据政府支出分类科目设置，设置时兼顾到预算管理和资金性质不同，支出科目主要包括：一般公共预算本级支出、政府性基金预算本级支出、国有资本经营预算本级支出、专用基金支出、转移性支出、财政专户管理资金支出等内容。

政府支出功能分类科目和支出经济分类科目为总会计以及行政事业单位预算会计明细核算提供了有利条件。2018 年 1 月 1 日起，总会计同时按支出功能分类和支出经济分类（政府预算支出经济分类）进行明细核算。

总会计核算的一般公共预算本级支出除了按总会计科目设置外，明细科目应当根据《政府收支分类科目》中的一般公共预算支出科目进行分类，按照政府活动的“支出功能”和“支出经济”分类，一般公共预算支出分为类、款、项三级。

根据 2018 年政府收支分类科目，一般公共预算支出功能分类，“类”“款”级科目。一般公共预算支出经济分类设类、款两级。如支付人大常委会工作人员基本工资。从预算管理角度分析，该支出属于基本支出，按一般公共预算支出功能分类科目，应列入：一般公共服务支出（201 类）——人大事务（01 款）——行政运行（01 项）；根据管理需要，按照政府预算支出经济分类科目、部门等进行明细核算，应列入：机关工资福利支出（501 类）——工资奖金津补贴（01 款）。

从总会计核算的角度分析，该支出属于一般公共预算本级支出一级会计科目，再按一般公共预算支出功能分类和经济分类进行明细核算，上述例子完整的会计科目应为：一般公共预算本级支出——一般公共服务支出——人大事务——行政运行——机关工资福利支出——工资奖金津补贴。

政府性基金预算本级支出和国有资本经营预算本级支出也参照一般公共预算本级支出设置明细科目做法进行明细核算。

三、总会计核算的支出确认与计量

政府会计准则规定了政府支出的定义、确认基础和计量属性。预算支出是指政府会计主体在预算年度内依法发生并纳入预算管理的现金流出。预算支出一般在实际支付时予以确认，以实际支付的金额计量。政府支出的确认基础和计量属性详见第二章。总会计核算的支出确认与计量应遵循政府会计准则相关规定。

总会计的会计核算一般采用收付实现制，部分经济业务或者事项应当按照规定采用权责发生制核算。一般公共预算本级支出、政府性基金预算本级支出、国有资本经营预算本级支出一般应当按照实际支付的金额入账，年末可采用权责发生制将国库集中支付结余列支入账。从本级预算支出中安排提取的专用基金，按照实际提取金额列支入账。财政专户管理资金支出、专用基金支出应当按照实际支付的金额入账。转移性支出应当按照财政体制的规定或实际发生的金额入账。债务转贷支出应当按照实际转贷的金额入账。债务还本支出应当按照实际偿还的金额入账。

凡是属于预拨经费的款项，到期转列支出时，应当按规定列报口径转列支出。对于收回当年已列支出的款项，应冲销当年支出。对于收回以前年度已列支出的款项，除财政部门另有规定外，应冲销当年支出。

第二节 本级支出

政府财政本级支出，是一级政府财政预算支出的主体，包括一般公共预算本级支出、政府性基金预算本级支出和国有资本经营预算本级支出。

一、一般公共预算本级支出的核算

（一）一般公共预算本级支出的概念和科目层级

一般公共预算支出，是指一级政府对取得的一般公共预算收入有计划地进行分配和使用所形成的支出，是各级政府履行行政职能最主要的财力保证，也是各级政府最主要的支出。

一般公共预算本级支出，是指政府财政管理的由本级政府使用的列入一般公共预算的支出。按功能分类，包括一般公共服务支出、外交支出、国防支出、公共安全支出、教育支出、科学技术支出、文化体育与传媒支出、社会保障和就业支出、医疗卫生与计划生育支出、节能环保支出、城乡社区支出、农林水支出、交通运输支出、资源勘探信息等支出、商业服务业等支出、金融支出、援助其他地区支出、国土海洋气象等支出、住房保障支出、粮油物资储备支出、预备费、其他支出等支出。

总会计对通过财政国库支付执行机构“财政零余额账户”直接支付的资金，根据财政国库支付执行机构每日报来的按部门分“类”“款”“项”汇总的预算支出划款清单《预算支出结算清单》，与中国人民银行国库单一账户划款凭证核对无误后，列报预算支出。

总会计对通过“预算单位零余额账户”财政授权支付的资金，根据各代理银行汇总的预算单位零余额账户授权支付数，与中国人民银行国库单一账户汇总划款凭证及财政国库支付执行机构按部门分“类”“款”“项”汇总的预算支出划款清单《预算支出结算清单》核对无误后，列报预算支出。

财政国库管理机构在处理完当月账务后，应与人民银行国库部门核对月末“国库单一账户”存款余额；按预算支出的“类”“款”“项”与财政国库支付执行机构核对财政支出数，内容包括财政直接支付和财政授权支付的当月发生数和当年累计发生数，对账单分别由人民银行国库部门和财政国库支付执行机构负责提供。

对尚未实行国库集中支付制度的地区、部门或单位，如乡镇或基层预算单位仍采用实拨资金支付方式。

（二）一般公共预算本级支出账务处理

1. 科目设置。总会计设置“一般公共预算本级支出”科目，核算政府财政管理的由本级政府使用的列入一般公共预算的支出。本科目应当根据《政府收支分类科目》中支出功能分类科目设置明细科目。同时，根据管理需要，按照支出经济分类科目、部门等进行明细核算。2018 年 1 月 1 日起，一般公共预算本级支出应该按政府预算支出经济分类科目进行明细核算。本科目平时借方余额反映一般公共预算本级支出的累计数。年终结转后，本科目无余额。

2. 核算实务。

业务 1：实际发生一般公共预算本级支出时，借记本科目，贷记“国库存款”“其他财政存款”等科目。

业务 2：年度终了，对纳入国库集中支付管理的、当年未支而需结转下一年度支付的款项（国库集中支付结余），采用权责发生制确认支出时，借记本科目，贷记“应付国库集中支付结余”科目。

业务 3：年终转账时，本科目借方余额应全数转入“一般公共预算结转结余”科目，借记“一般公共预算结转结余”科目，贷记本科目。

总会计对通过财政国库执行机构（支付中心）直接支付和授权预算单位支付的预算资金，根据财政国库执行机构编制的《财政支出日报表》和人行国库支付凭证回单进行账务处理。

【例 8 –1】某政府财政发生如下财政直接支付经济业务：

某政府财政国库支付执行机构“财政零余额账户”直接支付的一般公共预算资金（本级）共计 52.5 万元。具体项目如下：（1）支付本级人大工作人员基本工资和津贴补贴 20 万元；支付人大水电费和物业管理费 5 万元；支付新当选人大代表培训费 3 万元；支付人大会议费 2 万元；（2）支付公安局工作人员住房公积金（单位负担）15 万元；支付公安局购买专用材料 4.5 万元；支付公安局维修（护）费 1.8 万元；支付公安局购置办公设备 1.2 万元。

借：一般公共预算本级支出　　525 000
　　贷：国库存款　　525 000

同时，在一般公共预算本级支出明细账的借方登记如下：

一般公共服务支出——人大事务——行政运行——机关工资福利支出
——工资奖金津补贴　　200 000

一般公共服务支出——人大事务——一般行政管理事务
——机关商品和服务支出——办公经费
50 000

一般公共服务支出——人大事务——机关服务
——机关商品和服务支出——培训费 30 000

一般公共服务支出——人大事务——人大会议
——机关商品和服务支出——会议费 20 000

公共安全支出——公安——行政运行——机关工资福利支出——住房公积金
150 000

公共安全支出——公安——一般行政管理事务
——机关商品和服务支出——专用材料购置费 45 000

公共安全支出——公安——机关服务
——机关商品和服务支出——维修（护）费 18 000

公共安全支出——公安——刑事侦查
——机关资本性支出——设备购置 12 000

【例8－2】某政府财政发生如下财政授权支付经济业务：

某政府财政通过“预算单位零余额账户”财政授权支付的资金共计53万元，具体支出项目如下：支付税务局工作人员职业年金缴费25万元；支付税务办案委托业务费1万元；支付教育局工作人员奖金15万元；支付体育场馆（事业单位）经常性补助（工资福利）5万元；支付城管部门购置执法专用设备3万元；林业局支付林场（企业）林业技术推广费4万元。

借：一般公共预算本级支出 530 000
　　贷：国库存款 530 000

同时，在一般公共预算本级支出明细账的借方登记如下：

一般公共服务支出——税收事务——行政运行
——机关工资福利支出——社会保障缴费
250 000

一般公共服务支出——税收事务——税务办案
——机关商品和服务支出——委托业务费
10 000

教育支出——教育管理事务——行政运行
——机关工资福利支出——工资奖金津补贴
150 000

文化体育与传媒支出——体育——体育场馆
——对事业单位经常性补助——工资福利支出
50 000

城乡社区事务支出——城乡社区管理事务——城管执法
——机关资本性支出——设备购置
30 000

农林水支出——林业——林业技术推广
——对企业补助——费用补助 40 000

【例8－3】某政府财政发生如下财政实拨资金经济业务：

某政府财政预拨给未实行国库集中支付制度的贫困偏远乡镇，用于下年度农村贫困地区发展种植业精准扶贫170万元。

借：预拨经费——××乡镇 1 700 000

贷：国库存款 1 700 000

次年列支时：

借：一般公共预算本级支出 1 700 000

贷：预拨经费——××乡镇 1 700 000

同时，在一般公共预算本级支出明细账的借方登记如下：

农林水支出——扶贫——生产发展 1 700 000

二、政府性基金预算本级支出的核算

（一）政府性基金预算本级支出概念和种类

1. 政府性基金预算本级支出概念。政府性基金预算本级支出，是指政府财政管理的由本级政府使用的列入政府性基金预算的支出。政府性基金预算本级支出与政府性基金预算本级收入存在着单向的对应关系，即各项政府性基金均实行专款专用，不能随意相互调剂使用。政府性基金预算本级支出按政府职能进行分类。

与一般公共预算本级支出相比，政府性基金预算本级支出具有专款专用特征，政府性基金预算本级支出应按规定的用途开支，并要求做到先收后支，量入为出。政府性基金预算本级支出纳入政府性基金预算。

2. 政府性基金预算本级支出科目分类。政府性基金预算支出的“类”“款”设置、划分以及包含的具体内容会在以后的改革中不断调整，运用时应以当年颁布的《政府收支分类科目》为准。

当政府性基金在上下级财政以及在本级财政不同性质资金之间进行转移时，所形成的政府性基金预算支出，在《政府收支分类科目》中作为政府性基金预算支出科目处理；总会计在进行会计核算时作为转移性支出处理。政府性基金预算本级支出的支付方式比照一般公共预算本级支出。

（二）政府性基金预算本级支出账务处理

1. 科目设置。总会计设置“政府性基金预算本级支出”科目，核算政府财政管理的由本级政府使用的列入政府性基金预算的支出。本科目应当按照《政府收支分类科目》中支出功能分类科目设置明细科目。同时，根据管理需要，按照支出经济分类科目、部门等进行明细核算。本科目平时借方余额反映政府性基金预算本级支出的累计数。年终结转后，本科目无余额。

2. 核算实务。

业务1：实际发生政府性基金预算本级支出时，借记本科目，贷记“国库存款”科目。

业务2：年度终了，对纳入国库集中支付管理的、当年未支而需结转下一年度支付的款项（国库集中支付结余），采用权责发生制确认支出时，借记本科目，贷记“应付国库集中支付结余”科目。

业务3：年终转账时，本科目借方余额应全数转入“政府性基金预算结转结余”科目，借记“政府性基金预算结转结余”科目，贷记本科目。

【例8－4】 某政府财政发生如下经济业务：

（1）以财政直接支付方式支付政府性基金预算资金共计 111 万元。具体支出项目如下：以国有土地使用权出让收入及对应专项债务收入安排的廉租住房支出 60 万元；支付乡村旅游发展项目宣传促销经费 10 万元；用可再生能源电价附加收入安排的太阳能发电补助 2 万元；小型水库移民扶助基金及对应专项债务收入安排的移民补助 5 万元；新菜地开发建设基金及对应专项债务收入安排的开发新菜地工程 4 万元；车辆通行费及对应专项债务收入安排的公路还贷 30 万元。

借：政府性基金预算本级支出　　1 110 000

　贷：国库存款　　1 110 000

同时，在政府性基金预算本级支出明细账的借方登记如下：

城乡社区支出——以国有土地使用权出让收入及对应专项债务收入安排的支出
——廉租住房支出　　600 000

商业服务业等支出——旅游发展基金支出——宣传促销　　100 000

节能环保支出——可再生能源电价附加收入安排的支出——太阳能发电补助
20 000

社会保障和就业支出——小型水库移民扶助基金支出——移民补助　　50 000

农林水支出——新菜地开发建设基金支出——开发新菜地工程　　40 000

交通运输支出——车辆通行费及对应专项债务收入安排的支出
——公路还贷　　300 000

（2）以财政授权支付方式支付基金预算资金共计 115 万元，具体支出项目如下：国家电影事业发展专项资金及对应专项债务收入安排的资助城市影院计算机售票系统支出 5 万元；核电站乏燃料处理处置基金安排的乏燃料运输费用 10 万元；地方农网还贷资金安排农村电网改造贷款还本付息支出 100 万元。

借：政府性基金预算本级支出　　1 150 000

　贷：国库存款　　1 150 000

同时，在政府性基金预算本级支出明细账的借方登记如下：

文化体育与传媒支出——国家电影事业发展专项资金及对应专项债务收入安排的支出
——资助城市影院　　50 000

科学技术支出——核电站乏燃料处理处置基金支出——乏燃料运输　　100 000

资源勘探电力信息等支出——农网还贷资金支出——地方农网还贷资金支出
1 000 000

三、国有资本经营预算本级支出的核算

（一）国有资本经营预算本级支出概念

国有资本经营预算本级支出是指政府财政管理的由本级政府使用的列入国有资本经营预算的支出。

（二）国有资本经营预算本级支出账务处理

1. 科目设置。总会计设置“国有资本经营预算本级支出”科目，核算政府财政管理的由本级政府使用的列入国有资本经营预算的支出。本科目应当按照《政府收支分类科

目》中支出功能分类科目设置明细科目。同时，根据管理需要，按照支出经济分类科目、部门等进行明细核算。本科目平时借方余额反映国有资本经营预算本级支出的累计数。年终结转后，本科目无余额。

2. 核算实务。

业务1：实际发生国有资本经营预算本级支出时，借记本科目，贷记“国库存款”科目。

业务2：年度终了，对纳入国库集中支付管理的、当年未支而需结转下一年度支付的款项（国库集中支付结余），采用权责发生制确认支出时，借记本科目，贷记“应付国库集中支付结余”科目。

业务3：年终转账时，本科目借方余额应全数转入“国有资本经营预算结转结余”科目，借记“国有资本经营预算结转结余”科目，贷记本科目。

【例8－5】某政府财政发生如下经济业务：

根据经批准国有资本经营预算向某国有企业拨付预算资金200万元。具体支出项目如下：国有企业政策性补贴60万元；用于国有企业改革中职工安置等方面的支出40万元；国有企业资本金注入，用于国有经济结构调整100万元。

借：国有资本经营预算本级支出	2 000 000	
贷：国库存款		2 000 000

同时，在国有资本经营预算本级支出明细账的借方登记如下：

国有资本经营预算支出——国有企业政策性补贴	600 000
国有资本经营预算支出——解决历史遗留问题及改革成本支出	
——国有企业改革成本支出	400 000
国有资本经营预算支出——国有企业资本金注入	
——国有经济结构调整支出	1 000 000

第三节 转移性支出

一、政府财政转移性支出概念

转移性支出，是指在各级政府财政之间进行资金调拨以及在本级政府财政不同类型资金之间调剂所形成的支出，反映政府间和不同性质预算间的转移性支出。包括补助支出、上解支出、调出资金、地区间援助支出等。

（一）政府支出分类科目

根据政府收支分类科目汇总表，转移性支出类级科目分设10款：返还性支出、一般性转移支付、专项转移支付、政府性基金转移支付、国有资本经营预算转移支付、上解支出、调出资金、年终结余、债务转贷支出、援助其他地区支出等。

（二）总会计核算的转移性支出科目及内容

总会计核算的转移性支出，包括补助支出、上解支出、调出资金、地区间援助支出等。

1. 补助支出。补助支出是指本级政府财政按财政体制规定或因专项需要补助给下级政府财政的款项，包括对下级的税收返还、转移支付等。具体包括返还性补助支出、一般性转移支付补助支出、专项转移支付补助支出、政府性基金转移支付补助支出等。

补助支出属于上一级财政对下一级财政的财力转移。补助支出会减少本级财政的财力，增加下级财政的财力。同一笔补助业务，上级财政作为补助支出，而下级财政则是补助收入，所以补助支出与补助收入的业务对应。

2. 上解支出。上解支出是指按照财政体制规定由本级政府财政上交给上级政府财政的款项。包括一般性转移支付上解支出、专项转移支付上解支出、政府性基金转移上解支出等。

上解支出属于下一级财政对上一级财政的财力转移。上解支出会减少下一级财政的财力，增加上一级财政的财力。与上下级财政的补助收支业务一样，上解支出的业务与上解收入的业务对应。

3. 调出资金。调出资金是指政府财政为平衡预算收支、从某类资金向其他类型预算调出的资金。理论上讲，调出资金可以发生在一般公共预算中，也可以发生在政府性基金预算和国有资本经营预算中。调出资金属于总会计支出的一级科目。调出资金包括一般公共预算调出资金、政府性基金预算调出资金和国有资本经营预算调出资金。但不包括社会保险基金预算调出资金。

调出资金的目的是为了平衡一般公共预算或政府性基金预算。调出资金需要经过有关部门批准。调出资金不影响上、下级财政和本级财政各自的财力，但会影响本级财政不同性质财政资金的数额。

4. 地区间援助支出。地区间援助支出是指援助方政府财政安排用于受援方政府财政统筹使用的各类援助、捐赠等资金支出。

5. 安排预算稳定调节基金。安排预算稳定调节基金是指从财政超收收入中安排的预算稳定调节基金。各级政府财政部门应根据财政收入情况及经济社会发展需要，提出预算稳定调节基金的支出使用计划，报各级政府审批。

（三）政府支出分类科目与总会计科目关系

在政府收支分类科目中，一般公共预算支出包括本级财政一般公共预算资金的支出、上下级财政间一般公共预算资金的补助支出和上解支出、一般公共预算调出资金，即政府预算中的一般公共预算支出同时包括本级财政一般公共预算资金支出以及一般公共预算资金转移性支出。

在总会计核算中，为了区分是本级政府财政支出，还是上下级政府财政的转移支出，或是同级财政不同资金性质转移支出，将转移性支出的补助支出、上解支出和调出资金等科目单列出来，与一般公共预算本级支出并列为支出类一级会计科目。其中，一般公共预算本级支出反映本级财政一般公共预算资金的支出。补助支出和上解支出反映上下级财政预算资金的转移，调出资金反映本级财政不同资金性质的转移，如一般公共预算资金、政府性基金预算资金和国有资本经营预算资金之间的转移。总会计转移性支出包括补助支出、上解支出、调出资金、地区间援助支出等会计科目。在补助支出、上解支出、调出资金、地区间援助支出等一级科目下，根据政府预算管理需要和不同资金性质，按政府支出科目分类转移性支付的款、项级科目设置明细科目（见表 8－1）。

表 8－1

会计科目	调剂范围	调剂主体	调剂资金
补助支出	发生在各级财政之间	上级对下级	资金性质一样
上解支出		下级对上级	
地区间援助支出	发生在同级	援助与被援助	
调出资金	发生在本级财政之间	本级	资金性质不一样

二、转移性支出账务处理

（一）补助支出账务处理

1. 科目设置。总会计设置“补助支出”科目，核算本级政府财政按财政体制规定或因专项需要补助给下级政府财政的款项，包括对下级的税收返还、转移支付等。本科目下应当按照不同资金性质设置“一般公共预算补助支出”“政府性基金预算补助支出”等明细科目，同时还应当按照补助地区进行明细核算。本科目平时借方余额反映补助支出的累计数。年终结转后，本科目无余额。

2. 核算实务。

业务 1：发生补助支出或从“与下级往来”科目转入时，借记本科目，贷记“国库存款”“其他财政存款”“与下级往来”等科目。

业务 2：专项转移支付资金实行特设专户管理的，本级政府财政应当根据本级政府财政下达的预算文件确认补助支出，借记本科目，贷记“国库存款”“与下级往来”等科目。

业务 3：有主权外债业务的财政部门，贷款资金由下级政府财政同级部门（单位）使用，且贷款最终还款责任由本级政府财政承担的，本级政府财政部门支付贷款资金时，借记本科目，贷记“其他财政存款”科目；外方将贷款资金直接支付给用款单位或供应商时，借记本科目，贷记“债务收入”“债务转贷收入”等科目；根据债务管理部门转来的相关外债转贷管理资料，按照实际支付的金额，借记“待偿债净资产”科目，贷记“借入款项”“应付主权外债转贷款”等科目。

业务 4：年终与下级政府财政结算时，按照尚未拨付的补助金额，借记本科目，贷记“与下级往来”科目。退还或核减补助支出时，借记“国库存款”“与下级往来”等科目，贷记本科目。

业务 5：年终转账时，本科目借方余额应根据不同资金性质分别转入对应的结转结余科目，借记“一般公共预算结转结余”“政府性基金预算结转结余”等科目，贷记本科目。

【例 8－6】某政府财政发生如下经济业务：

（1）根据规定向下级财政拨付一般公共预算补助款项共计 60 万元，具体科目如下："转移性支出——返还性支出——所得税基数返还支出" 6 万元；"转移性支出——一般性转移支付——体制补助支出" 50 万元；"转移性支出——专项转移支付——一般公共服务" 40 000 元。

借：补助支出　　600 000
　　贷：国库存款　　600 000

同时，在补助支出明细账的借方登记如下：

一般公共预算补助支出——转移性支出——返还性支出
　　——所得税基数返还支出　　60 000
一般公共预算补助支出——转移性支出——一般性转移支付
　　——体制补助支出　　500 000
一般公共预算补助支出——转移性支出——专项转移支付
　　——一般公共服务　　40 000

（2）向下级财政拨付政府性基金预算补助款项共计 10 万元，具体科目如下："转移性支出——政府性基金转移支付——政府性基金补助支出" 10 万元。

借：补助支出　　100 000
　　贷：国库存款　　100 000

同时，在补助支出明细账的借方登记如下：

政府性基金预算补助支出——政府性基金转移支付——政府性基金补助支出 100 000

（二）上解支出账务处理

1. 科目设置。总会计设置"上解支出"科目，核算本级政府财政按照财政体制规定上交给上级政府财政的款项。本科目下应当按照不同资金性质设置"一般公共预算上解支出""政府性基金预算上解支出"等明细科目。本科目平时借方余额反映上解支出的累计数。年终结转后，本科目无余额。

2. 核算实务。

业务 1：发生上解支出时，借记本科目，贷记"国库存款""与上级往来"等科目。

业务 2：年终与上级政府财政结算时，按照尚未支付的上解金额，借记本科目，贷记"与上级往来"科目。退还或核减上解支出时，借记"国库存款""与上级往来"等科目，贷记本科目。

业务 3：年终转账时，本科目借方余额应根据不同资金性质分别转入对应的结转结余科目，借记"一般公共预算结转结余""政府性基金预算结转结余"等科目，贷记本科目。

【例 8－7】某政府财政发生如下经济业务：

（1）按财政管理体制规定计算出应向上级财政部门上解一般公共预算款项共计 150 万元，款项未付。具体科目如下："转移性支出——上解支出——体制上解支出" 100 万元；"转移性支出——上解支出——专项上解支出" 50 万元。

借：上解支出　　1 500 000

贷：与上级往来　　1 500 000

同时，在上解支出明细账的借方登记如下：

一般公共预算上解支出——转移性支出——上解支出——体制上解支出 1 000 000

一般公共预算上解支出——转移性支出——上解支出——专项上解支出 500 000

（2）按财政管理体制规定计算出应向上级财政部门上解政府性基金预算款项共计 30 万元，款项未付。具体科目如下：“转移性支出——政府性基金转移支付——政府性基金上解支出”30 万元。

借：上解支出　　300 000

贷：与上级往来　　300 000

同时，在上解支出明细账的借方登记如下：

政府性基金预算上解支出——政府性基金转移支付——政府性基金上解支出 300 000

（三）调出资金账务处理

1. 科目设置。总会计设置“调出资金”科目，核算政府财政为平衡预算收支、从某类资金向其他类型预算调出的资金。本科目下应当设置“一般公共预算调出资金”“政府性基金预算调出资金”和“国有资本经营预算调出资金”等明细科目。本科目平时借方余额反映调出资金的累计数。年终结转后，本科目无余额。

2. 核算实务。

业务 1：从一般公共预算调出资金时，按照调出的金额，借记本科目（一般公共预算调出资金），贷记“调入资金”相关明细科目。

业务 2：从政府性基金预算调出资金时，按照调出的金额，借记本科目（政府性基金预算调出资金），贷记“调入资金”相关明细科目。

业务 3：从国有资本经营预算调出资金时，按照调出的金额，借记本科目（国有资本经营预算调出资金），贷记“调入资金”相关明细科目。

业务 4：年终转账时，本科目借方余额分别转入相应的结转结余科目，借记“一般公共预算结转结余”“政府性基金预算结转结余”和“国有资本经营预算结转结余”等科目，贷记本科目。

【例 8－8】某政府财政发生如下经济业务：

（1）为了平衡一般公共预算，经批准从政府性基金预算结余中调出资金 460 万元到一般公共预算存款账户。具体科目如下：“转移性支出——调出资金——政府性基金预算调出资金”460 万元。

借：调出资金——转移性支出——政府性基金预算调出资金　　4 600 000

贷：国库存款　　4 600 000

同时：

借：国库存款　　4 600 000

贷：调入资金——一般公共预算调入资金　　4 600 000

（2）为了平衡一般公共预算，经批准从国有资本经营预算调出资金 500 万元到一般公共预算存款账户。具体科目如下：“转移性支出——调出资金——国有资本经营预算调出资金”500 万元。

借：调出资金——转移性支出——国有资本经营预算调出资金　　5 000 000
　　贷：国库存款　　5 000 000

同时：

借：国库存款　　5 000 000
　　贷：调入资金——一般公共预算调入资金　　5 000 000

（四）地区间援助支出账务处理

1. 科目设置。总会计设置“地区间援助支出”科目，核算援助方政府财政安排用于受援方政府财政统筹使用的各类援助、捐赠等资金支出。本科目应当按照受援地区及管理需要进行相应明细核算。本科目平时借方余额反映地区间援助支出的累计数。年终结转后，本科目无余额。

2. 核算实务。

业务1：发生地区间援助支出时，借记本科目，贷记“国库存款”科目。

业务2：年终转账时，本科目借方余额全数转入“一般公共预算结转结余”科目，借记“一般公共预算结转结余”科目，贷记本科目。

【例8－9】某政府财政发生如下经济业务：

按照国家统一要求安排的对口援助，经本级政府批准援助计划，在一般公共预算中安排向西藏林芝地区对口援助（转移性支出——援助其他地区支出）500万元。

借：地区援助支出——转移性支出——援助其他地区支出——西藏林芝
　　5 000 000
　　贷：国库存款　　5 000 000

（五）安排预算稳定调节基金账务处理

1. 科目设置。设置“安排预算稳定调节基金”科目，本科目核算政府财政按照有关规定安排的预算稳定调节基金。本科目平时借方余额反映安排预算稳定调节基金的累计数。年终结转后，本科目无余额。

2. 核算实务。

业务1：补充预算稳定调节基金时，借记本科目，贷记“预算稳定调节基金”科目。

业务2：年终转账时，本科目借方余额全数转入“一般公共预算结转结余”科目，借记“一般公共预算结转结余”科目，贷记本科目。

【例8－10】某政府财政发生如下经济业务：

年度终了，根据当年可支配财力和当年一般公共预算超收情况，报经本级政府批准，从当年财政超收收入中安排预算稳定调节基金8亿元。

借：安排预算稳定调节基金　　800 000 000
　　贷：预算稳定调节基金　　800 000 000

同时，借：一般公共预算结转结余　　800 000 000
　　贷：安排预算稳定调节基金　　800 000 000

第四节

债务性支出

一、债务还本支出

（一）债务还本支出概念

债务还本支出，是指政府财政偿还本级政府承担的债务本金支出。

新预算法赋予地方政府依法适度举债融资权限，建立以政府债券为主体的地方政府举债融资机制。除严格授权举借的短期债务外，地方政府举借债务只能用于城市建设等公益性资本支出或置换存量债务，不得用于经常性支出。发行政府债券置换存量债务本金也记入债务还本支出。政府财政债务管理相关内容参见第三章。

（二）债务还本支出账务处理

1. 科目设置。总会计设置“债务还本支出”科目，核算政府财政偿还本级政府财政承担的纳入预算管理的债务本金支出。本科目应当根据《政府收支分类科目》中“债务还本支出”有关规定设置明细科目。本科目平时借方余额反映本级政府财政债务还本支出的累计数。年终结转后，本科目无余额。

2. 核算实务。

业务1：偿还本级政府财政承担的政府债券、主权外债等纳入预算管理的债务本金时，借记本科目，贷记“国库存款”“其他财政存款”等科目；根据债务管理部门转来相关资料，按照实际偿还的本金金额，借记“应付短期政府债券”“应付长期政府债券”“借入款项”“应付地方政府债券转贷款”“应付主权外债转贷款”等科目，贷记“待偿债净资产”科目。

业务2：偿还截至2017年12月31日本级政府财政承担的存量债务本金时，借记本科目，贷记“国库存款”“其他财政存款”等科目。

业务3：年终转账时，本科目下“专项债务还本支出”明细科目的借方余额应按照对应的政府性基金种类分别转入“政府性基金预算结转结余”相应明细科目，借记“政府性基金预算结转结余”科目，贷记本科目（专项债务还本支出）。本科目下其他明细科目的借方余额全数转入“一般公共预算结转结余”科目，借记“一般公共预算结转结余”科目，贷记本科目（其他明细科目）。

【例8－11】某政府财政发生如下经济业务：

（1）偿还本级政府财政承担的一年期政府债券等纳入预算管理的债务本金1 000万元时：

借：债务还本支出	10 000 000	
贷：国库存款		10 000 000

同时，在债务还本支出明细账的借方登记如下：

地方政府一般债务还本支出——地方政府一般债券还本支出 10 000 000

根据债务管理部门转来相关资料，按照实际偿还的本金金额：

借：应付短期政府债券 10 000 000

贷：待偿债净资产 10 000 000

（2）偿还截至 2017 年 12 月 31 日本级政府财政承担的存量债务本金时 500 万元：

借：债务还本支出 5 000 000

贷：国库存款 5 000 000

同时，在债务还本支出明细账的借方登记如下：

地方政府一般债务还本支出——地方政府其他债券还本支出 5 000 000

二、债务转贷支出

（一）债务转贷支出概念

债务转贷支出，是指本级政府财政向下级政府财政转贷的债务支出。债务转贷支出属于转移性支出范畴，在 2018 年政府收支分类中，债务转贷支出作为转移性支出类中款级科目。

政府财政债务管理相关内容参见第三章。

（二）债务转贷支出账务处理

1. 科目设置。总会计设置“债务转贷支出”科目，核算本级政府财政向下级政府财政转贷的债务支出。本科目下应当设置“地方政府一般债务转贷支出”“地方政府专项债务转贷支出”明细科目，同时还应当按照转贷地区进行明细核算。本科目平时借方余额反映债务转贷支出的累计数。年终结转后，本科目无余额。

2. 核算实务。

业务 1：本级政府财政向下级政府财政转贷地方政府债券资金时，借记本科目，贷记“国库存款”科目；根据债务管理部门转来的相关资料，按照到期应收回的转贷款本金金额，借记“应收地方政府债券转贷款”科目，贷记“资产基金——应收地方政府债券转贷款”科目。

业务 2：本级政府财政向下级政府财政转贷主权外债资金，且主权外债最终还款责任由下级政府财政承担的，相关账务处理如下：

（1）本级政府财政支付转贷资金时，根据转贷资金支付相关资料，借记“债务转贷支出”科目，贷记“其他财政存款”科目；根据债务管理部门转来的相关资料，按照实际持有的债权金额，借记“应收主权外债转贷款”科目，贷记“资产基金——应收主权外债转贷款”科目。

（2）外方将贷款资金直接支付给用款单位或供应商时，本级政府财政根据转贷资金支付相关资料，借记本科目，贷记“债务收入”“债务转贷收入”科目；根据债务管理部门转来的相关资料，按照实际持有的债权金额，借记“应收主权外债转贷款”科目，贷记“资产基金——应收主权外债转贷款”科目；同时，借记“待偿债净资产”科目，贷记“借入款项”“应付主权外债转贷款”等科目。

业务3：年终转账时，本科目下“地方政府一般债务转贷支出”明细科目的借方余额全数转入“一般公共预算结转结余”科目，借记“一般公共预算结转结余”科目，贷记“债务转贷支出（地方政府一般债务转贷支出）”科目。本科目下“地方政府专项债务转贷支出”明细科目的借方余额全数转入“政府性基金预算结转结余”科目，借记“政府性基金预算结转结余”科目，贷记“债务转贷支出（地方政府专项债务转贷支出）”科目。

【例8-12】某政府财政发生如下经济业务：

本级政府财政向下级政府财政转贷地方政府债券资金（地方政府一般债券转贷支出）2 000万元时：

借：债务转贷支出——地方政府一般债券转贷支出	20 000 000	
贷：国库存款		20 000 000

根据债务管理部门转来的相关资料，按照到期应收回的转贷款本金金额：

借：应收地方政府债券转贷款——××财政局	20 000 000	
贷：资产基金——应收地方政府债券转贷款		20 000 000

第五节 其他财政资金支出

政府财政除了本级财政支出、转移性支出和债务支出外，还有财政部门专户管理的其他资金支出，包括专用基金支出和财政专户管理资金支出。

一、专用基金支出

（一）专用基金支出概念

专用基金支出，是指政府财政用专用基金收入安排的支出，如粮食风险基金等。

专用基金支出与专用基金收入存在着对应关系。由于专用基金管理要求要开设财政专户，收入存入其他财政存款账户，因此，专用基金支出一般从其他财政存款账户支付，而不从国库存款账户中支付。

专用基金支出与政府性基金预算本级支出的联系与区别：两者都是专项资金，必须做到专款专用，先收后支，量入为出。不同的是：专用基金支出是由一般公共预算安排支出后用于特定项目的开支，必须按规定用途拨付，专款专用，先收后支，量入为出。政府性基金预算本级支出，是指各级政府用政府性基金预算本级收入安排的支出。

与专用基金支出相比，政府性基金，是指各级人民政府及其所属部门根据法律、行政法规和中共中央、国务院文件规定，为支持特定公共基础设施建设和公共事业发展，向公民、法人和其他组织无偿征收的具有专项用途的财政资金。政府性基金预算本级支出纳入政府性基金预算。政府性基金预算本级支出与政府性基金预算本级收入存在对应关系，由于政府性基金预算本级收入存入国库存款账户，因此，政府性基金预算本级支出也从国库存款账户中支付，而不能从其他财政存款账户中支付。

（二）专用基金支出账务处理

1. 科目设置。总会计设置“专用基金支出”科目，核算政府财政用专用基金收入安排的支出。本科目应当根据专用基金的种类设置明细科目。同时，根据管理需要，按部门等进行明细核算。本科目平时借方余额反映专用基金支出的累计数。年终结转后，本科目无余额。

2. 核算实务。

业务1：发生专用基金支出时，借记本科目，贷记“其他财政存款”等有关科目。退回专用基金支出时，做相反的会计分录。

业务2：年终转账时，本科目借方余额全数转入“专用基金结余”科目，借记“专用基金结余”科目，贷记本科目。

【例8－13】某政府财政发生如下经济业务：

某政府财政根据项目预算和用款计划拨出粮食风险基金支出40万元。

借：专用基金支出——粮食风险基金支出　　400 000

　　贷：其他财政存款——专用基金存款　　400 000

二、财政专户管理资金支出

（一）财政专户管理资金支出概念

财政专户管理资金支出，是指政府财政用纳入财政专户管理的教育收费等资金安排的支出。教育收费的资金拨付，由财政部门根据部门预算和用款申请，从财政专户中核拨。

（二）财政专户管理资金支出账务处理

1. 科目设置。总会计设置“财政专户管理资金支出”科目，核算政府财政用纳入财政专户管理的教育收费等资金安排的支出。本科目应当按照《政府收支分类科目》中支出功能分类科目设置相应明细科目。同时，根据管理需要，按照支出经济分类科目、部门（单位）等进行明细核算。本科目平时借方余额反映财政专户管理资金支出的累计数。年终结转后，本科目无余额。

2. 核算实务。

业务1：发生财政专户管理资金支出时，借记本科目，贷记“其他财政存款”等有关科目。

业务2：年终转账时，本科目借方余额全数转入“财政专户管理资金结余”科目，借记“财政专户管理资金结余”科目，贷记本科目。

【例8－14】某政府财政发生如下经济业务：

财政部门根据部门预算和用款申请，从财政专户中核拨教育收费的资金20 000元，款项已经拨付。

借：财政专户管理资金支出——教育支出——普通教育——高中教育　20 000

　　贷：其他财政存款——财政专户存款　　20 000

【思考题】

1. 简述政府财政支出概念及其内容。
2. 简述政府支出分类科目与总会计科目的联系与区别。
3. 简述总会计转移性支出概念及其种类。

第九章 政府财政净资产

学习目标

- □ 了解总会计的净资产概念和种类、预算周转金与预备费、年初预留、预算稳定调节基金异同
- □ 掌握总会计一般公共预算结转结余、政府性基金预算结转结余、国有资本经营预算结转结余、财政专户管理资金结余、专用基金结余、预算稳定调节基金、预算周转金、资产基金和待偿债净资产核算

第一节 净资产概述

一、净资产概念与内容

（一）净资产内容

净资产，是指政府财政资产减去负债的差额。包括各项预算结转结余、预算平衡资金、资产负债在净资产中占用（或冲减）的金额等。

各项预算结转结余包括：一般公共预算结转结余、政府性基金预算结转结余、国有资本经营预算结转结余、财政专户管理资金结余、专用基金结余；预算平衡资金包括预算稳定调节基金、预算周转金；净资产中占用（冲减）的金额，包括资产基金和待偿债净资产。

总会计核算的净资产包括：一般公共预算结转结余、政府性基金预算结转结余、国有资本经营预算结转结余、财政专户管理资金结余、专用基金结余、预算稳定调节基金、预

算周转金、资产基金和待偿债净资产。

政府收支分类科目对结余划分，净资产科目包括：转移性支出——年终结余——一般公共预算年终结余、转移性支出——年终结余——政府性基金预算年终结余、转移性支出——年终结余——社会保险基金预算年终结余。

（二）总会计核算的净资产确认与计量要求

政府会计准则规定了政府净资产的定义、确认基础和计量属性。内容详见第二章。

总会计核算的净资产确认与计量应遵行政府会计准则相关规定，同时按现行总会计制度要求执行。净资产金额取决于资产和负债的计量。

二、结转结余概念与内容

（一）结转结余概念

从政府财政预算会计角度分析，各项结转结余反映一级政府财政预算执行结果。

预算结余，是指政府会计主体预算年度内预算收入扣除预算支出后的资金余额，以及历年滚存的资金余额。预算结余包括结余资金和结转资金。

结余资金，是指年度预算执行终了，预算收入实际完成数扣除预算支出和结转资金后剩余的资金。包括项目实施周期已结束、项目目标提前完成或项目终止，尚未列支的项目支出预算资金；因项目实施计划调整，不需要继续支出的预算资金；预算批复后连续两年未用完的预算资金。

结转资金，是指预算安排项目的支出年终尚未执行完毕或者因故未执行，且下年需要按原用途继续使用的资金。连续两年未用完的结转资金，应当作为结余资金管理。

结余是指总会计本年度收入减去支出后的差额，结余是财政收支的执行结果。财政各项结转结余包括一般公共预算结转结余、政府性基金预算结转结余、国有资本经营预算结转结余、财政专户管理资金结余、专用基金结余等种类。

各项结余必须分别核算，不得混淆。一般公共预算结转结余、政府性基金预算结转结余、国有资本经营预算结转结余、财政专户管理资金结余和专用基金结余等各项结转结余都是各自的收入减去各自相应支出后的余额，相互之间是不能混淆的。年终将各项收入与相应的支出冲销后，即成为该项资金的当年结余。当年结余加上年年末滚存结余为本年年末滚存结余。

各种结余之间如果确实有必要进行调剂的，需要经过批准后方可执行。调剂业务另外单独科目进行核算和反映，如调出资金和调入资金等。但没有债务结余和转移性结余。

为了保证一般公共预算、政府性基金预算和国有资本经营预算的数据准确性和预算的完整，转移性收支和债务收支不单独计算结转转移性结余，在总会计核算中，转移性收支和债务收支按预算资金性质、种类和预算管理方式不同分别结转进入一般公共预算、政府性基金预算、国有资本经营预算。

目前，债务收入和债务还本付息支出是政府收支分类科目，也是总会计的核算内容，但在总会计核算中不将债务收支单独计算债务结余。

（二）结转结余内容

1. 一般公共预算结转结余。一般公共预算结转结余是指一般公共预算收支的执行结果。

一般公共预算结转结余，是指一般公共预算类收入减去一般公共预算类支出后的差额。它是各级政府财政一般公共预算收支年终执行结果，或者说是各级政府财政部门执行一般公共预算的结果。

本年一般公共预算结转结余 = [一般公共预算本级收入 + 补助收入(一般公共预算补助收入) + 上解收入(一般公共预算上解收入) + 地区间援助收入 + 调入资金(一般公共预算调入资金) + 债务收入(一般债务收入) + 债务转贷收入(地方政府一般债务转贷收入) + 动用预算稳定调节基金] − [一般公共预算本级支出 + 上解支出(一般公共预算上解支出) + 补助支出(一般公共预算补助支出) + 地区间援助支出 + 调出资金(一般公共预算调出资金) + 安排预算稳定调节基金 + 债务转贷支出(地方政府一般债务转贷支出) + 债务还本支出(一般债务还本支出)]

本年滚存一般公共预算结转结余 = 上年滚存结余中的一般公共预算结转结余 + 本年一般公共预算结转结余

上述公式中，一般公共预算类收入包括一般公共预算本级收入、债务收入（一般债务）和转移性收入（一般公共预算转移性收入）。转移性收入中的一般公共预算转移性收入包括一般公共预算的补助收入、上解收入和调入资金等种类。一般公共预算类支出中包括一般公共预算本级支出、债务支出（一般债务）和转移性支出（一般公共预算转移性支出）。转移性支出中的一般公共预算转移性支出包括一般公共预算的补助支出、上解支出和调出资金等种类。

根据预算法规定，各级一般公共预算的结余资金，应当补充预算稳定调节基金。

2. 政府性基金预算结转结余。政府性基金预算结转结余，是政府性基金预算收支的执行结果，是指基金预算类收入减去基金预算类支出后的差额。它是各级政府财政管理的政府性基金收支的年终执行结果。

本年政府性基金预算结转结余 = [政府性基金预算本级收入 + 补助收入(政府性基金预算补助收入) + 上解收入(政府性基金预算上解收入) + 调入资金(政府性基金预算调入资金) + 债务收入(专项债务收入) + 债务转贷收入(地方政府专项债务转贷收入)] − [政府性基金预算本级支出 + 上解支出(政府性基金预算上解支出) + 补助支出(政府性基金预算补助支出) + 调出资金(政府性基金预算调出资金) + 债务还本支出(专项债务还本支出) + 债务转贷支出(地方政府专项债务转贷支出)]

本年滚存政府性基金预算结转结余 = 上年滚存结余中的政府性基金预算结转结余 + 本年政府性基金预算结转结余

上述公式中，政府性基金预算类收入包括政府性基金预算本级收入、债务收入（专项债务）和转移性收入中的政府性基金预算转移性收入。转移性收入中的政府性基金预算转移性收入包括政府性基金补助收入、上解收入和调入资金等种类。政府性基金预算类支出中包括政府性基金预算本级支出、债务支出（专项债务）和转移性支出中的政府性基金预算转移性支出。转移性支出中的政府性基金预算转移性支出包括政府性基金补助支出、上解支出和调出资金等种类。

特别值得一提的是，在政府预算管理中，各项政府性基金都单独编制预算，有其相应的资金来源和专门的资金用途。各项基金都需要单独地计算出相应的结余。

3. 国有资本经营预算结转结余。国有资本经营预算结转结余是国有资本经营预算收支的执行结果，是指国有资本经营预算类收入减去国有资本经营预算类支出后的差额。它是各级政府财政管理的国有资本经营预算收支的年终执行结果。

本年国有资本经营预算结转结余＝国有资本经营预算本级收入－国有资本经营预算本级支出－调出资金（国有资本经营预算调出资金）

本年滚存国有资本经营预算结转结余＝上年滚存结余中的国有资本经营预算结转结余＋本年国有资本经营预算结转结余

上述公式中，国有资本经营预算类收入包括国有资本经营预算本级收入和转移性收入中的国有资本经营预算转移性收入。国有资本经营预算类支出中包括国有资本经营预算本级支出和转移性支出中的国有资本经营预算转移性支出（即国有资本经营预算调出资金）。

4. 专用基金结余。专用基金结余是专用基金收支的执行结果，即专用基金收入减去专用基金支出后的差额。它是各级财政部门按规定取得和使用的专用基金收支的年终结果。

本年专用基金结余＝专用基金收入－专用基金支出

本年滚存专项基金结余＝上年专用基金滚存结余＋本年专用基金结余

目前，按预算法规定，政府预算中不编制专用基金预算，专用基金由财政部门负责管理，按规定用途使用。专用基金存款存入其他财政存款账户，不存入国库存款账户。

5. 财政专户管理资金结余。财政专户管理资金结余是纳入财政专户管理的教育收费等资金收支的执行结果，一般指未纳入预算并实行财政专户管理的资金收支相抵形成的结余，包括教育收费等资金的结余。

本年财政专户管理资金结余＝财政专户管理资金收入－财政专户管理资金支出

本年滚存财政专户管理资金结余＝上年财政专户管理资金结余＋本年财政专户管理资金结余

年终转账时，总会计结转结余分类表如表9－1所示。

表9－1　　总会计结转结余分类表

资金性质	结转结余	收入类	支出类
纳入预算管理资金	本年一般公共预算结转结余	一般公共预算本级收入	一般公共预算本级支出
		补助收入（一般公共预算补助收入）	补助支出（一般公共预算补助支出）
		上解收入（一般公共预算上解收入）	上解支出（一般公共预算上解支出）
		地区间援助收入	地区间援助支出
		调入资金（一般公共预算调入资金）	调出资金（一般公共预算调出资金）
		债务收入（一般债务收入）	债务还本支出（一般债务还本支出）
		债务转贷收入（地方政府一般债务转贷收入）	债务转贷支出（地方政府一般债务转贷支出）
		动用预算稳定调节基金	安排预算稳定调节基金

续表

资金性质	结转结余	收入类	支出类
纳入预算管理资金	本年政府性基金预算结转结余	政府性基金预算本级收入	政府性基金预算本级支出
		补助收入（政府性基金预算补助收入）	补助支出（政府性基金预算补助支出）
		上解收入（政府性基金预算上解收入）	上解支出（政府性基金预算上解支出）
		调入资金（政府性基金预算调入资金）	调出资金（政府性基金预算调出资金）
		债务收入（专项债务收入）	债务还本支出（专项债务还本支出）
		债务转贷收入（地方政府专项债务转贷收入）	债务转贷支出（地方政府专项债务转贷支出）
	本年国有资本经营预算结转结余	国有资本经营预算本级收入	国有资本经营预算本级支出
			调出资金（国有资本经营预算调出资金）
未纳入预算、纳入财政专户管理资金	本年专用基金结余	专用基金收入	专用基金支出
	本年财政专户管理资金结余	财政专户管理资金收入	财政专户管理资金支出

三、预算后备性（储备）资金——预算平衡资金

（一）预算周转金

1. 预算周转金意义。预算周转金是指政府财政为调剂预算年度内季节性收支差额，保证及时用款而设置的库款周转资金。它是国家预算的一种后备基金。

各级财政在预算执行过程中，由于政府预算收支有一定的季节性，在年度预算收支平衡的情况下，仍可能出现季节性或月份发生收支脱节、入不敷出的现象。同时，为了保证用款单位的资金使用，每年年度终了后，需预拨下年度初的经费，而收入往往要到新年度开始方能组织入库。因此，各级财政都必须按预算法规定建立一定数额供周转使用的预算周转金，作为平衡季度预算收支临时周转使用。这对于保证用款单位资金需要，保证各项事业顺利完成，具有重大的意义。

2. 预算周转金设置及动用原则。预算周转金的来源包括：（1）上级财政部门拨入；（2）从本级财政的年度预算结余中安排设置或补充。各级财政预算周转金的数额，应根据本级年度预算收支的规模和临时性、季节性收支脱节的情况合理确定，并应随着预算收支的逐年增加而作相应补充，预算周转金的资金来源按规定一般用年度预算净结余资金设置。

按现行预算法规定，各级政府预算周转金从本级政府预算的结余中设置和补充，其额度应当逐步达到本级政府预算支出总额的4%。

预算周转金由于是供临时周转使用的资金，因此不能安排用于财政支出，未经上级批准，不能随意减少或增加，年终，必须保持原核定的数额，并逐年结转。预算周转金存入国库存款账户，不再单独设立存款账户。动用预算周转金时，作为国库存款的减少，不作为预算周转金的减少。当“国库存款”余额小于“预算周转金”余额时，即表明已动用了预算周转金。

各级政府预算周转金由本级政府财政部门管理，用于本级政府调剂预算年度内季节性收支差额，不得挪作他用。

（二）预算稳定调节基金

1. 预算稳定调节基金定义。预算稳定调节基金，是指为实现宏观调控目标，保持年度间政府预算的衔接和稳定，各级一般公共预算设置的储备性资金。各级政府性基金预算、国有资本经营预算和社会保险基金预算不得设置预算稳定调节基金。

各级政府财政部门负责提出预算稳定调节基金设置、补充和动用的具体方案，报经同级政府同意后，编入本级预决算草案或者本级预算的调整方案。

我国从 2007 年开始建立中央预算稳定调节基金，专门用于弥补短收年份预算执行收支缺口。新修订的《预算法》规定：各级一般公共预算年度执行中有超收收入的，只能用于冲减赤字或者补充预算稳定调节基金。各级一般公共预算的结余资金，应当补充预算稳定调节基金。

省、自治区、直辖市一般公共预算年度执行中出现短收，通过调入预算稳定调节基金、减少支出等方式仍不能实现收支平衡的，省、自治区、直辖市政府报本级人大或者其常委会批准，可以增列赤字，报国务院财政部门备案，并应当在下一年度预算中予以弥补。

2. 预算稳定调节基金设立和使用。

（1）预算稳定调节基金设立。一般公共预算的超收收入，除用于冲减赤字外，应当用于设置或补充预算稳定调节基金。一般公共预算的结余资金应当用于设置或补充预算稳定调节基金。一般公共预算按照权责发生制核算的资金，不作为结余。一般公共预算连续结转两年仍未用完的资金，应当作为结余资金补充预算稳定调节基金。

政府性基金预算结转资金规模超过该项基金当年收入 30% 的部分，应当补充预算稳定调节基金。政府性基金预算连续结转两年仍未用完的资金，应当作为结余资金，可以调入一般公共预算，并应当用于补充预算稳定调节基金。

各级财政部门应当合理控制预算稳定调节基金规模。预算稳定调节基金规模能够满足跨年度预算平衡需要的，应当加大冲减赤字、化解政府债务的力度。

（2）预算稳定调节基金动用。预算稳定调节基金的安排使用接受同级人大及其常委会的监督。预算稳定调节基金单设科目，安排基金时在支出方反映，调入使用基金时在收入方反映，基金的安排使用纳入预算管理，接受人大及其常委会的监督。

我国以各级财政为基础，分设中央和地方两级预算稳定调节基金。中央财政通过超收安排弥补短收年份预算执行的收支缺口，并视预算平衡情况在安排年初预算时调入并安排使用中央预算稳定调节基金。而根据中央明确的超收使用安排原则以及全国财政会议关于“有条件的地方财政可参照中央建立预算稳定调节基金”的精神，地方财政根据本级财力状况建立地方各级预算稳定基金，在规定范围内筹集并规范安排使用，以保持预算的稳定性。

预算稳定调节基金是缓解财政压力和稳定宏观经济的重要手段之一，能够有效地调节年度预算余缺、稳定预算、减小经济波动性。

编制一般公共预算草案时，可以动用预算稳定调节基金，弥补一般公共预算出现的收支缺口，动用的资金应当编入一般公共预算收入。

一般公共预算执行中，因短收、增支等导致收支缺口，确需通过动用预算稳定调节基金实现平衡的，各级财政部门应当具体编制本级预算的调整方案，按照预算法规定的程序执行。

本年预算稳定调节基金＝动用预算稳定调节基金（调入预算稳定调节基金）－安排预算稳定调节基金

（三）预算后备资金异同

预算周转金与预备费、年初预留、预算稳定调节基金都是经批准设立的预算后备性资金，目的是平衡财政预算，用于弥补预算执行过程中出现的异常事件和预算资金的不足。但这些后备资金设置的资金来源不同、用途不一样。

一是设置的资金来源不同。预算周转金来源于预算结余；预备费和年初预留是在当年安排预算时列作支出转入建立；预算稳定调节基金主要来自于当年超收和一般公共预算的结余资金。

二是用途不一样。预备费是最常见的应急手段。各级一般公共预算应当按照本级一般公共预算支出额的1%～3%设置预备费，用于当年预算执行中的自然灾害等突发事件处理增加的支出及其他难以预见的开支。

政府预算中也可以安排年初预留，年初预留是反映有预算分配权的部门年初对预算分配所作的一部分保留。

各级一般公共预算按照国务院的规定可以设置预算周转金，用于本级政府调剂预算年度内季节性收支差额。预算周转金是用于平衡季节性收支差额，供临时周转使用，不能实质用于安排其他财政支出，其他几种后备资金都可以安排实际财政支出。政府预算中可以安排预备费，以供预算年度发生不测事件时紧急使用。

各级一般公共预算按照国务院的规定可以设置预算稳定调节基金，用于弥补以后年度预算资金的不足。预算稳定调节基金用于弥补短收年份预算执行的收支缺口，以及视预算平衡情况，在安排年初预算时调入并安排使用。各级政府年度预算执行中有超收收入的，除依照法律、行政法规规定安排支出外，可以用于冲减赤字，或者安排预算稳定调节基金用于补充以后年度预算资金的不足。

四、资产基金与待偿债净资产

资产基金和待偿债净资产分别反映因资产、负债的增减变动对净资产产生的影响。

在总会计还没开展财务会计核算以前，按照政府财务会计角度分析，为了准确反映一级政府财政财务状况，总会计设置了资产基金和待偿债净资产科目，采用“双分录”核算模式，分别反映因资产、负债的增减变动对净资产产生的影响。

资产基金，是指政府财政持有的债权和股权投资等资产（与其相关的资金收支纳入预算管理）在净资产中占用的金额。

待偿债净资产，是指政府财政承担应付短期政府债券、应付长期政府债券、借入款项、应付地方政府债券转贷款、应付主权外债转贷款、其他负债等负债（与其相关的资金收支纳入预算管理）而相应需在净资产中冲减的金额。

第二节
各项结转结余

政府财政各项结转结余包括一般公共预算结转结余、政府性基金预算结转结余、国有资本经营预算结转结余和财政专户管理资金结余、专用基金结余等。

为了核算总会计的各项结转结余，现行制度采用了按不同资金性质分别核算结转结余的办法，一般公共预算、政府性基金预算、国有资本经营预算、财政专户管理资金和专用基金分别核算其收支结余。在净资产类中设置一般公共预算结转结余、政府性基金预算结转结余、国有资本经营预算结转结余、财政专户管理资金结余、专用基金结余等结转结余科目。各项结转结余每年年终分别结算一次，平时不结算。

一、一般公共预算结转结余账务处理

（一）科目设置

总会计设置“一般公共预算结转结余”科目，核算政府财政纳入一般公共预算管理的收支相抵形成的结转结余。本科目年终贷方余额反映一般公共预算收支相抵后的滚存结转结余。

年终转账时，财政部门应将一般公共预算类各项收入即一般公共预算的有关收入科目贷方余额转入本科目的贷方，借记“一般公共预算本级收入”“补助收入（一般公共预算补助收入）”“上解收入（一般公共预算上解收入）”“地区间援助收入”“调入资金（一般公共预算调入资金）”“债务收入（一般债务收入）”“债务转贷收入（地方政府一般债务转贷收入）”“动用预算稳定调节基金”等科目贷方余额转入本科目贷方；

将一般公共预算类相应的各项支出即一般公共预算的有关支出科目借方余额转入本科目的借方，借记本科目，贷记“一般公共预算本级支出”“上解支出（一般公共预算上解支出）”“补助支出（一般公共预算补助支出）”“地区间援助支出”“调出资金（一般公共预算调出资金）”“安排预算稳定调节基金”“债务转贷支出（地方政府一般债务转贷支出）”“债务还本支出（一般债务还本支出）”等科目借方余额转入本科目借方。

（二）一般公共预算结转结余核算实务

业务1：年终转账时，将一般公共预算的有关收入科目贷方余额转入本科目的贷方，借记“一般公共预算本级收入”“补助收入——一般公共预算补助收入”“上解收入——一般公共预算上解收入”“地区间援助收入”“调入资金——一般公共预算调入资金”“债务收入（一般债务收入）”“债务转贷收入（地方政府一般债务转贷收入）”“动用预算稳定调节基金”等科目，贷记本科目；将一般公共预算的有关支出科目借方余额转入本科目的借方，借记本科目，贷记“一般公共预算本级支出”“上解支出——一般公共预算上解支出”“补助支出——一般公共预算补助支出”“地区间援助支出”“调出资金

——一般公共预算调出资金”“安排预算稳定调节基金”“债务转贷支出（地方政府一般债务转贷支出）”“债务还本支出（一般债务还本支出）”等科目。

业务2：设置和补充预算周转金时，借记本科目，贷记“预算周转金”科目。

【**例9－1**】某政府财政发生如下经济业务（见表9－2）：

表9－2　　某政府财政本级20×8年决算试算平衡表　　单位：万元

收　入	一般公共预算	政府性基金预算	国有资本经营预算	支　出	一般公共预算	政府性基金预算	国有资本经营预算
一、市本级收入	4 599 414	2 711 543	117 975	一、市本级支出	4 618 963	3 010 473	89 627
二、上级补助收入	1 335 968	36 397		二、上解上级支出	690 622		
（一）返还性收入	457 132			三、补助区级支出	1 200 011	200 105	
（二）一般性转移支付收入	117 637			四、债务还本支出	1 287 032	803 542	
（三）专项转移支付收入	761 199	36 397		五、债务转贷支出	226 563	579 278	
三、区级上解收入	259 192	139 512		六、国债转贷资金结余	2 577		
四、债务收入	1 748 595	1 742 820		七、安排预算稳定调节基金	82 667		
五、国债转贷资金上年结余	2 577			八、援助其他地区支出	3 870		
六、上年结余	279 780	457 182	9 364	九、调出资金		22 633	20 000
七、调入预算稳定调节基金	188 301						
八、调入资金	45 210						
收入总计	8 459 037	5 087 454	127 339	支出总计	8 112 305	4 616 031	109 627
				年终结余	346 732	471 423	17 712
				其中：结转结余	346 732	471 423	17 712

（1）年终转账前一般公共预算类收入贷方余额表见表9－3。

表9－3　　××市年终转账前一般公共预算类收入贷方余额表　　单位：万元

总账账户	明细账户	贷方金额
一般公共预算本级收入		4 599 414
	一、税收收入	3 690 148
	（一）增值税	1 470 210
	（三）企业所得税	685 094
	（四）个人所得税	272 755
	（五）城市维护建设税	199 516

续表

总账账户	明细账户	贷方金额
	（六）房产税	109 864
	（七）印花税	65 019
	（八）城镇土地使用税	18 690
	（九）土地增值税	458 957
	（十）车船税	36 540
	（十一）契税	373 503
	二、非税收入	909 266
	（一）专项收入	347 958
	（二）行政事业性收费收入	97 561
	（三）罚没收入	62 910
	（四）国有资产（资源）有偿使用收入	328 333
	（五）政府住房基金收入	35 238
	（六）其他收入	37 266
补助收入	一般公共预算补助收入	1 335 968
上解收入	一般公共预算上解收入	259 192
债务收入	地方政府一般债券收入	1 748 595
调入资金	一般公共预算调入资金	45 210

根据某政府财政年终转账前一般公共预算类收入贷方余额表办理年终结转，会计分录如下（单位：万元）：

借：一般公共预算本级收入　　4 599 414
　　补助收入——一般公共预算补助收入　　1 335 968
　　上解收入——一般公共预算上解收入　　259 192
　　债务收入——地方政府债务收入——一般债务收入
　　　　——地方政府一般债券收入　　1 748 595
　　调入资金——一般公共预算调入资金　　45 210
　　贷：一般公共预算结转结余　　7 988 379

同时，在“一般公共预算本级收入”明细账的借方登记如下（单位：万元）：

税收收入——增值税　　1 470 210
税收收入——企业所得税　　685 094
税收收入——个人所得税　　272 755
税收收入——城市维护建设税　　199 516
税收收入——房产税　　109 864
税收收入——印花税　　65 019

税收收入——城镇土地使用税　18 690
税收收入——土地增值税　458 957
税收收入——车船税　36 540
税收收入——契税　373 503
非税收入——专项收入　347 958
非税收入——行政事业性收费收入　97 561
非税收入——罚没收入　62 910
非税收入——国有资产（资源）有偿使用收入　328 333
非税收入——政府住房基金收入　35 238
非税收入——其他收入　37 266

（2）年终转账前一般公共预算支出类（功能分类简表）余额表见表9－4。

表9－4　某政府财政年终转账前一般公共预算支出类余额表　单位：万元

总账账户	明细账户	借方金额
一般公共预算本级支出		4 618 963
	一般公共服务支出	326 597
	国防支出	1 948
	公共安全支出	242 115
	教育支出	287 831
	科学技术支出	127 822
	文化体育与传媒支出	82 347
	社会保障和就业支出	178 942
	医疗卫生支出	281 703
	节能环保支出	458 648
	城乡社区事务支出	797 440
	农林水支出	100 687
	交通运输支出	791 548
	资源勘探电力信息等支出	420 587
	商业服务业等支出	311 570
	金融支出	18 470
	国土资源气象等支出	68 148
	住房保障支出	39 105
	粮油物资储备支出	2 156
	其他支出	56 887
	债务付息支出	23 479
	债务发行费用支出	933
补助支出	一般公共预算补助支出	1 200 011
上解支出	一般公共预算上解支出	690 622
债务还本支出	一般债券还本支出	1 287 032

续表

总账账户	明细账户	借方金额
债务转贷支出	一般债务转贷支出	226 563
援助其他地区支出		3 870

根据某政府财政年终转账前一般公共预算类支出贷方余额表办理年终结转（单位：万元）：

借：一般公共预算结转结余　　8 027 061
　贷：一般公共预算本级支出　　4 618 963
　　补助支出——一般公共预算补助支出　　1 200 011
　　上解支出——一般公共预算上解支出　　690 622
　　债务还本支出　　1 287 032
　　债务转贷支出　　226 563
　　援助其他地区支出　　3 870

同时，在债务还本支出明细账的贷方登记如下（单位：万元）：

地方政府一般债务还本支出——地方政府一般债券还本支出　　1 287 032

在债务转贷支出明细账的贷方登记如下（单位：万元）：

转移性支出——地方政府一般债券转贷支出 226 563

在一般公共预算本级支出明细账的贷方登记如下（单位：万元）：

一般公共服务支出	326 597
国防支出	1 948
公共安全支出	242 115
教育支出	287 831
科学技术支出	127 822
文化体育与传媒支出	82 347
社会保障和就业支出	178 942
医疗卫生与计划生育支出	281 703
节能环保支出	458 648
城乡社区事务支出	797 440
农林水支出	100 687
交通运输支出	791 548
资源勘探信息等支出	420 587
商业服务业等支出	311 570
金融支出	18 470
国土资源气象等支出	68 148
住房保障支出	39 105
粮油物资储备支出	2 156
其他支出	56 887

债务付息支出	23 479
债务发行费用支出	933

二、政府性基金预算结转结余账务处理

（一）科目设置

总会计设置“政府性基金预算结转结余”科目，核算政府财政纳入政府性基金预算管理的收支相抵形成的结转结余。本科目应当根据管理需要，按照政府性基金的种类进行明细核算。本科目年终贷方余额反映政府性基金预算收支相抵后的滚存结转结余。

年终结转时，应将政府性基金预算的有关收入科目贷方余额按照政府性基金种类分别转入本科目下相应明细科目的贷方，如“政府性基金预算本级收入”“补助收入（政府性基金预算补助收入）”“上解收入（政府性基金预算上解收入）”“调入资金（政府性基金预算调入资金）”“债务收入（专项债务收入）”“债务转贷收入（地方政府专项债务转贷收入）”等科目；

同时将政府性基金预算的有关支出科目借方余额按照政府性基金种类分别转入本科目下相应明细科目的借方，如“政府性基金预算本级支出”“上解支出（政府性基金预算上解支出）”“补助支出（政府性基金预算补助支出）”“调出资金（政府性基金预算调出资金）”“债务还本支出（专项债务还本支出）”“债务转贷支出（地方政府专项债务转贷支出）”等科目。

（二）核算实务

业务1：年终转账时，应将政府性基金预算的有关收入科目贷方余额按照政府性基金种类分别转入本科目下相应明细科目的贷方，借记“政府性基金预算本级收入”“补助收入——政府性基金预算补助收入”“上解收入——政府性基金预算上解收入”“调入资金——政府性基金预算调入资金”“债务收入——专项债务收入”“债务转贷收入——地方政府专项债务转贷收入”等科目，贷记本科目。

业务2：年终转账时，将政府性基金预算的有关支出科目借方余额按照政府性基金种类分别转入本科目下相应明细科目的借方，借记本科目，贷记“政府性基金预算本级支出”“上解支出——政府性基金预算上解支出”“补助支出——政府性基金预算补助支出”“调出资金——政府性基金预算调出资金”“债务还本支出——专项债务还本支出”“债务转贷支出——地方政府专项债务转贷支出”等科目。

【例9－2】某政府财政发生如下经济业务（见表9－5）：

表9－5　　某政府财政本级20×8年年终转账前政府性基金收支类余额表　　单位：万元

科　　目	收入	科　　目	支出
一、地方农网还贷资金收入	5 350	一、城乡社区支出	2 941 756
二、土地类基金收入	2 632 162	二、交通运输支出	35 680
三、彩票公益金收入	18 915	三、资源勘探信息等支出	1 400
四、城市基础设施配套费收入	145	四、商业服务业等支出	100
五、小型水库移民扶持基金收入	1 938	五、其他支出	12 979
六、车辆通行费	17 000	六、债务付息支出	17 921

续表

科　　目	收入	科　　目	支出
七、污水处理费收入	32 348	七、债务发行费用支出	637
八、其他政府性基金收入	3 685		
收入合计	2 711 543	支出合计	3 010 473

(1) 年终转账时，政府性基金预算本级收入账户贷方余额为 2 711 543 万元，具体科目如下：非税收入——农网还贷资金收入——地方农网还贷资金收入 5 350 万元；非税收入——政府性基金收入——土地类基金收入 2 632 162 万元；非税收入——政府性基金收入——彩票公益金收入 18 915 万元；非税收入——政府性基金收入——城市基础设施配套费收入 145 万元；非税收入——政府性基金收入——小型水库移民扶持基金收入 1 938 万元；非税收入——政府性基金收入——车辆通行费 17 000 万元；非税收入——政府性基金收入——污水处理费收入 32 348 万元；非税收入——政府性基金收入——其他政府性基金收入 3 685 万元。转移性收入——政府性基金预算补助收入 36 397 万元；上解收入——政府性基金上解收入 139 512 万元。债务收入——地方政府专项债务收入 1 742 820 万元。会计分录如下（单位：万元）：

借：政府性基金预算本级收入　　2 711 543
　　补助收入——政府性基金预算补助收入　　36 397
　　上解收入——政府性基金预算上解收入　　139 512
　　债务收入——地方政府专项债务收入　　1 742 820
　　贷：政府性基金预算结转结余　　4 630 272

同时，在"政府性基金预算本级收入"明细账的借方登记如下（单位：万元）：

非税收入——政府性基金收入——农网还贷资金收入——地方农网还贷资金收入
5 350
非税收入——政府性基金收入——土地类基金收入　　2 632 162
非税收入——政府性基金收入——彩票公益金收入　　18 915
非税收入——政府性基金收入——城市基础设施配套费收入　　145
非税收入——政府性基金收入——小型水库移民扶持基金收入　　1 938
非税收入——政府性基金收入——车辆通行费　　17 000
非税收入——政府性基金收入——污水处理费收入　　32 348
非税收入——政府性基金收入——其他政府性基金收入　　3 685

(2) 年终转账时，政府性基金预算本级支出账户贷方余额为 3 010 473 万元，具体科目如下：城乡社区支出——国有土地使用权出让收入及对应专项债务收入安排的支出——廉租住房支出 2 941 756 万元；交通运输支出—车辆通行费及对应专项债务收入安排的支出——公路还贷 35 680 万元；资源勘探电力信息等支出——农网还贷资金支出——地方农网还贷资金支出 1 400 万元；商业服务业等支出——旅游发展基金支出——宣传促销 100 万元；其他支出——彩票公益金及对应专项债务收入安排的支出 12 979 万元；债务付息支出——地方政府专项债务付息支出 17 921 万元；债务发行费用支出——地方政府专项债务发行费用支出 637 万元。转移性支出——政府性基金转移支付——政府性基金补助支出200 105万元；转移性支出——调出资金——政府性基金预算调出资金22 633万元。债务还本支出——专项债务还本支出803 542万元；债务转贷支出——专项债务转贷支出579 278万元。会计分录如下（单位：万元）：

借：政府性基金预算结转结余　　4 616 031

　　贷：政府性基金预算本级支出　　3 010 473

　　　　补助支出——政府性基金预算补助支出　　200 105

　　　　调出资金——政府性基金预算调出资金　　22 633

　　　　债务还本支出——专项债务还本支出　　803 542

　　　　债务转贷支出——地方政府专项债务转贷支出　　579 278

同时，在“政府性基金预算本级支出”明细账的贷方登记如下（单位：万元）：

城乡社区支出——国有土地使用权出让收入及对应专项债务收入安排的支出

　　　　——廉租住房支出　　2 941 756

交通运输支出——车辆通行费及对应专项债务收入安排的支出——公路还贷

　　35 680

资源勘探电力信息等支出——农网还贷资金支出——地方农网还贷资金支出

　　1 400

商业服务业等支出——旅游发展基金支出——宣传促销　　100

其他支出——彩票公益金及对应专项债务收入安排的支出　　12 979

债务付息支出——地方政府专项债务付息支出　　17 921

债务发行费用支出——地方政府专项债务发行费用支出　　637

三、国有资本经营预算结转结余账务处理

（一）科目设置

总会计设置“国有资本经营预算结转结余”科目，核算政府财政纳入国有资本经营预算管理的收支相抵形成的结转结余。本科目年终贷方余额反映国有资本经营预算收支相抵后的滚存结转结余。

（二）核算实务

业务：年终转账时，应将国有资本经营预算的有关收入科目贷方余额转入本科目贷方，借记“国有资本经营预算本级收入”等科目，贷记本科目；将国有资本经营预算的有关支出科目借方余额转入本科目借方，借记本科目，贷记“国有资本经营预算本级支出”“调出资金——国有资本经营预算调出资金”等科目。

【例9－3】某政府财政发生如下经济业务（见表9－6）：

表9－6　某政府财政本级20×8年年终转账前国有资本经营收入余额表　单位：万元

科　目	收入决算	科　目	支出决算
一、利润收入	104 737	一、国有企业资本金注入	43 490
二、其他国有资本经营收入	13 238	二、其他国有资本经营预算支出	46 137
收入合计	117 975	支出合计	89 627

（1）年终转账时，国有资本经营预算收入账户贷方余额为117 975万元，具体科目如下：利润收入104 737万元；其他国有资本经营收入13 238万元。会计分录如下（单位：万元）：

借：国有资本经营预算本级收入　　117 975
　　贷：国有资本经营预算结转结余　　117 975

同时，在“国有资本经营预算本级收入”明细账的借方登记如下：

利润收入　　104 737
其他国有资本经营收入　　13 238

（2）年终转账时，国有资本经营预算支出账户贷方余额为89 627万元，具体科目如下：国有企业资本金注入——其他国有企业资本金注入43 490万元；其他国有资本经营预算支出——其他国有资本经营预算支出46 137万元。会计分录如下（单位：万元）：

借：国有资本经营预算结转结余　　89 627
　　贷：国有资本经营预算本级支出　　89 627

同时，在“国有资本经营预算本级支出”明细账的贷方登记如下（单位：万元）：

国有企业资本金注入——其他国有企业资本金注入　　43 490
其他国有资本经营预算支出——其他国有资本经营预算支出　　46 137

（3）年终转账时，国有资本经营预算调出资金科目借方余额20 000万元，会计分录如下（单位：万元）：

借：国有资本经营预算结转结余　　20 000
　　贷：调出资金——国有资本经营预算调出资金　　20 000

四、专用基金结余账务处理

（一）科目设置

总会计设置“专用基金结余”科目，核算政府财政管理的专用基金收支相抵形成的结余。本科目应当根据专用基金的种类进行明细核算。本科目年终贷方余额反映政府财政管理的专用基金收支相抵后的滚存结余。

（二）核算实务

业务1：年终转账时，将专用基金的有关收入科目贷方余额转入本科目贷方，借记“专用基金收入”等科目，贷记本科目。

业务2：年终转账时，将专用基金的有关支出科目借方余额转入本科目借方，借记本科目，贷记“专用基金支出”等科目。

【例9－4】某政府财政发生如下经济业务：

（1）年终结账时，专用基金收入贷方余额400万元：

借：专用基金收入——粮食风险基金收入　　4 000 000
　　贷：专用基金结余——粮食风险基金　　4 000 000

（2）年终结账时，将“专用基金支出——粮食风险基金支出”账户借方余额380万元全部转入“专用基金结余”账户。

借：专用基金结余　　3 800 000

贷：专用基金支出——粮食风险基金支出　　　　3 800 000

五、财政专户管理资金结余账务处理

（一）科目设置

总会计设置"财政专户管理资金结余"科目，核算政府财政纳入财政专户管理的教育收费等资金收支相抵后形成的结余。本科目应当根据管理需要，按照部门（单位）等进行明细核算。本科目年终贷方余额反映政府财政纳入财政专户管理的资金收支相抵后的滚存结余。本科目年终贷方余额反映政府财政纳入财政专户管理的资金收支相抵后的滚存结余。

（二）核算实务

业务1：年终转账时，将财政专户管理资金的有关收入科目贷方余额转入本科目贷方，借记"财政专户管理资金收入"等科目，贷记本科目。

业务2：年终转账时，将财政专户管理资金的有关支出科目借方余额转入本科目借方，借记本科目，贷记"财政专户管理资金支出"等科目。

【例9－5】某政府财政发生如下经济业务：

（1）年终转账时，财政专户管理资金收入贷方余额150万元转入财政专户管理资金结余科目。

借：财政专户管理资金收入　　　　1 500 000

　　贷：财政专户管理资金结余　　　　1 500 000

同时，在财政专户管理资金收入明细账户的借方登记。

（2）年终结账时，财政专户管理资金支出借方余额100万元转入财政专户管理资金结余科目。

借：财政专户管理资金结余　　　　1 000 000

　　贷：财政专户管理资金支出　　　　1 000 000

同时，在财政专户管理资金支出明细账户的贷方登记。

第三节
预算周转金与预算稳定调节基金

一、预算周转金的账务处理

（一）科目设置

总会计设置"预算周转金"科目，核算政府财政设置的用于调剂预算年度内季节性收支差额周转使用的资金。预算周转金应根据《预算法》要求设置。本科目期末贷方余额反映预算周转金的规模。

为了简化手续，预算周转金存款一般与国库存款合并在一个账户内统一进行核算，预算周转金是否被动用以及动用多少数额，可以通过“国库存款”中的预算周转金存款与“预算周转金”两个科目的借或贷余额的比较加以分析：如果结转时，“国库存款”中的预算周转金存款借方余额大于“预算周转金”贷方余额，说明预算周转金没有被动用；反之，则表明预算周转金已被动用。被动用数为两个账户余额之差。被动用的周转金应及时补充，保持原核定数额。

（二）核算实务

业务1：设置和补充预算周转金时，借记“一般公共预算结转结余”科目，贷记本科目。

业务2：将预算周转金调入预算稳定调节基金时，借记本科目，贷记“预算稳定调节基金”科目。

【例9－6】某政府财政发生如下经济业务：

经上级批准核定的数额，从一般公共预算结余中补充预算周转金100万元。

借：一般公共预算结转结余　　1 000 000
　　贷：预算周转金　　1 000 000

二、预算稳定调节基金账务处理

（一）科目设置

总会计设置“预算稳定调节基金”科目，核算政府财政设置的用于弥补以后年度预算资金不足的储备资金。本科目期末贷方余额反映预算稳定调节基金的规模。本科目期末贷方余额反映预算稳定调节基金的规模。各级一般公共预算的预算稳定调节基金应当在同级国库单一账户存储。

（二）核算实务

业务1：使用超收收入或一般公共预算结余补充预算稳定调节基金时，借记“安排预算稳定调节基金”科目，贷记本科目。

业务2：将预算周转金调入预算稳定调节基金时，借记“预算周转金”科目，贷记本科目。

业务3：调用预算稳定调节基金时，借记本科目，贷记“动用预算稳定调节基金”科目。

【例9－7】某政府财政发生如下经济业务：

（1）年度终了，根据当年可支配财力和当年一般公共预算超收情况，报经本级政府批准，从财政超收收入中安排预算稳定调节基金82 667万元。会计分录如下（单位：万元）：

借：安排预算稳定调节基金　　82 667
　　贷：预算稳定调节基金　　82 667
同时，借：一般公共预算结转结余　　82 667
　　贷：安排预算稳定调节基金　　82 667

（2）年度终了，为弥补财政短收年份预算执行收支缺口，经本级政府批准，调用预算稳定调节基金 188 301 万元。会计分录如下（单位：万元）：

借：预算稳定调节基金　　188 301

　　贷：动用预算稳定调节基金　　188 301

同时，

借：动用预算稳定调节基金　　188 301

　　贷：一般公共预算结转结余　　188 301

第四节 资产基金和待偿债净资产

政府财政为了分别反映因资产、负债的增减变动对净资产产生的影响，准确反映政府财政净资产和财务状况，总会计设置了“资产基金”和“待偿债净资产”科目。作为净资产的备抵科目。

一、资产基金账务处理

（一）科目设置

总会计设置“资产基金”科目，核算政府财政持有的应收地方政府债券转贷款、应收主权外债转贷款、股权投资和应收股利等资产（与其相关的资金收支纳入预算管理）在净资产中占用的金额。本科目下应当设置“应收地方政府债券转贷款”“应收主权外债转贷款”“股权投资”“应收股利”等明细科目，进行明细核算。本科目期末贷方余额，反映政府财政持有应收地方政府债券转贷款、应收主权外债转贷款、股权投资和应收股利等资产（与其相关的资金收支纳入预算管理）在净资产中占用的金额。

（二）核算实务

资产基金的账务处理参见第五章政府财政资产，有关“应收地方政府债券转贷款”“应收主权外债转贷款”“股权投资”和“应收股利”等科目的核算内容。

二、待偿债净资产账务处理

（一）科目设置

总会计设置“待偿债净资产”科目，核算政府财政因发生应付政府债券、借入款项、应付地方政府债券转贷款、应付主权外债转贷款、其他负债等负债（与其相关的资金收支纳入预算管理）相应需在净资产中冲减的金额。本科目下应当设置“应付短期政府债券”“应付长期政府债券”“借入款项”“应付地方政府债券转贷款”“应付主权外债转贷款”“其他负债”等明细科目，进行明细核算。本科目期末借方余额，反映政府财政承担应付政府债券、借入款项、应付地方政府债券转贷款、应付主权外债转贷款和其他负债等负债（与其相关的资金收支纳入预算管理）而相应需冲减净资产的金额。

（二）核算实务

待偿债净资产的账务处理参见第六章政府财政负债，有关“应付短期政府债券”“应付长期政府债券”“借入款项”“应付地方政府债券转贷款”“应付主权外债转贷款”和“其他负债”等科目的核算内容。

【思考题】

1. 简述政府财政净资产概念及其内容。
2. 简述政府财政各项结转结余概念及其内容。
3. 简述一般公共预算结转结余概念及其内容。
4. 简述政府性基金预算结转结余及其内容。
5. 财政专户管理资金结余与其他结余有何异同?
6. 预算周转金与预备费、年初预留、预算稳定调节基金有何异同?

第十章 政府财政财务报告

学习目标

- □ 了解总会计报表基本概念和种类、政府综合财务报告
- □ 熟悉总会计年终清算结算事项、“七表一注”（两张主表、三张预算执行情况表、两张收支情况表）编制方法
- □ 掌握总会计资产负债表、收入支出表概念和编制方法

第一节 政府财政财务报告体系概述

一、政府财政的财务报告体系

政府财务报告体系全面反映各级政府的预算执行情况和财务状况、运行情况和现金流量等，包括政府决算报告和政府财务报告。政府决算报告包括政府财政总决算报告和部门（单位）决算报告，政府财务报告包括政府综合财务报告和政府部门财务报告，构建了满足现代财政制度需要的政府财务报告体系。

政府财政会计报告即财务报告体系，包括政府财政总决算报告和政府综合财务报告两部分。《基本准则》要求政府会计主体除按财政部要求编制决算报表外，至少还应编制资产负债表、收入费用表和现金流量表，并按规定编制合并财务报表。

目前，总会计兼顾政府财务会计和预算会计功能，本级总会计报表是政府财政会计报告即财务报告体系重要组成部分，也是编制政府决算报告和政府综合财务报告的基础。

二、会计报表意义

总会计报表（亦称本级总会计报表）是反映政府财政预算执行结果和财务状况的书面文件，是各级政府、上级财政部门，各级人大和社会公众了解情况、掌握政策、指导和监督预算执行工作的重要书面资料，也是编制下年度政府财政预算的基础。因此，各级总会计必须定期编制和汇总预算会计报表。

各级财政机关要定期向同级政府和上级财政部门报告本地区的预算收支及其他财政性收支执行情况，财政部应定期向国务院、全国人大报告政府预算及其他财政收支执行情况，对于预算执行中存在的问题，还要提出具体意见和建议，以利于同级政府和上级财政部门采取措施，加强对财政工作的领导和支持，充分发挥政府会计在预算管理中的积极作用。

三、总会计报表的种类

（一）按报送期限划分

总会计报表按报送期限划分主要有：旬报、月报、季报和年报四种。旬、月、季、年报的报送期限及编报的内容应根据上级财政部门具体要求和本行政区或预算管理的需要办理。

（二）按会计报表的范围划分

总会计按会计报表有范围划分，分为本级报表和汇总报表两种。

（三）按会计报表的经济用途划分

总会计报表按会计报表的经济用途划分为“七表一注”。包括两张主表：资产负债表和收入支出表；三张预算执行情况表即一般公共预算执行情况表、政府性基金预算执行情况表和国有资本经营预算执行情况表；两张收支情况表，即财政专户管理资金收支情况表和专用基金收支情况表等会计报表和附注。

四、会计报表编制的基本要求

根据总会计管理基础工作规定，各级财政部门应当根据登记完整、核对无误的会计账簿记录和其他有关资料，定期编制和汇总会计报告，做到数字真实、计算准确、内容完整、说明清楚。总会计应当按照下列规定编制会计报表：

1. 一般公共预算执行情况表、政府性基金预算执行情况表、国有资本经营预算执行情况表应当按旬、月度和年度编制，财政专户管理资金收支情况表和专用基金收支情况表应当按月度和年度编制，收入支出表按月度和年度编制，资产负债表和附注应当至少按年度编制。旬报、月报的报送期限及编报内容应当根据上级政府财政具体要求和本行政区域预算管理的需要办理。

2. 总会计应当根据本制度编制并提供真实、完整的会计报表，切实做到账表一致，不得估列代编，弄虚作假。

3. 总会计要严格按照统一规定的种类、格式、内容、计算方法和编制口径填制会计报表，以保证全国统一汇总和分析。汇总报表的单位，要把所属单位的报表汇集齐全，防止漏报。

五、总会计结账和结算工作

各级总会计应当按规定定期、及时地进行会计结账。根据《总会计管理基础工作规定》（财库［2012］1号）第四十条规定："会计核算人员应当按月进行会计结账，具体结账按《总会计制度》等相关规定办理。结账期限为每月一次。结账的具体方法，按财政部颁发的《总会计管理基础工作规定》和《会计基础工作规范》办理。"

各级总会计为了保证年度决算报表的编报质量，每年在会计年度结束前，应按财政结算编报办法的要求，全面进行年终清理结算。年终清理结算的主要事项包括年终清理、年终财政结算和年终结账。

政府财政部门应当及时进行年终清理结算。年终清理结算的主要事项如下：

（一）年终清理

年终清理，是指年度终了时，总会计对全年各项预算收支及其有关财务活动进行全面清查和整理的工作。年终清理的主要内容包括核对年度预算收支数、清理本年预算收支款项、组织征收机关和国库进行年度对账、清理核对当年拨款支出、清理往来款项等。

（二）进行年终财政结算

财政预算管理部门要在年终清理的基础上，于次年元月底前结清上下级政府财政的转移支付收支和往来款项。总会计要按照财政管理体制的规定，根据预算结算单，与年度预算执行过程中已补助和已上解数额进行比较，结合往来款和借垫款情况，计算出全年最后应补或应退数额，填制"年终财政决算结算单"，经核对无误后，作为年终财政结算凭证，据以入账。

总会计对年终决算清理期内发生的会计事项，应当划清会计年度。属于清理上年度的会计事项，记入上年度会计账；属于新年度的会计事项，记入新年度会计账，防止错记漏记。

（三）年终结账

总会计应当按月进行会计结账。具体结账方法，按照《会计基础工作规范》办理。经过年终清理和结算，把各项结算收支入账后，即可办理年终结账。年终结账是编制财政决算的基础。年终结账工作一般分为年终转账、结清旧账和记入新账三个步骤，依次做账。

1. 年终转账。计算出各科目12月份合计数和全年累计数，结出12月末余额，编制结账前的"资产负债表"，再根据收支余额填制记账凭证，将收支分别转入"一般公共预算结转结余""政府性基金预算结转结余""国有资本经营预算结转结余""专用基金结余""财政专户管理资金结余"等科目冲销。

2. 结清旧账。将各个收入和支出科目的借方、贷方结出全年总计数。对年终有余额的科目，如国库存款、其他财政存款、在途款、一般公共预算结转结余、政府性基金预算结转结余、国有资本经营预算结转结余、专用基金结余、财政专户管理资金结余、预算周转金、预算稳定调节基金等账户。在"摘要"栏内注明"结转下年"字样，表示转入新账。

3. 记入新账。根据年终转账后的总账和明细账余额编制年终“资产负债表”和有关明细表（不需填制记账凭证），将表列各科目余额直接记入新年度有关总账和明细账年初余额栏内，并在“摘要”栏注明“上年结转”字样，以区别新年度发生数。

决算经本级人大常委会（或人大）审查批准后，如需更正原报决算草案收入、支出时，则要相应调整有关账目，重新办理结账事项。

第二节 本级总会计报表

本级总会计报表体系包括资产负债表、收入支出表等七张会计报表及报表附注，即“七表一注”。

一、资产负债表

（一）资产负债表概述

资产负债表是反映政府财政在某一特定日期财务状况的报表。资产负债表应当按照资产、负债和净资产分类、分项列示。

资产负债表反映的信息不仅包括货币资金、往来款项等流动资产负债信息，还包括了股权投资、政府债券、主权外债等信息的反映，同时改进会计核算方法，广泛采用“双分录”会计核算方法，在核算预算收支的同时，也核算反映与预算收支变动密切相关的资产负债情况。这样一来，既可以看到财政部门对外部的实际资金流入、流出，又可以看到财政部门内部各项资金之间转移产生的某种资金的收入、支出，还可以看到按照权责发生制列支的资金实际尚未流出财政部门的部分，能更好地满足社会各界对财政信息公开的需求，有效提高政府透明度。

（二）资产负债表格式

资产负债表的基本格式可分为表头和主体两大部分。表头部分要注明编制单位、编报日期和金额单位。主体部分在左右两方各分为三栏：科目名称、年初余额、期末余额。

资产负债表采用按资产、负债和净资产分类分项排列，同时，将资产和负债按照流动和非流动进行分类反映，一方面与政府会计基本准则相衔接，另一方面也有利于反映资产负债结构。

资产负债表的基本结构采用左右对应平衡式。它严格地划分为左右两方。左边列示资产类项目，右边列示负债和净资产类项目。对于资产和负债按流动性分列上下，先列流动后列非流动。报表本身就体现会计等式：“资产 = 负债 + 净资产”。

因此，报表左右两方的金额一定相等、平衡。同时，报表不仅将所有会计科目列示于表格中，而且反映了会计要素间的关系。

总会计资产负债表的格式见表 10 - 1。

表 10－1　　资产负债表

会财政 01 表

编制单位：　　年　月　日　　单位：元

资产	年初余额	期末余额	负债和净资产	年初余额	期末余额
流动资产：			流动负债：		
国库存款			应付短期政府债券		
国库现金管理存款			应付利息		
其他财政存款			应付国库集中支付结余		
有价证券			与上级往来		
在途款			其他应付款		
预拨经费			应付代管资金		
借出款项			一年内到期的非流动负债		
应收股利			流动负债合计		
应收利息			非流动负债：		
与下级往来			应付长期政府债券		
其他应收款			借入款项		
流动资产合计			应付地方政府债券转贷款		
非流动资产：			应付主权外债转贷款		
应收地方政府债券转贷款			其他负债		
应收主权外债转贷款			非流动负债合计		
股权投资			负债合计		
待发国债			一般公共预算结转结余		
非流动资产合计			政府性基金预算结转结余		
			国有资本经营预算结转结余		
			财政专户管理资金结余		
			专用基金结余		
			预算稳定调节基金		
			预算周转金		
			资产基金		
			减：待偿债净资产		
			净资产合计		
资产总计			负债和净资产总计		

（三）资产负债表编制方法

资产负债表应当至少按年度编制。资产负债表“年初余额”栏内各项数字，应当根据上年末资产负债表“期末余额”栏内数字填列。如果本年度资产负债表规定的各个项目的名称和内容同上年度不相一致，应对上年年末资产负债表各项目的名称和数字按照本年度的规定进行调整，填入本表“年初余额”栏内。

资产负债表“期末余额”栏应根据相应项目金额的合计数填列，或经过计算、分析后填列。

各项目的内容和填列方法有以下几种方法：一是直接根据科目的期末余额填列；二是根据相关科目及其明细科目的期末余额计算填列；三是特殊科目的期末余额填列。

具体编制方法参见《财政总预算会计制度》。

阅读资料 关于印发《财政总预算会计制度》的通知财库（［2015］192 号）http：//gks. mof. gov. cn/zhengfuxinxi/guizhangzhidu/201510/t20151022_ 1517735. html

二、收入支出表

（一）收入支出表概述

收入支出表，是反映政府财政在某一会计期间各类财政资金收支余情况的报表。收入支出表根据资金性质按照收入、支出、结转结余的构成分类、分项列示。收入支出表按月度和年度编制。

（二）收入支出表格式

收入支出表按照不同类型资金分别列示收支余情况，既能反映全部财政资金收支情况，也能反映某种类型资金的收支余情况，反映的信息更加全面丰富。收入支出表的格式见表 10－2。

表 10－2 **收入支出表**

会财政 02 表

编制单位： 年 月 单位：元

项目	一般公共预算		政府性基金预算		国有资本经营预算		财政专户管理资金		专用基金	
	本月数	本年累计数	本月数	本年累计数	本月数	本年累计数	本月数	本年累计数	本月数	本年累计数
年初结转结余										
收入合计										
本级收入										
其中：来自预算安排的收入	—	—	—	—	—	—	—	—		
补助收入					—	—	—	—	—	—
上解收入					—	—	—	—	—	—
地区间援助收入			—	—	—	—	—	—	—	—
债务收入					—	—	—	—	—	—
债务转贷收入					—	—	—	—	—	—
动用预算稳定调节基金			—	—	—	—	—	—	—	—
调入资金					—	—	—	—	—	—
支出合计										

续表

项目	一般公共预算		政府性基金预算		国有资本经营预算		财政专户管理资金		专用基金	
	本月数	本年累计数	本月数	本年累计数	本月数	本年累计数	本月数	本年累计数	本月数	本年累计数
本级支出										
其中：权责发生制列支							—	—	—	—
预算安排专用基金的支出			—	—	—	—	—	—	—	—
补助支出					—	—	—	—	—	—
上解支出					—	—	—	—	—	—
地区间援助支出			—	—	—	—	—	—	—	—
债务还本支出					—	—	—	—	—	—
债务转贷支出					—	—	—	—	—	—
安排预算稳定调节基金			—	—	—	—	—	—	—	—
调出资金							—	—	—	—
结余转出			—	—	—	—	—	—	—	—
其中：增设预算周转金			—	—	—	—	—	—	—	—
年末结转结余										

注：表中有“－”的部分不必填列。

（三）收入支出表编制方法

1. 本表“本月数”栏反映各项目的本月实际发生数。在编制年度收入支出表时，应将本栏改为“上年数”栏，反映上年度各项目的实际发生数；如果本年度收入支出表规定的各个项目的名称和内容同上年度不一致，应对上年度收入支出表各项目的名称和数字按照本年度的规定进行调整，填入本年度收入支出表的“上年数”栏。本表“本年累计数”栏反映各项目自年初起至报告期末止的累计实际发生数。编制年度收入支出表时，应当将本栏改为“本年数”。

2. 本表“本月数”栏各项目的内容和填列方法。本项目下各栏数额应根据不同类型资金科目相应项目金额的合计数填列，或经过计算、分析后填列。

收入支出表具体编制方法参见《财政总预算会计制度》。

三、预算执行情况表

（一）一般公共预算执行情况表

1. 一般公共预算执行情况表概述。一般公共预算执行情况表是反映政府财政在某一会计期间一般公共预算收支执行结果的报表，按照《政府收支分类科目》中一般公共预算收支科目列示。

一般公共预算执行情况表应当按旬、月度和年度编制。

2. 一般公共预算执行情况表格式。总会计一般公共预算执行情况表的格式见表10－3。

表 10－3　一般公共预算执行情况表

会财政 03－1 表

编制单位：　年　月　旬　单位：元

项　目	本月（旬）数	本年（月）累计数
一般公共预算本级收入		
101　税收收入		
10101 增值税		
1010101 国内增值税		
……		
一般公共预算本级支出		
201 一般公共服务支出		
20101 人大事务		
2010101 行政运行		
……		

3. 一般公共预算执行情况表编制方法。“一般公共预算本级收入”项目及所属各明细项目，应当根据“一般公共预算本级收入”科目及所属各明细科目的本期发生额填列。“一般公共预算本级支出”项目及所属各明细项目，应当根据“一般公共预算本级支出”科目及所属各明细科目的本期发生额填列。

（二）政府性基金预算执行情况表

1. 政府性基金预算执行情况表概述。政府性基金预算执行情况表是反映政府财政在某一会计期间政府性基金预算收支执行结果的报表，按照《政府收支分类科目》中政府性基金预算收支科目列示。政府性基金预算执行情况表应当按旬、月度和年度编制。

2. 政府性基金预算执行情况表格式。政府性基金预算执行情况表的格式见表 10－4。

表 10－4　政府性基金预算执行情况表

会财政 03－2 表

编制单位：　年　月　旬　单位：元

项　目	本月（旬）数	本年（月）累计数
政府性基金预算本级收入		
10301 政府性基金收入		
1030102 农网还贷资金收入		
103010201 中央农网还贷资金收入		
……		

续表

项　　目	本月（旬）数	本年（月）累计数
政府性基金预算本级支出		
206 科学技术支出		
20610 核电站乏燃料处理处置基金支出		
2061001 乏燃料运输		
……		

3. 政府性基金预算执行情况表编制方法。“政府性基金预算本级收入”项目及所属各明细项目，应当根据“政府性基金预算本级收入”科目及所属各明细科目的本期发生额填列。“政府性基金预算本级支出”项目及所属各明细项目，应当根据“政府性基金预算本级支出”科目及所属各明细科目的本期发生额填列。

（三）国有资本经营预算执行情况表

1. 国有资本经营预算执行情况表概述。国有资本经营预算执行情况表是反映政府财政在某一会计期间国有资本经营预算收支执行结果的报表，按照《政府收支分类科目》中国有资本经营预算收支科目列示。国有资本经营预算执行情况表应当按旬、月度和年度编制。

2. 国有资本经营预算执行情况表格式。国有资本经营预算执行情况表的格式见表10－5。

表 10－5　　　　国有资本经营预算执行情况表

会财政 03－3 表

编制单位：　　　　　　　　年　月　旬　　　　　　　　单位：元

项　　目	本月（旬）数	本年（月）累计数
国有资本经营预算本级收入		
10306 国有资本经营收入		
1030601 利润收入		
103060103 烟草企业利润收入		
……		
国有资本经营预算本级支出		
208 社会保障和就业支出		
20804 补充全国社会保障基金		
2080451 国有资本经营预算补充社保基金支出		
……		

3. 国有资本经营预算执行情况表编制方法。“国有资本经营预算本级收入”项目及所属各明细项目，应当根据“国有资本经营预算本级收入”科目及所属各明细科目的本期发生额填列。“国有资本经营预算本级支出”项目及所属各明细项目，应当根据“国有资本经营预算本级支出”科目及所属各明细科目的本期发生额填列。

四、收支情况表

（一）财政专户管理资金收支情况表

1. 财政专户管理资金收支情况表概述。财政专户管理资金收支情况表是反映政府财政在某一会计期间纳入财政专户管理的财政专户管理资金全部收支情况的报表，按照相关政府收支分类科目列示。财政专户管理资金收支情况表应当按月度和年度编制。

2. 财政专户管理资金收支情况表格式。总会计财政专户管理资金收支情况表的格式见表 10－6。

表 10－6　　财政专户管理资金收支情况表

会财政 04 表

编制单位：　　　　年　月　　　　单位：元

项　目	本月数	本年累计数
财政专户管理资金收入		
财政专户管理资金支出		

3. 财政专户管理资金收支情况表编制方法。“财政专户管理资金收入”项目及所属各明细项目，应当根据“财政专户管理资金收入”科目及所属各明细科目的本期发生额填列。“财政专户管理资金支出”项目及所属各明细项目，应当根据“财政专户管理资金支出”科目及所属各明细科目的本期发生额填列。

（二）专用基金收支情况表

1. 专用基金收支情况表概述。专用基金收支情况表是反映政府财政在某一会计期间专用基金全部收支情况的报表，按照不同类型的专用基金分别列示。专用基金收支情况表应当按月度和年度编制。

2. 专用基金收支情况表格式。专用基金收支情况表的格式见表 10－7。

表 10－7　　专用基金收支情况表

会财政 05 表

编制单位：　　　　年　月　　　　单位：元

项　目	本月数	本年累计数
专用基金收入		
粮食风险基金		

续表

项　　目	本月数	本年累计数
……		
专用基金支出		
粮食风险基金		
……		

3. 专用基金收支情况表编制方法。“专用基金收入”项目及所属各明细项目，应当根据“专用基金收入”科目及所属各明细科目的本期发生额填列。“专用基金支出”项目及所属各明细项目，应当根据“专用基金支出”科目及所属各明细科目的本期发生额填列。

五、附注

附注是指对在会计报表中列示项目的文字描述或明细资料，以及对未能在会计报表中列示项目的说明。附注应详细说明报表列示的重要事项以及或有事项，便于报表使用者准确理解。附注应当至少披露下列内容：遵循《总会计制度》的声明；本级政府财政预算执行情况和财务状况的说明；会计报表中列示的重要项目的进一步说明，包括其主要构成、增减变动情况等；或有负债情况的说明；有助于理解和分析会计报表的其他需要说明的事项。

第三节 政府决算报告

一、政府决算报告概念

政府决算报告是综合反映各级政府财政年度预算收支执行结果的文件。政府决算报告的编制主要以收付实现制为基础，以预算会计核算生成的数据为准。总会计年度报表，反映年度预算收支的最终结果和财务状况。

财政总决算是指各级政府依照法律法规和法定程序编制，经同级人大常委会批准的、全面反映各级政府年度预算收支执行结果的综合报告。

现行的财政总决算由中央财政决算和地方财政总决算构成，与预算体系相适应分别按收入分类和支出功能分类，全面反映政府收支活动，体现了一年来政府活动的范围和方向，是政府收支预算执行的最终结果。财政总决算在改进预算编制、规范预算执行、促进提高预算管理水平等方面发挥了重要作用。

二、政府决算报告内容

政府决算报告应当包括决算报表和其他应当在决算报告中反映的相关信息和资料。政府决算报告的具体内容及编制要求等由财政部规定。

（一）决算报表组成

各级政府财政部门编制的决算报表一般包括：

1. 反映一般公共预算执行情况报表。一般公共预算收入决算表、一般公共预算支出决算表、本级一般公共预算收入决算表、本级一般公共预算支出决算表、本级一般公共预算支出决算功能分类明细表、本级一般公共预算支出经济分类决算表（试编）、本级一般公共预算基本支出经济分类决算表（试编）、本级一般公共预算对设区市税收返还和转移支付决算表、本级“三公”经费公共财政拨款支出情况表。

2. 反映政府性基金预算执行情况报表。政府性基金预算收入决算表、政府性基金预算支出决算表、本级政府性基金预算收入决算表、本级政府性基金预算支出决算表、本级政府性基金对设区市转移支付决算表。

3. 反映国有资本经营预算执行情况报表。国有资本经营预算收入决算表、国有资本经营预算支出决算表本级国有资本经营预算收入决算表、本级国有资本经营预算支出决算表。

（二）政府决算报告说明和分析

财政决算执行情况说明或预算执行情况报告。根据各级金库报表和各级总会计报表编制并逐级汇总而成，包括预算收支执行情况报表和文字分析两部分，主要反映各财政收支项目本旬（月）及累计发生数、完成预算进度及增减变化情况等，同时对执行情况进行分析说明，对后期财政收入走势进行预计并提出有关建议。预算执行情况报告是有关部门和领导进行财政经济决策的重要参考依据。

各级政府财政编制决算说明和决算分析报告，向上级政府财政汇报决算编审工作情况，进行上下级政府财政之间的财政体制结算以及财政总决算的文件归档工作。

各级政府财政应将汇总编制的本级决算草案及时报本级政府审定。各级政府财政应按照上级政府财政部门的要求，将经本级人民政府审定的本行政区域决算草案逐级及时报送备案。计划单列市的财政决算，除按规定报送财政部外，应按所在省的规定报所在省。

具体的决算编审工作，按照财政决算管理部门的相关规定执行。

第四节 政府综合财务报告

一、政府财务报告内容

政府财务报告是反映政府会计主体某一特定日期的财务状况和某一会计期间的运行情

况和现金流量等信息的文件。政府财务报告应当包括财务报表和其他应当在财务报告中披露的相关信息和资料。政府财务报告包括政府综合财务报告和政府部门财务报告。

政府部门财务报告具体内容参见第十七章和第二十一章相关内容。

二、政府综合财务报告

政府综合财务报告由政府财政部门编制，以权责发生制为基础，主要反映政府整体财务状况、运行情况和财政中长期可持续性等信息，内容包括财务报表、政府财政经济分析和政府财政财务管理情况。

政府综合财务报告可以全面反映政府资产负债、收入费用、运行成本、现金流量等财务信息。可作为考核地方政府绩效、开展地方政府信用评级、评估预警地方政府债务风险、编制全国和地方资产负债表以及制定财政中长期规划和其他相关规划的重要依据。

阅读资料 关于印发《政府财务报告编制办法（试行）》的通知财库（［2015］212 号）http：//gks. mof. gov. cn/zhengfuxinxi/guizhangzhidu/201512/t20151210_ 1608262. html

阅读资料 关于修订印发《政府综合财务报告编制操作指南（试行）》的通知财库（〔2018〕30 号）http：//gks. mof. gov. cn/zhengfuxinxi/guizhangzhidu/201803/t20180309_ 2833880. html

三、政府综合财务报告内容

政府综合财务报告应当包括会计报表、报表附注、财政经济分析、政府财政财务管理情况等。

（一）财务报表

财务报表是对政府会计主体财务状况、运行情况和现金流量等信息的结构性表述。财务报表包括会计报表和报表附注。

1. 会计报表。会计报表包括资产负债表、收入费用表和当期盈余与预算结余差异表等。政府财政应当根据相关规定编制合并财务报表。

（1）资产负债表是反映政府会计主体在某一特定日期的财务状况的报表。资产负债表重点反映政府整体年末财务状况。资产负债表应当按照资产、负债和净资产分类分项列示。其中，资产应当按照流动性分类分项列示，包括流动资产、非流动资产等；负债应当按照流动性分类分项列示，包括流动负债、非流动负债等。

（2）收入费用表是反映政府会计主体在一定会计期间运行情况的报表。

收入费用表重点反映政府整体年度运行情况。收入费用表应当按照收入、费用和盈余分类分项列示。

（3）当期盈余与预算结余差异表重点反映政府整体权责发生制基础当期盈余与现行会计制度下当期预算结余之间的差异。

现金流量表是反映政府会计主体在一定会计期间现金及现金等价物流入和流出情况的报表。

2. 报表附注。附注是对在资产负债表、收入费用表、现金流量表等报表中列示项目所作的进一步说明，以及对未能在这些报表中列示项目的说明。报表附注重点对会计报表作进一步解释说明，重点对会计报表涵盖的主体范围、重要会计政策和会计估计、会计报表中的重要项目、或有和承诺事项及未在报表中列示的重大项目等作进一步解释说明。

报表格式详见《政府综合财务报告编制操作指南（试行）》。

（二）政府财政经济分析

政府财政经济分析以财务报表为依据，结合国民经济形势，对政府财务状况、运行情况，以及财政中长期可持续性等内容进行分析。

（三）政府财政财务管理情况

政府财政财务管理情况，主要反映政府财政财务管理的政策要求、主要措施和取得成效等。

四、政府综合财务报告编制要求

（一）政府综合财务报告编制基础

政府财务报告的编制主要以权责发生制为基础，以财务会计核算生成的数据为准。

政府财政部门应当以总会计报表、农业综合开发资金会计报表、部门财务报表、土地储备资金财务报表、物资储备资金会计报表等为基础编制政府综合财务报表。

政府财政部门应当严格按照相关财政管理制度以及会计制度规定，全面清查核实财政部门代表政府管理的资产负债等，做到账实相符、账证相符、账账相符、账表相符。

会计账簿相关数据不符合权责发生制原则的，应当提取数据后按照相关报告标准进行调整，数据调整应当符合重要性原则，并编制调整分录。

（二）编制抵销分录

政府财政部门应当对本级总会计报表、农业综合开发资金会计报表、部门财务报表、土地储备资金财务报表、物资储备资金会计报表等进行合并，编制本级政府综合财务报表。

对于未在总会计报表中反映的政府股权投资、投资收益等，暂按权益法从国有企业财务会计决算报表中取得相关数据纳入政府综合财务报表。

编制本级政府综合财务报表时，经确认后，应当对上述被合并报表之间经济业务或事项进行抵销，并编制抵销分录，在此基础上分项加总财务报表项目。县级以上政府财政部门要合并汇总本级政府综合财务报表和下级政府综合财务报表，编制本行政区政府综合财务报表。

五、政府综合会计报表编制

政府综合会计报表属于合并会计报表，在汇总本级政府各部门财务报表、总会计报表、农业综合开发资金会计报表、土地储备资金财务报表、物资储备资金会计报表等被合并主体报表基础上，采用抵销、调整等方法合并编制形成。其中，抵销是指对本级政府各部门之间、政府财政与部门之间的经济业务或事项进行抵销；调整是指按照权责发生制原则将被合并主体报表中的收入和支出，调整为应归属于当期的收入和费用。

（一）政府综合会计报表的数据来源

编制政府综合会计报表的数据主要来源于以下报表：政府部门财务报表、总会计报表、农业综合开发资金会计报表、土地储备资金财务报表、物资储备资金会计报表、政府持有股权的企业财务会计决算报表。上述前五类报表称为被合并主体报表，政府持有股权的企业财务会计决算报表称为权益报表。

（二）资产负债表和收入费用表编制

资产负债表和收入费用表采用汇总工作表方式，按照规定步骤编制形成。汇总工作表属于工作底稿。

汇总工作表格式详见《政府综合财务报告编制操作指南（试行）》附2。

（三）当期盈余与预算结余差异表编制

具体编制方法参见《政府综合财务报告编制操作指南（试行）》。

【思考题】

1. 新《制度》在会计报表体系设计方面有什么特点？
2. 简述政府财政部门年终清理结算的主要事项。
3. 本级总会计会计报表“七表一注”（两张主表、三张预算执行情况表、两张收支情况表）格式及其编制方法。
4. 简述政府综合财务报告主要内容。

第二篇　政府会计实务（下）：行政事业单位会计实务

第十一章 单位会计概述

学习目标

- □ 了解行政事业单位及其构成
- □ 熟悉行政事业单位会计概念及适用范围，熟悉单位的会计目标、会计要素的确认、计量
- □ 掌握行政事业单位会计核算模式，掌握单位会计科目

第一节 单位会计的概念

一、行政事业单位概念和构成

行政事业单位，是指各级党的机关、人大机关、行政机关、政协机关、审判机关、检察机关、监察机关、各民主党派机关、人民团体和事业单位（以下统称单位）。按部门主要职责、内设机构和人员编制规定分为行政单位（亦称行政机关）和事业单位。

（一）行政单位界定

行政单位，是指进行国家行政管理，组织经济和文化建设，维护社会公共秩序的单位。行政单位具有行政编制、由国家财政供养、行使管理国家职能等特征。包括中共中央、全国人大、国务院、全国政协、最高法院、最高检察院、监察委员会及中央和国家机关各部门，各级地方党委、人大、政府、政协、法院、检察院、监察委员会及其直属各部门等。具体包括：

1. 国家权力机关，即各级人大及其所属办事机构。比如全国人大常委会办公厅、地

方各级人大常委会；

2. 国家行政机关，即各级人民政府及其所属机构。比如国务院（中央人民政府）、省市人民政府；

3. 司法与检察机关，包括各级人民法院与人民检察院。比如最高人民法院、最高人民检察院。

4. 监察机关，包括国家监察委员会和地方各级监察委员会。如国家、省、市、县监察委员会。

5. 参照公务员管理单位。《中华人民共和国公务员法》规定，法律、法规授权的具有公共事务管理职能的事业单位中除工勤人员以外的工作人员，经批准参照公务员法进行管理。

此外，总工会、团委、妇联、科协、侨联、社科联、残联、红十字会等人民团体和群众团体机关属于参照公务员法管理单位。

按照预算管理权限和所属预算级次，行政单位预算管理分为下列级次：（1）向同级财政部门申报预算的单位，为一级预算单位；（2）向上一级预算单位申报预算并有下级预算单位的单位，为二级预算单位；（3）向上一级预算单位申报预算，且没有下级预算单位的单位，为基层预算单位。一级预算单位有下级预算单位的，为主管预算单位。

（二）事业单位界定

事业单位，是指国家为了社会公益目的，由国家机关举办或者其他组织利用国有资产举办的，从事教育、科技、文化、卫生等活动的社会服务组织。事业单位受国家机关领导，不具有社会生产职能和国家管理职能，直接地或间接地为上层建筑、经济建设和人民生活服务的单位。事业单位是经济社会发展中提供公益服务的主要载体，是我国社会主义现代化建设的重要力量，在促进经济社会发展、推动社会进步和改善人民群众生活方面发挥着重要作用。

事业单位的构成划分有以下几种：

1. 按照社会功能划分。事业单位按照社会功能划分为承担行政职能、从事生产经营活动、从事公益服务三大类别。同时，根据职责任务、服务对象和资源配置方式等情况，将从事公益服务的单位细分为公益一类和公益二类，公益一类主要承担基本公益服务，公益二类主要承担一般性公益服务。

按照国家政策和以事定费的原则，对不同类型事业单位实行不同的财政支持办法。公益一类给予经费保障，公益二类给予经费补助，并通过政府购买服务等方式予以支持。随着事业单位改制深入，将逐步取消承担行政职能、从事生产经营活动的事业单位，只有从事公益服务的事业单位。

2. 按行业划分。事业单位按行业划分，包括教育、科研、文化、卫生、体育、新闻出版、广播电视、社会福利、救助减灾、统计调查、技术推广与实验、公用设施管理、物资仓储、监测、勘探与勘察、测绘、检验检测与鉴定、法律服务、资源管理事务、质量技术监督事务、经济监督事务、知识产权事务、公证与认证、信息与咨询、人才交流、就业服务、机关后勤服务等20多个行业。

二、单位会计概念和适用范围

行政事业单位会计，简称政府单位会计或单位会计，是行政事业单位（以下简称单位）核算、反映和监督单位财务状况和预算执行情况（预算执行过程及其结果）的专业会计。单位会计包括行政事业单位财务会计（简称财务会计）和行政事业单位预算会计（简称预算会计）。单位会计是政府会计的重要组成部分。

2017 年 10 月 24 日，财政部印发了《政府会计制度——行政事业单位会计科目和报表》（财会〔2017〕25 号，以下简称《单位会计制度》），自 2019 年 1 月 1 日起施行，鼓励行政事业单位提前执行。单位会计在科目设置、科目和报表项目说明中，一般情况下，不再区分行政和事业单位，也不再区分行业事业单位；在核算内容方面，基本保留了现行各项制度中的通用业务和事项，同时根据改革需要增加各级各类行政事业单位的共性业务和事项；在会计政策方面，对同类业务尽可能做出同样的处理规定。

从行政事业单位通用或共性业务会计处理，以及单位财务报告信息和决算报告信息的可比性出发，归并统一现行行政单位、事业单位和各项行业事业单位会计制度。《单位会计制度》适用于各级各类行政单位和事业单位。在会计科目设置及会计报表格式上，一般情况下，不再区分行政和事业单位，也不再区分行业事业单位，在具体表述上统一为“单位”。

纳入企业财务管理体系执行《企业会计准则》或《小企业会计准则》的单位，不执行单位会计制度。单位会计制度尚未规范的有关行业事业单位的特殊经济业务或事项的会计处理，由财政部另行规定。

第二节 单位会计核算模式

单位会计实行“财务会计和预算会计适度分离并相互衔接”的会计核算模式。

一、财务会计和预算会计适度分离

“适度分离”，是指适度分离政府预算会计和财务会计功能，决算报告和财务报告功能，全面反映政府会计主体的预算执行信息和财务信息。主要体现在以下几个方面：

（一）“双功能”

单位会计由预算会计和财务会计构成。在同一会计核算系统中实现财务会计和预算会计双重功能，**财务管理主要依赖财务会计**，通过资产、负债、净资产、收入、费用五个要素进行财务会计核算，**政府预算管理主要依赖预算会计**，通过预算收入、预算支出和预算结余三个要素进行预算会计核算。

1. 强化财务会计功能。在财务会计核算中全面引入了权责发生制，在会计科目设置和账务处理说明中强化财务会计功能，如增加了收入和费用两个财务会计要素的核算内容，并原则上要求按照权责发生制进行核算；增加了应收款项和应付款项的核算内容，对长期股权投资采用权益法核算，确认自行开发形成的无形资产的成本，要求对固定资产、公共基础设施、保障性住房和无形资产计提折旧或摊销，引入坏账准备等减值概念，确认预计负债、待摊费用和预提费用等。在政府会计核算中强化财务会计功能，对于科学编制权责发生制政府财务报告、准确反映单位财务状况和运行成本等情况具有重要的意义。

2. 完善预算会计功能。进一步完善预算会计功能，对预算会计科目及其核算内容进行了调整和优化。

（1）**在核算内容上**，预算会计仅需核算预算收入、预算支出和预算结余。在核算基础上，预算会计除按《预算法》要求的权责发生制事项外，均采用收付实现制核算，有利于避免现在制度下存在的虚列预算收支的问题。

（2）**在核算范围上**，为了体现新《预算法》的精神（全口径预算）和部门综合预算的要求，将依法纳入部门预算管理的现金收支均纳入预算会计核算范围，如增设了债务预算收入、债务还本支出、投资支出等。

调整完善后的预算会计，能够更好地贯彻落实《预算法》的相关规定，更加准确反映部门和单位预算收支情况，更加满足部门、单位预算和决算管理的需要。

单位会计核算具备财务会计与预算会计双重功能，实现财务会计与预算会计适度分离并相互衔接，全面、清晰反映单位财务信息和预算执行信息。

（二）“双基础”

单位会计核算采用“双基础”，即财务会计核算实行权责发生制；预算会计核算实行收付实现制，国务院另有规定的，依照其规定。

财务会计一般采用权责发生制，但对于财政拨款收入，则按照收付实现制核算；预算会计一般采用收付实现制，但考虑到部门预算管理相关要求，并兼顾实务工作需要，**对于部分业务采用了权责发生制的处理：一是**财政应返还额度，主要针对国库集中支付下当年未支而需结转下一年度支付的用款或支付额度；**二是**应以同级财政拨款支付的质量保证金；**三是**从预算收入中计提的专用基金。这是兼顾了当前实际情况和长远改革方向的制度安排，使得政府会计核算既能反映预算收支等预算管理所需流量信息，又能反映资产、负债、运行成本等财务管理所需存量信息。

（三）“双报告”

单位会计采用“双报告”，即单位应当同时编制决算报告和财务报告，并且明确了两种报告的内容和信息使用者范围。通过财务会计核算形成财务报告，通过预算会计核算形成决算报告。决算报告和财务报告相互补充，全面、清晰反映单位预算执行信息和财务信息。

二、财务会计和预算会计相互衔接

“相互衔接”，是指在同一会计核算系统中预算会计要素和相关财务会计要素相互协调，决算报告和财务报告相互补充，共同反映单位的预算执行信息和财务信息。主要体现在：

（一）对纳入部门预算管理的现金收支进行“平行记账”

为了满足单位在一个会计信息系统中同时进行财务会计和预算会计核算的需要，**采用**

财务会计和预算会计“平行记账”核算模式，即对于纳入部门预算管理的现金收支业务，在进行财务会计核算的同时也应当进行预算会计核算。对于其他业务，仅需要进行财务会计核算。此处的“现金”指现金及现金等价物，包括国库直接支付的财政拨款资金、国库授权支付的零余额账户用款额度、银行存款、库存现金及其他货币资金。

一般情况下，对于财务会计下“财政拨款收入”“零余额账户用款额度”“库存现金”“银行存款”和“其他货币资金”科目发生增减变动时，在预算会计下应同时进行会计处理。例如，单位通过授权支付方式购买固定资产时，在财务会计下，借记“固定资产”科目，贷记“零余额账户用款额度”科目；同时，在预算会计下，借记相关支出类科目，贷记“资金结存”相关明细科目。固定资产后续计量仅需要进行财务会计处理，如计提折旧时，借记相关费用科目，贷记“累计折旧”科目。

但是，对于不属于预算收支的现金收支，如应当上缴国库或财政专户的款项、应当转拨其他单位的款项、受托代理的款项等，收到或支付时仅作财务会计核算，不需要进行预算会计核算。如行政单位依法取得的应当上缴财政的罚没收入、行政事业性收费、政府性基金、国有资产处置和出租出借收入等，不属于行政单位的预算收入。

“平行记账”是政府财务会计和预算会计功能适度分离又相互衔接核算模式的典型特征，相对于原行政事业单位会计制度中“双分录”核算模式，更能全面准确反映行政事业单位的财务信息和预算执行信息。

【例 11－1】单位从开户银行提现 20 000 元。

财务会计		预算会计
借：库存现金	20 000	——
贷：银行存款等	20 000	——

该例中提现 20 000 元，虽然属于现金收支业务，但从预算会计角度分析，纳入预算管理的现金未流出单位，两者都属于“资金结存——货币资金”，无须进行账务处理。

【例 11－2】单位职工张某出差等借出现金 10 000 元。

财务会计		预算会计
借：其他应收款——张某	10 000	——
贷：库存现金	10 000	——

该例中单位职工出差借支 10 000 元，虽然属于现金收支业务，但从预算会计角度分析，单位并没有发生纳入预算管理的现金流出，无须进行账务处理。

【例 11－3】单位职工张某报销差旅费 8 000 元，收回现金 2 000 元。

财务会计		预算会计	
借：业务活动费用/单位管理费用等	8 000	借：行政支出/事业支出等	8 000
库存现金	2 000	贷：资金结存——货币资金	8 000
贷：其他应收款——张某	10 000		

该例中单位张某报销差旅费 8 000 元，纳入部门预算管理的现金收支业务，在进行财务会计核算的同时也应当进行预算会计核算。导致单位净资产减少的、含有服务潜力或者经济利益的经济资源的流出，财务会计应确认为费用；同时，在预算年度内依法发生并纳入预算管理的现金流出，预算会计应确认为预算支出。

【例 11－4】事业单位以银行存款取得短期投资 100 万元。

财务会计		预算会计	
借：短期投资	1 000 000	借：投资支出	1 000 000
贷：银行存款	1 000 000	贷：资金结存——货币资金	1 000 000

该例中事业单位取得短期投资 100 万元，报告期内并没有导致事业单位净资产减少的、含有服务潜力或者经济利益的经济资源的流出，但预期能够**产生服务潜力**或者**带来经济利益流入**的经济资源，所以财务会计不确认为费用，而是资产；在预算年度内依法发生并纳入预算管理的现金流出，预算会计列作预算支出。

【例 11－5】事业单位从银行借入短期借款 500 万元。

财务会计		预算会计	
借：银行存款	5 000 000	借：资金结存——货币资金	5 000 000
贷：短期借款	5 000 000	贷：债务预算收入	5 000 000

例中事业单位借入短期借款 500 万元，该经济业务或者事项形成的，预期会导致经济资源流出事业单位的现时义务，但并不导致事业单位净资产增加的、含有服务潜力或者经济利益的经济资源的流入，财务会计应确认为负债，不能确认为收入；在预算年度内依法取得的并纳入预算管理的现金流入，预算会计应确认为预算收入。

单位进行“平行记账”核算时，可参照《政府会计制度》中的附录——主要业务和事项账务处理举例。附录采用列表方式，以政府会计制度中规定的会计科目使用说明为依据，按照会计科目顺序对单位通用业务或共性业务和事项的账务处理进行了举例说明。在举例说明时，对同一项业务或事项，在表格中列出财务会计分录的同时，平行列出相对应的预算会计分录（如果有）。

通过对经济业务和事项举例说明，充分反映政府会计制度所要求的财务会计和预算会计“平行记账”的核算要求，便于会计人员学习和理解政府会计 8 要素的记账规则，也有利于单位会计核算信息系统的开发或升级改造。

阅读资料 关于印发《政府会计制度——行政事业单位会计科目和报表》的通知（财会〔2017〕25 号 附录：主要业务和事项账务处理举例 http：//kjs. mof. gov. cn/zhengwuxinxi/zhengcefabu/201711/t20171109_ 2746877. html

（二）财务报表与预算会计报表之间存在勾稽关系

通过编制“本期预算结余与本期盈余差异调节表”并在附注中进行披露，反映单位财务会计和预算会计因核算基础、核算范围不同所产生的本年盈余数（即本期收入与费用之间的差额）与本年预算结余数（本年预算收入与预算支出的差额）之间的差异，和本期其他净资产变动数之间的调整过程，从而揭示财务会计和预算会计的内在联系。

这种适度分离并相互衔接的会计核算模式兼顾了现行部门决算报告制度的需要，又能满足部门编制权责发生制财务报告的要求，并且避免了部门和单位采用两套会计信息系统进行核算的复杂性，使公共资金管理中预算管理、财务管理和绩效管理相互联结、融合，全面提高管理水平和资金使用效率，对于规范政府会计行为，夯实政府会计主体预算和财务管理基础，强化政府绩效管理具有深远的影响。

第三节 单位会计要素和会计科目

一、单位会计要素

单位会计要素包括财务会计要素和预算会计要素。单位会计设置“5＋3”会计要素模式，即财务会计要素包括资产、负债、净资产、收入和费用5个会计要素；预算会计要素包括预算收入、预算支出和预算结余3个会计要素。

在同一会计核算系统中实现财务会计和预算会计“双重功能”，通过资产、负债、净资产、收入、费用5个要素进行财务会计核算，**会计恒等式为“收入－费用＝本期盈余”和“资产－负债＝净资产”。**

通过预算收入、预算支出和预算结余3个要素进行预算会计核算，**会计恒等式为“预算收入－预算支出＝预算结余”。**

在同一会计核算系统中政府预算会计要素和相关财务会计要素相互协调。

二、单位会计科目

单位会计制度有机整合了行政单位会计制度、事业单位会计制度和医院、基层医疗卫生机构、高等学校、中小学校、科学事业单位、彩票机构、地勘单位、测绘单位、林业（苗圃）等行业事业单位会计制度的内容。**在科目设置、科目和报表项目说明中，一般情况下，不再区分行政和事业单位，也不再区分行业事业单位；考虑到行政、事业单位在部分业务内容上的差别，单位会计制度在部分科目说明中也适当区分了行政和事业单位，如专用基金、经营结余、对外投资、投资收益等会计科目仅适用于事业单位。**

《单位会计制度》列出了单位财务会计和预算会计两类科目表，共计103个一级会计科目，其中，财务会计下资产、负债、净资产、收入和费用5个要素共77个一级科目。除了行政单位专用科目“应付政府补贴款”科目外，事业单位使用76个一级科目，行政单位使用52个一级科目。

预算会计下预算收入、预算支出和预算结余3个要素共26个一级科目。除了行政单位专用科目“行政支出”科目外，事业单位使用25个一级科目，行政单位使用11个一级科目。

《单位会计制度》对103个一级会计科目的核算内容、明细核算要求、主要账务处理等进行详细规定。单位会计科目名称和编号见表11－1。

表11－1　　会计科目名称和编号

序号	科目编号	科目名称
一、财务会计科目		
（一）资产类		
1	1001	库存现金
2	1002	银行存款
3	1011	零余额账户用款额度
4	1021	其他货币资金
5	1101	短期投资
6	1201	财政应返还额度
7	1211	应收票据
8	1212	应收账款
9	1214	预付账款
10	1215	应收股利
11	1216	应收利息
12	1218	其他应收款
13	1219	坏账准备
14	1301	在途物品
15	1302	库存物品
16	1303	加工物品
17	1401	待摊费用
18	1501	长期股权投资
19	1502	长期债券投资
20	1601	固定资产
21	1602	固定资产累计折旧
22	1611	工程物资
23	1613	在建工程
24	1701	无形资产
25	1702	无形资产累计摊销
26	1703	研发支出
27	1801	公共基础设施
28	1802	公共基础设施累计折旧（摊销）
29	1811	政府储备物资

续表

序号	科目编号	科目名称
30	1821	文物文化资产
31	1831	保障性住房
32	1832	保障性住房累计折旧
33	1891	受托代理资产
34	1901	长期待摊费用
35	1902	待处理财产损溢
（二）负债类		
36	2001	短期借款
37	2101	应交增值税
38	2102	其他应交税费
39	2103	应缴财政款
40	2201	应付职工薪酬
41	2301	应付票据
42	2302	应付账款
43	2303	应付政府补贴款
44	2304	应付利息
45	2305	预收账款
46	2307	其他应付款
47	2401	预提费用
48	2501	长期借款
49	2502	长期应付款
50	2601	预计负债
51	2901	受托代理负债
（三）净资产类		
52	3001	累计盈余
53	3101	专用基金
54	3201	权益法调整
55	3301	本期盈余
56	3302	本年盈余分配
57	3401	无偿调拨净资产
58	3501	以前年度盈余调整
（四）收入类		
59	4001	财政拨款收入
60	4101	事业收入
61	4201	上级补助收入

续表

序号	科目编号	科目名称
62	4301	附属单位上缴收入
63	4401	经营收入
64	4601	非同级财政拨款收入
65	4602	投资收益
66	4603	捐赠收入
67	4604	利息收入
68	4605	租金收入
69	4609	其他收入
（五）费用类		
70	5001	业务活动费用
71	5101	单位管理费用
72	5201	经营费用
73	5301	资产处置费用
74	5401	上缴上级费用
75	5501	对附属单位补助费用
76	5801	所得税费用
77	5901	其他费用
二、预算会计科目		
（一）预算收入类		
1	6001	财政拨款预算收入
2	6101	事业预算收入
3	6201	上级补助预算收入
4	6301	附属单位上缴预算收入
5	6401	经营预算收入
6	6501	债务预算收入
7	6601	非同级财政拨款预算收入
8	6602	投资预算收益
9	6609	其他预算收入
（二）预算支出类		
10	7101	行政支出
11	7201	事业支出
12	7301	经营支出
13	7401	上缴上级支出
14	7501	对附属单位补助支出
15	7601	投资支出

续表

序号	科目编号	科目名称
16	7701	债务还本支出
17	7901	其他支出
（三）预算结余类		
18	8001	资金结存
19	8101	财政拨款结转
20	8102	财政拨款结余
21	8201	非财政拨款结转
22	8202	非财政拨款结余
23	8301	专用结余
24	8401	经营结余
25	8501	其他结余
26	8701	非财政拨款结余分配

单位应按照下列规定使用会计科目：

（1）单位应当按照单位会计制度的规定设置和使用会计科目。在不影响会计处理和编制报表的前提下，单位可以根据实际情况自行增设或减少某些会计科目。

（2）单位应当执行单位会计制度统一规定的会计科目编号，以便于填制会计凭证、登记账簿、查阅账目，实行会计信息化管理。

（3）单位在填制会计凭证、登记会计账簿时，应当填列会计科目的名称，或者同时填列会计科目的名称和编号，不得只填列会计科目编号、不填列会计科目名称。

（4）单位设置明细科目或进行明细核算，除遵循单位会计制度规定外，还应当满足权责发生制政府部门财务报告和政府综合财务报告编制的其他需要。

第四节 单位会计报表

单位会计应当同时编制决算报告和财务报告，通过财务会计核算形成财务报告，通过预算会计核算形成决算报告。

一、单位会计报表概述

（一）单位会计报表体系

1. 单位会计报表体系构成。单位会计报表体系由“**七表一注**”构成，分为预算会计报表和财务报表两大类。

“预算会计报表”由预算收入表、预算结转结余变动表和财政拨款预算收入支出表组成，是编制部门决算报告的基础。

“财务报表”由会计报表及其附注构成，会计报表一般包括资产负债表、收入费用表、净资产变动表和现金流量表组成，其中，单位可根据实际情况自行选择编制现金流量表。会计报表是编制部门财务报告的基础。

完善的单位会计报表体系，对于全面反映单位财务信息和预算执行信息，提高部门、单位会计信息的透明度和决策有用性具有重要的意义。

报表序号、名称和编制时间见表 11－2、表 11－3。

表 11－2　　预算会计报表

会政预 01 表	预算收入支出表	年度
会政预 02 表	预算结转结余变动表	年度
会政预 03 表	财政拨款预算收入支出表	年度

表 11－3　　财务报表

会政财 01 表	资产负债表	月度、年度
会政财 02 表	收入费用表	月度、年度
会政财 03 表	净资产变动表	年度
会政财 04 表	现金流量表	年度
	附注	年度

2. 财务报表与预算会计报表关系。财务报表与预算会计报表之间存在**勾稽关系。通过编制“净资产变动表”并在附注中进行披露，反映单位财务会计和预算会计因核算基础和核算范围不同所产生的“本年盈余数”（即本期收入与费用之间的差额）与“本年预算结余数”（本年预算收入与预算支出的差额）之间的差异，从而揭示财务会计和预算会计的内在联系**。

（二）单位会计报表编制要求

单位应当按照下列规定编制财务报表和预算会计报表：

1. 财务报表的编制主要以权责发生制为基础，以单位财务会计核算生成的数据为准；预算会计报表的编制主要以收付实现制为基础，以单位预算会计核算生成的数据为准。

2. 单位应当至少按照年度编制财务报表和预算会计报表。

3. 单位应当根据单位会计制度规定编制真实、完整的财务报表和预算会计报表，不得违反单位会计制度规定随意改变财务报表和预算会计报表的编制基础、编制依据、编制原则和方法，不得随意改变单位会计制度规定的财务报表和预算会计报表有关数据的会计口径。

4. 财务报表和预算会计报表应当根据登记完整、核对无误的账簿记录和其他有关资料编制，做到数字真实、计算准确、内容完整、编报及时。

5. 财务报表和预算会计报表应当由单位负责人和主管会计工作的负责人、会计机构负责人（会计主管人员）签名并盖章。

单位财务报表和预算会计报表格式和编制方法详见第十七章和第二十一章内容。

二、部门决算报告

部门决算报告，是指全面反映各部门（单位）年度预算执行情况的综合财务报告。决算报告应当包括决算报表和其他应当在决算报告中反映的相关信息和资料。部门决算数据是分析预测社会事业发展和编制部门预算的重要依据。预算会计报表是编制部门决算报表的基础。

通过对决算数据进行深入分析，能够揭示单位年度预算执行情况及财务管理和会计核算方面的问题，从而加强和改进财政财务管理。

我国部门决算编审工作不断改进和完善，已将预算单位的所有收支及资产负债情况纳入部门决算编报范围，并形成了一套比较完善的部门决算报表体系和编审工作流程。部门决算工作的目标是建立部门决算与部门预算相互反映、相互促进的有效机制，形成“预算——决算——预算”的预算管理制约机制。

三、部门（单位）财务报告

政府部门财务报告，是指政府各部门、各单位按规定编制的财务报告。主要反映本部门财务状况、运行情况等，为加强政府部门资产负债管理、预算管理、绩效管理等提供信息支撑。

各单位应在政府会计准则体系和政府财务报告制度框架体系内，按时编制以资产负债表、收入费用表等财务报表为主要内容的财务报告。各部门应合并本部门所属单位的财务报表，编制部门财务报告。单位财务会计报表是编制部门财务报告的基础。

政府部门决算报告和财务报告的具体内容详见本书其他章节内容。

【思考题】

1. 简述单位会计的概念和适用范围。
2. 简述单位会计的会计核算模式。
3. 简述单位会计要素及其确认、计量。
4. 简述单位会计报表体系构成。

第一部分　行政事业单位会计实务：单位财务会计实务

第十二章 单位资产

学习目标

- □ 了解单位资产的概念和内容
- □ 熟悉单位资产的科目
- □ 掌握单位各种资产的确认、计量和核算

第一节 资产概述

一、资产概念和内容

资产，是指单位过去的经济业务或者事项形成的，由单位控制的，预期能够产生服务潜力或者带来经济利益流入的经济资源。服务潜力是指单位利用资产提供公共产品和服务以履行政府职能的潜在能力。经济利益流入表现为现金及现金等价物的流入，或者现金及现金等价物流出的减少。

单位的资产按照流动性，分为流动资产和非流动资产。**流动资产**是指预计在1年内（含1年）耗用或者可以变现的资产，包括货币资金、短期投资、应收及预付款项、存货等。**非流动资产**是指流动资产以外的资产，包括固定资产、在建工程、无形资产、长期投资、公共基础设施、政府储备物资、文物文化资产、保障性住房和自然资源资产等。

单位资产的确认与计量应遵循《政府会计准则》的相关规定。详见第二章内容。

二、资产管理

资产是单位开展业务活动，实现其自身目标不可缺少的保障，单位应当建立健全资产

管理制度，加强和规范资产配置、使用和处置，维护资产安全完整。按照国家有关规定可以对外投资的单位，应当严格控制对外投资，履行相应的审批程序，以保证单位的正常运转和事业的健康发展。

第二节 货币资金

一、货币资金概述

货币资金，是指可以立即投入流通，用以购买商品或劳务，或用以偿还债务的交换媒介物。在流动资产中，货币资金的流动性最强，并且是唯一能够直接转化为其他任何资产形态的流动性资产。为了确保业务活动的正常进行，单位必须拥有一定数量的货币资金，以便购买材料、缴纳税金、发放工资、支付利息及股利或进行投资等。货币资金是单位开展各项业务活动的前提和保障，单位应加强对货币资金的管理，提高货币资金使用效率，确保货币资金的安全。

单位的货币资金一般包括库存现金、银行存款、零余额账户用款额度、其他货币资金等。

二、库存现金

库存现金，是指存放在单位财务部门的现金，主要用于单位的日常零星开支。

（一）科目设置

单位设置“库存现金”科目，核算单位的库存现金。本科目应当设置“受托代理资产”明细科目，核算单位受托代理、代管的现金。本科目期末借方余额，反映单位实际持有的库存现金。

单位应当设置“库存现金日记账”，由出纳人员根据收付款凭证，按照业务发生顺序逐笔登记。每日终了，应当计算当日的现金收入合计数、现金支出合计数和结余数，并将结余数与实际库存数相核对，做到账款相符。现金收入业务繁多、单独设有收款部门的单位，收款部门的收款员应当将每天所收现金连同收款凭据一并交财务部门核收记账，或者将每天所收现金直接送存开户银行后，将收款凭据及向银行送存现金的凭证等一并交财务部门核收记账。

单位有外币现金的，应当分别按照人民币、外币种类设置“库存现金日记账”进行明细核算。有关外币现金业务的账务处理参见“银行存款”科目的相关规定。

（二）核算实务

业务1：从银行等金融机构提取现金，按照实际提取的金额，借记本科目，贷记“银行存款”科目；将现金存入银行等金融机构，按照实际存入金额，借记“银行存款”科目，贷记本科目。根据规定从单位零余额账户提取现金，按照实际提取的金额，借记本科目，贷记“零余额账户用款额度”科目。将现金退回单位零余额账户，按照实际退回的金额，借记“零余额账户用款额度”科目，贷记本科目。

业务2：因内部职工出差等原因借出的现金，按照实际借出的现金金额，借记“其他应收款”科目，贷记本科目。出差人员报销差旅费时，按照实际报销的金额，借记“业务活动费用”“单位管理费用”等科目，按照实际借出的现金金额，贷记“其他应收款”科目，按照其差额，借记或贷记本科目。

业务3：因提供服务、物品或者其他事项收到现金，按照实际收到的金额，借记本科目，贷记“事业收入”“应收账款”等相关科目。

业务4：因购买服务、物品或者其他事项支付现金，按照实际支付的金额，借记“业务活动费用”“单位管理费用”“库存物品”等相关科目，贷记本科目。

以上涉及增值税业务的，相关账务处理参见“应交增值税”科目。

业务5：以库存现金对外捐赠，按照实际捐出的金额，借记“其他费用”科目，贷记本科目。

业务6：收到受托代理、代管的现金，按照实际收到的金额，借记本科目（受托代理资产），贷记“受托代理负债”科目；支付受托代理、代管的现金，按照实际支付的金额，借记“受托代理负债”科目，贷记本科目（受托代理资产）。

业务7：每日账款核对中发现有待查明原因的现金短缺或溢余的，应当通过“待处理财产损溢”科目核算。属于现金溢余，应当按照实际溢余的金额，借记本科目，贷记“待处理财产损溢”科目；属于现金短缺，应当按照实际短缺的金额，借记“待处理财产损溢”科目，贷记本科目。待查明原因后及时进行账务处理，具体内容参见“待处理财产损溢”科目。

【例12－1】某单位发生如下经济业务：

（1）从单位零余额账户提取现金6 000元。

借：库存现金	6 000	
贷：零余额账户用款额度		6 000

（2）以现金1 000元支付业务培训讲课费。

借：业务活动费用	1 000	
贷：库存现金		1 000

（3）处置废旧报刊，取得现金收入300元。

借：库存现金	300	
贷：其他收入		300

（4）职工李某外出参加业务会议预借差旅费3 000元。

借：其他应收款——李某	3 000	
贷：库存现金		3 000

（5）李某出差回来，按规定报销各项费用共计3 300元，差额以现金支付。

借：业务活动费用	3 300	
贷：其他应收款——李某		3 000

库存现金　　300

三、银行存款

银行存款，是指单位存入银行或其他金融机构的各种存款。单位应当严格按照国家有关支付结算办法的规定办理银行存款收支业务，并按照政府会计制度规定核算银行存款的各项收支业务。

（一）科目设置

单位设置“银行存款”科目，核算单位存入银行或者其他金融机构的各种存款。本科目应当设置“受托代理资产”明细科目，核算单位受托代理、代管的银行存款。本科目期末借方余额，反映单位实际存放在银行或其他金融机构的款项。

单位应当按照开户银行或其他金融机构、存款种类及币种等，分别设置“银行存款日记账”，由出纳人员根据收付款凭证，按照业务的发生顺序逐笔登记，每日终了应结出余额。“银行存款日记账”应定期与银行对账单核对，至少每月核对一次。月度终了，单位银行存款日记账账面余额与银行对账单余额之间如有差额，应当逐笔查明原因并进行处理，按月编制“银行存款余额调节表”，调节相符。

（二）核算实务

业务1：将款项存入银行或者其他金融机构，按照实际存入的金额，借记本科目，贷记“库存现金”“应收账款”“事业收入”“经营收入”“其他收入”等相关科目。收到银行存款利息，按照实际收到的金额，借记本科目，贷记“利息收入”科目。

业务2：从银行等金融机构提取现金，按照实际提取的金额，借记“库存现金”科目，贷记本科目。

业务3：以银行存款支付相关费用，按照实际支付的金额，借记“业务活动费用”“单位管理费用”“其他费用”等相关科目，贷记本科目。以银行存款对外捐赠，按照实际捐出的金额，借记“其他费用”科目，贷记本科目。

业务4：收到受托代理、代管的银行存款，按照实际收到的金额，借记本科目（受托代理资产），贷记“受托代理负债”科目；支付受托代理、代管的银行存款，按照实际支付的金额，借记“受托代理负债”科目，贷记本科目（受托代理资产）。

业务5：单位发生外币业务的，应当按照业务发生当日的即期汇率，将外币金额折算为人民币金额记账，并登记外币金额和汇率。

（1）以外币购买物资、设备等，按照购入当日的即期汇率将支付的外币或应支付的外币折算为人民币金额，借记“库存物品”等科目，贷记本科目、“应付账款”等科目的外币账户。

（2）销售物品、提供服务以外币收取相关款项等，按照收入确认当日的即期汇率将收取的外币或应收取的外币折算为人民币金额，借记本科目、“应收账款”等科目的外币账户，贷记“事业收入”等相关科目。

业务6：期末，根据各外币银行存款账户按照期末汇率调整后的人民币余额与原账面人民币余额的差额，作为汇兑损益，借记或贷记本科目，贷记或借记“业务活动费用”“单位管理费用”等科目。

以上业务涉及增值税的，相关账务处理参见“应交增值税”科目。

【例12－2】某事业单位向外国公司提供劳务，取得外币收入16 000美元。当日中国人民银行颁布的人民币汇率为100美元兑换人民币656元。

16 000美元可折合人民币＝16 000×6.56＝104 960（元）

借：银行存款——美元存款　　104 960

　　贷：事业收入　　104 960

四、零余额账户用款额度

零余额账户是财政部门为预算单位开设的，用于反映、核算预算单位实行国库集中支付资金用款额度的收入和支出的专用银行账户，详见第三章内容。

（一）科目设置

单位设置“零余额账户用款额度”科目，核算实行国库集中支付的单位根据财政部门批复的用款计划收到和支用的零余额账户用款额度。本科目期末借方余额，反映单位尚未支用的零余额账户用款额度。年末注销单位零余额账户用款额度后，本科目应无余额。

（二）核算实务

业务1：收到零余额账户用款额度。单位收到“财政授权支付到账通知书”时，根据通知书所列金额，借记本科目，贷记“财政拨款收入”科目。

业务2：支用零余额账户用款额度。

（1）支付日常活动费用时，按照支付的金额，借记“业务活动费用”“单位管理费用”等科目，贷记本科目。

（2）购买库存物品或购建固定资产，按照实际发生的成本，借记“库存物品”“固定资产”“在建工程”等科目，按照实际支付或应付的金额，贷记本科目、“应付账款”等科目。涉及增值税业务的，有关账务处理参见“应交增值税”科目。

业务3：因购货退回等发生财政授权支付额度退回的，按照退回的金额，借记本科目，贷记“库存物品”等科目。

业务4：年末，根据代理银行提供的对账单作注销额度的相关账务处理，借记“财政应返还额度——财政授权支付”科目，贷记本科目。

业务5：年末，单位本年度财政授权支付预算指标数大于零余额账户用款额度下达数的，根据未下达的用款额度，借记“财政应返还额度——财政授权支付”科目，贷记“财政拨款收入”科目。

业务6：下年初，单位根据代理银行提供的上年度注销额度恢复到账通知书作恢复额度的相关账务处理，借记本科目，贷记“财政应返还额度——财政授权支付”科目；收到财政部门批复的上年未下达零余额账户用款额度，借记本科目，贷记“财政应返还额度——财政授权支付”科目。

五、其他货币资金

其他货币资金，是指单位除库存现金、银行存款、零余额账户用款额度以外的各种货币资金，主要包括外埠存款、银行汇票存款、银行本票存款、信用卡存款等。单位应当加强对其他货币资金的管理，及时办理结算，对于逾期尚未办理结算的银行汇票、银行本票等，应当按照规定及时转回。

（一）科目设置

单位设置“其他货币资金”科目，核算单位的外埠存款、银行本票存款、银行汇票存款、信用卡存款等各种其他货币资金。本科目应当设置“外埠存款”“银行本票存款”“银行汇票存款”“信用卡存款”等明细科目，进行明细核算。本科目期末借方余额，反映单位实际持有的其他货币资金。

（二）核算实务

业务1：单位按照有关规定需要在异地开立银行账户，将款项委托本地银行汇往异地开立账户时，借记本科目，贷记“银行存款”科目。收到采购员交来供应单位发票账单等报销凭证时，借记“库存物品”等科目，贷记本科目。将多余的外埠存款转回本地银行时，根据银行的收账通知，借记“银行存款”科目，贷记本科目。

业务2：将款项交存银行取得银行本票、银行汇票，按照取得的银行本票、银行汇票金额，借记本科目，贷记“银行存款”科目。使用银行本票、银行汇票购买库存物品等资产时，按照实际支付金额，借记“库存物品”等科目，贷记本科目。如有余款或因本票、汇票超过付款期等原因而退回款项，按照退款金额，借记“银行存款”科目，贷记本科目。

业务3：将款项交存银行取得信用卡，按照交存金额，借记本科目，贷记“银行存款”科目。用信用卡购物或支付有关费用，按照实际支付金额，借记“单位管理费用”“库存物品”等科目，贷记本科目。单位信用卡在使用过程中，需向其账户续存资金的，按照续存金额，借记本科目，贷记“银行存款”科目。

【例12－3】某单位于5月7日委托开户银行汇往中国工商银行某市分行5万元以开立采购专户。5月12日，收到采购员交来的购货发票，价税合计46 400元（其中，增值税税率16%，税额6 400元）。5月22日，材料验收入库。5月25日，收到开户银行通知，多余的外埠存款已转回开户银行。

（1）开设采购专户时：

借：其他货币资金——外埠存款	50 000	
贷：银行存款		50 000

（2）采购材料时：

借：在途物品	40 000	
应交增值税——应交税金（进项税额）	6 400	
贷：其他货币资金——外埠存款		46 400

（3）材料验收入库时：

借：库存物品	40 000	
贷：在途物品		40 000

（4）多余外埠存款转回开户银行时：

借：银行存款	3 600	
贷：其他货币资金——外埠存款		3 600

第三节 对外投资

一、对外投资概述

（一）对外投资概念

投资，是指事业单位按规定以货币资金、实物资产、无形资产等方式形成的债权或股权投资。投资分为短期投资和长期投资，事业单位应当严格遵守国家法律、法规以及财政部门、主管部门关于对外投资的有关规定。

事业单位应当严格控制对外投资。在保证事业单位正常运转和事业发展的前提下，按照国家有关规定可以对外投资的，应当履行相关审批程序。事业单位不得使用财政拨款及其结余进行对外投资，不得从事股票、期货、基金、事业单位债券等投资，国家另有规定的除外。

（二）短期投资的确认和计量

短期投资在取得时，应当按照实际成本（包括购买价款和相关税费）作为初始投资成本。实际支付价款中包含的已到付息期但尚未领取的利息，应当于收到时冲减短期投资成本。短期投资持有期间的利息，应当于实际收到时确认为投资收益。期末，短期投资应当按照账面余额计量。政府单位按规定出售或到期收回短期投资，应当将收到的价款扣除短期投资账面余额和相关税费后的差额计入投资损益。

（三）长期投资的确认和计量

1. 长期债券投资的确认和计量。长期债券投资在取得时，应当按照实际成本作为初始投资成本。实际支付价款中包含的已到付息期但尚未领取的债券利息，应当单独确认为应收利息，不计入长期债券投资初始投资成本。长期债券投资持有期间，应当按期以票面金额与票面利率计算确认利息收入。对于分期付息、一次还本的长期债券投资，应当将计算确定的应收未收利息确认为应收利息，计入投资收益；对于一次还本付息的长期债券投资，应当将计算确定的应收未收利息计入投资收益，并增加长期债券投资的账面余额。政府单位按规定出售或到期收回长期债券投资，应当将实际收到的价款扣除长期债券投资账面余额和相关税费后的差额计入投资损益。政府单位进行除债券以外的其他债权投资，参照长期债券投资进行会计处理。

2. 长期股权投资的确认和计量。

（1）长期股权投资的初始计量。长期股权投资在取得时，应当按照实际成本作为初始投资成本。

①以支付现金取得的长期股权投资，按照实际支付的全部价款（包括购买价款和相关税费）作为实际成本。实际支付价款中包含的已宣告但尚未发放的现金股利，应当单

独确认为应收股利，不计入长期股权投资初始投资成本。

②以现金以外的其他资产置换取得的长期股权投资，其成本按照换出资产的评估价值加上支付的补价或减去收到的补价，加上换入长期股权投资发生的其他相关支出确定。

③接受捐赠的长期股权投资，其成本按照有关凭据注明的金额加上相关税费确定；没有相关凭据可供取得，但按规定经过资产评估的，其成本按照评估价值加上相关税费确定；没有相关凭据可供取得、也未经资产评估的，其成本比照同类或类似资产的市场价格加上相关税费确定。

④无偿调入的长期股权投资，其成本按照调出方账面价值加上相关税费确定。

（2）长期股权投资的后续计量。长期股权投资在持有期间，通常应当采用权益法进行核算。政府单位无权决定被投资单位的财务和经营政策或无权参与被投资单位的财务和经营政策决策的，应当采用成本法进行核算。**成本法**，是指投资按照投资成本计量的方法。**权益法**，是指投资最初以投资成本计量，以后根据政府单位在被投资单位所享有的所有者权益份额的变动对投资的账面余额进行调整的方法。

在成本法下，长期股权投资的账面余额通常保持不变，但追加或收回投资时，应当相应调整其账面余额。长期股权投资持有期间，被投资单位宣告分派的现金股利或利润，政府单位应当按照宣告分派的现金股利或利润中属于政府单位应享有的份额确认为投资收益。

采用权益法的，按照如下原则进行会计处理。

①政府单位取得长期股权投资后，对于被投资单位所有者权益的变动，应当按照下列规定进行处理，按照应享有或应分担的被投资单位实现的净损益的份额，确认为投资损益，同时调整长期股权投资的账面余额；按照被投资单位宣告分派的现金股利或利润计算应享有的份额，确认为应收股利，同时减少长期股权投资的账面余额；按照被投资单位除净损益和利润分配以外的所有者权益变动的份额，确认为净资产，同时调整长期股权投资的账面余额。

②政府单位确认被投资单位发生的净亏损，应当以长期股权投资的账面余额减记至零为限，政府单位负有承担额外损失义务的除外。被投资单位发生净亏损，但以后年度又实现净利润的，政府单位应当在其收益分享额弥补未确认的亏损分担额等后，恢复确认投资收益。

政府单位因处置部分长期股权投资等原因无权再决定被投资单位的财务和经营政策或者参与被投资单位的财务和经营政策决策的，应当对处置后的剩余股权投资改按成本法核算，并以该剩余股权投资在权益法下的账面余额作为按照成本法核算的初始投资成本。其后，被投资单位宣告分派现金股利或利润时，属于已计入投资账面余额的部分，作为成本法下长期股权投资成本的收回，冲减长期股权投资的账面余额。政府单位因追加投资等原因对长期股权投资的核算从成本法改为权益法的，应当自有权决定被投资单位的财务和经营政策或者参与被投资单位的财务和经营政策决策时，按成本法下长期股权投资的账面余额加上追加投资的成本作为按照权益法核算的初始投资成本。

政府单位按规定报经批准处置长期股权投资，应当冲减长期股权投资的账面余额，并按规定将处置价款扣除相关税费后的余额作应缴款项处理，或者按规定将处置价款扣除相关税费后的余额与长期股权投资账面余额的差额计入当期投资损益。

采用权益法核算的长期股权投资，因被投资单位除净损益和利润分配以外的所有者权益变动而将应享有的份额计入净资产的，处置该项投资时，还应当将原计入净资产的相应部分转入当期投资损益。

二、短期投资

短期投资，是指事业单位依法取得的，持有时间不超过1年（含1年）的投资。

（一）科目设置

事业单位设置“短期投资”科目，核算事业单位按照规定取得的，持有时间不超过1年（含1年）的投资。本科目应当按照投资的种类等进行明细核算。本科目期末借方余额，反映事业单位持有短期投资的成本。

（二）核算实务

业务1：取得短期投资时，按照确定的投资成本（包括购买价款和相关税费），借记本科目，贷记“银行存款”等科目。收到取得投资时实际支付价款中包含的已到付息期但尚未领取的利息，按照实际收到的金额，借记“银行存款”科目，贷记本科目。

业务2：短期投资持有期间收到利息时，按实际收到的金额，借记“银行存款”科目，贷记“投资收益”科目。

业务3：出售短期投资或到期收回短期投资本息，按照实际收到的金额，借记“银行存款”科目，按照出售或收回短期投资的账面余额，贷记本科目，按照其差额，借记或贷记“投资收益”科目。涉及增值税业务的，有关账务处理参见“应交增值税”科目。

【例12－4】1月1日，某事业单位以40万元购入当年发行的三年期国债作为短期投资，并支付相关税费1 500元；该债券票面金额为40万元，每半年付息一次，年利率为4%；7月1日，该单位收到利息8 000元；8月20日，以41万元的价格出售该国债。

（1）购入国债时：

借：短期投资——国债	401 500	
贷：银行存款		401 500

（2）收到国债利息时：

借：银行存款	8 000	
贷：投资收益		8 000

（3）出售国债时：

借：银行存款	410 000	
贷：短期投资		401 500
投资收益		8 500

三、长期投资

长期投资，是指事业单位取得的除短期投资以外的债权和股权性质的投资，主要是指事业单位利用货币资金、存货、固定资产或无形资产等方式依法取得的，持有时间超过1年（不含1年）的投资，包括长期股权投资和长期债权投资。

（一）长期债券投资

长期债券投资，是指事业单位按照规定取得的，持有时间超过1年（不含1年）的债权性质的投资。

1. 科目设置。事业单位设置“长期债券投资”科目，核算事业单位按照规定取得的，持有时间超过1年（不含1年）的债券投资。本科目应当设置“成本”和“应计利息”明细科目，并按照债券投资的种类进行明细核算。本科目期末借方余额，反映事业单位持有的长期债券投资的价值。

2. 核算实务。

业务1：长期债券投资在取得时，按照确定的投资成本（包括购买价款和相关税费），借记本科目（成本），按照实际支付的价款中包含的已到付息期但尚未领取的利息，借记“应收利息”科目，按照实际支付的金额，贷记“银行存款”等科目。实际收到取得债券时所支付价款中包含的已到付息期但尚未领取的利息时，借记“银行存款”科目，贷记“应收利息”科目。

业务2：长期债券投资持有期间，按期以债券票面金额与票面利率计算确认利息收入时，如为到期一次还本付息的债券投资，借记本科目（应计利息），贷记“投资收益”科目；如为分期付息、到期一次还本的债券投资，借记“应收利息”科目，贷记“投资收益”科目。收到分期支付的利息时，按照实收的金额，借记“银行存款”等科目，贷记“应收利息”科目。

业务3：到期收回长期债券投资，按照实际收到的金额，借记“银行存款”科目，按照长期债券投资的账面余额，贷记本科目，按照相关应收利息金额，贷记“应收利息”科目，按照其差额，贷记“投资收益”科目。

业务4：对外出售长期债券投资，按照实际收到的金额，借记“银行存款”科目，按照长期债券投资的账面余额，贷记本科目，按照已记入“应收利息”科目但尚未收取的金额，贷记“应收利息”科目，按照其差额，贷记或借记“投资收益”科目。涉及增值税业务的，相关账务处理参见“应交增值税”科目。

【例12-5】某事业单位按规定经批准购买3年期的金融债券，买价、手续费和税金共计26.08万元，均以银行存款支付。该债券面值26万元，票面利率5%，按单利计息，到期一次还本付息。

（1）取得长期债券投资时：

借：长期债券投资——成本	260 800	
贷：银行存款		260 800

（2）按期以票面金额与票面利率计算确认利息收入时：

每年应收利息 = 260 000 × 5% = 13 000（元）

借：长期债券投资——应计利息	13 000	
贷：投资收益		13 000

（3）到期收回长期债券投资本息时：

借：银行存款	299 000	
贷：长期债券投资——成本		260 800

长期债券投资——应计利息　　26 000
投资收益　　12 200

（二）长期股权投资

长期股权投资，是指事业单位按照规定取得的，持有时间超过1年（不含1年）的股权性质的投资。

1. 科目设置。事业单位设置“长期股权投资”科目，核算单位按照规定取得的、持有时间超过1年（不含1年）的股权性质的投资。本科目应当按照被投资单位和长期股权投资取得方式等进行明细核算。长期股权投资采用权益法核算的，还应当按照“成本”“损益调整”“其他权益变动”设置明细科目，进行明细核算。本科目期末借方余额，反映事业单位持有的长期股权投资的价值。

2. 核算实务。

业务1：取得长期股权投资。

（1）以现金取得的长期股权投资，按照确定的投资成本（包括购买价款和相关税费），借记本科目或本科目（成本）；按照支付的价款中包含的已宣告但尚未发放的现金股利，借记“应收股利”科目，按照实际支付的全部价款，贷记“银行存款”等科目。实际收到取得投资时所支付价款中包含的已宣告但尚未发放的现金股利时，借记“银行存款”科目，贷记“应收股利”科目。

（2）以现金以外的其他资产置换取得的长期股权投资，参照“库存物品”科目中置换取得库存物品的相关规定进行账务处理。长期股权投资成本按照换出资产的评估价值加上支付的补价或减去收到的补价，加上换入投资发生的其他相关支出确定。

（3）以未入账的无形资产取得的长期股权投资，按照评估价值加相关税费作为投资成本，借记本科目，按照发生的相关税费，贷记“银行存款”“其他应交税费”等科目，按其差额，贷记“其他收入”科目。

（4）接受捐赠的长期股权投资，按照确定的投资成本，借记本科目或本科目（成本），按照发生的相关税费，贷记“银行存款”等科目，按照其差额，贷记“捐赠收入”科目。投资成本按照有关凭据注明的金额加上相关税费确定；没有相关凭据可供取得，但按规定经过资产评估的，其成本按照评估价值加上相关税费确定；没有相关凭据可供取得、也未经资产评估的，其成本比照同类或类似资产的市场价格加上相关税费确定。

（5）无偿调入的长期股权投资，按照确定的投资成本（调出方账面价值加上相关税费），借记本科目或本科目（成本），按照发生的相关税费，贷记“银行存款”等科目，按照其差额，贷记“无偿调拨净资产”科目。

业务2：持有长期股权投资期间。

（1）采用成本法核算。被投资单位宣告发放现金股利或利润时，按照应收的金额，借记“应收股利”科目，贷记“投资收益”科目。收到现金股利或利润时，按照实际收到的金额，借记“银行存款”等科目，贷记“应收股利”科目。

（2）采用权益法核算。

①被投资单位实现净利润的，按照应享有的份额，借记本科目（损益调整），贷记“投资收益”科目；被投资单位发生净亏损的，按照应分担的份额，借记“投资收益”科

目，贷记本科目（损益调整），但以本科目的账面余额减记至零为限；发生亏损的被投资单位以后年度又实现净利润的，按照收益分享额弥补未确认的亏损分担额等后的金额，借记本科目（损益调整），贷记“投资收益”科目。

②被投资单位宣告分派现金股利或利润的，按照应享有的份额，借记“应收股利”科目，贷记本科目（损益调整）。

③被投资单位发生除净损益和利润分配以外的所有者权益变动的，按照应享有或应分担的份额，借记或贷记“权益法调整”科目，贷记或借记本科目（其他权益变动）。

（3）成本法与权益法的转换。

①单位因处置部分长期股权投资等原因而对处置后的剩余股权投资由权益法改按成本法核算的，应当按照权益法下本科目账面余额作为成本法下本科目账面余额（成本）。其后，被投资单位宣告分派现金股利或利润时，属于单位已计入投资账面余额的部分，按照应分得的现金股利或利润份额，借记“应收股利”科目，贷记本科目。

②单位因追加投资等原因对长期股权投资的核算从成本法改为权益法的，应当按照成本法下本科目账面余额与追加投资成本的合计金额，借记本科目（成本），按照成本法下本科目账面余额，贷记本科目，按照追加投资的成本，贷记“银行存款”等科目。

业务3：处置长期股权投资

（1）按照规定报经批准出售（转让）长期股权投资时，应当区分长期股权投资取得方式分别进行处理。

①处置以现金取得的长期股权投资，按照实际取得的价款，借记“银行存款”等科目，按照被处置长期股权投资的账面余额，贷记本科目，按照尚未领取的现金股利或利润，贷记“应收股利”科目，按照发生的相关税费等支出，贷记“银行存款”等科目，按照借贷方差额，借记或贷记“投资收益”科目。

②处置以现金以外的其他资产取得的长期股权投资，按照被处置长期股权投资的账面余额，借记“资产处置费用”科目，贷记本科目；同时，按照实际取得的价款，借记“银行存款”等科目，按照尚未领取的现金股利或利润，贷记“应收股利”科目，按照发生的相关税费等支出，贷记“银行存款”等科目，按照贷方差额，贷记“应缴财政款”科目。按照规定将处置时取得的投资收益纳入本单位预算管理的，应当按照所取得价款大于被处置长期股权投资账面余额、应收股利账面余额和相关税费支出合计的差额，贷记“投资收益”科目。

（2）因被投资单位破产清算等原因，有确凿证据表明长期股权投资发生损失，按照规定报经批准后予以核销时，按照予以核销的长期股权投资的账面余额，借记“资产处置费用”科目，贷记本科目。

（3）报经批准置换转出长期股权投资时，参照“库存物品”科目中置换换入库存物品的规定进行账务处理。

（4）采用权益法核算的长期股权投资的处置，除进行上述账务处理外，还应结转原直接计入净资产的相关金额，借记或贷记“权益法调整”科目，贷记或借记“投资收益”科目。

【例12-6】某事业单位发生如下经济业务：

（1）经批准以总价900万元投资A公司，另支付手续费等相关费用2万元，全部以银行存款支付。该事业单位仅拥有A公司股权的5%，无权决定被投资单位的财务和经营政策。

借：长期股权投资——A公司　　9 020 000
　　贷：银行存款　　9 020 000

（2）经批准以未入账的无形资产投资B公司，该无形资产评估价值41万元，评估和过户费为5 000元，其他税费为1.3万元，均以银行存款支付。

借：长期股权投资　　428 000
　　贷：银行存款　　5 000
　　　　其他应交税费　　13 000
　　　　其他收入　　410 000
借：其他应交税费　　13 000
　　贷：银行存款　　13 000

（3）投资的A公司宣告分派现金股利100万元。

A公司宣告分派现金股利时：

借：应收股利　　50 000（1 000 000×5%）
　　贷：投资收益　　50 000

收到A公司发放的现金股利时：

借：银行存款　　50 000
　　贷：应收股利　　50 000

（4）原以现金投资的C公司实现净利润800万元。该事业单位拥有C公司股权的60%，有权决定被投资单位的财务和经营政策。

借：长期股权投资——损益调整　　4 800 000（8 000 000×60%）
　　贷：投资收益　　4 800 000

（5）投资的C公司宣告分派现金股利300万元。

借：应收股利　　1 800 000（3 000 000×60%）
　　贷：长期股权投资——损益调整　　1 800 000

（6）投资的C公司因股份支付业务增加资本公积100万元。

借：长期股权投资——其他权益变动　　600 000（1 000 000×60%）
　　贷：权益法调整　　600 000

（7）报经批准出售所投资的C公司的长期股权的70%，取得价款2 600万元。该股权原账面余额为3 500万元。出售所投资的C公司70%股权后，该事业单位不再有权决定被投资单位C公司的财务和经营政策权，相关税费支出忽略。

出售股权的账面余额＝35 000 000×70%＝24 500 000（元）

出售股权时：

借：银行存款　　26 000 000
　　贷：长期股权投资——成本　　24 500 000
　　　　投资收益　　1 500 000

对剩余股权改按成本法核算：

借：长期股权投资　　　　10 500 000（35 000 000 - 24 500 000）

　　贷：长期股权投资——成本　　　　10 500 000

（8）经批准将对D公司的以现金取得的长期股权投资转让给E公司，转让价款712.3万元，已存入银行；该转让价款中包含尚未领取的现金股利50.1万元；相关税费4.2万元以银行存款支付。该长期股权投资账面余额562万元。

借：银行存款　　　　7 123 000

　　贷：长期股权投资　　　　5 620 000

　　　　应收股利（尚未领取的现金股利或利润）　　　　501 000

　　　　银行存款　　　　42 000

　　　　投资收益　　　　960 000[7 123 000 - (5 620 000 + 501 000 + 42 000)]

（9）报经批准处置对J公司的无形资产投资，实际取得价款39万元，已存入银行。该无形资产投资的账面价值为42.8万元，处置净收入应上缴财政。

借：资产处置费用　　　　428 000

　　贷：长期股权投资　　　　428 000

借：银行存款　　　　390 000

　　贷：应缴财政款　　　　390 000

（10）持有对G公司的长期股权投资，因G公司产品依赖的存货日渐枯竭，盈利水平下降，导致长期股权投资发生损失，申报核销长期股权投资50万元，经批准予以核销。

借：资产处置费用　　　　500 000

　　贷：长期股权投资　　　　500 000

第四节 应收及预付款项

应收及预付款项，是指单位在开展业务活动中形成的各项债权，包括财政应返还额度、应收票据、应收账款、其他应收款等应收款项和预付账款等。

一、财政应返还额度

财政应返还额度，是指实行国库集中支付的单位应收财政返还的资金额度。在财政国库集中支付制度下，年末，单位尚未使用的财政直接支付额度和财政授权支付额度，相应资金留存在财政国库，但单位可以要求财政向其返还，即这些财政资金原则上仍然归单位所有，由单位按计划安排使用。

（一）科目设置

单位设置“财政应返还额度”科目，核算实行国库集中支付的单位应收财政返还的资金额度，包括可以使用的以前年度财政直接支付资金额度和财政应返还的财政授权支付资金额度。本科目应当设置“财政直接支付”“财政授权支付”两个明细科目进行明细核算。本科目期末借方余额，反映单位应收财政返还的资金额度。

（二）核算实务

业务1：财政直接支付。

（1）年末，单位根据本年度财政直接支付预算指标数大于当年财政直接支付实际发生数的差额，借记本科目（财政直接支付），贷记“财政拨款收入”科目。

（2）单位使用以前年度财政直接支付额度支付款项时，借记“业务活动费”“单位管理费用”等科目，贷记本科目（财政直接支付）。

业务2：财政授权支付。

（1）年末，根据代理银行提供的对账单作注销额度的相关账务处理，借记本科目（财政授权支付），贷记“零余额账户用款额度”科目。

（2）年末，单位本年度财政授权支付预算指标数大于零余额账户用款额度下达数的，根据未下达的用款额度，借记本科目（财政授权支付），贷记“财政拨款收入”科目。

（3）下年初，单位依据代理银行提供的上年度注销额度恢复到账通知书作恢复额度的相关账务处理，借记“零余额账户用款额度”科目，贷记本科目（财政授权支付）。单位收到财政部门批复的上年未下达零余额账户用款额度时，借记“零余额账户用款额度”科目，贷记本科目（财政授权支付）。

【例12－7】某单位发生如下经济业务：

（1）财政直接支付预算指标数为900万元，由国库通过财政零余额账户直接支付的实际支出数为890万元。

年终，确认债权及本年收入：

借：财政应返还额度——财政直接支付	100 000	
贷：财政拨款收入——财政直接支付		100 000

（2）根据预算和用款计划申请以财政直接支付方式支用上年额度8万元，用于日常业务活动支出。

借：业务活动费用	80 000	
贷：财政应返还额度——财政直接支付		80 000

（3）代理银行收到财政下达的零余额账户用款额度88万元。

借：零余额账户用款额度	880 000	
贷：财政拨款收入——财政授权支付		880 000

（4）通过单位零余额账户支付业务活动费86万元。

借：业务活动费用	860 000	
贷：零余额账户用款额度		860 000

（5）年终，注销并确认尚未下达的授权支付额度2万元。

借：财政应返还额度——财政授权支付	40 000	
贷：财政拨款收入——财政授权支付		20 000
零余额账户用款额度		20 000

（6）下年初，收到代理银行提供的额度恢复到账通知书，恢复财政授权支付额度4万元。

借：零余额账户用款额度　　40 000

　　贷：财政应返还额度——财政授权支付　　40 000

二、应收票据

应收票据，是指事业单位因开展经营活动销售产品、提供有偿服务等而收到的商业汇票。

（一）科目设置

事业单位设置“应收票据”科目，核算单位因开展经营活动销售产品、提供有偿服务等而收到的商业汇票，包括银行承兑汇票和商业承兑汇票。本科目应当按照开出、承兑商业汇票的单位等进行明细核算。本科目期末借方余额，反映事业单位持有的商业汇票票面金额。

事业单位应当设置“应收票据备查簿”，逐笔登记每一应收票据的种类、号数、出票日期、到期日、票面金额、交易合同号和付款人、承兑人、背书人姓名或单位名称、背书转让日、贴现日期、贴现率和贴现净额、收款日期、收回金额和退票情况等。应收票据到期结清票款或退票后，应当在备查簿内逐笔注销。

（二）核算实务

业务1：因销售产品、提供服务等收到商业汇票，按照商业汇票的票面金额，借记本科目，按照确认的收入金额，贷记“经营收入”等科目。涉及增值税业务的，相关账务处理参见“应交增值税”科目。

业务2：持未到期的商业汇票向银行贴现，按照实际收到的金额（即扣除贴现息后的净额），借记“银行存款”科目，按照贴现息金额，借记“经营费用”等科目，按照商业汇票的票面金额，贷记本科目（无追索权）或“短期借款”（有追索权）。附追索权的商业汇票到期未发生追索事项的，按照商业汇票的票面金额，借记“短期借款”科目，贷记本科目。

业务3：将持有的商业汇票背书转让以取得所需物资时，按照取得物资的成本，借记“库存物品”等科目，按照商业汇票的票面金额，贷记本科目，如有差额，借记或贷记“银行存款”等科目。涉及增值税业务的，相关账务处理参见“应交增值税”科目。

业务4：商业汇票到期收回票款时，按照实际收到的商业汇票票面金额，借记“银行存款”科目，贷记本科目。

业务5：商业汇票到期时，付款人无力支付票款，收到银行退回的商业承兑汇票、委托收款凭证、未付票款通知书或拒付款证明等，按照商业汇票的票面金额，借记“应收账款”科目，贷记本科目。

【例12-8】某事业单位为一般纳税人，4月1日销售一批产品给A公司，商品已发出，专用发票上注明的销售收入为10万元，增值税额1.7万元。收到A公司交来的商业承兑汇票一张，期限为180天，票面利率为5%。7月25日将所持有的商业承兑汇票一张向银行贴现，贴现率为8%。

（1）4月1日收到票据时：

借：应收票据	117 000	
贷：经营收入		100 000
应交增值税——应交税金（销项税额）		17 000

（2）7月25日向银行贴现时：

票据到期值 = 117 000 ×（1 + 5% ÷ 360 × 180）= 119 925（元）

贴现期 = 65天（7月7天，8月31天，9月27天）

贴现利息 = 119 925 × 8% ÷ 360 × 65 = 1 732.25（元）

贴现净额 = 119 925 − 1 732.25 = 118 192.75（元）

借：银行存款	118 192.75	
贷：经营费用		1 192.75
应收票据		117 000.00

三、应收账款

应收账款，是指事业单位因开展业务活动销售产品、提供有偿服务等向购货单位或接受劳务单位收取的款项。

（一）科目设置

事业单位设置“应收账款”科目，核算单位提供服务、销售产品等应收取的款项，以及单位因出租资产、出售物资等应收取的款项。本科目应当按照债务单位（或个人）进行明细核算。本科目期末借方余额，反映单位尚未收回的应收账款。

（二）核算实务

业务1：应收账款收回后不需上缴财政

单位发生应收账款时，按照应收未收金额，借记本科目，贷记“事业收入”“经营收入”“租金收入”“其他收入”等科目。收回应收账款时，按照实际收到的金额，借记“银行存款”等科目，贷记本科目。

业务2：应收账款收回后需上缴财政

（1）单位出租资产发生应收未收租金款项时，按照应收未收金额，借记本科目，贷记“应缴财政款”科目。收回应收账款时，按照实际收到的金额，借记“银行存款”等科目，贷记本科目。

（2）单位出售物资发生应收未收款项时，按照应收未收金额，借记本科目，贷记“应缴财政款”科目。收回应收账款时，按照实际收到的金额，借记“银行存款”等科目，贷记本科目。

以上业务涉及增值税业务的，相关账务处理参见“应交增值税”科目。

业务3：事业单位应当于每年年末，对收回后不需上缴财政的应收账款进行全面检查，如发生不能收回的迹象，应当计提坏账准备。

（1）对于账龄超过规定年限、确认无法收回的应收账款，按照规定报经批准后予以核销。按照核销金额，借记“坏账准备”科目，贷记本科目。核销的应收账款应在备查簿中保留登记。

（2）已核销的应收账款在以后期间又收回的，按照实际收回金额，借记本科目，贷记“坏账准备”科目；同时，借记“银行存款”等科目，贷记本科目。

业务4：单位应当于每年年末，对收回后应当上缴财政的应收账款进行全面检查。

（1）对于账龄超过规定年限、确认无法收回的应收账款，按照规定报经批准后予以核销。按照核销金额，借记“应缴财政款”科目，贷记本科目。核销的应收账款应当在备查簿中保留登记。

（2）已核销的应收账款在以后期间又收回的，按照实际收回金额，借记“银行存款”等科目，贷记“应缴财政款”科目。

【例12－9】某事业单位发生如下经济业务，该事业单位为小规模纳税人。

（1）开展经营活动，销售给B公司乙产品一批，普通发票上注明的价税款14.7万元，以银行存款代垫运杂费3 000元。上述款项采用托收承付方式进行结算。

办妥托收手续确认收入时：

借：应收账款——B公司	150 000.00	
贷：经营收入		142 718.45
应交增值税——应交税金（销项税额）		4 281.55
银行存款		3 000.00

收到银行转来的收款通知时：

借：银行存款	150 000	
贷：应收账款——B公司		150 000

（2）三年前销售给C公司甲商品价税款6.7万元至今无法收回，同时，上年给C公司提供专业服务的价款2万元有证据表明无法收回。按规定报经批准后予以核销。该单位应收账款收回后不需上缴财政。

借：坏账准备	87 000	
贷：应收账款		87 000

（3）次年，该事业单位收回上年已核销的提供专业服务的价款8 000元。

借：应收账款	8 000	
贷：坏账准备		8 000
借：银行存款	8 000	
贷：应收账款		8 000

四、预付账款

预付账款，是指单位按照购货、服务合同规定预付给供应单位的款项。

（一）科目设置

单位设置“预付账款”科目，核算单位按照购货、服务合同或协议规定预付给供应单位（或个人）的款项，以及按照合同规定向承包工程的施工企业预付的备料款和工程款。本科目应当按照供应单位（或个人）及具体项目进行明细核算；对于基本建设项目发生的预付账款，还应当在本科目所属基建项目明细科目下设置“预付备料款”“预付工程款”“其他预付款”等明细科目，进行明细核算。本科目期末借方余额，反映单位实际预付但尚未结算的款项。

（二）核算实务

业务1：根据购货、服务合同或协议规定预付款项时，按照预付金额，借记本科目，贷记“财政拨款收入”“零余额账户用款额度”“银行存款”等科目。

业务2：收到所购资产或服务时，按照购入资产或服务的成本，借记“库存物品”“固定资产”“无形资产”“业务活动费用”等相关科目，按照相关预付账款的账面余额，贷记本科目，按照实际补付的金额，贷记“财政拨款收入”“零余额账户用款额度”“银行存款”等科目。涉及增值税业务的，相关账务处理参见“应交增值税”科目。

业务3：根据工程进度结算工程价款及备料款时，按照结算金额，借记“在建工程”科目，按照相关预付账款的账面余额，贷记本科目，按照实际补付的金额，贷记“财政拨款收入”“零余额账户用款额度”“银行存款”等科目。

业务4：发生预付账款退回的，按照实际退回金额，借记“财政拨款收入”［本年直接支付］、“财政应返还额度”［以前年度直接支付］、“零余额账户用款额度”“银行存款”等科目，贷记本科目。

业务5：年末，单位应当对预付账款进行全面检查。如果有确凿证据表明预付账款不再符合预付款项性质，或者因供应单位破产、撤销等原因可能无法收到所购货物、服务的，借记“其他应收款”科目，贷记本科目。

【例12－10】某事业单位为一般纳税人，该事业单位向B公司采购材料2 500件，单价100元，增值税率16%，总计29万元。该事业单位按合同约定通过财政直接支付方式向B公司预付40%款项。验收货物后以银行存款补付其余款项。

（1）预付40%款项时：

借：预付账款——B公司	116 000	
贷：财政拨款收入		116 000

（2）收到2 500件材料，验收无误后，补付其余款项时：

借：库存物品	250 000	
应缴增值税（进项税额）	40 000	
贷：预付账款——B公司		116 000
银行存款		174 000

五、应收股利

应收股利，是指事业单位持有长期股权投资应当收取的现金股利或应当分得的利润。

（一）科目设置

事业单位设置“应收股利”科目，核算单位持有长期股权投资应当收取的现金股利或应当分得的利润。本科目应当按照被投资单位等进行明细核算。本科目期末借方余额，反映事业单位应当收取但尚未收到的现金股利或利润。

（二）核算实务

业务1：取得长期股权投资，按照支付的价款中所包含的已宣告但尚未发放的现金股利，借记本科目，按照确定的长期股权投资成本，借记“长期股权投资”科目，按照实际支付的金额，贷记“银行存款”等科目。收到取得投资时实际支付价款中所包含的已宣告但尚未发放的现金股利时，按照收到的金额，借记“银行存款”科目，贷记本科目。

业务2：长期股权投资持有期间，被投资单位宣告发放现金股利或利润的，按照应享有的份额，借记本科目，贷记“投资收益”（成本法下）或“长期股权投资”（权益法下）科目。

业务3：实际收到现金股利或利润时，按照收到的金额，借记“银行存款”等科目，贷记本科目。

六、应收利息

应收利息，是指事业单位长期债券投资应当收取的利息。

（一）科目设置

事业单位设置“应收利息”科目，核算单位长期债券投资应当收取的利息。本科目应当按照被投资单位等进行明细核算。本科目期末借方余额，反映事业单位应收未收的长期债券投资利息。

（二）核算实务

业务1：取得长期债券投资，按照确定的投资成本，借记“长期债券投资”科目，按照支付的价款中包含的已到付息期但尚未领取的利息，借记本科目，按照实际支付的金额，贷记“银行存款”等科目。收到取得投资时实际支付价款中所包含的已到付息期但尚未领取的利息时，按照收到的金额，借记“银行存款”等科目，贷记本科目。

业务2：按期计算确认长期债券投资利息收入时，对于分期付息、一次还本的长期债券投资，按照以票面金额和票面利率计算确定的应收未收利息金额，借记本科目，贷记“投资收益”科目。

业务3：实际收到应收利息时，按照收到的金额，借记“银行存款”等科目，贷记本科目。

七、其他应收款

其他应收款，是指单位除财政应返还额度、应收票据、应收账款、预付账款、应收股利、应收利息以外的其他各项应收及暂付款项。

（一）科目设置

单位设置“其他应收款”科目，核算单位除财政应返还额度、应收票据、应收账款、预付账款、应收股利、应收利息以外的其他各项应收及暂付款项，如职工预借的差旅费、已经偿还银行尚未报销的本单位公务卡欠款、拨付给内部有关部门的备用金、应向职工收取的各种垫付款项、支付的可以收回的订金或押金、应收的上级补助和附属单位上缴款项等。本科目应当按照其他应收款的类别以及债务单位（或个人）进行明细核算。本科目期末借方余额，反映单位尚未收回的其他应收款。

（二）核算实务

业务1：发生其他各种应收及暂付款项时，按照实际发生金额，借记本科目，贷记“零余额账户用款额度”“银行存款”“库存现金”“上级补助收入”“附属单位上缴收入”

等科目。涉及增值税业务的，相关账务处理参见“应交增值税”科目。

业务2：收回其他各种应收及暂付款项时，按照收回的金额，借记“库存现金”“银行存款”等科目，贷记本科目。

业务3：单位内部实行备用金制度的，财务部门核定并发放备用金时，按照实际发放金额，借记本科目，贷记“库存现金”等科目。根据报销金额用现金补足备用金定额时，借记“业务活动费用”“单位管理费用”等科目，贷记“库存现金”等科目。

业务4：偿还尚未报销的本单位公务卡欠款时，按照偿还的款项，借记本科目，贷记“零余额账户用款额度”“银行存款”等科目；持卡人报销时，按照报销金额，借记“业务活动费用”“单位管理费用”等科目，贷记本科目。

业务5：将预付账款账面余额转入其他应收款时，借记本科目，贷记“预付账款”科目。具体说明参见“预付账款”科目。

业务6：年末，事业单位应当对其他应收款进行全面检查，如发生不能收回的迹象，应当计提坏账准备。

（1）对于账龄超过规定年限、确认无法收回的其他应收款，按照规定报经批准后予以核销。按照核销金额，借记“坏账准备”科目，贷记本科目。核销的其他应收款应当在备查簿中保留登记。

（2）已核销的其他应收款在以后期间又收回的，按照实际收回金额，借记本科目，贷记“坏账准备”科目；同时，借记“银行存款”等科目，贷记本科目。

业务7：年末，行政单位应当对其他应收款进行全面检查。

（1）对于账龄超过规定年限、确认无法收回的其他应收款，按照规定报经批准后予以核销。按照核销金额，借记“资产处置费用”科目，贷记本科目。核销的其他应收款应在备查簿中保留登记。

（2）已核销的其他应收款在以后期间又收回的，按照收回金额，借记“银行存款”等科目，贷记“其他收入”科目。

【例12-11】某单位所属非独立核算部门G部门领取备用金4 000元。

借：其他应收款——G部门	4 000	
贷：库存现金		4 000

八、坏账准备

坏账处理的方法有直接转销法和备抵法两种。**直接转销法**是指实际发生坏账时，作为损失直接计入期间费用，同时冲销应收款项；**备抵法**是指在坏账损失实际发生前，就依据权责发生制原则估计损失，并同时形成坏账准备，待坏账损失实际发生时再冲减坏账准备。根据《政府会计制度——行政事业单位会计科目和报表》，事业单位应当采用备抵法核算坏账损失。

（一）科目设置

事业单位设置“坏账准备”科目，核算单位对收回后不需上缴财政的应收账款和其他应收款提取的坏账准备。本科目应当分别应收账款和其他应收款进行明细核算。本科目期末贷方余额，反映事业单位提取的坏账准备金额。

事业单位应当于每年年末，对收回后不需上缴财政的应收账款和其他应收款进行全面检查，分析其可收回性，对预计可能产生的坏账损失计提坏账准备、确认坏账损失。事业单位可以采用应收款项余额百分比法、账龄分析法、个别认定法等方法计提坏账准备。坏账准备计提方法一经确定，不得随意变更。如需变更，应当按照规定报经批准，并在财务报表附注中予以说明。

当期应补提或冲减的坏账准备金额的计算公式如下：

当期应补提或冲减的坏账准备 = 按照期末应收账款和其他应收款计算应计提的坏账准备金额 − 本科目期末贷方余额（或 + 本科目期末借方余额）

（二）核算实务

业务 1：提取坏账准备时，借记“其他费用”科目，贷记本科目；冲减坏账准备时，借记本科目，贷记“其他费用”科目。

业务 2：对于账龄超过规定年限并确认无法收回的应收账款、其他应收款，应当按照有关规定报经批准后，按照无法收回的金额，借记本科目，贷记“应收账款”“其他应收款”科目。已核销的应收账款、其他应收款在以后期间又收回的，按照实际收回金额，借记“应收账款”“其他应收款”科目，贷记本科目；同时，借记“银行存款”等科目，贷记“应收账款”“其他应收款”科目。

第五节 存　货

一、存货概述

（一）存货的概念

存货，是指单位在开展业务活动及其他活动中为耗用或出售而储存的资产，如材料、产品、包装物和低值易耗品等，以及未达到固定资产标准的用具、装具、动植物等。政府储备物资、收储土地等，不作为单位的存货进行核算。

（二）存货的确认

存货同时满足下列条件的，应当予以确认：

（1）与该存货相关的服务潜力很可能实现或者经济利益很可能流入单位；

（2）该存货的成本或者价值能够可靠地计量。

二、存货的计量

（一）存货的初始计量

存货在取得时应当按照成本进行初始计量。

（1）单位购入的存货，其成本包括购买价款、相关税费、运输费、装卸费、保险费以及使得存货达到目前场所和状态所发生的归属于存货成本的其他支出；

（2）单位自行加工的存货，其成本包括耗用的直接材料费用、发生的直接人工费用和按照一定方法分配的与存货加工有关的间接费用；

（3）单位委托加工的存货，其成本包括委托加工前存货成本、委托加工的成本（如委托加工费以及按规定应计入委托加工存货成本的相关税费等）以及使存货达到目前场所和状态所发生的归属于存货成本的其他支出。

下列各项应当在发生时确认为当期费用，不计入存货成本：

①非正常消耗的直接材料、直接人工和间接费用。

②仓储费用（不包括在加工过程中为达到下一个加工阶段所必需的费用）。

③不能归属于使存货达到目前场所和状态所发生的其他支出。

（4）单位通过置换取得的存货，其成本按照换出资产的评估价值，加上支付的补价或减去收到的补价，加上为换入存货发生的其他相关支出确定。

（5）单位接受捐赠的存货，其成本按照有关凭据注明的金额加上相关税费、运输费等确定；没有相关凭据可供取得，但按规定经过资产评估的，其成本按照评估价值加上相关税费、运输费等确定；没有相关凭据可供取得、也未经资产评估的，其成本比照同类或类似资产的市场价格加上相关税费、运输费等确定；没有相关凭据且未经资产评估、同类或类似资产的市场价格也无法可靠取得的，按照名义金额入账，相关税费、运输费等计入当期费用。

（6）单位无偿调入的存货，其成本按照调出方账面价值加上相关税费、运输费等确定。

（7）单位盘盈的存货，按规定经过资产评估的，其成本按照评估价值确定；未经资产评估的，其成本按照重置成本确定。

（二）存货的后续计量

单位应当根据实际情况采用先进先出法、加权平均法或者个别计价法确定发出存货的实际成本。计价方法一经确定，不得随意变更。对于性质和用途相似的存货，应当采用相同的成本计价方法确定发出存货的成本；对于不能替代使用的存货、为特定项目专门购入或加工的存货，通常采用个别计价法确定发出存货的成本。

（1）对于已发出的存货，应当将其成本结转为当期费用或者计入相关资产成本。

（2）按规定报经批准对外捐赠、无偿调出的存货，应当将其账面余额予以转销，对外捐赠、无偿调出中发生的归属于捐出方、调出方的相关费用应当计入当期费用。

（3）单位应当采用一次转销法或者五五摊销法对低值易耗品、包装物进行摊销，将其成本计入当期费用或者相关资产成本。

（4）对于发生的存货毁损，单位应当将存货账面余额转销计入当期费用，并将毁损存货处置收入扣除相关处置税费后的差额按规定作应缴款项处理（差额为净收益时）或计入当期费用（差额为净损失时）。

（5）存货盘亏造成的损失，按规定报经批准后应当计入当期费用。

三、存货的核算

单位应设置“在途物品”“库存物品”“加工物品”等总账科目对存货进行核算。

（一）在途物品

1. 科目设置。单位设置“在途物品”科目，核算单位采购材料等物资时货款已付或已开出商业汇票但尚未验收入库的在途物品的采购成本。本科目可按照供应单位和物品种类进行明细核算。本科目期末借方余额，反映单位在途物品的采购成本。

2. 核算实务。

业务1：单位购入材料等物品，按照确定的物品采购成本的金额，借记本科目，按照实际支付的金额，贷记“财政拨款收入”“零余额账户用款额度”“银行存款”等科目。涉及增值税业务的，相关账务处理参见“应交增值税”科目。

业务2：所购材料等物品到达验收入库，按照确定的库存物品成本金额，借记“库存物品”科目，按照物品采购成本金额，贷记本科目，按照使得入库物品达到目前场所和状态所发生的其他支出，贷记“银行存款”等科目。

【例12－12】某事业单位按照税法规定属于增值税一般纳税人。8月3日该事业单位购入一批专用材料1 000千克，增值税专用发票上载明的货款为10万元，增值税额1.6万元，对方代垫包装费760元，上述款项均未支付。另外，入库前挑选整理耗费现金400元。8月13日，该材料验收入库。8月23日，采用财政授权支付方式通过代理银行零余额账户支付上述款项。该材料用于生产对外销售的产品。

该批A材料总采购成本＝100 000＋760＋400＝101 160（元）

（1）购进时：

借：在途物品	101 160	
应交增值税——应交税金（进项税额）	16 000	
贷：应付账款		116 760
库存现金		400

（2）验收入库时：

借：库存物品	101 160	
贷：在途物品		101 160

（3）付款时：

借：应付账款	116 760	
贷：零余额账户用款额度		116 760

（二）库存物品

1. 科目设置。单位设置“库存物品”科目，核算单位在开展业务活动及其他活动中为耗用或出售而储存的各种材料、产品、包装物、低值易耗品，以及达不到固定资产标准的用具、装具、动植物等的成本。已完成的测绘、地质勘查、设计成果等的成本，也通过本科目核算。

下列经济业务不通过“库存物品”科目核算。单位随买随用的零星办公用品，可以在购进时直接列作费用，不通过本科目核算；单位控制的政府储备物资，应当通过“政府储备物资”科目核算，不通过本科目核算；单位受托存储保管的物资和受托转赠的物资，应当通过“受托代理资产”科目核算，不通过本科目核算；单位为在建工程购买和使用的材料物资，应当通过“工程物资”科目核算，不通过本科目核算。

本科目应当按照库存物品的种类、规格、保管地点等进行明细核算。单位储存的低值易耗品、包装物较多的，可以在本科目（低值易耗品、包装物）下按照“在库”“在用”和“摊销”等进行明细核算。本科目期末借方余额，反映单位库存物品的实际成本。

2. 核算实务。

业务1：取得库存物品。

（1）外购的库存物品验收入库，按照确定的成本，借记本科目，贷记“财政拨款收入”“零余额账户用款额度”“银行存款”“应付账款”“在途物品”等科目。涉及增值税业务的，相关账务处理参见“应交增值税”科目。

（2）自制的库存物品加工完成并验收入库，按照确定的成本，借记本科目，贷记“加工物品——自制物品”科目。

（3）委托外单位加工收回的库存物品验收入库，按照确定的成本，借记本科目，贷记“加工物品——委托加工物品”等科目。

（4）接受捐赠的库存物品验收入库，按照确定的成本，借记本科目，按照发生的相关税费、运输费等，贷记“银行存款”等科目，按照其差额，贷记“捐赠收入”科目。接受捐赠的库存物品按照名义金额入账的，按照名义金额，借记本科目，贷记“捐赠收入”科目；同时，按照发生的相关税费、运输费等，借记“其他费用”科目，贷记“银行存款”等科目。

（5）无偿调入的库存物品验收入库，按照确定的成本，借记本科目，按照发生的相关税费、运输费等，贷记“银行存款”等科目，按照其差额，贷记“无偿调拨净资产”科目。

（6）置换换入的库存物品验收入库，按照确定的成本，借记本科目，按照换出资产的账面余额，贷记相关资产科目（换出资产为固定资产、无形资产的，还应当借记“固定资产累计折旧”“无形资产累计摊销”科目），按照置换过程中发生的其他相关支出，贷记“银行存款”等科目，按照借贷方差额，借记“资产处置费用”科目或贷记“其他收入”科目。涉及补价的，分别以下情况处理：

①支付补价的，按照确定的成本，借记本科目，按照换出资产的账面余额，贷记相关资产科目（换出资产为固定资产、无形资产的，还应当借记“固定资产累计折旧”“无形资产累计摊销”科目），按照支付的补价和置换过程中发生的其他相关支出，贷记“银行存款”等科目，按照借贷方差额，借记“资产处置费用”科目或贷记“其他收入”科目。

②收到补价的，按照确定的成本，借记本科目，按照收到的补价，借记“银行存款”等科目，按照换出资产的账面余额，贷记相关资产科目（换出资产为固定资产、无形资产的，还应当借记“固定资产累计折旧”“无形资产累计摊销”科目），按照置换过程中

发生的其他相关支出，贷记“银行存款”等科目，按照补价扣减其他相关支出后的净收入，贷记“应缴财政款”科目，按照借贷方差额，借记“资产处置费用”科目或贷记“其他收入”科目。

业务2：发出库存物品。

（1）单位开展业务活动等领用、按照规定自主出售发出或加工发出库存物品，按照领用、出售等发出物品的实际成本，借记“业务活动费用”“单位管理费用”“经营费用”“加工物品”等科目，贷记本科目。

采用一次转销法摊销低值易耗品、包装物的，在首次领用时将其账面余额一次性摊销计入有关成本费用，借记“业务活动费用”“单位管理费用”“经营费用”“加工物品”等科目，贷记本科目。

采用五五摊销法摊销低值易耗品、包装物的，首次领用时，将其账面余额的50%摊销计入有关成本费用，借记“业务活动费用”“单位管理费用”“经营费用”“加工物品”等科目，贷记本科目；使用完时，将剩余的账面余额转销计入有关成本费用，借记“业务活动费用”“单位管理费用”“经营费用”“加工物品”等科目，贷记本科目。

（2）经批准对外出售的库存物品（不含可自主出售的库存物品）发出时，按照库存物品的账面余额，借记“资产处置费用”科目，贷记本科目；同时，按照收到的价款，借记“银行存款”等科目，按照处置过程中发生的相关费用，贷记“银行存款”等科目，按照其差额，贷记“应缴财政款”科目。

（3）经批准对外捐赠的库存物品发出时，按照库存物品的账面余额和对外捐赠过程中发生的归属于捐出方的相关费用合计数，借记“资产处置费用”科目，按照库存物品账面余额，贷记本科目，按照对外捐赠过程中发生的归属于捐出方的相关费用，贷记“银行存款”等科目。

（4）经批准无偿调出的库存物品发出时，按照库存物品的账面余额，借记“无偿调拨净资产”科目，贷记本科目；同时，按照无偿调出过程中发生的归属于调出方的相关费用，借记“资产处置费用”科目，贷记“银行存款”等科目。

（5）经批准置换换出的库存物品，参照有关置换换入库存物品的规定进行账务处理。

业务3：单位应当定期对库存物品进行清查盘点，每年至少盘点一次。

对于发生的库存物品盘盈、盘亏或者报废、毁损，应当先计入“待处理财产损溢”科目，按照规定报经批准后及时进行后续账务处理。

（1）盘盈的库存物品，其成本按照有关凭据注明的金额确定；没有相关凭据、但按照规定经过资产评估的，其成本按照评估价值确定；没有相关凭据、也未经过评估的，其成本按照重置成本确定。如无法采用上述方法确定盘盈的库存物品成本的，按照名义金额入账。盘盈的库存物品，按照确定的入账成本，借记本科目，贷记“待处理财产损溢”科目。

（2）盘亏或者毁损、报废的库存物品，按照待处理库存物品的账面余额，借记“待处理财产损溢”科目，贷记本科目。属于增值税一般纳税人的单位，若因非正常原因导致的库存物品盘亏或毁损，还应当将与该库存物品相关的增值税进项税额转出，按照其增值税进项税额，借记“待处理财产损溢”科目，贷记“应交增值税——应交税金（进项税额转出）”科目。

【例 12－13】某单位为增值税一般纳税人，发生如下经济业务：

（1）上级主管部门决定对系统内单位进行机构调整和职能重组，要求将原试制甲专用材料的职能转移给另一单位 B。按规定应将余下甲专用材料 22 940 元，应转出的增值税进项税额为 3 670. 40 元，无偿调出给 B 单位。

借：无偿调拨净资产　　26 610. 40

　　贷：库存物品　　22 940. 00

　　　　应交增值税——应交税金（进项税额转出）　　3 670. 40

（2）年末对丙专用材料进行清查盘点，盘点结果为实存数量为 1 020 千克，账存数量 1 050 千克，属正常损耗。加权平均法下的丙专用材料单位成本为 11 元/千克。

借：待处理财产损溢　　330[（1 050－1 020）×11]

　　贷：库存物品　　330

（三）加工物品

1. 科目设置。单位设置“加工物品”科目，核算单位自制或委托外单位加工的各种物品的实际成本。未完成的测绘、地质勘查、设计成果的实际成本，也通过该科目核算。本科目应当设置“自制物品”“委托加工物品”两个一级明细科目，并按照物品类别、品种、项目等设置明细账，进行明细核算。本科目“自制物品”一级明细科目下应当设置“直接材料”“直接人工”“其他直接费用”等二级明细科目归集自制物品发生的直接材料、直接人工（专门从事物品制造人员的人工费）等直接费用；对于自制物品发生的间接费用，应当在本科目“自制物品”一级明细科目下单独设置“间接费用”二级明细科目予以归集，期末，再按照一定的分配标准和方法，分配计入有关物品的成本。本科目期末借方余额，反映单位自制或委托外单位加工但尚未完工的各种物品的实际成本。

2. 核算实务。

业务 1：自制物品。

（1）为自制物品领用材料等，按照材料成本，借记本科目（自制物品——直接材料），贷记“库存物品”科目。

（2）专门从事物品制造的人员发生的直接人工费用，按照实际发生的金额，借记本科目（自制物品——直接人工），贷记“应付职工薪酬”科目。

（3）为自制物品发生的其他直接费用，按照实际发生的金额，借记本科目（自制物品——其他直接费用），贷记“零余额账户用款额度”“银行存款”等科目。

（4）为自制物品发生的间接费用，按照实际发生的金额，借记本科目（自制物品——间接费用），贷记“零余额账户用款额度”“银行存款”“应付职工薪酬”“固定资产累计折旧”“无形资产累计摊销”等科目。

间接费用一般按照生产人员工资、生产人员工时、机器工时、耗用材料的数量或成本、直接费用（直接材料和直接人工）或产品产量等进行分配。单位可根据具体情况自行选择间接费用的分配方法。分配方法一经确定，不得随意变更。

（5）已经制造完成并验收入库的物品，按照所发生的实际成本（包括耗用的直接材料费用、直接人工费用、其他直接费用和分配的间接费用），借记“库存物品”科目，贷记本科目（自制物品）。

业务2：委托加工物品。

（1）发给外单位加工的材料等，按照其实际成本，借记本科目（委托加工物品），贷记“库存物品”科目。

（2）支付加工费、运输费等费用，按照实际支付的金额，借记本科目（委托加工物品），贷记“零余额账户用款额度”“银行存款”等科目。涉及增值税业务的，相关账务处理参见“应交增值税”科目。

（3）委托加工完成的材料等验收入库，按照加工前发出材料的成本和加工、运输成本等，借记“库存物品”等科目，贷记本科目（委托加工物品）。

【例12－14】某单位发生如下经济业务：

（1）开发试制A、B两种产品。某日从仓库领用专用材料共计6.1万元。其中，A产品耗用2.5万元，B产品耗用3.6万元。生产部门从仓库领用办公用品2 000元。

A产品应分配的办公用品成本＝2 000×25 000÷61 000＝819.67（元）

B产品应分配的办公用品成本＝2 000×36 000÷61 000＝1 180.33（元）

借：加工物品——自制物品——A产品　　25 819.67
　　加工物品——自制物品——B产品　　37 180.33
　　贷：库存物品——专用材料　　61 000.00
　　　　　　　　——办公用品　　2 000.00

（2）根据工资结算单编制的工资费用分配表情况为：A产品生产工人工资3.8万元，B产品生产工人2.6万元，生产部门管理人员工资1万元。

A产品应分配的生产部门管理人员工资：

10 000×38 000÷64 000＝5 937.5（元）

B产品应分配的生产部门管理人员工资：

10 000×26 000÷64 000＝4 062.5（元）

借：加工物品——自制物品——A产品　　43 937.50
　　加工物品——自制物品——B产品　　30 062.50
　　贷：应付职工薪酬　　74 000.00

（3）A、B两种产品完工，结转A产品完工成本70 125元，B产品完工成本66 875元。

借：库存物品——A产品　　69 757.17
　　库存物品——B产品　　67 242.83
　　贷：加工物品——自制物品——A产品　　69 757.17
　　　　加工物品——自制物品——B产品　　67 242.83

第六节

固定资产及其累计折旧

一、固定资产概述

（一）固定资产的概念

固定资产，是指单位为满足自身开展业务活动或其他活动需要而控制的，使用年限超过1年（不含1年）、单位价值在规定标准以上，并在使用过程中基本保持原有物质形态的资产。单位价值虽未达到规定标准，但是使用年限超过1年（不含1年）的大批同类物资，如图书、家具、用具、装具等，应当确认为固定资产。

单位的固定资产一般分为六类：房屋及构筑物；专用设备；通用设备；文物和陈列品；图书、档案；家具、用具、装具及动植物。

（二）固定资产的确认

1. 固定资产同时满足下列条件的，应当予以确认：

（1）与该固定资产相关的服务潜力很可能实现或者经济利益很可能流入单位；

（2）该固定资产的成本或者价值能够可靠地计量。

2. 固定资产予以确认的时点。购入、换入、接受捐赠、无偿调入不需安装的固定资产，在固定资产验收合格时确认；购入、换入、接受捐赠、无偿调入需要安装的固定资产，在固定资产安装完成交付使用时确认；自行建造、改建、扩建的固定资产，在建造完成交付使用时确认。

3. 确认固定资产时，应当考虑以下情况：

（1）固定资产的各组成部分具有不同使用年限或者以不同方式为单位实现服务潜力或提供经济利益，适用不同折旧率或折旧方法且可以分别确定各自原价的，应当分别将各组成部分确认为单项固定资产。

（2）应用软件构成相关硬件不可缺少的组成部分的，应当将该软件的价值包括在所属的硬件价值中，一并确认为固定资产；不构成相关硬件不可缺少的组成部分的，应当将该软件确认为无形资产。

（3）购建房屋及构筑物时，不能分清购建成本中的房屋及构筑物部分与土地使用权部分的，应当全部确认为固定资产；能够分清购建成本中的房屋及构筑物部分与土地使用权部分的，应当将其中的房屋及构筑物部分确认为固定资产，将其中的土地使用权部分确认为无形资产。

（4）固定资产在使用过程中发生的后续支出，符合规定的确认条件的，应当计入固定资产成本；不符合固定资产确认条件的，应当在发生时计入当期费用或者相关资产成本。将发生的固定资产后续支出计入固定资产成本的，应当同时从固定资产账面价值中扣除被替换部分的账面价值。

二、固定资产的计量

（一）固定资产的初始计量

固定资产在取得时应当按照成本进行初始计量。

（1）单位外购的固定资产，其成本包括购买价款、相关税费以及固定资产交付使用前所发生的可归属于该项资产的运输费、装卸费、安装费和专业人员服务费等。以一笔款项购入多项没有单独标价的固定资产，应当按照各项固定资产同类或类似资产市场价格的比例对总成本进行分配，分别确定各项固定资产的成本。

（2）单位自行建造的固定资产，其成本包括该项资产至交付使用前所发生的全部必要支出。

在原有固定资产基础上进行改建、扩建、修缮后的固定资产，其成本按照原固定资产账面价值加上改建、扩建、修缮发生的支出，再扣除固定资产被替换部分的账面价值后的金额确定。

为建造固定资产借入的专门借款的利息，属于建设期间发生的，计入在建工程成本；不属于建设期间发生的，计入当期费用。

已交付使用但尚未办理竣工决算手续的固定资产，应当按照估计价值入账，待办理竣工决算后再按实际成本调整原来的暂估价值。

（3）单位通过置换取得的固定资产，其成本按照换出资产的评估价值加上支付的补价或减去收到的补价，加上换入固定资产发生的其他相关支出确定。

（4）单位接受捐赠的固定资产，其成本按照有关凭据注明的金额加上相关税费、运输费等确定；没有相关凭据可供取得，但按规定经过资产评估的，其成本按照评估价值加上相关税费、运输费等确定；没有相关凭据可供取得、也未经资产评估的，其成本比照同类或类似资产的市场价格加上相关税费、运输费等确定；没有相关凭据且未经资产评估、同类或类似资产的市场价格也无法可靠取得的，按照名义金额入账，相关税费、运输费等计入当期费用。

如受赠的系旧的固定资产，在确定其初始入账成本时应当考虑该项资产的新旧程度。

（5）单位无偿调入的固定资产，其成本按照调出方账面价值加上相关税费、运输费等确定。

（6）单位盘盈的固定资产，按规定经过资产评估的，其成本按照评估价值确定；未经资产评估的，其成本按照重置成本确定。

（7）单位融资租赁取得的固定资产，其成本按照租赁协议或者合同确定的租赁价款、相关税费以及固定资产交付使用前所发生的可归属于该项资产的运输费、途中保险费、安装调试费等确定。

（二）固定资产的后续计量

固定资产的后续计量主要是指固定资产的折旧和处置。

1. 固定资产的折旧。固定资产折旧，是指在固定资产的预计使用年限内，按照确定的方法对应计的折旧额进行系统分摊。固定资产应计的折旧额为其成本，计提固定资产折旧时不考虑预计净残值。单位应当对暂估入账的固定资产计提折旧，实际成本确定后不需调整原已计提的折旧额。

（1）固定资产折旧计提范围。单位应当对固定资产计提折旧，但下列各项固定资产不计提折旧：①文物和陈列品；②动植物；③图书、档案；④单独计价入账的土地；⑤以名义金额计量的固定资产。

（2）固定资产折旧年限的确定。单位应当在遵循有关折旧年限规定的情况下，根据固定资产的性质和实际使用情况，合理确定其折旧年限。通常情况下，单位应当按照《〈政府会计准则第3号——固定资产〉应用指南》的相关规定确定各类应计提折旧的固定资产的折旧年限。

阅读资料 《政府会计准则第3号——固定资产》应用指南 http：//kjs. mof. gov. cn/zhengwuxinxi/zhengcefabu/201702/t20170228_ 2543859. html

具体确定固定资产的折旧年限时，单位应当考虑下列因素：

①固定资产预计实现服务潜力或提供经济利益的期限；

②固定资产预计有形损耗和无形损耗；

③法律或者类似规定对固定资产使用的限制。

固定资产的折旧年限一经确定，不得随意变更。因改建、扩建等原因而延长固定资产使用年限的，应当重新确定固定资产的折旧年限。单位盘盈、无偿调入、接受捐赠以及置换的固定资产，应当考虑该项资产的新旧程度，按照其尚可使用的年限计提折旧。单位计提融资租入固定资产折旧时，应当采用与自有固定资产相一致的折旧政策。能够合理确定租赁期届满时将会取得租入固定资产所有权的，应当在租入固定资产尚可使用年限内计提折旧；无法合理确定租赁期届满时能够取得租入固定资产所有权的，应当在租赁期与租入固定资产尚可使用年限两者中较短的期间内计提折旧。

（3）固定资产折旧计提时点。固定资产应当按月计提折旧，当月增加的固定资产，当月开始计提折旧；当月减少的固定资产，当月不再计提折旧。

固定资产提足折旧后，无论能否继续使用，均不再计提折旧；提前报废的固定资产，也不再补提折旧。已提足折旧的固定资产，可以继续使用的，应当继续使用，规范实物管理。

（4）固定资产折旧的方法。单位一般应当采用年限平均法或者工作量法计提固定资产折旧。在确定固定资产的折旧方法时，应当考虑与固定资产相关的服务潜力或经济利益的预期实现方式。固定资产折旧方法一经确定，不得随意变更。

2. 固定资产的处置。单位按规定报经批准出售、转让固定资产或固定资产报废、毁损的，应当将固定资产账面价值转销计入当期费用，并将处置收入扣除相关处置税费后的差额按规定作应缴款项处理（差额为净收益时）或计入当期费用（差额为净损失时）。

单位按规定报经批准对外捐赠、无偿调出固定资产的，应当将固定资产的账面价值予以转销，对外捐赠、无偿调出中发生的归属于捐出方、调出方的相关费用应当计入当期费用。

单位按规定报经批准以固定资产对外投资的，应当将该固定资产的账面价值予以转销，并将固定资产在对外投资时的评估价值与其账面价值的差额计入当期收入或费用。

固定资产盘亏造成的损失，按规定报经批准后应当计入当期费用。

三、固定资产的核算

（一）科目设置

单位设置“固定资产”科目，核算单位固定资产的原值。本科目应当按照固定资产类别和项目进行明细核算。购入需要安装的固定资产，应当先通过“在建工程”科目核算，安装完毕交付使用时再转入本科目核算。以借入、经营租赁租入方式取得的固定资产，不通过本科目核算，应当设置备查簿进行登记；采用融资租入方式取得的固定资产，通过本科目核算，并在本科目下设置“融资租入固定资产”明细科目；经批准在境外购买具有所有权的土地，作为固定资产，通过本科目核算时应当在本科目下设置“境外土地”明细科目，进行相应明细核算。本科目期末借方余额，反映单位固定资产的原值。

（二）核算实务

业务 1：取得固定资产。

（1）购入不需安装的固定资产验收合格时，按照确定的固定资产成本，借记本科目，贷记“财政拨款收入”“零余额账户用款额度”“应付账款”“银行存款”等科目。购入需要安装的固定资产，在安装完毕交付使用前通过“在建工程”科目核算，安装完毕交付使用时再转入本科目。

（2）购入固定资产扣留质量保证金的，应当在取得固定资产时，按照确定的固定资产成本，借记本科目（不需安装）或“在建工程”科目（需要安装），按照实际支付或应付的金额，贷记“财政拨款收入”“零余额账户用款额度”“应付账款”（不含质量保证金）、“银行存款”等科目，按照扣留的质量保证金数额，贷记“其他应付款”［扣留期在 1 年以内（含 1 年）］或“长期应付款”（扣留期超过 1 年）科目。质保期满支付质量保证金时，借记“其他应付款”“长期应付款”科目，贷记“财政拨款收入”“零余额账户用款额度”“银行存款”等科目。

（3）自行建造的固定资产交付使用时，按照在建工程成本，借记本科目，贷记“在建工程”科目。

（4）融资租入的固定资产，按照确定的成本，借记本科目（不需安装）或“在建工程”科目（需安装），按照租赁协议或者合同确定的租赁付款额，贷记“长期应付款”科目，按照支付的运输费、途中保险费、安装调试费等金额，贷记“财政拨款收入”“零余额账户用款额度”“银行存款”等科目。定期支付租金时，按照实际支付金额，借记“长期应付款”科目，贷记“财政拨款收入”“零余额账户用款额度”“银行存款”等科目。

（5）按照规定跨年度分期付款购入固定资产的账务处理，参照融资租入固定资产的核算。

（6）接受捐赠的固定资产，按照确定的固定资产成本，借记本科目（不需安装）或“在建工程”科目（需安装），按照发生的相关税费、运输费等，贷记“零余额账户用款额度”“银行存款”等科目，按照其差额，贷记“捐赠收入”科目。

接受捐赠的固定资产按照名义金额入账的，按照名义金额，借记本科目，贷记“捐赠收入”科目；按照发生的相关税费、运输费等，借记“其他费用”科目，贷记“零余额账户用款额度”“银行存款”等科目。

（7）无偿调入的固定资产，按照确定的固定资产成本，借记本科目（不需安装）或“在建工程”科目（需安装），按照发生的相关税费、运输费等，贷记“零余额账户用款额度”“银行存款”等科目，按照其差额，贷记“无偿调拨净资产”科目。

（8）置换取得的固定资产，参照“库存物品”科目中置换取得库存物品的相关规定进行账务处理。

（9）盘盈的固定资产，按照确定的入账成本，借记本科目，贷记“待处理财产损溢”科目。

固定资产取得时涉及增值税业务的，相关账务处理参见“应交增值税”科目。

业务2：与固定资产有关的后续支出。

（1）符合固定资产确认条件的后续支出。通常情况下，将固定资产转入改建、扩建时，按照固定资产的账面价值，借记“在建工程”科目，按照固定资产已计提折旧，借记“固定资产累计折旧”科目，按照固定资产的账面余额，贷记本科目。

为增加固定资产使用效能或延长其使用年限而发生的改建、扩建等后续支出，借记“在建工程”科目，贷记“财政拨款收入”“零余额账户用款额度”“银行存款”等科目。

固定资产改建、扩建等完成交付使用时，按照在建工程成本，借记本科目，贷记“在建工程”科目。

（2）不符合固定资产确认条件的后续支出。为保证固定资产正常使用发生的日常维修等支出，借记“业务活动费用”“单位管理费用”等科目，贷记“财政拨款收入”“零余额账户用款额度”“银行存款”等科目。

业务3：处置固定资产。

（1）报经批准出售、转让固定资产，按照被出售、转让固定资产的账面价值，借记“资产处置费用”科目，按照固定资产已计提的折旧，借记“固定资产累计折旧”科目，按照固定资产账面余额，贷记本科目；同时，按照收到的价款，借记“银行存款”等科目，按照处置过程中发生的相关费用，贷记“银行存款”等科目，按照其差额，贷记“应缴财政款”科目。

（2）报经批准对外捐赠固定资产，按照固定资产已计提的折旧，借记“固定资产累计折旧”科目，按照被处置固定资产账面余额，贷记本科目，按照捐赠过程中发生的归属于捐出方的相关费用，贷记“银行存款”等科目，按照其差额，借记“资产处置费用”科目。

（3）报经批准无偿调出固定资产，按照固定资产已计提的折旧，借记“固定资产累计折旧”科目，按照被处置固定资产账面余额，贷记本科目，按照其差额，借记“无偿调拨净资产”科目；同时，按照无偿调出过程中发生的归属于调出方的相关费用，借记“资产处置费用”科目，贷记“银行存款”等科目。

（4）报经批准置换换出固定资产，参照“库存物品”中置换换入库存物品的规定进行账务处理。

（5）盘亏、毁损或报废的固定资产，按照待处理固定资产的账面价值，借记“待处理财产损溢”科目，按照已计提折旧，借记“固定资产累计折旧”科目，按照固定资产的账面余额，贷记本科目。

固定资产处置时涉及增值税业务的，相关账务处理参见“应交增值税”科目。

【例12－15】某单位发生如下经济业务：

（1）将某项闲置的办公用设备出售，该设备原价为10万元，累计折旧8万元，处置收到银行存款收入8 000元，用现金支付处置费用300元。

借：资产处置费用　　20 000

　　固定资产累计折旧　　80 000

　　贷：固定资产　　100 000

借：银行存款　　8 000

　　贷：应缴财政款　　7 700

　　　　库存现金　　300

（2）年终对固定资产清查发现盘亏一项固定资产，该固定资产原价为4.01万元，累计折旧2.3万元。经批准，予以处置。

借：待处理财产损溢　　17 100

　　固定资产累计折旧　　23 000

　　贷：固定资产　　40 100

四、固定资产累计折旧的核算

（一）科目设置

单位设置“固定资产累计折旧”科目，核算单位计提的固定资产累计折旧。本科目应当按照所对应固定资产的明细分类进行明细核算。本科目期末贷方余额，反映单位计提的固定资产折旧累计数。

（二）核算实务

业务1：按月计提固定资产折旧时，按照应计提折旧金额，借记“业务活动费用”“单位管理费用”“经营费用”“加工物品”“在建工程”等科目，贷记本科目。

业务2：经批准处置或处理固定资产时，按照所处置或处理固定资产的账面价值，借记“资产处置费用”“无偿调拨净资产”“待处理财产损溢”等科目，按照已计提折旧，借记本科目，按照固定资产的账面余额，贷记“固定资产”科目。

【例12－16】某单位发生如下经济业务：

（1）开展非独立核算经营活动用某项设备，账面价值4.8万元，预计使用4年。按规定，应对该设备采用年限平均法计提折旧。

月折旧额＝48 000÷4÷12＝1 000（元）

借：经营费用　　1 000

　　贷：固定资产累计折旧　　1 000

（2）购入一项不需要安装固定资产，以银行存款支付价款共计90万元，用于开展业务活动。预计使用3年，每年提取折旧30万元。

购入固定资产时：

借：固定资产　　900 000
　　贷：银行存款　　900 000

按月提取折旧时：

月折旧额 = 300 000 ÷ 12 = 25 000（元）

借：业务活动费用　　25 000
　　贷：固定资产累计折旧　　25 000

第七节
工程物资与在建工程

一、工程物资

工程物资，是指单位为在建工程准备的各种物资。

（一）科目设置

单位设置“工程物资”科目，核算单位为在建工程准备的各种物资的成本，包括工程用材料、设备等。本科目可按照“库存材料”“库存设备”等工程物资类别进行明细核算。本科目期末借方余额，反映单位为在建工程准备的各种物资的成本。

（二）核算实务

业务1：购入为工程准备的物资，按照确定的物资成本，借记本科目，贷记“财政拨款收入”“零余额账户用款额度”“银行存款”“应付账款”等科目。

业务2：领用工程物资，按照物资成本，借记“在建工程”科目，贷记本科目。工程完工后将领出的剩余物资退库时做相反的会计分录。

业务3：工程完工后将剩余的工程物资转作本单位存货等的，按照物资成本，借记“库存物品”等科目，贷记本科目。

涉及增值税业务的，相关账务处理参见“应交增值税”科目。

【例12－17】某单位购入一批工程用材料，价款共计3.51万元，通过财政授权支付。

借：工程物资　　35 100
　　贷：零余额账户用款额度　　35 100

二、在建工程

在建工程，是指已经发生必要支出，但尚未达到交付使用状态的建设工程。单位固定资产新建、改建、扩建或技术改造、设备更新和大修理工程等尚未完工建设项目实施过程中的各项资产，都应当归入在建工程。在建工程达到交付使用状态时，单位应当按照规定办理工程竣工财务决算和资产交付使用。

（一）科目设置

单位设置“在建工程”科目，核算单位在建的建设项目工程的实际成本。单位在建的信息系统项目工程、公共基础设施项目工程、保障性住房项目工程的实际成本，也通过“在建工程”科目核算。本科目应当设置“建筑安装工程投资”“设备投资”“待摊投资”“其他投资”“待核销基建支出”“基建转出投资”等明细科目，并按照具体项目进行明细核算。本科目期末借方余额，反映单位尚未完工的建设项目工程发生的实际成本。

1. “建筑安装工程投资”明细科目，核算单位发生的构成建设项目实际支出的建筑工程和安装工程的实际成本，不包括被安装设备本身的价值以及按照合同规定支付给施工单位的预付备料款和预付工程款。本明细科目应当设置“建筑工程”和“安装工程”两个明细科目进行明细核算。

2. “设备投资”明细科目，核算单位发生的构成建设项目实际支出的各种设备的实际成本。

3. “待摊投资”明细科目，核算单位发生的构成建设项目实际支出的、按照规定应当分摊计入有关工程成本和设备成本的各项间接费用和税费支出。本明细科目的具体核算内容包括以下方面：

（1）勘察费、设计费、研究试验费、可行性研究费及项目其他前期费用。

（2）土地征用及迁移补偿费、土地复垦及补偿费、森林植被恢复费及其他为取得土地使用权、租用权而发生的费用。

（3）土地使用税、耕地占用税、契税、车船税、印花税及按照规定缴纳的其他税费。

（4）项目建设管理费、代建管理费、临时设施费、监理费、招投标费、社会中介审计（审查）费及其他管理性质的费用。项目建设管理费是指项目建设单位从项目筹建之日起至办理竣工财务决算之日止发生的管理性质的支出，包括不在原单位发工资的工作人员工资及相关费用、办公费、办公场地租用费、差旅交通费、劳动保护费、工具用具使用费、固定资产使用费、招募生产工人费、技术图书资料费（含软件）、业务招待费、施工现场津贴、竣工验收费等。

（5）项目建设期间发生的各类专门借款利息支出或融资费用。

（6）工程检测费、设备检验费、负荷联合试车费及其他检验检测类费用。

（7）固定资产损失、器材处理亏损、设备盘亏及毁损、单项工程或单位工程报废、毁损净损失及其他损失。

（8）系统集成等信息工程的费用支出。

（9）其他待摊性质支出。

本明细科目应当按照上述费用项目进行明细核算，其中有些费用（如项目建设管理费等），还应当按照更为具体的费用项目进行明细核算。

4. “其他投资”明细科目，核算单位发生的构成建设项目实际支出的房屋购置支出，基本畜禽、林木等购置、饲养、培育支出，办公生活用家具、器具购置支出，软件研发和不能计入设备投资的软件购置等支出。单位为进行可行性研究而购置的固定资产，以及取得土地使用权支付的土地出让金，也通过本明细科目核算。本明细科目应当设置“房屋购置”“基本畜禽支出”“林木支出”“办公生活用家具、器具购置”“可行性研究固定资产购置”“无形资产”等明细科目。

5. “待核销基建支出”明细科目，核算建设项目发生的江河清障、航道清淤、飞播造林、补助群众造林、水土保持、城市绿化、取消项目的可行性研究费以及项目整体报废等不能形成资产部分的基建投资支出。本明细科目应按照待核销基建支出的类别进行明细核算。

6. “基建转出投资”明细科目，核算为建设项目配套而建成的、产权不归属本单位的专用设施的实际成本。本明细科目应按照转出投资的类别进行明细核算。

（二）核算实务

业务1：建筑安装工程投资。

（1）将固定资产等资产转入改建、扩建等时，按照固定资产等资产的账面价值，借记本科目（建筑安装工程投资），按照已计提的折旧或摊销，借记“固定资产累计折旧”等科目，按照固定资产等资产的原值，贷记“固定资产”等科目。

固定资产等资产改建、扩建过程中涉及到替换（或拆除）原资产的某些组成部分的，按照被替换（或拆除）部分的账面价值，借记“待处理财产损溢”科目，贷记本科目（建筑安装工程投资）。

（2）单位对于发包建筑安装工程，根据建筑安装工程价款结算账单与施工企业结算工程价款时，按照应承付的工程价款，借记本科目（建筑安装工程投资），按照预付工程款余额，贷记“预付账款”科目，按照其差额，贷记“财政拨款收入”“零余额账户用款额度”“银行存款”“应付账款”等科目。

（3）单位自行施工的小型建筑安装工程，按照发生的各项支出金额，借记本科目（建筑安装工程投资），贷记“工程物资”“零余额账户用款额度”“银行存款”“应付职工薪酬”等科目。

（4）工程竣工，办妥竣工验收交接手续交付使用时，按照建筑安装工程成本（含应分摊的待摊投资），借记“固定资产”等科目，贷记本科目（建筑安装工程投资）。

业务2：设备投资。

（1）购入设备时，按照购入成本，借记本科目（设备投资），贷记“财政拨款收入”“零余额账户用款额度”“银行存款”等科目；采用预付款方式购入设备的，有关预付款的账务处理参照本科目有关“建筑安装工程投资”明细科目的规定。

（2）设备安装完毕，办妥竣工验收交接手续交付使用时，按照设备投资成本（含设备安装工程成本和分摊的待摊投资），借记“固定资产”等科目，贷记本科目（设备投资、建筑安装工程投资——安装工程）。

将不需要安装的设备和达不到固定资产标准的工具、器具交付使用时，按照相关设备、工具、器具的实际成本，借记“固定资产”“库存物品”科目，贷记本科目（设备投资）。

业务3：待摊投资。

（1）单位发生的构成待摊投资的各类费用，按照实际发生金额，借记本科目（待摊投资），贷记“财政拨款收入”“零余额账户用款额度”“银行存款”“应付利息”“长期借款”“其他应交税费”“固定资产累计折旧”“无形资产累计摊销”等科目。

（2）对于建设过程中试生产、设备调试等产生的收入，按照取得的收入金额，借记“银行存款”等科目，按照依据有关规定应当冲减建设工程成本的部分，贷记本科目（待摊投资），按照其差额贷记“应缴财政款”或“其他收入”科目。

（3）由于自然灾害、管理不善等原因造成的单项工程或单位工程报废或毁损，扣除残料价值和过失人或保险公司等赔款后的净损失，报经批准后计入继续施工的工程成本的，按照工程成本扣除残料价值和过失人或保险公司等赔款后的净损失，借记本科目（待摊投资），按照残料变价收入、过失人或保险公司赔款等，借记“银行存款”“其他应收款”等科目，按照报废或毁损的工程成本，贷记本科目（建筑安装工程投资）。

（4）工程交付使用时，按照合理的分配方法分配待摊投资，借记本科目（建筑安装工程投资、设备投资），贷记本科目（待摊投资）。

待摊投资的分配方法，可按照下列公式计算：

①按照实际分配率分配。适用于建设工期较短、整个项目的所有单项工程一次竣工的建设项目。

实际分配率＝待摊投资明细科目余额÷（建筑工程明细科目余额＋安装工程明细科目余额＋设备投资明细科目余额）×100%

②按照概算分配率分配。适用于建设工期长、单项工程分期分批建成投入使用的建设项目。

概算分配率＝（概算中各待摊投资项目的合计数－其中可直接分配部分）÷（概算中建筑工程、安装工程和设备投资合计）×100%

③某项固定资产应分配的待摊投资＝该项固定资产的建筑工程成本或该项固定资产（设备）的采购成本和安装成本合计×分配率

业务4：其他投资。

（1）单位为建设工程发生的房屋购置支出，基本畜禽、林木等的购置、饲养、培育支出，办公生活用家具、器具购置支出，软件研发和不能计入设备投资的软件购置等支出，按照实际发生金额，借记本科目（其他投资），贷记“财政拨款收入”“零余额账户用款额度”“银行存款”等科目。

（2）工程完成将形成的房屋、基本畜禽、林木等各种财产以及无形资产交付使用时，按照其实际成本，借记“固定资产”“无形资产”等科目，贷记本科目（其他投资）。

业务5：待核销基建支出。

（1）建设项目发生的江河清障、航道清淤、飞播造林、补助群众造林、水土保持、城市绿化等不能形成资产的各类待核销基建支出，按照实际发生金额，借记本科目（待核销基建支出），贷记“财政拨款收入”“零余额账户用款额度”“银行存款”等科目。

（2）取消的建设项目发生的可行性研究费，按照实际发生金额，借记本科目（待核销基建支出），贷记本科目（待摊投资）。

（3）由于自然灾害等原因发生的建设项目整体报废所形成的净损失，报经批准后转入待核销基建支出，按照项目整体报废所形成的净损失，借记本科目（待核销基建支出），按照报废工程回收的残料变价收入、保险公司赔款等，借记“银行存款”“其他应收款”等科目，按照报废的工程成本，贷记本科目（建筑安装工程投资等）。

（4）建设项目竣工验收交付使用时，对发生的待核销基建支出进行冲销，借记“资产处置费用”科目，贷记本科目（待核销基建支出）。

业务6：基建转出投资。

为建设项目配套而建成的、产权不归属本单位的专用设施，在项目竣工验收交付使用时，按照转出的专用设施的成本，借记本科目（基建转出投资），贷记本科目（建筑安装工程投资），同时，借记“无偿调拨净资产”科目，贷记本科目（基建转出投资）。

【例12－18】某单位发生如下经济业务：

（1）某构筑物原值16万元，按规定，该构筑物按年限平均法计提折旧，预计折旧年限8年。交付使用2年后，将该设备转入改建。改建工程委托B公司负责，修缮价款一共8万元，通过财政授权支付方式结清。改建过程中，构筑物部分拆除，被拆除部分价值1万元。3个月后，改建完成，该构筑物重新投入使用。

构筑物已计提的折旧额＝(160 000÷8)×2＝40 000（元）

借：在建工程——建筑安装工程投资	120 000	
固定资产累计折旧	40 000	
贷：固定资产		160 000
借：在建工程——建筑安装工程投资	80 000	
贷：零余额账户用款额度		80 000
借：待处理财产损溢	10 000	
贷：在建工程——建筑安装工程投资		10 000
借：固定资产	190 000(120 000＋80 000－10 000)	
贷：在建工程——建筑安装工程投资		190 000

（2）经批准，3月2日通过政府采购购置需要安装的专用设备一台，货款21万元，增值税为3.57万元。款项由财政直接支付。3月9日，设备安装完毕，验收后交付使用。

借：在建工程——设备投资	245 700	
贷：财政拨款收入——财政直接支付		245 700
借：固定资产——专用设备	245 700	
贷：在建工程——设备投资		245 700

第八节 无形资产及其累计摊销

一、无形资产概述

（一）无形资产的概念

无形资产，是指单位控制的没有实物形态的可辨认非货币性资产，如专利权、商标权、著作权、土地使用权、非专利技术等。

资产满足下列条件之一的，符合无形资产定义中的可辨认性标准：

1. 能够从单位中分离或者划分出来，并能单独或者与相关合同、资产或负债一起，用于出售、转移、授予许可、租赁或者交换。

2. 源自合同性权利或其他法定权利，无论这些权利是否可以从单位或其他权利和义务中转移或者分离。

（二）无形资产的确认

1. 无形资产同时满足下列条件的，应当予以确认：

（1）与该无形资产相关的服务潜力很可能实现或者经济利益很可能流入单位；

（2）该无形资产的成本或者价值能够可靠地计量。

单位在判断无形资产的服务潜力或经济利益是否很可能实现或流入时，应当对无形资产在预计使用年限内可能存在的各种社会、经济、科技因素做出合理估计，并且应当有确凿的证据支持。

2. 确认无形资产时，应当注意的几种情况：

（1）单位购入的不构成相关硬件不可缺少组成部分的软件，应当确认为无形资产。

（2）单位自行研究开发项目的支出，应当区分研究阶段支出与开发阶段支出。研究是指为获取并理解新的科学或技术知识而进行的独创性的有计划调查。开发是指在进行生产或使用前，将研究成果或其他知识应用于某项计划或设计，以生产出新的或具有实质性改进的材料、装置、产品等。单位自行研究开发项目研究阶段的支出，应当于发生时计入当期费用；单位自行研究开发项目开发阶段的支出，先按合理方法进行归集，如果最终形成无形资产的，应当确认为无形资产；如果最终未形成无形资产的，应当计入当期费用；单位自行研究开发项目尚未进入开发阶段，或者确实无法区分研究阶段支出和开发阶段支出，但按法律程序已申请取得无形资产的，应当将依法取得时发生的注册费、聘请律师费等费用确认为无形资产。

（3）单位自创商誉及内部产生的品牌、报刊名等，不应确认为无形资产。

（4）与无形资产有关的后续支出，同时符合上述两条无形资产确认条件的，应当计入无形资产成本；不符合上述两条确认条件的，应当在发生时计入当期费用或者相关资产成本。

（三）无形资产的计量

1. 无形资产的初始计量。无形资产在取得时应当按照成本进行初始计量。

（1）单位外购的无形资产，其成本包括购买价款、相关税费以及可归属于该项资产达到预定用途前所发生的其他支出。

（2）单位委托软件公司开发的软件，视同外购无形资产确定其成本。

（3）单位自行开发的无形资产，其成本包括自该项目进入开发阶段后至达到预定用途前所发生的支出总额。

（4）单位通过置换取得的无形资产，其成本按照换出资产的评估价值加上支付的补价或减去收到的补价，加上换入无形资产发生的其他相关支出确定。

（5）单位接受捐赠的无形资产，其成本按照有关凭据注明的金额加上相关税费确定；

没有相关凭据可供取得，但按规定经过资产评估的，其成本按照评估价值加上相关税费确定；没有相关凭据可供取得、也未经资产评估的，其成本比照同类或类似资产的市场价格加上相关税费确定；没有相关凭据且未经资产评估、同类或类似资产的市场价格也无法可靠取得的，按照名义金额入账，相关税费计入当期费用。确定接受捐赠无形资产的初始入账成本时，应当考虑该项资产尚可为单位带来服务潜力或经济利益的能力。

（6）单位无偿调入的无形资产，其成本按照调出方账面价值加上相关税费确定。

2. 无形资产的后续计量。无形资产的后续计量主要是指无形资产的摊销和处置。

（1）无形资产的摊销。无形资产摊销，是指在无形资产使用年限内，按照年限平均法或者工作量法对应摊销金额进行系统分摊。应摊销金额为其成本，不考虑预计残值。

单位应当对使用年限有限的无形资产进行摊销，但已摊销完毕仍继续使用的无形资产和以名义金额计量的无形资产除外。使用年限不确定的无形资产不应摊销。单位应当按月对使用年限有限的无形资产进行摊销，并根据用途计入当期费用或者相关资产成本。因发生后续支出而增加无形资产成本的，对于使用年限有限的无形资产，应当按照重新确定的无形资产成本以及重新确定的摊销年限计算摊销额。

单位应当于取得或形成无形资产时合理确定其使用年限。无形资产的使用年限为有限的，应当估计该使用年限。无法预见无形资产为单位提供服务潜力或者带来经济利益期限的，应当视为使用年限不确定的无形资产。对于使用年限有限的无形资产，单位应当按照以下原则确定无形资产的摊销年限：

①法律规定了有效年限的，按照法律规定的有效年限作为摊销年限；

②法律没有规定有效年限的，按照相关合同或单位申请书中的受益年限作为摊销年限；

③法律没有规定有效年限、相关合同或单位申请书也没有规定受益年限的，应当根据无形资产为单位带来服务潜力或经济利益的实际情况，预计其使用年限；

④非大批量购入、单价小于 1 000 元的无形资产，可以于购买的当期将其成本一次性全部转销。

（2）无形资产的处置。单位按规定报经批准出售无形资产，应当将无形资产账面价值转销计入当期费用，并将处置收入大于相关处置税费后的差额按规定计入当期收入或者做应缴款项处理，将处置收入小于相关处置税费后的差额计入当期费用。

单位按规定报经批准对外捐赠、无偿调出无形资产的，应当将无形资产的账面价值予以转销，对外捐赠、无偿调出中发生的归属于捐出方、调出方的相关费用应当计入当期费用。

单位按规定报经批准以无形资产对外投资的，应当将该无形资产的账面价值予以转销，并将无形资产在对外投资时的评估价值与其账面价值的差额计入当期收入或费用。

无形资产预期不能为单位带来服务潜力或者经济利益的，应当在报经批准后将该无形资产的账面价值予以转销。

二、无形资产的核算

（一）科目设置

单位设置“无形资产”科目，核算单位无形资产的原值。本科目应当按照无形资产的类别、项目等进行明细核算。本科目期末借方余额，反映单位无形资产的成本。单位应当定期对无形资产进行清查盘点，每年至少盘点一次。单位资产清查盘点过程中发现的无形资产盘盈、盘亏等，参照“固定资产”科目相关规定进行账务处理。非大批量购入、单价小于1 000元的无形资产，可以于购买的当期将其成本直接计入当期费用。

（二）核算实务

业务1：取得无形资产。

（1）外购的无形资产，按照确定的成本，借记本科目，贷记“财政拨款收入”“零余额账户用款额度”“应付账款”“银行存款”等科目。

（2）委托软件公司开发软件，视同外购无形资产进行处理。合同中约定预付开发费用的，按照预付金额，借记“预付账款”科目，贷记“财政拨款收入”“零余额账户用款额度”“银行存款”等科目。软件开发完成交付使用并支付剩余或全部软件开发费用时，按照软件开发费用总额，借记本科目，按照相关预付账款金额，贷记“预付账款”科目，按照支付的剩余金额，贷记“财政拨款收入”“零余额账户用款额度”“银行存款”等科目。

（3）自行研究开发形成的无形资产，按照研究开发项目进入开发阶段后至达到预定用途前所发生的支出总额，借记本科目，贷记“研发支出——开发支出”科目。自行研究开发项目尚未进入开发阶段，或者确实无法区分研究阶段支出和开发阶段支出，但按照法律程序已申请取得无形资产的，按照依法取得时发生的注册费、聘请律师费等费用，借记本科目，贷记“财政拨款收入”“零余额账户用款额度”“银行存款”等科目；按照依法取得前所发生的研究开发支出，借记“业务活动费用”等科目，贷记“研发支出”科目。

（4）接受捐赠的无形资产，按照确定的无形资产成本，借记本科目，按照发生的相关税费等，贷记“零余额账户用款额度”“银行存款”等科目，按照其差额，贷记“捐赠收入”科目。

接受捐赠的无形资产按照名义金额入账的，按照名义金额，借记本科目，贷记“捐赠收入”科目；同时，按照发生的相关税费等，借记“其他费用”科目，贷记“零余额账户用款额度”“银行存款”等科目。

（5）无偿调入的无形资产，按照确定的无形资产成本，借记本科目，按照发生的相关税费等，贷记“零余额账户用款额度”“银行存款”等科目，按照其差额，贷记“无偿调拨净资产”科目。

（6）置换取得的无形资产，参照“库存物品”科目中置换取得库存物品的相关规定进行账务处理。

（7）盘盈的无形资产，按照确定的入账成本，借记本科目，贷记“待处理财产损溢”科目。

无形资产取得时涉及增值税业务的，相关账务处理参见“应交增值税”科目。

业务2：与无形资产有关的后续支出。

（1）为增加无形资产的使用效能对其进行升级改造或扩展其功能时，如需暂停对无形资产进行摊销的，按照无形资产的账面价值，借记“在建工程”科目，按照无形资产已摊销金额，借记“无形资产累计摊销”科目，按照无形资产的账面余额，贷记本科目。无形资产后续支出符合无形资产确认条件的，按照支出的金额，借记本科目（无需暂停摊销的）或“在建工程”科目（需暂停摊销的），贷记“财政拨款收入”“零余额账户用款额度”“银行存款”等科目。

暂停摊销的无形资产升级改造或扩展功能等完成交付使用时，按照在建工程成本，借记本科目，贷记“在建工程”科目。

（2）为保证无形资产正常使用发生的日常维护等支出，借记“业务活动费用”“单位管理费用”等科目，贷记“财政拨款收入”“零余额账户用款额度”“银行存款”等科目。

业务3：处置无形资产。

（1）报经批准出售、转让无形资产，按照被出售、转让无形资产的账面价值，借记“资产处置费用”科目，按照无形资产已计提的摊销，借记“无形资产累计摊销”科目，按照无形资产账面余额，贷记本科目；同时，按照收到的价款，借记“银行存款”等科目，按照处置过程中发生的相关费用，贷记“银行存款”等科目，按照其差额，贷记“应缴财政款”（按照规定应上缴无形资产转让净收入的）或“其他收入”（按照规定将无形资产转让收入纳入本单位预算管理的）科目。

（2）报经批准对外捐赠无形资产，按照无形资产已计提的摊销，借记“无形资产累计摊销”科目，按照被处置无形资产账面余额，贷记本科目，按照捐赠过程中发生的归属于捐出方的相关费用，贷记“银行存款”等科目，按照其差额，借记“资产处置费用”科目。

（3）报经批准无偿调出无形资产，按照无形资产已计提的摊销，借记“无形资产累计摊销”科目，按照被处置无形资产账面余额，贷记本科目，按照其差额，借记“无偿调拨净资产”科目；同时，按照无偿调出过程中发生的归属于调出方的相关费用，借记“资产处置费用”科目，贷记“银行存款”等科目。

（4）报经批准置换换出无形资产，参照“库存物品”科目中置换换入库存物品的规定进行账务处理。

（5）无形资产预期不能为单位带来服务潜力或经济利益，按照规定报经批准核销时，按照待核销无形资产的账面价值，借记“资产处置费用”科目，按照已计提摊销，借记“无形资产累计摊销”科目，按照无形资产的账面余额，贷记本科目。

（6）无形资产盘亏，参照“固定资产”科目相关规定进行账务处理。

无形资产处置时涉及增值税业务的，相关账务处理参见“应交增值税”科目。

三、无形资产累计摊销的核算

（一）科目设置

单位设置“无形资产累计摊销”科目，核算单位对使用年限有限的无形资产计提的累计摊销。本科目应当按照所对应无形资产的明细分类进行明细核算。本科目期末贷方余额，反映单位计提的无形资产摊销累计数。

（二）核算实务

业务1：按月对无形资产进行摊销时，按照应摊销金额，借记“业务活动费用”“单位管理费用”“加工物品”“在建工程”等科目，贷记本科目。

业务2：经批准处置无形资产时，按照所处置无形资产的账面价值，借记“资产处置费用”“无偿调拨净资产”“待处理财产损溢”等科目，按照已计提摊销，借记本科目，按照无形资产的账面余额，贷记“无形资产”科目。

【例12－19】某单位发生如下经济业务：

（1）从乙公司购入一项专利权，协议约定价款8.5万元，先以财政直接支付方式结清专利权价款5万元，3.5万元由单位开出3个月期的无息银行承兑汇票结算。另以银行存款支付相关税费1 600元和有关专业服务费用2 000元。

外购的无形资产的入账成本＝85 000＋1 600＋2 000＝88 600（元）

借：无形资产	88 600	
贷：财政拨款收入		50 000
应付票据		35 000
银行存款		3 600

（2）自行开发无形资产，领用库存材料1.52万元，以银行存款支付开发人员薪酬1.16万元。该无形资产开发获得成功，取得专利权，申请专利时发生的注册费为1 348元，用银行存款支付。

领用材料、计提职工薪酬时：

借：研发支出——开发支出	26 800	
贷：库存物品		15 200
应付职工薪酬		11 600

发放职工薪酬时：

借：应付职工薪酬	11 600	
贷：银行存款		11 600

取得专利形成无形资产时：

借：无形资产	28 148	
贷：研发支出——开发支出		26 800
银行存款		1 348

（3）接受某企业捐赠的专利权，该企业无法提供凭证注明专用设备价款，同类或类似专利权的市场价格为3万元，该单位另用现金支付相关税费1 100元。

借：无形资产	31 100	
贷：库存现金		1 100
捐赠收入		30 000

（4）从丙公司购入一项专利权用于专业业务活动，协议约定价款60万元，通过财政直接支付方式结清专利权价款60万元，另以银行存款支付相关税费6 600元和有关服务

费用5 400元。根据法律规定，该专利权预计可使用10年。

购入时：

借：无形资产　612 000

　　贷：财政拨款收入　600 000

　　　　银行存款　12 000

按月对无形资产进行摊销时：

借：业务活动费用　5 100[（612 000÷10）÷12]

　　贷：无形资产累计摊销　5 100

四、研发支出

单位一般会投入资金研究开发新技术、新工艺、新产品，如果研究开发成功，单位便获得一项新的无形资产。研发支出分为研究阶段支出与开发阶段支出。

（一）科目设置

单位设置“研发支出”科目，核算单位自行研究开发项目研究阶段和开发阶段发生的各项支出。本科目应当按照自行研究开发项目，分别“研究支出”“开发支出”进行明细核算。本科目期末借方余额，反映单位预计能达到预定用途的研究开发项目在开发阶段发生的累计支出数。

（二）核算实务

业务1：自行研究开发项目研究阶段的支出，应当先在本科目归集。按照从事研究及其辅助活动人员计提的薪酬，研究活动领用的库存物品，发生的与研究活动相关的管理费、间接费和其他各项费用，借记本科目（研究支出），贷记“应付职工薪酬”“库存物品”“财政拨款收入”“零余额账户用款额度”“固定资产累计折旧”“银行存款”等科目。期（月）末，应当将本科目归集的研究阶段的支出金额转入当期费用，借记“业务活动费用”等科目，贷记本科目（研究支出）。

业务2：自行研究开发项目开发阶段的支出，先通过本科目进行归集。按照从事开发及其辅助活动人员计提的薪酬，开发活动领用的库存物品，发生的与开发活动相关的管理费、间接费和其他各项费用，借记本科目（开发支出），贷记“应付职工薪酬”“库存物品”“财政拨款收入”“零余额账户用款额度”“固定资产累计折旧”“银行存款”等科目。自行研究开发项目完成，达到预定用途形成无形资产的，按照本科目归集的开发阶段的支出金额，借记“无形资产”科目，贷记本科目（开发支出）。

单位应于每年年度终了评估研究开发项目是否能达到预定用途，如预计不能达到预定用途（如无法最终完成开发项目并形成无形资产的），应当将已发生的开发支出金额全部转入当期费用，借记“业务活动费用”等科目，贷记本科目（开发支出）。

自行研究开发项目时涉及增值税业务的，相关账务处理参见“应交增值税”科目。

第九节 非自用资产与代管资产

有些单位可能还存在一些非自用的代管资产，如政府储备物资和公共基础设施这类特殊资产。例如应急管理部门会有救灾储备物资，粮食单位可能会有粮油储备物资等。再如，交通单位可能会有城市交通设施，环保单位可能会有环保设施，体育单位可能会有健身设施等。这类特殊资产的共同特征是直接为社会公众提供服务，而不是为单位自身行政职能正常运转所配备的资产。政府经管资产是指国家以所有者身份和社会管理者身份控制的、预期能够带来经济利益或产生服务潜能的经济资源，一般包括公共基础设施、政府储备物资、文物资产等其他经管资产及受托代理资产。

一、公共基础设施

（一）公共基础设施的概念和分类

公共基础设施，是指单位为满足社会公共需求而控制的，同时具有以下特征的有形资产：

（1）是一个有形资产系统或网络的组成部分；

（2）具有特定用途；

（3）一般不可移动。

公共基础设施主要包括市政基础设施（如城市道路、桥梁、隧道、公交场站、路灯、广场、公园绿地、室外公共健身器材，以及环卫、排水、供水、供电、供气、供热、污水处理、垃圾处理系统等）、交通基础设施（如公路、航道、港口等）、水利基础设施（如大坝、堤防、水闸、泵站、渠道等）和其他公共基础设施。

（二）公共基础设施的确认

1. 公共基础设施予以确认的条件：

（1）与该公共基础设施相关的服务潜力很可能实现或者经济利益很可能流入单位；

（2）该公共基础设施的成本或者价值能够可靠地计量。

2. 公共基础设施确认单位：

（1）一般情况下，同时满足以上条件的公共基础设施，应当由按规定对其负有管理维护职责的单位予以确认；

（2）多个单位共同管理维护的公共基础设施，应当由对该资产负有主要管理维护职责或者承担后续主要支出责任的单位予以确认；

（3）分为多个组成部分由不同单位分别管理维护的公共基础设施，应当由各个单位分别对其负责管理维护的公共基础设施的相应部分予以确认；

（4）负有管理维护公共基础设施职责的单位通过政府购买服务方式委托企业或其他

会计主体代为管理维护公共基础设施的，该公共基础设施应当由委托方予以确认。

3. 公共基础设施确认的时点。对于自建或外购的公共基础设施，单位应当在该项公共基础设施验收合格并交付使用时确认；对于无偿调入、接受捐赠的公共基础设施，单位应当在开始承担该项公共基础设施管理维护职责时确认。

4. 公共基础设施确认要求：

（1）单位应当根据公共基础设施提供公共产品或服务的性质或功能特征对其进行分类确认；

（2）公共基础设施的各组成部分具有不同使用年限或者以不同方式提供公共产品或服务，适用不同折旧率或折旧方法且可以分别确定各自原价的，应当分别将各组成部分确认为该类公共基础设施的一个单项公共基础设施；

（3）单位在购建公共基础设施时，能够分清购建成本中的构筑物部分与土地使用权部分的，应当将其中的构筑物部分和土地使用权部分分别确认为公共基础设施；不能分清购建成本中的构筑物部分与土地使用权部分的，应当整体确认为公共基础设施；

（4）公共基础设施在使用过程中发生的后续支出，符合前述确认条件的，应当计入公共基础设施成本，不符合确认条件的，应当在发生时计入当期费用；

（5）为增加公共基础设施使用效能或延长其使用年限而发生的改建、扩建等后续支出，应当计入公共基础设施成本；为维护公共基础设施的正常使用而发生的日常维修、养护等后续支出，应当计入当期费用。

（三）公共基础设施的计量

1. 公共基础设施的初始计量。公共基础设施在取得时应当按照成本进行初始计量。

（1）单位自行建造的公共基础设施，其成本包括完成批准的建设内容所发生的全部必要支出，包括建筑安装工程投资支出、设备投资支出、待摊投资支出和其他投资支出。

（2）在原有公共基础设施基础上进行改建、扩建等建造活动后的公共基础设施，其成本按照原公共基础设施账面价值加上改建、扩建等建造活动发生的支出，再扣除公共基础设施被替换部分的账面价值后的金额确定。

为建造公共基础设施借入的专门借款的利息，属于建设期间发生的，计入该公共基础设施在建工程成本；不属于建设期间发生的，计入当期费用。

已交付使用但尚未办理竣工决算手续的公共基础设施，应当按照估计价值入账，待办理竣工决算后再按照实际成本调整原来的暂估价值。

（3）单位接受其他会计主体无偿调入的公共基础设施，其成本按照该项公共基础设施在调出方的账面价值加上归属于调入方的相关费用确定。

（4）单位接受捐赠的公共基础设施，其成本按照有关凭据注明的金额加上相关费用确定；没有相关凭据可供取得，但按规定经过资产评估的，其成本按照评估价值加上相关费用确定；没有相关凭据可供取得、也未经资产评估的，其成本比照同类或类似资产的市场价格加上相关费用确定。如受赠的系旧的公共基础设施，在确定其初始入账成本时应当考虑该项资产的新旧程度。

（5）单位外购的公共基础设施，其成本包括购买价款、相关税费以及公共基础设施交付使用前所发生的可归属于该项资产的运输费、装卸费、安装费和专业人员服务费等。

对于包括不同组成部分的公共基础设施，其只有总成本、没有单项组成部分成本的，单位可以按照各单项组成部分同类或类似资产的成本或市场价格比例对总成本进行分配，分别确定公共基础设施中各单项组成部分的成本。

（6）盘盈的公共基础设施，其成本按照有关凭据注明的金额确定；没有相关凭据、但按照规定经过资产评估的，其成本按照评估价值确定；没有相关凭据、也未经过评估的，其成本按照重置成本确定。盘盈的公共基础设施成本无法可靠取得的，单位应当设置备查簿进行登记，待成本确定后按照规定及时入账。

2. 公共基础设施的后续计量。

（1）公共基础设施的折旧或摊销。单位应当对公共基础设施计提折旧，但单位持续进行良好的维护使得其性能得到永久维持的公共基础设施和确认为公共基础设施的单独计价入账的土地使用权除外。公共基础设施应计提的折旧总额为其成本，计提公共基础设施折旧时不考虑预计净残值；对暂估入账的公共基础设施计提折旧时，实际成本确定后不需调整原已计提的折旧额。

单位应当根据公共基础设施的性质和使用情况，合理确定公共基础设施的折旧年限。单位确定公共基础设施折旧年限，应当考虑下列因素：

①设计使用年限或设计基准期；

②预计实现服务潜力或提供经济利益的期限；

③预计有形损耗和无形损耗；

④法律或者类似规定对资产使用的限制。

公共基础设施的折旧年限一经确定，不得随意变更，但因改建、扩建等原因而延长公共基础设施使用年限的除外。对于单位接受无偿调入、捐赠的公共基础设施，应当考虑该项资产的新旧程度，按照其尚可使用的年限计提折旧。

单位一般应当采用年限平均法或者工作量法计提公共基础设施折旧。在确定公共基础设施的折旧方法时，应当考虑与公共基础设施相关的服务潜力或经济利益的预期实现方式。公共基础设施折旧方法一经确定，不得随意变更。

公共基础设施应当按月计提折旧，并计入当期费用。当月增加的公共基础设施，当月开始计提折旧；当月减少的公共基础设施，当月不再计提折旧；处于改建、扩建等建造活动期间的公共基础设施，应当暂停计提折旧。因改建、扩建等原因而延长公共基础设施使用年限的，应当按照重新确定的公共基础设施的成本和重新确定的折旧年限计算折旧额，不需调整原已计提的折旧额；公共基础设施提足折旧后，无论能否继续使用，均不再计提折旧；已提足折旧的公共基础设施，可以继续使用的，应当继续使用，并规范实物管理。提前报废的公共基础设施，不再补提折旧。

对于确认为公共基础设施的单独计价入账的土地使用权，单位应当按照无形资产的相关规定进行摊销。

（2）公共基础设施的处置。单位按规定报经批准无偿调出、对外捐赠公共基础设施的，应当将公共基础设施的账面价值予以转销，无偿调出、对外捐赠中发生的归属于调出方、捐出方的相关费用应当计入当期费用。

公共基础设施报废或遭受重大毁损的，单位应当在报经批准后将公共基础设施账面价值予以转销，并将报废、毁损过程中取得的残值变价收入扣除相关费用后的差额按规定做应缴款项处理（差额为净收益时）或计入当期费用（差额为净损失时）。

（四）公共基础设施的核算

1. 科目设置。单位设置“公共基础设施”科目，核算单位控制的公共基础设施的原值。本科目应当按照公共基础设施的类别、项目等进行明细核算，本科目期末借方余额，反映公共基础设施的原值。

单位应当根据行业主管部门对公共基础设施的分类规定，制定适合于本单位管理的公共基础设施目录、分类方法，作为进行公共基础设施核算的依据。

2. 核算实务。

业务1：取得公共基础设施。

（1）自行建造的公共基础设施完工交付使用时，按照在建工程的成本，借记本科目，贷记“在建工程”科目。已交付使用但尚未办理竣工决算手续的公共基础设施，按照估计价值入账，待办理竣工决算后再按照实际成本调整原来的暂估价值。

（2）接受其他单位无偿调入的公共基础设施，按照确定的成本，借记本科目，按照发生的归属于调入方的相关费用，贷记“财政拨款收入”“零余额账户用款额度”“银行存款”等科目，按照其差额，贷记“无偿调拨净资产”科目。无偿调入的公共基础设施成本无法可靠取得的，按照发生的相关税费、运输费等金额，借记“其他费用”科目，贷记“财政拨款收入”“零余额账户用款额度”“银行存款”等科目。

（3）接受捐赠的公共基础设施，按照确定的成本，借记本科目，按照发生的相关费用，贷记“财政拨款收入”“零余额账户用款额度”“银行存款”等科目，按照其差额，贷记“捐赠收入”科目；接受捐赠的公共基础设施成本无法可靠取得的，按照发生的相关税费等金额，借记“其他费用”科目，贷记“财政拨款收入”“零余额账户用款额度”“银行存款”等科目。

（4）外购的公共基础设施，按照确定的成本，借记本科目，贷记“财政拨款收入”“零余额账户用款额度”“银行存款”等科目。

（5）盘盈的公共基础设施，按照确定的入账成本，借记本科目，贷记“待处理财产损溢”科目。

业务2：与公共基础设施有关的后续支出。

（1）将公共基础设施转入改建、扩建时，按照公共基础设施的账面价值，借记“在建工程”科目，按照公共基础设施已计提折旧，借记“公共基础设施累计折旧（摊销）”科目，按照公共基础设施的账面余额，贷记本科目。

（2）为增加公共基础设施使用效能或延长其使用年限而发生的改建、扩建等后续支出，借记“在建工程”科目，贷记“财政拨款收入”“零余额账户用款额度”“银行存款”等科目；公共基础设施改建、扩建完成，竣工验收交付使用时，按照在建工程成本，借记本科目，贷记“在建工程”科目。

（3）为保证公共基础设施正常使用发生的日常维修等支出，借记“业务活动费用”“单位管理费用”等科目，贷记“财政拨款收入”“零余额账户用款额度”“银行存款”等科目。

业务3：处置公共基础设施。

（1）报经批准对外捐赠公共基础设施，按照公共基础设施已计提的折旧或摊销，借记“公共基础设施累计折旧（摊销）”科目，按照被处置公共基础设施账面余额，贷记本科目，按照捐赠过程中发生的归属于捐出方的相关费用，贷记“银行存款”等科目，按照其差额，借记“资产处置费用”科目。

（2）报经批准无偿调出公共基础设施，按照公共基础设施已计提的折旧或摊销，借记“公共基础设施累计折旧（摊销）”科目，按照被处置公共基础设施账面余额，贷记本科目，按照其差额，借记“无偿调拨净资产”科目；同时，按照无偿调出过程中发生的归属于调出方的相关费用，借记“资产处置费用”科目，贷记“银行存款”等科目。

（3）盘亏、毁损或报废的公共基础设施，按照待处置公共基础设施的账面价值，借记“待处理财产损溢”科目，按照已计提折旧或摊销，借记“公共基础设施累计折旧（摊销）”科目，按照公共基础设施的账面余额，贷记本科目。

【例12－20】某单位发生如下经济业务：

（1）自行建设一项公共基础设施，该项公共基础设施建设完工并交付使用，建设成本为37.5万元。

借：公共基础设施	375 000	
贷：在建工程		375 000

（2）接受B单位移交的公共基础设施，该设施的原价为227.5万元，累计折旧113.1万元。

借：公共基础设施	1 144 000	
贷：无偿调拨净资产		1 144 000

（3）对由其占有并直接负责维护管理的一项公共基础设施进行日常修理，以维护其正常使用，共发生日常修理支出1.23万元，款项通过财政直接支付方式支付。

借：业务活动费用	12 300	
贷：财政拨款收入		12 300

二、政府储备物资

（一）政府储备物资概述

政府储备物资，是指单位为满足实施国家安全与发展战略、进行抗灾救灾、应对公共突发事件等特定公共需求而控制的，同时具有下列特征的有形资产：

（1）在应对可能发生的特定事件或情形时动用；

（2）其购入、存储保管、更新（轮换）、动用等由政府及相关部门发布的专门管理制度规范。

政府储备物资包括战略及能源物资、抢险抗灾救灾物资、农产品、医药物资和其他重要商品物资，通常情况下由单位委托承储单位存储。

（二）政府储备物资的确认

政府储备物资同时满足下列条件的，应当予以确认：

（1）与该政府储备物资相关的服务潜力很可能实现或者经济利益很可能流入单位；

（2）该政府储备物资的成本或者价值能够可靠地计量。

通常情况下，符合上述条件的政府储备物资，应当由按规定对其负有行政管理职责的单位予以确认。这里的行政管理职责主要指提出或拟定收储计划、更新（轮换）计划、动用方案。相关行政管理职责由不同单位行使的政府储备物资，由负责提出收储计划的单位予以确认。

（三）政府储备物资的计量

1. 政府储备物资的初始计量。政府储备物资在取得时应当按照成本进行初始计量。

（1）单位购入的政府储备物资，其成本包括购买价款和单位承担的相关税费、运输费、装卸费、保险费、检测费以及使政府储备物资达到目前场所和状态所发生的归属于政府储备物资成本的其他支出。

（2）单位委托加工的政府储备物资，其成本包括委托加工前物料成本、委托加工的成本（如委托加工费以及按规定应计入委托加工政府储备物资成本的相关税费等）以及单位承担的使政府储备物资达到目前场所和状态所发生的归属于政府储备物资成本的其他支出。

（3）单位接受捐赠的政府储备物资，其成本按照有关凭据注明的金额加上单位承担的相关税费、运输费等确定；没有相关凭据可供取得，但按规定经过资产评估的，其成本按照评估价值加上单位承担的相关税费、运输费等确定；没有相关凭据可供取得、也未经资产评估的，其成本比照同类或类似资产的市场价格加上单位承担的相关税费、运输费等确定。

（4）单位接受无偿调入的政府储备物资，其成本按照调出方账面价值加上归属于单位的相关税费、运输费等确定。

（5）单位盘盈的政府储备物资，其成本按照有关凭据注明的金额确定；没有相关凭据，但按规定经过资产评估的，其成本按照评估价值确定；没有相关凭据、也未经资产评估的，其成本按照重置成本确定。

下列各项不计入政府储备物资成本：①仓储费用；②日常维护费用；③不能归属于使政府储备物资达到目前场所和状态所发生的其他支出。

2. 政府储备物资的后续计量。单位应当根据实际情况采用先进先出法、加权平均法或者个别计价法确定政府储备物资发出的成本。计价方法一经确定，不得随意变更。对于性质和用途相似的政府储备物资，单位应当采用相同的成本计价方法确定发出物资的成本。对于不能替代使用的政府储备物资、为特定项目专门购入或加工的政府储备物资，单位通常应采用个别计价法确定发出物资的成本。

（1）因动用而发出无须收回的政府储备物资的，单位应当在发出物资时将其账面余额予以转销，计入当期费用。

（2）因动用而发出需要收回或者预期可能收回的政府储备物资的，单位应当在按规定的质量验收标准收回物资时，将未收回物资的账面余额予以转销，计入当期费用。

（3）因行政管理主体变动等原因而将政府储备物资调拨给其他主体的，单位应当在发出物资时将其账面余额予以转销。

（4）单位对外销售政府储备物资的，应当在发出物资时将其账面余额转销计入当期费用，并按规定确认相关销售收入或将销售取得的价款大于所承担的相关税费后的差额做应缴款项处理。

（5）单位采取销售采购方式对政府储备物资进行更新（轮换）的，应当将物资轮出视为物资销售；将物资轮入视为物资采购。

（6）政府储备物资报废、毁损的，单位应当按规定报经批准后将报废、毁损的政府储备物资的账面余额予以转销，确认应收款项（确定追究相关赔偿责任的）或计入当期费用（因储存年限到期报废或非人为因素致使报废、毁损的）；同时，将报废、毁损过程中取得的残值变价收入扣除单位承担的相关费用后的差额按规定作应缴款项处理（差额为净收益时）或计入当期费用（差额为净损失时）。

（7）政府储备物资盘亏的，单位应当按规定报经批准后将盘亏的政府储备物资的账面余额予以转销，确定追究相关赔偿责任的，确认应收款项；属于正常耗费或不可抗力因素造成的，计入当期费用。

（四）政府储备物资的核算

1. 科目设置。单位设置“政府储备物资”科目，核算单位控制的政府储备物资的成本。本科目应当按照政府储备物资的种类、品种、存放地点等进行明细核算。单位根据需要，可在本科目下设置“在库”“发出”等明细科目进行明细核算。本科目期末借方余额，反映政府储备物资的成本。

对政府储备物资不负有行政管理职责但接受委托具体负责执行其存储保管等工作的政府单位，应当将受托代储的政府储备物资作为受托代理资产核算。

2. 核算实务。

业务1：取得政府储备物资。

（1）购入的政府储备物资验收入库，按照确定的成本，借记本科目，贷记“财政拨款收入”“零余额账户用款额度”“银行存款”等科目。

（2）涉及委托加工政府储备物资业务的，相关账务处理参照“加工物品”科目。

（3）接受捐赠的政府储备物资验收入库，按照确定的成本，借记本科目，按照单位承担的相关税费、运输费等，贷记“零余额账户用款额度”“银行存款”等科目，按照其差额，贷记“捐赠收入”科目。

（4）接受无偿调入的政府储备物资验收入库，按照确定的成本，借记本科目，按照单位承担的相关税费、运输费等，贷记“零余额账户用款额度”“银行存款”等科目，按照其差额，贷记“无偿调拨净资产”科目。

（5）盘盈的政府储备物资，按照确定的入账成本，借记本科目，贷记“待处理财产损溢”科目；

业务2：发出政府储备物资。

（1）因动用而发出无须收回的政府储备物资的，按照发出物资的账面余额，借记“业务活动费用”科目，贷记本科目。

（2）因动用而发出需要收回或者预期可能收回的政府储备物资的，在发出物资时，按照发出物资的账面余额，借记本科目（发出），贷记本科目（在库）；按照规定的质量验收标准收回物资时，按照收回物资原账面余额，借记本科目（在库），按照未收回物资的原账面余额，借记“业务活动费用”科目，按照物资发出时登记在本科目所属“发出”明细科目中的余额，贷记本科目（发出）。

（3）因行政管理主体变动等原因而将政府储备物资调拨给其他主体的，按照无偿调出政府储备物资的账面余额，借记“无偿调拨净资产”科目，贷记本科目。

（4）对外销售政府储备物资并将销售收入纳入单位预算统一管理的，发出物资时，按照发出物资的账面余额，借记“业务活动费用”科目，贷记本科目；实现销售收入时，按照确认的收入金额，借记“银行存款”“应收账款”等科目，贷记“事业收入”等科目。

（5）对外销售政府储备物资并按照规定将销售净收入上缴财政的，发出物资时，按照发出物资的账面余额，借记“资产处置费用”科目，贷记本科目；取得销售价款时，按照实际收到的款项金额，借记“银行存款”等科目，按照发生的相关税费，贷记“银行存款”等科目，按照销售价款大于所承担的相关税费后的差额，贷记“应缴财政款”科目。

业务3：政府储备物资盘亏或者报废、毁损，按照待处理政府储备物资的账面余额，借记“待处理财产损溢”科目，贷记本科目。

【例12－21】某单位发生如下经济业务：

①接受社会捐赠的政府储备物资，有关凭据注明的金额为58 500元。

借：政府储备物资	58 500	
贷：捐赠收入		58 500

②无偿调出一批政府储备物资，相应的实际成本为35 000元。

借：无偿调拨净资产	35 000	
贷：政府储备物资		35 000

③为防止即将到期的储备物资变质毁损，经政府批准对外出售，物资成本75 000元，收到售价28 080元，存入开户银行。发生运费1 000元，用现金支付。售价款按规定应缴入国库。

借：资产处置费用	75 000	
贷：政府储备物资		75 000
借：银行存款	28 080	
贷：应缴财政款		27 080
库存现金		1 000

三、文物文化资产

（一）文物文化资产的概念

文物文化资产，是指单位为满足社会公共需求而控制的用于展览、教育或研究等目的的历史文物、艺术品以及其他具有文化或历史价值并作长期或永久保存的典藏等。

（二）文物文化资产的计量

文物文化资产在取得时应当按照其成本入账，对于成本无法可靠取得的文物文化资产，单位应当设置备查簿进行登记，待成本能够可靠确定后按照规定及时入账。

（1）外购的文物文化资产，其成本包括购买价款、相关税费以及可归属于该项资产达到预定用途前所发生的其他支出（如运输费、安装费、装卸费等）。

（2）接受其他单位无偿调入的文物文化资产，其成本按照该项资产在调出方的账面价值加上归属于调入方的相关费用确定。

（3）接受捐赠的文物文化资产，其成本按照有关凭据注明的金额加上相关费用确定；没有相关凭据可供取得，但按照规定经过资产评估的，其成本按照评估价值加上相关费用确定；没有相关凭据可供取得、也未经评估的，其成本比照同类或类似资产的市场价格加上相关费用确定。

（三）文物文化资产的核算

1. 科目设置。

单位设置"文物文化资产"科目，核算单位为满足社会公共需求而控制的文物文化资产的成本。本科目应当按照文物文化资产的类别、项目等进行明细核算，本科目期末借方余额，反映文物文化资产的成本。

单位为满足自身开展业务活动或其他活动需要而控制的文物和陈列品，应当通过"固定资产"科目核算，不通过"文物文化资产"科目核算。

2. 核算实务。

业务1：取得文物文化资产。

（1）外购的文物文化资产，按照确定的成本，借记本科目，贷记"财政拨款收入""零余额账户用款额度""银行存款"等科目。

（2）调入的文物文化资产，按照确定的成本，借记本科目，按照发生的归属于调入方的相关费用，贷记"零余额账户用款额度""银行存款"等科目，按照其差额，贷记"无偿调拨净资产"科目。无偿调入的文物文化资产成本无法可靠取得的，按照发生的归属于调入方的相关费用，借记"其他费用"科目，贷记"零余额账户用款额度""银行存款"等科目。

（3）接受捐赠的文物文化资产，按照确定的成本，借记本科目，按照发生的相关税费、运输费等金额，贷记"零余额账户用款额度""银行存款"等科目，按照其差额，贷记"捐赠收入"科目。接受捐赠的文物文化资产成本无法可靠取得的，按照发生的相关税费、运输费等金额，借记"其他费用"科目，贷记"零余额账户用款额度""银行存款"等科目。

（4）盘盈的文物文化资产，参照"公共基础设施"进行账务处理。

业务2：与文物文化资产有关的后续支出，参照"公共基础设施"科目相关规定进行处理。

业务3：处置文物文化资产。

（1）报经批准对外捐赠文物文化资产，按照被处置文物文化资产账面余额和捐赠过程中发生的归属于捐出方的相关费用合计数，借记"资产处置费用"科目，按照被处置文物文化资产账面余额，贷记本科目，按照捐赠过程中发生的归属于捐出方的相关费用，贷记"银行存款"等科目。

（2）报经批准无偿调出文物文化资产，按照被处置文物文化资产账面余额，借记

“无偿调拨净资产”科目，贷记本科目；同时，按照无偿调出过程中发生的归属于调出方的相关费用，借记“资产处置费用”科目，贷记“银行存款”等科目。

（3）文物文化资产发生盘亏、毁损或报废等，参照“公共基础设施”进行账务处理。

【例 12－22】 某单位发生如下经济业务：

（1）经批准外购一批文物，买价 18.9 万元，通过财政直接支付；相关税费 3.5 万元，通过财政授权支付；发生运费 3 000 元，用现金支付。

借：文物文化资产	227 000	
贷：财政拨款收入		189 000
零余额账户用款额度		35 000
库存现金		3 000

（2）经批准对外捐赠一件文物文化资产，其账面价值 8.5 万元，捐赠过程中发生应由该单位承担的鉴定费用 5 000 元，用银行存款支付。

借：资产处置费用	90 000	
贷：文物文化资产		85 000
银行存款		5 000

四、保障性住房及其累计折旧

（一）保障性住房

保障性住房，是指单位所控制的政府为中低收入住房困难家庭所提供的限定标准、限定价格或租金的住房。保障性住房包括廉租住房、经济适用住房、政策性租赁住房、定向安置房等。

1. 科目设置。单位设置“保障性住房”科目，核算单位为满足社会公共需求而控制的保障性住房的原值。本科目应当按照保障性住房的类别、项目等进行明细核算。本科目期末借方余额，反映保障性住房的原值。

2. 核算实务。

业务 1：取得保障性住房。

（1）外购的保障性住房，按照确定的成本（包括购买价款、相关税费以及可归属于该项资产达到预定用途前所发生的其他支出），借记本科目，贷记“财政拨款收入”“零余额账户用款额度”“银行存款”等科目。

（2）自行建造的保障性住房交付使用时，按照在建工程成本，借记本科目，贷记“在建工程”科目。已交付使用但尚未办理竣工决算手续的保障性住房，按照估计价值入账，待办理竣工决算后再按照实际成本调整原来的暂估价值。

（3）接受其他单位无偿调入的保障性住房，按照确定的成本（按照该项资产在调出方的账面价值加上归属于调入方的相关费用），借记本科目，按照发生的归属于调入方的相关费用，贷记“零余额账户用款额度”“银行存款”等科目，按照其差额，贷记“无偿调拨净资产”科目。

（4）接受捐赠、盘盈、融资租赁取得的保障性住房，参照“固定资产”科目相关规定进行处理。

业务2：与保障性住房有关的后续支出，参照“固定资产”科目相关规定进行处理。

业务3：按照规定出租保障性住房并将出租收入上缴同级财政，按照收取的租金金额，借记“银行存款”等科目，贷记“应缴财政款”科目。

业务4：处置保障性住房。

（1）报经批准无偿调出保障性住房，按照保障性住房已计提的折旧，借记“保障性住房累计折旧”科目，按照被处置保障性住房账面余额，贷记本科目，按照其差额，借记“无偿调拨净资产”科目；同时，按照无偿调出过程中发生的归属于调出方的相关费用，借记“资产处置费用”科目，贷记“银行存款”等科目。

（2）报经批准出售保障性住房，按照被出售保障性住房的账面价值，借记“资产处置费用”科目，按照保障性住房已计提的折旧，借记“保障性住房累计折旧”科目，按照保障性住房账面余额，贷记本科目；同时，按照收到的价款，借记“银行存款”等科目，按照出售过程中发生的相关费用，贷记“银行存款”等科目，按照其差额，贷记“应缴财政款”科目。

（3）保障性住房发生盘亏、毁损或报废等，参照“固定资产”科目相关规定进行账务处理。

【例12－23】 某单位经批准外购保障性住房30套，总购买价款1 680万元，通过财政直接支付；发生相关税费42万元，通过财政授权支付。

借：保障性住房	17 220 000	
贷：财政拨款收入		16 800 000
零余额账户用款额度		420 000

（二）保障性住房累计折旧

1. 科目设置。单位设置“保障性住房累计折旧”科目，核算单位计提的保障性住房的累计折旧。本科目应当按照所对应保障性住房的类别进行明细核算。本科目期末贷方余额，反映单位计提的保障性住房折旧累计数。

单位应当参照《政府会计准则第3号——固定资产》及其应用指南的相关规定，按月对其控制的保障性住房计提折旧。

2. 核算实务。

业务1：按月计提保障性住房折旧时，按照应计提的折旧额，借记“业务活动费用”科目，贷记本科目。

业务2：报经批准处置保障性住房时，按照所处置保障性住房的账面价值，借记“资产处置费用”“无偿调拨净资产”“待处理财产损溢”等科目，按照已计提折旧，借记本科目，按照保障性住房的账面余额，贷记“保障性住房”科目。

【例12－24】 续例12－23，该单位按规定对该批外购保障性住房按年限平均法进行折旧，折旧年限50年。

月折旧额＝（17 220 000÷50）÷12＝28 700（元）

借：业务活动费用	28 700	
贷：保障性住房累计折旧		28 700

第十节
其他资产和受托代理资产

一、其他资产

这里的其他资产是指除了前述章节所阐述资产以外的其他资产，包括待摊费用、长期待摊费用、待处理财产损溢等。

（一）待摊费用

待摊费用，是指单位已经支付，但应当由本期和以后各期分别负担的分摊期在1年以内（含1年）的各项费用，待摊费用应当在受益期限内分期平均摊销完毕。

1. 科目设置。单位设置“待摊费用”科目，核算单位已经支付，但应当由本期和以后各期分别负担的分摊期在1年以内（含1年）的各项费用，如预付航空保险费、预付租金等。本科目应当按照待摊费用种类进行明细核算。本科目期末借方余额，反映单位各种已支付但尚未摊销的分摊期在1年以内（含1年）的费用。

2. 核算实务。

业务1：发生待摊费用时，按照实际预付的金额，借记本科目，贷记“财政拨款收入”“零余额账户用款额度”“银行存款”等科目。

业务2：按照受益期限分期平均摊销时，按照摊销金额，借记“业务活动费用”“单位管理费用”“经营费用”等科目，贷记本科目。

业务3：如果某项待摊费用已经不能使单位受益，应当将其摊余金额一次全部转入当期费用。按照摊销金额，借记“业务活动费用”“单位管理费用”“经营费用”等科目，贷记本科目。

【例12-25】某单位通过单位零余额账户预付开展业务活动所租用仓库1年的租金6.6万元。

（1）预付时：

借：待摊费用　　66 000

　　贷：零余额账户用款额度　　66 000

（2）1年内按月分期平均摊销时：

借：业务活动费用　　5 500（66 000 ÷ 12）

　　贷：待摊费用　　5 500

（二）长期待摊费用

长期待摊费用，是指单位已经支出，但应由本期和以后各期负担的分摊期限在1年以上（不含1年）的各项费用。

1. 科目设置。单位设置“长期待摊费用”科目，核算单位已经支出，但应由本期和以后各期负担的分摊期限在1年以上（不含1年）的各项费用，如以经营租赁方式租入的固定资产发生的改良支出等。本科目应当按照费用项目进行明细核算。本科目期末借方余额，反映单位尚未摊销完毕的长期待摊费用。

2. 核算实务。

业务1：发生长期待摊费用时，按照支出金额，借记本科目，贷记“财政拨款收入”“零余额账户用款额度”“银行存款”等科目。

业务2：按照受益期间摊销长期待摊费用时，按照摊销金额，借记“业务活动费用”“单位管理费用”“经营费用”等科目，贷记本科目。

业务3：如果某项长期待摊费用已经不能使单位受益，应当将其摊余金额一次全部转入当期费用。按照摊销金额，借记“业务活动费用”“单位管理费用”“经营费用”等科目，贷记本科目。

【例12－26】某单位以经营租赁方式租入的用于开展业务活动用的固定资产发生改良支出12.6万元，通过财政直接支付。该支出按3年受益期平均推销。

（1）发生改良支出时：

借：长期待摊费用　　126 000

　　贷：财政拨款收入　　126 000

（2）按3年受益期分月平均摊销时：

借：业务活动费用　　3 500[（126 000÷3）÷12]

　　贷：长期待摊费用　　3 500

（三）待处理财产损溢

1. 科目设置。单位设置“待处理财产损溢”科目，核算单位在资产清查过程中查明的各种资产盘盈、盘亏和报废、毁损的价值。本科目应当按照待处理的资产项目进行明细核算；对于在资产处理过程中取得收入或发生相关费用的项目，还应当设置“待处理财产价值”“处理净收入”明细科目，进行明细核算。本科目期末如为借方余额，反映尚未处理完毕的各种资产的净损失；期末如为贷方余额，反映尚未处理完毕的各种资产净溢余。年末，经批准处理后，本科目一般应无余额。

单位资产清查中查明的资产盘盈、盘亏、报废和毁损，一般应当先记入“待处理财产损溢”科目，按照规定报经批准后及时进行账务处理。年末结账前一般应处理完毕。

2. 核算实务。

业务1：账款核对时发现的库存现金短缺或溢余。

（1）每日账款核对中发现现金短缺或溢余，属于现金短缺，按照实际短缺的金额，借记本科目，贷记“库存现金”科目；属于现金溢余，按照实际溢余的金额，借记“库存现金”科目，贷记本科目。

（2）如为现金短缺，属于应由责任人赔偿或向有关人员追回的，借记“其他应收款”科目，贷记本科目；属于无法查明原因的，报经批准核销时，借记“资产处置费用”科目，贷记本科目。

（3）如为现金溢余，属于应支付给有关人员或单位的，借记本科目，贷记“其他应付款”科目；属于无法查明原因的，报经批准后，借记本科目，贷记“其他收入”科目。

业务2：资产清查过程中发现的存货、固定资产、无形资产、公共基础设施、政府储备物资、文物文化资产、保障性住房等各种资产盘盈、盘亏或报废、毁损。

（1）盘盈的各类资产。

①转入待处理资产时，按照确定的成本，借记“库存物品”“固定资产”“无形资产”“公共基础设施”“政府储备物资”“文物文化资产”“保障性住房”等科目，贷记本科目。

②按照规定报经批准后处理时，对于盘盈的流动资产，借记本科目，贷记“单位管理费用”（事业单位）或“业务活动费用”（行政单位）科目。对于盘盈的非流动资产，如属于本年度取得的，按照当年新取得相关资产进行账务处理；如属于以前年度取得的，按照前期差错处理，借记本科目，贷记“以前年度盈余调整”科目。

（2）盘亏或者毁损、报废的各类资产。

①转入待处理资产时，借记本科目（待处理财产价值）［盘亏、毁损、报废固定资产、无形资产、公共基础设施、保障性住房的，还应借记“固定资产累计折旧”“无形资产累计摊销”“公共基础设施累计折旧（摊销）”“保障性住房累计折旧”科目］，贷记“库存物品”“固定资产”“无形资产”“公共基础设施”“政府储备物资”“文物文化资产”“保障性住房”“在建工程”等科目。涉及增值税业务的，相关账务处理参见“应交增值税”科目。

②报经批准处理时，借记“资产处置费用”科目，贷记本科目（待处理财产价值）。

③处理毁损、报废实物资产过程中取得的残值或残值变价收入、保险理赔和过失人赔偿等，借记“库存现金”“银行存款”“库存物品”“其他应收款”等科目，贷记本科目（处理净收入）；处理毁损、报废实物资产过程中发生的相关费用，借记本科目（处理净收入），贷记“库存现金”“银行存款”等科目。

④处理收支结清，如果处理收入大于相关费用的，按照处理收入减去相关费用后的净收入，借记本科目（处理净收入），贷记“应缴财政款”等科目；如果处理收入小于相关费用的，按照相关费用减去处理收入后的净支出，借记“资产处置费用”科目，贷记本科目（处理净收入）。

【例12-27】某单位发生如下经济业务：

（1）盘盈1台设备，同类设备市价1.4万元，经查明该设备属于以前年度取得的。

发现时：

借：固定资产　　14 000

　　贷：待处理财产损溢——待处理财产价值　　14 000

经批准处理后：

借：待处理财产损溢——待处理财产价值　　14 000

　　贷：以前年度盈余调整　　14 000

（2）年终对固定资产进行清查，发现盘亏一项固定资产，该固定资产原价为6.6万元，累计折旧3.3万元。经批准，予以处置。

发现时：

借：待处理财产损溢——待处理财产价值　　33 000

单位资产

固定资产累计折旧　　33 000
　　贷：固定资产　　66 000

经批准处理后：

借：资产处置费用　　33 000
　　贷：待处理财产损溢——待处理财产价值　　33 000

二、受托代理资产

受托代理资产是指单位接受委托方委托管理的各项资产。

（一）科目设置

单位设置“受托代理资产”科目，核算单位接受委托方委托管理的各项资产，包括受托指定转赠的物资、受托存储保管的物资等的成本。单位管理的罚没物资也应当通过该科目核算；单位收到的受托代理资产为现金和银行存款的，不通过本科目核算，应当通过“库存现金”“银行存款”科目进行核算。本科目应当按照资产的种类和委托人进行明细核算；属于转赠资产的，还应当按照受赠人进行明细核算。本科目期末借方余额，反映单位受托代理实物资产的成本。

（二）核算实务

业务1：受托转赠物资。

（1）接受委托人委托需要转赠给受赠人的物资，其成本按照有关凭据注明的金额确定。在物资验收入库时，按照确定的成本，借记本科目，贷记“受托代理负债”科目。

（2）受托协议约定由受托方承担相关税费、运输费等的，还应当按照实际支付的相关税费、运输费等金额，借记“其他费用”科目，贷记“银行存款”等科目。

（3）将受托转赠物资交付受赠人时，按照转赠物资的成本，借记“受托代理负债”科目，贷记本科目。

（4）转赠物资的委托人取消了对捐赠物资的转赠要求，且不再收回捐赠物资的，应当将转赠物资转为单位的存货、固定资产等。按照转赠物资的成本，借记“受托代理负债”科目，贷记本科目；同时，借记“库存物品”“固定资产”等科目，贷记“其他收入”科目。

业务2：受托存储保管物资。

（1）接受委托人委托存储保管的物资，在物资验收入库时，按照确定的成本（即有关凭据注明的金额确定），借记本科目，贷记“受托代理负债”科目。

（2）发生由受托单位承担的与受托存储保管的物资相关的运输费、保管费等费用时，按照实际发生的费用金额，借记“其他费用”等科目，贷记“银行存款”等科目。

（3）根据委托人要求交付或发出受托存储保管的物资时，按照发出物资的成本，借记“受托代理负债”科目，贷记本科目。

业务3：罚没物资。

（1）罚没物资验收入库，按照确定的成本（即有关凭据注明的金额确定），借记本科目，贷记“受托代理负债”科目。罚没物资成本无法可靠确定的，单位应当设置备查簿进行登记。

（2）按照规定处置或移交罚没物资时，按照罚没物资的成本，借记“受托代理负债”科目，贷记本科目。处置时取得款项的，按照实际取得的款项金额，借记“银行存款”等科目，贷记“应缴财政款”等科目。

单位受托代理的其他实物资产，参照本科目有关受托转赠物资、受托存储保管物资的规定进行账务处理。

【例 12－28】 某单位发生如下经济业务：

（1）按受托协议约定，将收到的 B 市某公司捐赠的救灾帐篷 1 000 套转赠 A 市某县灾区，并承担由 B 市运送救灾帐篷抵达某县灾区的运输费用 1 500 元，款项已用银行存款支付。一周后，帐篷送抵灾区。捐赠公司提供的发票注明单位帐篷的出厂价 300 元。

接受转赠时：

借：受托代理资产　　300 000

　　贷：受托代理负债　　300 000

支付运输费用时：

借：其他费用　　1 500

　　贷：银行存款　　1 500

交付受赠人时：

借：受托代理负债　　300 000

　　贷：受托代理资产　　300 000

（2）收到原转赠者 C 市某公司取消转赠的要求，将尚未转赠的 1 000 箱方便面取消捐赠指定作为库存物资管理，实时根据救灾和交通情况送抵灾区。捐赠公司提供的普通发票注明单位方便面的每箱卖价为 35 元。

借：受托代理负债　　35 000

　　贷：受托代理资产　　35 000

借：库存物品　　35 000

　　贷：其他收入　　35 000

（3）接受某公司委托管理其捐赠的应急除雪机 1 台，每台发票价格为 91 000 元。受托协议约定，由受托方负担相应的保管费 800 元，款项已用银行存款支付。

借：受托代理资产　　91 000

　　贷：受托代理负债　　91 000

借：其他费用　　800

　　贷：银行存款　　800

【思考题】

1. 什么是单位的资产？单位的资产主要包括哪些？单位资产的种类与企业的资产种类有何不同？

2. 单位的应收账款和应收票据同时适用于所有单位吗，为什么？

3. 什么是单位的存货？单位购入和发出存货时应当如何核算？其核算与企业有何不同？

4. 什么是单位的长期股权投资？单位长期股权投资的成本法和权益法和适用条件与企业有何不同？

5. 什么是单位的固定资产？单位计提固定资产折旧与企业计提固定资产折旧的核算有何不同？单位报废固定资产时应当如何核算？

6. 什么是单位的无形资产？单位计提无形资产摊销与企业计提无形资产摊销的核算有何不同？

第十三章 单位负债

学习目标

- □ 了解单位负债的概念和内容
- □ 熟悉单位负债的特点，知悉其管理
- □ 掌握单位负债的确认、计量和核算

第一节 负债概述

一、负债的概念和内容

负债，是指单位所承担的能以货币计量，需要以资产或者劳务偿还的债务。负债必须是单位过去的经济业务或者事项形成的，预期会导致经济资源流出单位的现时义务。

单位的负债按照流动性，分为流动负债和非流动负债。流动负债是指预计在 1 年内（含 1 年）偿还的负债；非流动负债是指流动负债以外的负债。单位的流动负债包括短期借款、应付及预收款项、应付职工薪酬、应缴款项等；单位的非流动负债包括长期借款、长期应付款等。

单位负债的确认与计量应遵循政府会计准则的相关规定，详见第二章内容。

二、负债管理

单位应当对不同性质的负债分类管理，及时清理并按照规定办理结算，保证各项负债在规定期限内归还。单位应当建立健全财务风险控制机制，规范和加强借入款项管理，严格执行审批程序，不得违反规定举借债务和提供担保。

第二节
对外借款

一、短期借款

短期借款，是指事业单位借入的期限在1年内（含1年）的各种借款。事业单位短期借款的债权人不仅包括银行，还包括其他金融机构，如小额贷款公司等。

（一）科目设置

事业单位设置“短期借款”科目，核算事业单位经批准向银行或其他金融机构等借入的期限在1年内（含1年）的各种借款。本科目应当按照债权人和借款种类进行明细核算。本科目期末贷方余额，反映事业单位尚未偿还的短期借款本金。

（二）核算实务

业务1：借入各种短期借款时，按照实际借入的金额，借记“银行存款”科目，贷记本科目。

业务2：银行承兑汇票到期，本单位无力支付票款的，按照应付票据的账面余额，借记“应付票据”科目，贷记本科目。

业务3：归还短期借款时，借记本科目，贷记“银行存款”科目。

【例13－1】某单位发生如下经济业务：

（1）7月1日从银行取得偿还期为6个月的借款10万元，年利率为4.35%，每月结息一次。

借：银行存款　　100 000
　　贷：短期借款　　100 000

（2）7月6日银行承兑汇票到期，无力支付票据款22.34万元，银行代为支付。

借：应付票据　　223 400
　　贷：短期借款　　23 400

二、长期借款

长期借款，是指事业单位经批准向银行或其他金融机构等借入的期限超过1年（不含1年）的各种借款。

（一）科目设置

事业单位设置“长期借款”科目，核算事业单位经批准向银行或其他金融机构等借入的期限超过1年（不含1年）的各种借款本息。本科目应当设置“本金”和“应计利息”明细科目，并按照贷款单位和贷款种类进行明细核算。对于建设项目借款，还应按照具体项目进行明细核算。本科目期末贷方余额，反映事业单位尚未偿还的长期借款本息金额。

（二）核算实务

业务1：借入各项长期借款时，按照实际借入的金额，借记“银行存款”科目，贷记本科目（本金）。

业务2：为建造固定资产、公共基础设施等应支付的专门借款利息，属于工程项目建设期间发生的利息，计入工程成本，按照计算确定的应支付的利息金额，借记“在建工程”科目，贷记“应付利息”科目。

业务3：为建造固定资产、公共基础设施等应支付的专门借款利息，属于工程项目完工交付使用后发生的利息，计入当期费用，按照计算确定的应支付的利息金额，借记“其他费用”科目，贷记“应付利息”科目。

业务4：按期计提其他长期借款的利息时，按照计算确定的应支付的利息金额，借记“其他费用”科目，贷记“应付利息”科目［分期付息、到期还本借款的利息］或本科目（应计利息）［到期一次还本付息借款的利息］。

业务5：到期归还长期借款本金、利息时，借记本科目（本金、应计利息），贷记“银行存款”科目。

【例13－2】某单位于1月1日从中国工商银行借入人民币360万元，期限3年，用于固定资产建造。年利率4.75%，按月计息。固定资产建造工程在第二年末完成并投入使用，并办理了工程决算（假定工程建设过程中，该借款的利息均允许资本化）。

（1）取得借款时：

借：银行存款	3 600 000	
贷：长期借款——本金		3 600 000

（2）第一、第二年每月计提利息时：

应计利息 =360×4.75%×1÷12 =1.425（万元）

借：在建工程	14 250	
贷：应计利息		14 250

（3）第三年每月计提利息时：

借：其他费用	14 250	
贷：应计利息		14 250

（4）每月支付利息时：

借：应计利息	14 250	
贷：银行存款		14 250

（5）第三年年末偿还本金时：

借：长期借款——本金	3 600 000	
贷：银行存款		3 600 000

第三节 应缴款项

应缴款项，是指单位应缴财政、上级或其他有关部门的款项。包括单位收取的应当上缴国库或者财政专户的资金、应缴税费，以及其他按照国家有关规定应当上缴的款项。

一、应交增值税

应交增值税，是指单位按照税法规定计算应缴纳的增值税。

（一）科目设置

单位设置“应交增值税”科目，核算单位按照税法规定计算应缴纳的增值税。本科目期末贷方余额，反映单位应交未交的增值税；期末如为借方余额，反映单位尚未抵扣或多交的增值税。

属于增值税一般纳税人的单位，应当在本科目下设置“应交税金”“未交税金”“预交税金”“待抵扣进项税额”“待认证进项税额”“待转销项税额”“简易计税”“转让金融商品应交增值税”“代扣代交增值税”等明细科目。

1. “应交税金”明细账内应当设置“进项税额”“已交税金”“转出未交增值税”“减免税款”“销项税额”“进项税额转出”“转出多交增值税”等专栏。其中：

（1）“进项税额”专栏，记录单位购进货物、加工修理修配劳务、服务、无形资产或不动产而支付或负担的、准予从当期销项税额中抵扣的增值税额；

（2）“已交税金”专栏，记录单位当月已缴纳的应交增值税额；

（3）“转出未交增值税”和“转出多交增值税”专栏，分别记录一般纳税人月度终了转出当月应交未交或多交的增值税额；

（4）“减免税款”专栏，记录单位按照现行增值税制度规定准予减免的增值税额；

（5）“销项税额”专栏，记录单位销售货物、加工修理修配劳务、服务、无形资产或不动产应收取的增值税额；

（6）“进项税额转出”专栏，记录单位购进货物、加工修理修配劳务、服务、无形资产或不动产等发生非正常损失以及其他原因而不应从销项税额中抵扣、按照规定转出的进项税额。

2. “未交税金”明细科目，核算单位月度终了从“应交税金”或“预交税金”明细科目转入当月应交未交、多交或预缴的增值税额，以及当月缴纳以前期间未缴的增值税额。

3. “预交税金”明细科目，核算单位转让不动产、提供不动产经营租赁服务等，以及其他按照现行增值税制度规定应预缴的增值税额。

4. “待抵扣进项税额”明细科目，核算单位已取得增值税扣税凭证并经税务机关认证，按照现行增值税制度规定准予以后期间从销项税额中抵扣的进项税额。

5. “待认证进项税额”明细科目，核算单位由于未经税务机关认证而不得从当期销项税额中抵扣的进项税额。包括：一般纳税人已取得增值税扣税凭证并按规定准予从销项税额中抵扣，但尚未经税务机关认证的进项税额；一般纳税人已申请稽核但尚未取得稽核相符结果的海关缴款书进项税额。

6. “待转销项税额”明细科目，核算单位销售货物、加工修理修配劳务、服务、无形资产或不动产，已确认相关收入（或利得）但尚未发生增值税纳税义务而需于以后期间确认为销项税额的增值税额。

7. “简易计税”明细科目，核算单位采用简易计税方法发生的增值税计提、扣减、预缴、缴纳等业务。

8. “转让金融商品应交增值税”明细科目，核算单位转让金融商品发生的增值税额。

9. “代扣代交增值税”明细科目，核算单位购进在境内未设经营机构的境外单位或个人在境内的应税行为代扣代缴的增值税。

属于增值税小规模纳税人的单位只需在本科目下设置“转让金融商品应交增值税”“代扣代交增值税”明细科目。

（二）核算实务

业务1：单位取得资产或接受劳务等业务

1. 采购等业务进项税额允许抵扣。单位购买用于增值税应税项目的资产或服务等时，按照应计入相关成本费用或资产的金额，借记“业务活动费用”“在途物品”“库存物品”“工程物资”“在建工程”“固定资产”“无形资产”等科目，按照当月已认证的可抵扣增值税额，借记本科目（应交税金——进项税额），按照当月未认证的可抵扣增值税额，借记本科目（待认证进项税额），按照应付或实际支付的金额，贷记“应付账款”“应付票据”“银行存款”“零余额账户用款额度”等科目。发生退货的，如原增值税专用发票已做认证，应根据税务机关开具的红字增值税专用发票做相反的会计分录；如原增值税专用发票未做认证，应将发票退回并做相反的会计分录。

小规模纳税人购买资产或服务等不能抵扣增值税时，发生的增值税计入资产成本或相关成本费用。

2. 采购等业务进项税额不得抵扣。单位购进资产或服务等，用于简易计税方法计税项目、免征增值税项目、集体福利或个人消费等，其进项税额按照现行增值税制度规定不得从销项税额中抵扣的，取得增值税专用发票时，应按照增值税发票注明的金额，借记相关成本费用或资产科目，按照待认证的增值税进项税额，借记本科目（待认证进项税额），按照实际支付或应付的金额，贷记“银行存款”“应付账款”“零余额账户用款额度”等科目。经税务机关认证为不可抵扣进项税时，借记本科目（应交税金——进项税额）科目，贷记本科目（待认证进项税额），同时，将进项税额转出，借记相关成本费用科目，贷记本科目（应交税金——进项税额转出）。

阅读资料 财政部、国家税务总局发布《关于简并增值税税率有关政策的通知》（财税［2017］37号）http：//www. chinatax. gov. cn/n810219/n810744/n2048831/n2059355/n2765733/c2767348/content. html

3. 购进不动产或不动产在建工程按照规定进项税额分年抵扣。单位取得应税项目为不动产或者不动产在建工程，其进项税额按照现行增值税制度规定自取得之日起分两年从销项税额中抵扣的，应当按照取得成本，借记"固定资产""在建工程"等科目，按照当期可抵扣的增值税额，借记本科目（应交税金——进项税额），按照以后期间可抵扣的增值税额，借记本科目（待抵扣进项税额），按照应付或实际支付的金额，贷记"应付账款""应付票据""银行存款""零余额账户用款额度"等科目。尚未抵扣的进项税额待以后期间允许抵扣时，按照允许抵扣的金额，借记本科目（应交税金——进项税额），贷记本科目（待抵扣进项税额）。

4. 进项税额抵扣情况发生改变。单位因发生非正常损失或改变用途等，原已计入进项税额、待抵扣进项税额或待认证进项税额，但按照现行增值税制度规定不得从销项税额中抵扣的，借记"待处理财产损溢""固定资产""无形资产"等科目，贷记本科目（应交税金——进项税额转出）、本科目（待抵扣进项税额）或本科目（待认证进项税额）；原不得抵扣且未抵扣进项税额的固定资产、无形资产等，因改变用途等用于允许抵扣进项税额的应税项目的，应按照允许抵扣的进项税额，借记本科目（应交税金——进项税额），贷记"固定资产""无形资产"等科目。固定资产、无形资产等经上述调整后，应按照调整后的账面价值在剩余尚可使用年限内计提折旧或摊销。

单位购进时已全额计入进项税额的货物或服务等转用于不动产在建工程的，对于结转以后期间的进项税额，应借记本科目（待抵扣进项税额），贷记本科目（应交税金——进项税额转出）。

5. 购买方作为扣缴义务人。按照现行增值税制度规定，境外单位或个人在境内发生应税行为，在境内未设有经营机构的，以购买方为增值税扣缴义务人。境内一般纳税人购进服务或资产时，按照应计入相关成本费用或资产的金额，借记"业务活动费用""在途物品""库存物品""工程物资""在建工程""固定资产""无形资产"等科目，按照可抵扣的增值税额，借记本科目（应交税金——进项税额）［小规模纳税人应借记相关成本费用或资产科目］，按照应付或实际支付的金额，贷记"银行存款""应付账款"等科目，按照应代扣代缴的增值税额，贷记本科目（代扣代交增值税）。实际缴纳代扣代缴增值税时，按照代扣代缴的增值税额，借记本科目（代扣代交增值税），贷记"银行存款""零余额账户用款额度"等科目。

业务2：单位销售资产或提供服务等业务。

1. 销售资产或提供服务业务。单位销售货物或提供服务，应当按照应收或已收的金额，借记"应收账款""应收票据""银行存款"等科目，按照确认的收入金额，贷记"经营收入""事业收入"等科目，按照现行增值税制度规定计算的销项税额（或采用简易计税方法计算的应纳增值税额），贷记本科目（应交税金——销项税额）或本科目（简易计税）［小规模纳税人应贷记该科目］。发生销售退回的，应根据按照规定开具的红字增值税专用发票做相反的会计分录。

按照《单位会计制度》及相关政府会计准则确认收入的时点早于按照增值税制度确认增值税纳税义务发生时点的，应将相关销项税额计入本科目（待转销项税额），待实际发生纳税义务时再转入本科目（应交税金——销项税额）或本科目（简易计税）。

按照增值税制度确认增值税纳税义务发生时点早于按照《单位会计制度》及相关政府会计准则确认收入的时点的，应按照应纳增值税额，借记“应收账款”科目，贷记本科目（应交税金——销项税额）或本科目（简易计税）。

2. 金融商品转让按照规定以盈亏相抵后的余额作为销售额。金融商品实际转让月末，如产生转让收益，则按照应纳税额，借记“投资收益”科目，贷记本科目（转让金融商品应交增值税）；如产生转让损失，则按照可结转下月抵扣税额，借记本科目（转让金融商品应交增值税），贷记“投资收益”科目。缴纳增值税时，应借记本科目（转让金融商品应交增值税），贷记“银行存款”等科目。年末，本科目（转让金融商品应交增值税）如有借方余额，则借记“投资收益”科目，贷记本科目（转让金融商品应交增值税）。

业务3：月末转出多交增值税和未交增值税。

月度终了，单位应当将当月应交未交或多交的增值税自“应交税金”明细科目转入“未交税金”明细科目。对于当月应交未交的增值税，借记本科目（应交税金——转出未交增值税），贷记本科目（未交税金）；对于当月多交的增值税，借记本科目（未交税金），贷记本科目（应交税金——转出多交增值税）。

业务4：缴纳增值税。

1. 缴纳当月应交增值税。单位缴纳当月应交的增值税，借记本科目（应交税金——已交税金）[小规模纳税人借记本科目]，贷记“银行存款”等科目。

2. 缴纳以前期间未交增值税。单位缴纳以前期间未交的增值税，借记本科目（未交税金）[小规模纳税人借记本科目]，贷记“银行存款”等科目。

3. 预交增值税。单位预交增值税时，借记本科目（预交税金），贷记“银行存款”等科目。月末，单位应将“预交税金”明细科目余额转入“未交税金”明细科目，借记本科目（未交税金），贷记本科目（预交税金）。

4. 减免增值税。对于当期直接减免的增值税，借记本科目（应交税金——减免税款），贷记“业务活动费用”“经营费用”等科目。

按照现行增值税制度规定，单位初次购买增值税税控系统专用设备支付的费用以及缴纳的技术维护费允许在增值税应纳税额中全额抵减的，按照规定抵减的增值税应纳税额，借记本科目（应交税金——减免税款）[小规模纳税人借记本科目]，贷记“业务活动费用”“经营费用”等科目。

【例13-3】某单位发生如下经济业务：

（1）购入材料一批，买价20万元，增值税3.2万元，运费1 000元，增值税100元，共计2 331万元，结算凭证已到，材料已经验收入库。款项已通过银行存款付清。

材料成本 = 200 000 + 1 000 = 201 000（元）；

进项税额 = 32 000 + 100 = 32 100（元）

借：库存物品　　　　201 000

应交增值税——应交税金（进项税额）　32 100
贷：银行存款　233 100

（2）购入免税农产品一批，作为物品入库，收购价 10 万元。款项已通过银行存款付清。

免税农产品入账成本 = 100 000 ×（1 − 12%）= 88 000（元）

进项税额 = 100 000 × 12% = 12 000（元）

借：库存物品　88 000
应交增值税——待认证进项税额　12 000
贷：银行存款　100 000

借：应交增值税——应交税金（进项税额）　12 000
贷：应交增值税——待认证进项税额　12 000

同时：

借：库存物品　12 000
贷：应交增值税——应交税金（进项税额转出）　12 000

（3）购入不需安装的机器设备一台，买价 5 万元，增值税 8 000 元，运输费 500 元，增值税税额 50 元，共计 5.855 万元，款项已通过银行存款付清。假定增值税自取得之日起分 2 年从销项税额中抵扣。

固定资产原值 = 50 000 + 500 = 50 500（元）

进项税额 = 8 000 + 50 = 8 050（元）

借：固定资产　50 500
应交增值税——应交税金（进项税额）　4 830
——待抵扣进项税额　3 220
贷：银行存款　58 550

（4）开展非独立核算经营活动销售 A 产品 100 件，不含税价款为 6 万元，增值税率 16%，销项税额 9 600 元，共计 6.96 万元，款项收到存入银行。

借：银行存款　69 600
贷：经营收入　60 000
应交增值税——应交税金（销项税额）　9 600

（5）补交上月末未交增值税 2 000 元，并预交下月增值税 17.5 万元，合计 17.7 万元。

借：应交增值税——未交税金　2 000
——预交税金　175 000
贷：银行存款　177 000

> **阅读资料**　《国务院关于废止〈中华人民共和国营业税暂行条例〉和修改〈中华人民共和国增值税暂行条例〉的决定》（国令第 691 号）。http://www.gov.cn/zhengce/content/2017-12/01/content_5243734.htm

二、其他应交税费

其他应交税费是指单位按照税法等规定计算应缴纳的除增值税以外的各种税费。

（一）科目设置

单位设置“其他应交税费”科目，核算单位按照税法等规定计算应缴纳的除增值税以外的各种税费，包括城市维护建设税、教育费附加、地方教育费附加、车船税、房产税、城镇土地使用税和企业所得税等。单位代扣代缴的个人所得税，也通过本科目核算；单位应缴纳的印花税不需要预提应交税费，直接通过“业务活动费用”“单位管理费用”“经营费用”等科目核算，不通过本科目核算。

本科目应当按照应缴纳的税费种类进行明细核算。本科目期末贷方余额，反映单位应交未交的除增值税以外的税费金额；期末如为借方余额，反映单位多缴纳的除增值税以外的税费金额。

（二）核算实务

业务1：发生城市维护建设税、教育费附加、地方教育费附加、车船税、房产税、城镇土地使用税等纳税义务的，按照税法规定计算的应缴税费金额，借记“业务活动费用”“单位管理费用”“经营费用”等科目，贷记本科目（应交城市维护建设税、应交教育费附加、应交地方教育费附加、应交车船税、应交房产税、应交城镇土地使用税等）。

业务2：按照税法规定计算应代扣代缴职工（含长期聘用人员）的个人所得税，借记“应付职工薪酬”科目，贷记本科目（应交个人所得税）。

按照税法规定计算应代扣代缴支付给职工（含长期聘用人员）以外人员劳务费的个人所得税，借记“业务活动费用”“单位管理费用”等科目，贷记本科目（应交个人所得税）。

业务3：发生企业所得税纳税义务的，按照税法规定计算的应交所得税额，借记“所得税费用”科目，贷记本科目（单位应交所得税）。

业务4：单位实际缴纳上述各种税费时，借记本科目（应交城市维护建设税、应交教育费附加、应交地方教育费附加、应交车船税、应交房产税、应交城镇土地使用税、应交个人所得税、单位应交所得税等），贷记“财政拨款收入”“零余额账户用款额度”“银行存款”等科目。

【例13－4】某单位发生如下经济业务：

（1）根据开展专业业务活动取得的各项收入应交增值税，计算出应交城市维护建设税为7 000元、教育费附加为3 000元、地方教育附加为2 000元。

借：业务活动费用	12 000	
贷：其他应交税费——应交城市维护建设税		7 000
——应交教育费附加		3 000
——应交地方教育费附加		2 000

（2）用银行存款缴纳房产税1 280元、车船税1 310元。

借：其他应交税费——应交房产税	1 280	
——应交车船税	1 310	

贷：银行存款　　　　2 590

三、应缴财政款

应缴财政款，是指单位取得或应收的按照规定应当上缴财政的款项。

（一）科目设置

单位设置“应缴财政款”科目，核算单位取得或应收的按照规定应当上缴财政的款项，包括应缴国库的款项和应缴财政专户的款项。本科目应当按照应缴财政款项的类别进行明细核算。本科目期末贷方余额，反映单位应当上缴财政但尚未缴纳的款项。年终清缴后，本科目一般应无余额。

（二）核算实务

业务 1：单位取得或应收按照规定应缴财政的款项时，借记“银行存款”“应收账款”等科目，贷记本科目。

业务 2：单位处置资产取得的应上缴财政的处置净收入的账务处理，参见“待处理财产损溢”等科目。

业务 3：单位上缴应缴财政的款项时，按照实际上缴的金额，借记本科目，贷记“银行存款”科目。

【例 13－5】某单位收取学费 510 630 元，按规定应上缴财政。

（1）收取时：

借：银行存款　　　　510 630

　　贷：应缴财政款　　　　510 630

（2）上缴时：

借：应缴财政款　　　　510 630

　　贷：银行存款　　　　510 630

第四节 应付职工薪酬

一、应付职工薪酬的概念和内容

应付职工薪酬，是指单位按有关规定应付给职工（含长期聘用人员）及为职工支付的各种薪酬。包括基本工资、国家统一规定的津贴补贴、规范津贴补贴（绩效工资）、改革性补贴、社会保险费（如职工基本养老保险费、职业年金、基本医疗保险费等）、住房公积金等。

单位与职工之间的因为职工提供服务形成的关系，大多构成了单位的现时支付义务，将导致单位未来经济利益的流出，从而形成单位的一项负债。

二、应付职工薪酬核算

（一）科目设置

单位设置“应付职工薪酬”科目，核算单位按照有关规定应付给职工（含长期聘用人员）及为职工支付的各种薪酬，包括基本工资、国家统一规定的津贴补贴、规范津贴补贴（绩效工资）、改革性补贴、社会保险费（如职工基本养老保险费、职业年金、基本医疗保险费等）、住房公积金等。本科目应当根据国家有关规定按照“基本工资”（含离退休费）、“国家统一规定的津贴补贴”“规范津贴补贴（绩效工资）”“改革性补贴”“社会保险费”“住房公积金”“其他个人收入”等进行明细核算。其中，“社会保险费”“住房公积金”明细科目核算内容包括单位从职工工资中代扣代缴的社会保险费、住房公积金，以及单位为职工计算缴纳的社会保险费、住房公积金。本科目期末贷方余额，反映单位应付未付的职工薪酬。

（二）核算实务

业务1：计算确认当期应付职工薪酬（含单位为职工计算缴纳的社会保险费、住房公积金）。

（1）计提从事专业及其辅助活动人员的职工薪酬，借记“业务活动费用”“单位管理费用”科目，贷记本科目。

（2）计提应由在建工程、加工物品、自行研发无形资产负担的职工薪酬，借记“在建工程”“加工物品”“研发支出”等科目，贷记本科目。

（3）计提从事专业及其辅助活动之外的经营活动人员的职工薪酬，借记“经营费用”科目，贷记本科目。

（4）因解除与职工的劳动关系而给予的补偿，借记“单位管理费用”等科目，贷记本科目。

业务2：向职工支付工资、津贴补贴等薪酬时，按照实际支付的金额，借记本科目，贷记“财政拨款收入”“零余额账户用款额度”“银行存款”等科目。

业务3：按照税法规定代扣职工个人所得税时，借记本科目（基本工资），贷记“其他应交税费——应交个人所得税”科目。

从应付职工薪酬中代扣为职工垫付的水电费、房租等费用时，按照实际扣除的金额，借记本科目（基本工资），贷记“其他应收款”等科目。

从应付职工薪酬中代扣社会保险费和住房公积金，按照代扣的金额，借记本科目（基本工资），贷记本科目（社会保险费、住房公积金）。

业务4：按照国家有关规定缴纳职工社会保险费和住房公积金时，按照实际支付的金额，借记本科目（社会保险费、住房公积金），贷记“财政拨款收入”“零余额账户用款额度”“银行存款”等科目。

业务5：从应付职工薪酬中支付的其他款项，借记本科目，贷记“零余额账户用款额度”“银行存款”等科目。

【例13－6】某事业单位计提本月职工薪酬46 150元，其中，非独立核算经营人员薪酬21 163元，按税法规定计算应代扣代缴的个人所得税金额2 906元，用银行存款支付

20 100 元，其他部分采用财政直接支付方式予以支付。

（1）计提本月职工薪酬时：

借：业务活动费用　　24 987
　　经营费用　　21 163
　　贷：应付职工薪酬　　46 150

（2）代扣代缴个人所得税时：

借：应付职工薪酬　　2 906
　　贷：其他应交税费——应交个人所得税　　2 906

（3）支付本月职工薪酬时：

借：应付职工薪酬　　43 244
　　贷：财政拨款收入　　23 144
　　　　银行存款　　20 100

第五节 应付及预收款项

一、应付及预收款项概述

应付及预收款项，是指单位在开展业务活动中发生的各项债务以及按照规定应当支付给政府补贴接受者的各种政府补贴款。前者包括应付票据、应付账款、应付利息、其他应付款等应付款项和预收账款；后者是指负责发放政府补贴的行政单位尚未发放给政府补贴接受者的各种政府补贴款。

应付票据与应付账款都是单位在开展业务活动过程中，因购买货物或劳务应付但尚未给付形成的流动负债。预收货款是单位按照合同约定预先向购买方收取但尚未用产品或劳务偿付的流动负债。三者均反映单位作为购销双方中的主体之一与另一主体间的货款结算关系。

二、应付票据

应付票据是事业单位采用商业汇票结算方式在票据到期时偿付款项的流动负债。采用商业汇票结算是一种延期付款的方式，签发人在商业汇票到期时才需要支付票据款。在我国，商业汇票的付款期限最长仅为 6 个月，因此应将应付票据归类为流动负债。

（一）科目设置

事业单位设置“应付票据”科目，核算单位因购买材料、物资等而开出、承兑的商业汇票，包括银行承兑汇票和商业承兑汇票。本科目应当按照债权人进行明细核算。本科目期末贷方余额，反映事业单位开出、承兑的尚未到期的应付票据金额。

单位应当设置“应付票据备查簿”，详细登记每一应付票据的种类、号数、出票日期、到期日、票面金额、交易合同号、收款人姓名或单位名称，以及付款日期和金额等。应付票据到期结清票款后，应当在备查簿内逐笔注销。

（二）核算实务

业务1：开出、承兑商业汇票时，借记“库存物品”“固定资产”等科目，贷记本科目。涉及增值税业务的，相关账务处理参见“应交增值税”科目。

以商业汇票抵付应付账款时，借记“应付账款”科目，贷记本科目。

业务2：支付银行承兑汇票的手续费时，借记“业务活动费用”“经营费用”等科目，贷记“银行存款”“零余额账户用款额度”等科目。

业务3：商业汇票到期时，应当分别以下情况处理：

（1）收到银行支付到期票据的付款通知时，借记本科目，贷记“银行存款”科目。

（2）银行承兑汇票到期，单位无力支付票款的，按照应付票据账面余额，借记本科目，贷记“短期借款”科目。

（3）商业承兑汇票到期，单位无力支付票款的，按照应付票据账面余额，借记本科目，贷记“应付账款”科目。

【例13－7】某事业单位发生如下经济业务：

（1）从11月1日购入存货一批，结算凭证注明价款2万元，增值税税额3 200元，共计2.32万元，存货已验收入库。采用商业汇票结算方式进行结算，签付一张6个月期的商业承兑汇票。

借：库存物品	20 000	
应交增值税——应交税金（进项税额）	3 200	
贷：应付票据		23 200

（2）次年5月1日商业承兑汇票到期，该单位用银行存款支付票据款2.32万元。

借：应付票据	23 200	
贷：银行存款		23 200

三、应付账款

应付账款，是指单位因购买物资、接受服务、开展工程建设等而应付的偿还期限在1年以内（含1年）的款项，是与供应方在购销活动中由于取得物资或接受劳务等与支付货款在时间上不一致而产生的负债。

（一）科目设置

单位设置“应付账款”科目，核算单位因购买物资、接受服务、开展工程建设等而应付的偿还期限在1年以内（含1年）的款项。本科目应当按照债权人进行明细核算。对于建设项目，还应设置“应付器材款”“应付工程款”等明细科目，并按照具体项目进行明细核算。本科目期末贷方余额，反映单位尚未支付的应付账款金额。

（二）核算实务

业务1：收到所购材料、物资、设备或服务以及确认完成工程进度但尚未付款时，根据发票及账单等有关凭证，按照应付未付款项的金额，借记“库存物品”“固定资产”“在建工程”等科目，贷记本科目。涉及增值税业务的，相关账务处理参见“应交增值税”科目。

业务 2：偿付应付账款时，按照实际支付的金额，借记本科目，贷记“财政拨款收入”“零余额账户用款额度”“银行存款”等科目。

业务 3：开出、承兑商业汇票抵付应付账款时，借记本科目，贷记“应付票据”科目。

业务 4：无法偿付或债权人豁免偿还的应付账款，应当按照规定报经批准后进行账务处理。经批准核销时，借记本科目，贷记“其他收入”科目。核销的应付账款应在备查簿中保留登记。

【例 13 –8】某事业单位为开展业务活动需要购入一批专用材料，增值税专用发票注明价款 52 700 元，增值税 8 432 元，材料已验收入库，款项未付。1 个月后，已持有的一张银行承兑汇票 5 万元抵付款项，余下款项通过财政直接支付方式支付。

（1）购买材料时：

借：库存物品	52 700	
应交增值税——应交税金（进项税额）	8 432	
贷：应付账款		61 132

（2）1 个月后支付应付款项时：

借：应付账款	61 132	
贷：应付票据		50 000
财政拨款收入		11 132

四、应付利息

应付利息，是指事业单位按照合同约定应支付的借款利息。

（一）科目设置

事业单位设置“应付利息”科目，核算单位按照合同约定应支付的借款利息，包括短期借款、分期付息到期还本的长期借款等应支付的利息。本科目应当按照债权人等进行明细核算。本科目期末贷方余额，反映事业单位应付未付的利息金额。

（二）核算实务

业务 1：为建造固定资产、公共基础设施等借入的专门借款的利息，属于建设期间发生的，按期计提利息费用时，按照计算确定的金额，借记“在建工程”科目，贷记本科目；不属于建设期间发生的，按期计提利息费用时，按照计算确定的金额，借记“其他费用”科目，贷记本科目。

业务 2：对于其他借款，按期计提利息费用时，按照计算确定的金额，借记“其他费用”科目，贷记本科目。

业务 3：实际支付应付利息时，按照支付的金额，借记本科目，贷记“银行存款”等科目。

五、预收账款

预收账款，是指事业单位预先收取但尚未结算的款项。预收账款虽然表现为事业单位货币资金的增加，但并不能作为单位收入予以确认，其实质为一项流动负债。

（一）科目设置

事业单位设置“预收账款”科目，核算单位预先收取但尚未结算的款项。本科目应当按照债权人进行明细核算。本科目期末贷方余额，反映事业单位预收但尚未实际结算的款项金额。

（二）核算实务

业务1：从付款方预收款项时，按照实际预收的金额，借记“银行存款”等科目，贷记本科目。

业务2：确认有关收入时，按照预收账款账面余额，借记本科目，按照应确认的收入金额，贷记“事业收入”“经营收入”等科目，按照付款方补付或退回付款方的金额，借记或贷记“银行存款”等科目。涉及增值税业务的，相关账务处理参见“应交增值税”科目。

业务3：无法偿付或债权人豁免偿还的预收账款，应当按照规定报经批准后进行账务处理。经批准核销时，借记本科目，贷记“其他收入”科目。核销的预收账款应在备查簿中保留登记。

【例13－9】某事业单位按合同规定向A公司提供专业咨询活动，应收劳务费8万元。合同约定A公司先预付款项1.6万元，完成合同后再支付余款。

（1）预收A公司款项时：

借：银行存款	16 000	
贷：预收账款		16 000

（2）完成合同，收到余款时：

借：银行存款	64 000	
预收账款	16 000	
贷：事业收入		80 000

六、其他应付款

其他应付款，是指单位除应交增值税、其他应交税费、应缴财政款、应付职工薪酬、应付票据、应付账款、应付政府补贴款、应付利息、预收账款以外，其他各项偿还期限在1年内（含1年）的应付及暂收款项。

（一）科目设置

单位设置“其他应付款”科目，核算单位除应交增值税、其他应交税费、应缴财政款、应付职工薪酬、应付票据、应付账款、应付政府补贴款、应付利息、预收账款以外，其他各项偿还期限在1年内（含1年）的应付及暂收款项，如收取的押金、存入保证金、已经报销但尚未偿还银行的本单位公务卡欠款等。本科目应当按照其他应付款的类别以及债权人进行明细核算，本科目期末贷方余额，反映单位尚未支付的其他应付款金额。

同级政府财政部门预拨的下期预算款和没有纳入预算的暂付款项，以及采用实拨资金方式通过本单位转拨给下属单位的财政拨款，也通过“其他应付款”科目核算。

（二）核算实务

业务1：发生其他应付及暂收款项时，借记“银行存款”等科目，贷记本科目；支付

（或退回）其他应付及暂收款项时，借记本科目，贷记“银行存款”等科目；将暂收款项转为收入时，借记本科目，贷记“事业收入”等科目。

业务2：收到同级政府财政部门预拨的下期预算款和没有纳入预算的暂付款项，按照实际收到的金额，借记“银行存款”等科目，贷记本科目；待到下一预算期或批准纳入预算时，借记本科目，贷记“财政拨款收入”科目。

采用实拨资金方式通过本单位转拨给下属单位的财政拨款，按照实际收到的金额，借记“银行存款”科目，贷记本科目；向下属单位转拨财政拨款时，按照转拨的金额，借记本科目，贷记“银行存款”科目。

业务3：本单位公务卡持卡人报销时，按照审核报销的金额，借记“业务活动费用”“单位管理费用”等科目，贷记本科目；偿还公务卡欠款时，借记本科目，贷记“零余额账户用款额度”等科目。

业务4：涉及质保金形成其他应付款的，相关账务处理参见“固定资产”科目。

业务5：无法偿付或债权人豁免偿还的其他应付款项，应当按照规定报经批准后进行账务处理。经批准核销时，借记本科目，贷记“其他收入”科目。核销的其他应付款应在备查簿中保留登记。

【例13－10】某单位开展业务活动向A公司借出包装物，并收取押金500元现金。1个月后，A公司归还包装物，单位退回押金。

（1）收取押金时：

借：库存现金	500	
贷：其他应付款		500

（2）退还押金时：

借：其他应付款	500	
贷：库存现金		500

七、应付政府补贴款

应付政府补贴款，是指负责发放政府补贴的行政单位，按照规定应当支付给政府补贴接受者的各种政府补贴款。

（一）科目设置

行政单位设置“应付政府补贴款”科目，核算负责发放政府补贴的行政单位，按照规定应当支付给政府补贴接受者的各种政府补贴款。本科目应当按照应支付的政府补贴种类进行明细核算。单位还应当根据需要按照补贴接受者进行明细核算，或者建立备查簿对补贴接受者予以登记。本科目期末贷方余额，反映行政单位应付未付的政府补贴金额。

（二）核算实务

业务1：发生应付政府补贴时，按照依规定计算确定的应付政府补贴金额，借记“业务活动费用”科目，贷记本科目。

业务2：支付应付政府补贴款时，按照支付金额，借记本科目，贷记“零余额账户用款额度”“银行存款”等科目。

【例13－11】某行政单位按照规定计算出应付政府补贴款为5 320元，通过财政授权支付方式支付。

（1）发生（确认）应付政府补贴款时：

借：业务活动费用　　5 320

　　贷：应付政府补贴款　　5 320

（2）支付应付政府补贴款时：

借：应付政府补贴款　　5 320

　　贷：零余额账户用款额度　　5 320

第六节
其他负债和受托代理负债

一、其他负债

除了前述短期借款、长期借款、应缴款项、应付职工薪酬、应付及预收款项，单位为开展业务活动，还可能产生预提费用、长期应付款、预计负债等其他负债。

（一）预提费用

预提费用，是指单位预先提取的已经发生但尚未支付的费用。

1. 科目设置。单位设置“预提费用”科目，核算单位预先提取的已经发生但尚未支付的费用，如预提租金费用等。事业单位按规定从科研项目收入中提取的项目间接费用或管理费，也通过本科目核算；本科目应当按照预提费用的种类进行明细核算。对于提取的项目间接费用或管理费，应当在本科目下设置“项目间接费用或管理费”明细科目，并按项目进行明细核算。本科目期末贷方余额，反映单位已预提但尚未支付的各项费用。

2. 核算实务。

业务1：项目间接费用或管理费。

（1）按规定从科研项目收入中提取项目间接费用或管理费时，按照提取的金额，借记“单位管理费用”科目，贷记本科目（项目间接费用或管理费）。

（2）实际使用计提的项目间接费用或管理费时，按照实际支付的金额，借记本科目（项目间接费用或管理费），贷记“银行存款”“库存现金”等科目。

业务2：其他预提费用。

按期预提租金等费用时，按照预提的金额，借记“业务活动费用”“单位管理费用”“经营费用”等科目，贷记本科目。实际支付款项时，按照支付金额，借记本科目，贷记“零余额账户用款额度”“银行存款”等科目。

【例13－12】某事业单位按规定从科研项目收入中提取项目管理费6 000元。

借：单位管理费用　　6 000

　　贷：预提费用——项目管理费　　6 000

（二）长期应付款

长期应付款，是指单位发生的偿还期限超过1年（不含1年）的应付款项，如以融资租赁方式取得固定资产应付的租赁费、采用补偿贸易方式引进国外设备应付的设备款等。长期应付款作为非流动负债的一部分，除具有非流动负债数额大、偿还期限长的特点外，通常还具有分期付款的性质，如果涉及外币债务，其计价还可能受汇率变动的影响。

1. 科目设置。单位设置“长期应付款”科目，核算单位发生的偿还期限超过1年（不含1年）的应付款项，如以融资租赁方式取得固定资产应付的租赁费等。本科目应当按照长期应付款的类别以及债权人进行明细核算。本科目期末贷方余额，反映单位尚未支付的长期应付款金额。

2. 核算实务。

业务1：发生长期应付款时，借记“固定资产”“在建工程”等科目，贷记本科目。

业务2：支付长期应付款时，按照实际支付的金额，借记本科目，贷记“财政拨款收入”“零余额账户用款额度”“银行存款”等科目。涉及增值税业务的，相关账务处理参见“应交增值税”科目。

业务3：无法偿付或债权人豁免偿还的长期应付款，应当按照规定报经批准后进行账务处理。经批准核销时，借记本科目，贷记“其他收入”科目。核销的长期应付款应在备查簿中保留登记。

业务4：涉及质保金形成长期应付款的，相关账务处理参见“固定资产”科目。

（三）预计负债

预计负债，是指单位对因或有事项所产生的现时义务而确认的负债。或有事项是指过去的交易或事项形成的一种状况，其结果需通过未来不确定事项的发生或不发生予以证实。常见的或有事项有：商业票据背书转让或贴现、未决诉讼、未决仲裁、债务担保、产品质量保证（含产品安全保证）等。

1. 科目设置。单位设置“预计负债”科目，核算单位对因或有事项所产生的现时义务而确认的负债，如对未决诉讼等确认的负债。本科目应当按照预计负债的项目进行明细核算。本科目期末贷方余额，反映单位已确认但尚未支付的预计负债金额。

2. 核算实务。

业务1：确认预计负债时，按照预计的金额，借记“业务活动费用”“经营费用”“其他费用”等科目，贷记本科目。

业务2：实际偿付预计负债时，按照偿付的金额，借记本科目，贷记“银行存款”“零余额账户用款额度”等科目。

业务3：根据确凿证据需要对已确认的预计负债账面余额进行调整的，按照调整增加的金额，借记有关科目，贷记本科目；按照调整减少的金额，借记本科目，贷记有关科目。

【例13－13】7月10日，A公司起诉某单位侵犯其软件专利权，要求该单位赔偿500万元。至12月31日，法院尚未判决。该单位咨询法律顾问后得知估计败诉的可能性为60%，如败诉，估计需要赔偿200万元的可能性为70%，需要赔偿300万元的可能性为30%，另外还需要支付诉讼费用10万元。

某单位应确认的预计负债的金额＝200＋10＝210（万元）

借：业务活动费用　　2 000 000
　　单位管理费用　　100 000
　　贷：预计负债——未决诉讼　　2 100 000

二、受托代理负债

受托代理负债，是指单位接受委托取得受托代理资产时形成的负债。

1. 科目设置。单位设置“受托代理负债”科目，核算单位接受委托取得受托代理资产时形成的负债。本科目期末贷方余额，反映单位尚未交付或发出受托代理资产形成的受托代理负债金额。

2. 核算实务。受托代理负债的账务处理参见“受托代理资产”“库存现金”“银行存款”等科目。

【例 13－14】某单位接受社会委托转捐银行存款 20.5 万元。该单位受托协议规定已将其中 4 万元转捐受捐人。

借：银行存款——受托代理资产　　205 000
　　贷：受托代理负债　　205 000
借：受托代理负债　　40 000
　　贷：银行存款——受托代理资产　　40 000

【思考题】

1. 单位的负债主要包括哪些？
2. 负债的确认应具备什么条件？
3. 长期应付款和长期借款有何不同？它们应如何进行会计处理？
4. 单位借款费用资本化的条件是什么？
5. 什么是预计负债？应如何对其进行核算？
6. 什么是受托代理负债？

第十四章 单位净资产

学习目标

- □ 熟悉单位净资产的概念与内容
- □ 掌握累计盈余、专用基金、权益法调整的概念与核算方法
- □ 掌握本期盈余、本年盈余分配、无偿调拨净资产、以前年度盈余调整的概念与核算方法

第一节 净资产概述

一、净资产的概念和内容

净资产，是指单位资产扣除负债后的净额，即资产 = 负债 + 净资产。净资产金额取决于资产和负债的计量，净资产项目应当列入资产负债表。净资产是单位会计要素之一，包括累计盈余、专用基金、权益法调整、本期盈余、本年盈余调整、无偿调拨净资产、以前年度盈余调整等。

二、净资产期末结转流程图

净资产期末结转流程如图 14－1 所示。

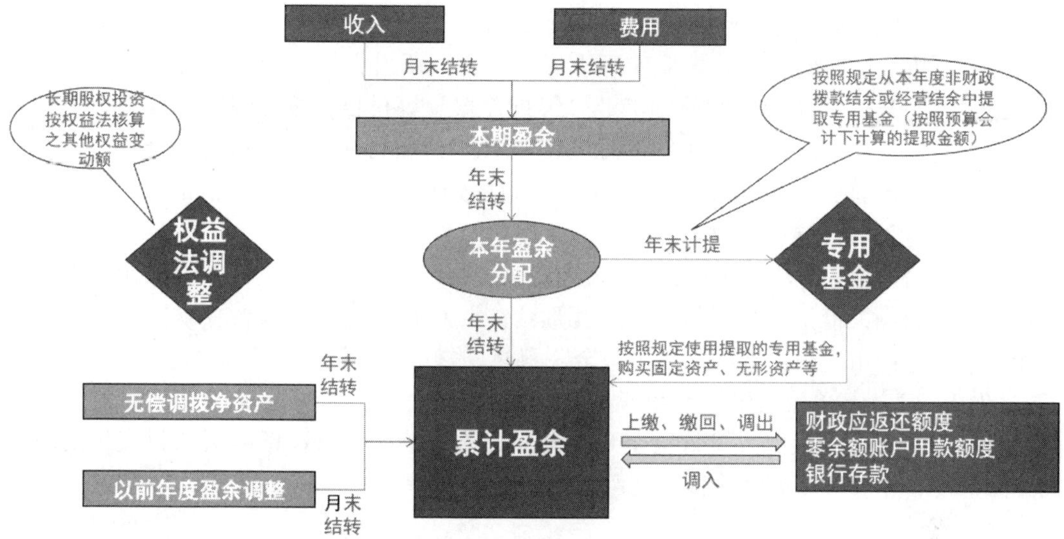

图 14－1　净资产期末结转示意图

第二节
累计盈余、专用基金和权益法调整

一、累计盈余

累计盈余，是单位拥有的净资产，主要为单位累计未分配的盈余或未弥补的亏损，以及因无偿调入调出资产产生的累计变动额。

（一）科目设置

单位设置“累计盈余”科目，核算单位历年实现的盈余扣除盈余分配后滚存的金额，以及因无偿调入调出资产产生的净资产变动额。按照规定上缴、缴回、单位间调剂结转结余资金产生的净资产变动额，以及对以前年度盈余的调整金额，也通过本科目核算。本科目期末余额，反映单位未分配盈余（或未弥补亏损）的累计数以及截至上年末无偿调拨净资产变动的累计数。本科目年末余额，反映单位未分配盈余（或未弥补亏损）以及无偿调拨净资产变动的累计数。

（二）核算实务

业务1：年末，单位将“本年盈余分配”科目的余额转入累计盈余，借记或贷记“本年盈余分配”科目，贷记或借记本科目。

业务2：年末，单位将“无偿调拨净资产”科目的余额转入累计盈余，借记或贷记“无偿调拨净资产”科目，贷记或借记本科目。

业务3：单位按照规定上缴财政拨款结转结余、缴回非财政拨款结转资金、向其他单位调出财政拨款结转资金时，按照实际上缴、缴回、调出金额，借记本科目，贷记“财政应返还额度”“零余额账户用款额度”“银行存款”等科目；按照规定从其他单位调入财政拨款结转资金时，借记“零余额账户用款额度”“银行存款”等科目，贷记本科目。

业务4：单位将“以前年度盈余调整”科目的余额转入累计盈余，借记或贷记“以前年度盈余调整”，贷记或借记本科目。

业务5：单位按照规定使用专用基金购置固定资产、无形资产的，按照固定资产、无形资产成本金额，借记“固定资产”“无形资产”科目，贷记“银行存款”等科目，同时按专用基金使用金额，借记“专用基金”科目，贷记本科目。

【例14－1】某单位发生如下经济业务：

（1）按照规定上缴财政拨款结余860元，具体为一项科研设备购买项目支出财政补助结余额度，相应额度为财政直接支付用款额度。

借：累计盈余	860	
贷：财政应返还额度		860

（2）使用职工福利基金购入一项职工集体福利设施1.9万元，不需要安装。款项以银行存款支付，购入的设施应作为固定资产管理。

借：固定资产	19 000	
贷：银行存款		19 000

同时：

借：专用基金——职工福利基金	19 000	
贷：累计盈余		19 000

（3）年终有关本年盈余分配、无偿调拨净资产、以前年度盈余调整的情况为：“本年盈余分配”科目贷方余额8.46万元，“无偿调拨净资产”科目贷方余额5.2万元，“以前年度盈余调整”科目贷方余额3.12万元，该单位将有关本年盈余分配、无偿调拨净资产和以前年度盈余调整科目的贷方余额转入“累计盈余”科目。

借：本年盈余分配	84 600	
无偿调拨净资产	52 000	
以前年度盈余调整	31 200	
贷：累计盈余		167 800

二、专用基金

专用基金，是事业单位拥有的具有专门用途的净资产。事业单位可以有以下三种方式提取或设置专用基金，**一是**从本年度非财政拨款结余或经营结余中提取专用基金，比如职工福利基金；**二是**从收入中提取专用基金，比如学生奖贷基金；**三是**根据有关规定设置的其他专用基金。

（一）科目设置

单位设置“专用基金”科目，核算事业单位按照规定提取或设置的具有专门用途的净资产，主要包括职工福利基金、科技成果转换基金等。本科目应当按照专用基金的类别进行明细核算。本科目期末贷方余额，反映事业单位累计提取或设置的尚未使用的专用基金。

（二）核算实务

业务1：年末，单位按照规定从本年度非财政拨款结余或经营结余中提取专用基金的，按照预算会计下计算的提取金额，借记“本年盈余分配”科目，贷记本科目。

业务2：单位根据有关规定从收入中提取专用基金并计入费用的，按照预算会计下基于预算收入计算提取的金额，借记“业务活动费用”等科目，贷记本科目。国家另有规定的，从其规定。

业务3：单位根据有关规定设置的其他专用基金，按照实际收到的基金金额，借记“银行存款”科目，贷记本科目。

业务4：单位按照规定使用提取的专用基金时，借记本科目，贷记“银行存款”等科目，使用提取的专用基金购置固定资产、无形资产的，按照固定资产、无形资产成本金额，借记“固定资产”“无形资产”科目，贷记“银行存款”等科目，同时按专用基金使用金额，借记本科目，贷记“累计盈余”科目。

【例14－2】某事业单位发生如下经济业务：

（1）年末，按照规定从本年度非财政拨款结余中提取职工福利基金，按照预算会计下计算的提取金额为6.8万元。

借：本年盈余分配	68 000	
贷：专用基金——职工福利基金		68 000

（2）按照规定从事业收入中提取学生奖贷基金，按照预算收入计算的提取金额为2.6万元。

借：业务活动费用	26 000	
贷：专用基金		26 000

（3）与南胜公司签订协议，拟在本单位设立“南胜奖教金”，金额设定为5万元，实际收到奖教金5万元。

借：银行存款	50 000	
贷：专用基金		50 000

（4）使用学生奖贷基金向学生发放奖学金8.1万元，款项以银行存款支付。

借：专用基金——学生奖贷基金	81 000	
贷：银行存款		81 000

（5）使用科技成果转换基金购入一套开发软件，该套软件售价2.2万元，款项以银行存款支付，购入的软件应作为无形资产管理。

借：无形资产	22 000	
贷：银行存款		22 000

同时：

借：专用基金——科技成果转换基金	22 000	
贷：累计盈余		22 000

三、权益法调整

权益法调整，是指事业单位对持有的长期股权投资采用权益法核算下，在资产负债表日和处置时需根据长期股权投资账面余额调整而计入净资产的金额进行相应调整。

（一）科目设置

单位设置“权益法调整”科目，核算事业单位持有的长期股权投资采用权益法核算时，按照被投资单位除净损益和利润分配以外的所有者权益变动份额调整长期股权投资账面余额而计入净资产的金额。本科目应当按照被投资单位进行明细核算。本科目期末余额，反映事业单位在被投资单位除净损益和利润分配以外的所有者权益变动中累积享有（或分担）的份额。

（二）核算实务

业务 1：年末，事业单位按照被投资单位除净损益和利润分配以外的所有者权益变动应享有（或分担）的份额，借记或贷记“长期股权投资——其他权益变动”科目，贷记或借记本科目。

业务 2：事业单位采用权益法核算的长期股权投资，因被投资单位除净损益和利润分配以外的所有者权益变动而享有（或分担）的份额计入单位净资产的，处置该项投资时，按照原计入净资产的相应部分金额，借记或贷记本科目，贷记或借记“投资收益”科目。

【例 14－3】某事业单位将持有的一项长期股权投资进行处置，该项股权投资所对应的权益法调整科目贷方余额为 1.5 万元。

借：权益法调整	15 000	
贷：投资收益		15 000

第三节
本期盈余与本年盈余分配

一、本期盈余

本期盈余，是指单位在一定会计期间的活动成果，它是单位在一定会计期间内所有收入减去费用后的余额。

（一）科目设置

单位设置“本期盈余”科目，核算单位本期各项收入、费用相抵后的余额。本科目期末如为贷方余额，反映单位自年初至当期期末累计实现的盈余；如为借方余额，反映单位自年初至当期期末累计发生的亏损。年末结账后，本科目应无余额。

（二）核算实务

业务1：期末结转时，将各类收入科目的本期发生额转入本期盈余，借记“财政拨款收入”“事业收入”“上级补助收入”“附属单位上缴收入”“经营收入”“非同级财政拨款收入”“投资收益”“捐赠收入”“利息收入”“租金收入”“其他收入”科目，贷记本科目；将各类费用科目本期发生额转入本期盈余，借记本科目，贷记“业务活动费用”“单位管理费用”“经营费用”“所得税费用”“资产处置费用”“上缴上级费用”“对附属单位补助费用”“其他费用”科目。

业务2：年末结转时，本期盈余科目为贷方余额时，借记本科目，贷记“本年盈余分配”科目，本期盈余科目为借方余额时，借记“本年盈余分配”科目，贷记本科目。

【例14－4】某单位年终各类收入本年发生额的情况为：“财政拨款收入”科目18.6万元，“事业收入”科目为98万元，“上级补助收入”科目为13.86万元，“附属单位上缴收入”科目为1.2万元，“经营收入”科目为2.2万元，“非同级财政拨款收入”科目为6 800元，“投资收益”科目为1.5万元，捐赠收入5 000元，利息收入6 800元，租金收入2.4万元，其他收入500元；各类费用本年发生额的情况为：“业务活动费用”86.7万元、“单位管理费用”35.66万元、“经营费用”1.6万元、“资产处置费用”5 900元、“上缴上级费用”1.24万元、“对附属单位补助费用”6 700元、“其他费用”8 200元。会计分录如下：

借：财政拨款收入	186 000	
事业收入	980 000	
上级补助收入	138 600	
附属单位上缴收入	12 000	
经营收入	22 000	
非同级财政拨款收入	6 800	
投资收益	15 000	
捐赠收入	5 000	
利息收入	6 800	
租金收入	24 000	
其他收入	500	
贷：本期盈余		1 396 700

同时：

借：本期盈余	1 272 800	
贷：业务活动费用		867 000
单位管理费用		356 600
经营费用		16 000
资产处置费用		5 900
上缴上级费用		12 400
对附属单位补助费用		6 700
其他费用		8 200

二、本年盈余分配

本年盈余分配，是指单位按照规定的分配比例从本年度非财政拨款结余或经营结余中以提取专用基金的形式对单位本年度实现的盈余进行的分配。本年度非财政拨款结余或经营结余的金额按预算会计下计算的金额为准。

（一）科目设置

单位设置"本年盈余分配"科目，核算单位本年度盈余分配的情况和结果。年末结账后，本科目应无余额。

（二）核算实务

业务1：年末，将本期盈余科目余额转入时，如果本期盈余科目为贷方余额，借记"本期盈余"科目，贷记本科目；如果本期盈余科目为借方余额，则借记本科目，贷记"本期盈余"科目。

业务2：年末，按照有关规定提取专用基金时，按照预算会计下计算的提取金额，借记本科目，贷记"专用基金"科目。

业务3：年末，将本科目余额转入累计盈余，如果本科目为贷方余额，借记本科目，贷记"累计盈余"科目，如果本科目为借方余额，则借记"累计盈余"科目，贷记本科目。

【例14－5】年末，某单位将本期盈余贷方余额12.39万元转入本年盈余分配。

借：本期盈余	123 900	
贷：本年盈余分配		123 900

第四节 无偿调拨净资产与以前年度盈余调整

一、无偿调拨净资产

无偿调拨净资产，是指单位无偿调入或调出存货、长期股权投资、固定资产、无形资产、公共基础设施、政府储备物资、文物文化资产、保障性住房等非现金资产。

（一）科目设置

单位设置"无偿调拨净资产"科目，核算单位无偿调入或调出非现金资产所引起的的净资产变动金额。年末结账后，本科目应无余额。

（二）核算实务

业务1：单位按照规定取得无偿调入的存货、长期股权投资、固定资产、无形资产、公共基础设施、政府储备物资、文物文化资产、保障性住房等，按照确定的成本，借记"库存物品""长期股权投资""固定资产""无形资产""公共基础设施""政府储备物资”“文物文化资产”“保障性住房”等科目，按照调入过程中发生的归属于调入方的相关费用，贷记“零余额账户用款额度”“银行存款”等科目，按照其差额，贷记本科目。

业务2：单位按照规定经批准无偿调出存货、长期股权投资、固定资产、无形资产、公共基础设施、政府储备物资、文物文化资产、保障性住房等，按照调出资产的账面余额或账面价值，借记本科目，按照固定资产累计折旧、无形资产累计摊销、公共基础设施累计折旧或摊销、保障性住房累计折旧的金额，借记“固定资产累计折旧”“无形资产累计摊销”“公共基础设施累计折旧（摊销）”“保障性住房累计折旧”科目，按照调出资产的账面余额，贷记“库存物品”“长期股权投资”“固定资产”“无形资产”“公共基础设施”“政府储备物资”“文物文化资产”“保障性住房”等科目，同时，按照调出过程中发生的归属于调出方的相关费用，借记“资产处置费用”，贷记“零余额账户用款额度”“银行存款”等科目。

业务3：年末，将本科目余额转入累计盈余，科目余额在贷方时，借记本科目，贷记“累计盈余”科目，科目余额在借方时，借记“累计盈余”科目，贷记本科目。

二、以前年度盈余调整

以前年度盈余调整，是指调整增加或减少以前年度收入、费用，盘盈各种非流动资产以及本年度发生的重要前期差错更正涉及以前年度盈余的调整。

（一）科目设置

单位设置“以前年度盈余调整”科目，核算单位本年度发生的调整以前年度盈余的事项，包括本年度发生的重要前期差错更正涉及调整以前年度盈余的事项。本科目结转后应无余额。

（二）核算实务

业务1：调整以前年度收入时，按照调整增加的金额，借记有关资产或负债科目，贷记本科目；调整减少的金额，借记本科目，贷记有关资产或负债科目。

业务2：调整以前年度费用时，按照调整增加的金额，借记本科目，贷记有关资产或负债科目；调整减少的金额，借记有关资产或负债科目，贷记本科目。

业务3：盘盈的各种非流动资产，报经批准后处理时，借记“待处理财产损溢”，贷记本科目。

业务4：经上述调整后，将本科目余额转入累计盈余，本科目为借方余额时，借记“累计盈余”科目，贷记本科目；本科目为贷方余额时，借记本科目，贷记“累计盈余”科目。

【例14－6】某单位盘盈一台设备，经查实该设备属于以前年度取得的，但没有相关凭据，同类设备市价62 500元。

（1）转入待处理财产时：

借：固定资产	62 500	
贷：待处理财产损溢		62 500

（2）报经批准后处理时：

借：待处理财产损溢　　62 500

　　贷：以前年度盈余调整　　62 500

【思考题】

1. 什么是单位净资产？单位净资产主要包括哪些内容？
2. 什么是单位的累计盈余？单位应该如何核算累计盈余？
3. 什么是事业单位专用基金？事业单位的专用基金有哪些种类？
4. 什么是事业单位权益法调整？事业单位怎么进行权益法调整？
5. 什么是单位本期盈余？它与累计盈余有什么区别和联系？
6. 什么是单位本年盈余分配？应该如何核算本年盈余分配？
7. 无偿调拨净资产、以前年度盈余调整、累计盈余之间有什么联系？

第十五章 单位收入

学习目标

- □ 了解单位收入的概念和内容
- □ 熟悉单位收入的确认与计量，知悉其管理
- □ 掌握单位各种收入的核算

第一节 单位收入概述

一、收入的概念和内容

收入，是指报告期内导致单位净资产增加的、含有服务潜力或者经济利益的经济资源的流入。单位的收入包括财政拨款收入、非同级财政拨款收入、事业收入、上级补助收入、附属单位上缴收入、经营收入、投资收益、捐赠收入、利息收入、租金收入和其他收入等。

单位收入的确认应遵循政府会计准则的相关规定，详见第二章内容。

二、收入的管理

单位应当将各项收入全部纳入单位预算，统一核算，统一管理。单位对按照规定上缴国库或者财政专户的资金，应当按照国库集中收缴的有关规定及时足额上缴，不得隐瞒、滞留、截留、挪用和坐支。

第二节
财政拨款收入与非同级财政拨款收入

一、财政拨款收入

财政拨款收入，是指单位从同级政府财政部门取得的各类财政拨款。

（一）科目设置

单位设置“财政拨款收入”科目，核算单位从同级政府财政部门取得的各类财政拨款。同级政府财政部门预拨的下期预算款和没有纳入预算的暂付款项，以及采用实拨资金方式通过本单位转拨给下属单位的财政拨款，通过“其他应付款”科目核算，不通过本科目核算。本科目可按照一般公共预算财政拨款、政府性基金预算财政拨款等拨款种类进行明细核算。期末结转后，本科目应无余额。

（二）核算实务

业务1：财政直接支付方式下，根据收到的“财政直接支付入账通知书”及相关原始凭证，按照通知书中的直接支付入账金额，借记“库存物品”“固定资产”“业务活动费用”“单位管理费用”“应付职工薪酬”等科目，贷记本科目。涉及增值税业务的，相关账务处理参见“应交增值税”科目。

年末，根据本年度财政直接支付预算指标数与当年财政直接支付实际支付数的差额，借记“财政应返还额度——财政直接支付”科目，贷记本科目。

业务2：财政授权支付方式下，根据收到的“财政授权支付额度到账通知书”，按照通知书中的授权支付额度，借记“零余额账户用款额度”科目，贷记本科目。

年末，本年度财政授权支付预算指标数大于零余额账户用款额度下达数的，根据未下达的用款额度，借记“财政应返还额度——财政授权支付”科目，贷记本科目。

业务3：其他方式下收到财政拨款收入时，按照实际收到的金额，借记“银行存款”等科目，贷记本科目。

业务4：因差错更正或购货退回等发生国库直接支付款项退回的，属于以前年度支付的款项，按照退回金额，借记“财政应返还额度——财政直接支付”科目，贷记“以前年度盈余调整”“库存物品”等科目；属于本年度支付的款项，按照退回金额，借记本科目，贷记“业务活动费用”“库存物品”等科目。

业务5：期末，将本科目本期发生额转入本期盈余，借记本科目，贷记“本期盈余”科目。

【例15－1】某单位收到代理银行盖章的《财政授权支付额度到账通知书》，本月财政支付额度为5万元。

借：零余额账户用款额度　　　　50 000

贷：财政拨款收入——财政授权支付　　50 000

二、非同级财政拨款收入

非同级财政拨款收入，是指单位从非同级政府财政部门取得的经费拨款。

（一）科目设置

单位设置“非同级财政拨款收入”科目，核算单位从非同级政府财政部门取得的经费拨款，包括从同级政府其他部门取得的横向转拨财政款、从上级或下级政府财政部门取得的经费拨款等。本科目应当按照本级横向转拨财政款和非本级财政拨款进行明细核算，并按照收入来源进行明细核算。期末结转后，本科目应无余额。

（二）核算实务

业务1：确认非同级财政拨款收入时，按照应收或实际收到的金额，借记“其他应收款”“银行存款”等科目，贷记本科目。

业务2：期末，将本科目本期发生额转入本期盈余，借记本科目，贷记“本期盈余”科目。

【例15－2】某纳入省级财政部门预算范围的单位从当地市级财政部门获得一笔财政资金670元，具体内容为市政府委托其代为办理相关业务的手续费，款项已存入该单位的银行存款账户。

借：银行存款　　670

　　贷：非同级财政拨款收入　　670

第三节 事业收入、经营收入和投资收益

一、事业收入

事业收入，是指事业单位开展专业业务活动及其辅助活动实现的收入。

（一）科目设置

事业单位设置“事业收入”科目，核算事业单位开展专业业务活动及其辅助活动实现的收入，不包括从同级政府财政部门取得的各类财政拨款。本科目应当按照事业收入的类别、来源等进行明细核算。对于因开展科研及其辅助活动从非同级政府财政部门取得的经费拨款，应当在本科目下单设“非同级财政拨款”明细科目进行核算。期末结转后，本科目应无余额。

（二）核算实务

业务1：采用财政专户返还方式管理的事业收入。

（1）实现应上缴财政专户的事业收入时，按照实际收到或应收的金额，借记“银行

存款”“应收账款”等科目，贷记“应缴财政款”科目。

（2）向财政专户上缴款项时，按照实际上缴的款项金额，借记“应缴财政款”科目，贷记“银行存款”等科目。

（3）收到从财政专户返还的事业收入时，按照实际收到的返还金额，借记“银行存款”等科目，贷记本科目。

业务2：采用预收款方式确认的事业收入。

（1）实际收到预收款项时，按照收到的款项金额，借记“银行存款”等科目，贷记“预收账款”科目。

（2）以合同完成进度确认事业收入时，按照基于合同完成进度计算的金额，借记“预收账款”科目，贷记本科目。

业务3：采用应收款方式确认的事业收入。

（1）根据合同完成进度计算本期应收的款项，借记“应收账款”科目，贷记本科目。

（2）实际收到款项时，借记“银行存款”等科目，贷记“应收账款”科目。

业务4：其他方式下确认的事业收入，按照实际收到的金额，借记“银行存款”“库存现金”等科目，贷记本科目。

上述业务2～4中涉及增值税业务的，相关账务处理参见“应交增值税”科目。

业务5：期末，将本科目本期发生额转入本期盈余，借记本科目，贷记“本期盈余”科目。

【例15－3】某事业单位举办篮球竞赛收到出售广播电视转播权收入100万元，按规定实行先全额缴入财政专户，再按70%返还的结算体制。款项已全额缴入财政专户。

（1）收到款项时：

借：银行存款	1 000 000	
贷：应缴财政款		1 000 000

（2）上解财政转户时：

借：应缴财政款	1 000 000	
贷：银行存款		1 000 000

（3）收到返还的70%款项时：

借：银行存款	700 000	
贷：事业收入		700 000

二、经营收入

经营收入，是指事业单位在专业业务活动及其辅助活动之外开展非独立核算经营活动取得的收入。事业单位来源于附属独立核算单位收入，应作为上缴上级收入或作为投资收益记入“其他收入”中。经营收入应当在提供服务或发出存货，同时收迄价款或者取得索取价款的凭据时，按照实际收到或应收的金额予以确认。

有些经营规模较小的单位，不便或无法进行独立核算的，可纳入经营收入中核算。对少部分事业收入和经营收入性质和内容相互交叉、难以准确划分清楚的，主管部门和财政部门可根据实际情况予以确定。

（一）科目设置

事业单位设置“经营收入”科目，核算单位在专业业务活动及其辅助活动之外开展非独立核算经营活动取得的收入。本科目应当按照经营活动类别、项目和收入来源等进行明细核算。期末结转后，本科目应无余额。

（二）核算实务

业务1：实现经营收入时，按照确定的收入金额，借记“银行存款”“应收账款”“应收票据”等科目，贷记本科目。涉及增值税业务的，相关账务处理参见“应交增值税”科目。

业务2：期末，将本科目本期发生额转入本期盈余，借记本科目，贷记“本期盈余”科目。

【例15－4】 某事业单位为一般纳税人，该事业单位的一个非独立核算的复印室对外提供服务，获取收入2万元，增值税1 200元。款项尚未收取。

借：应收账款　　21 200
　　贷：经营收入——复印室服务收入　　20 000
　　　　应交增值税——应交税金（销项税额）　　1 200

三、投资收益

投资收益，是指事业单位对外投资所取得的利润、股利和债券利息等收入减去投资损失后的净收益。

（一）科目设置

事业单位设置“投资收益”科目，核算单位股权投资和债券投资所实现的收益或发生的损失。本科目应当按照投资的种类等进行明细核算。期末结转后，本科目应无余额。

（二）核算实务

业务1：收到短期投资持有期间的利息，按照实际收到的金额，借记“银行存款”科目，贷记本科目。

业务2：出售或到期收回短期债券本息，按照实际收到的金额，借记“银行存款”科目，按照出售或收回短期投资的成本，贷记“短期投资”科目，按照其差额，贷记或借记本科目。涉及增值税业务的，相关账务处理参见“应交增值税”科目。

业务3：持有的分期付息、一次还本的长期债券投资，按期确认利息收入时，按照计算确定的应收未收利息，借记“应收利息”科目，贷记本科目；持有的到期一次还本付息的债券投资，按期确认利息收入时，按照计算确定的应收未收利息，借记“长期债券投资——应计利息”科目，贷记本科目。

业务4：出售长期债券投资或到期收回长期债券投资本息，按照实际收到的金额，借记“银行存款”等科目，按照债券初始投资成本和已计未收利息金额，贷记“长期债券投资——成本、应计利息”科目（到期一次还本付息债券）或“长期债券投资”“应收利息”科目（分期付息债券），按照其差额，贷记或借记本科目。涉及增值税业务的，相关账务处理参见“应交增值税”科目。

业务5：采用成本法核算的长期股权投资持有期间，被投资单位宣告分派现金股利或利润时，按照宣告分派的现金股利或利润中属于单位应享有的份额，借记“应收股利”科目，贷记本科目；采用权益法核算的长期股权投资持有期间，按照应享有或应分担的被投资单位实现的净损益的份额，借记或贷记“长期股权投资——损益调整”科目，贷记或借记本科目；被投资单位发生净亏损，但以后年度又实现净利润的，单位在其收益分享额弥补未确认的亏损分担额等后，恢复确认投资收益，借记“长期股权投资——损益调整”科目，贷记本科目。

业务6：按照规定处置长期股权投资时有关投资收益的账务处理，参见“长期股权投资”科目。

业务7：期末，将本科目本期发生额转入本期盈余，借记或贷记本科目，贷记或借记“本期盈余”科目。

【例15－5】某事业单位将购买的短期持有的国库券20万元出售，取得收入21.065万元，款项存入开户银行。

借：银行存款　　210 650
　　贷：短期投资　　200 000
　　　　投资收益　　10 650

第四节
上级补助收入和附属单位上缴收入

一、上级补助收入

上级补助收入，是由事业单位的主管部门和上级单位用自身组织的收入或集中下级单位的收入拨给事业单位的资金，是上级单位用于调剂附属单位资金收支余缺的机动财力。

（一）科目设置

事业单位设置“上级补助收入”科目，核算单位从主管部门和上级单位取得的非财政拨款收入。本科目应当按照发放补助单位、补助项目等进行明细核算。期末结转后，本科目应无余额。

（二）核算实务

业务1：确认上级补助收入时，按照应收或实际收到的金额，借记“其他应收款”“银行存款”等科目，贷记本科目。

实际收到应收的上级补助款时，按照实际收到的金额，借记“银行存款”等科目，贷记“其他应收款”科目。

业务2：期末，将本科目本期发生额转入本期盈余，借记本科目，贷记“本期盈余”科目。

【例15－6】某事业单位接到银行收款通知书，收到上级单位拨来一笔非财政性资金补助款项3.5万元，用于日常公用经费。

借：银行存款　35 000

　　贷：上级补助收入　35 000

二、附属单位上缴收入

附属单位上缴收入，是指事业单位附属的独立核算单位按规定标准或比例缴纳的各项收入。包括附属的事业单位上缴的收入和附属企业上缴的利润等。事业单位对附属单位经营项目的投资以及收到附属单位归还的垫付费用，不属于附属单位缴款。

（一）科目设置

事业单位设置“附属单位上缴收入”科目，核算单位取得的附属独立核算单位按照有关规定上缴的收入。本科目应当按照附属单位、缴款项目等进行明细核算。期末结转后，本科目应无余额。

（二）核算实务

业务1：确认附属单位上缴收入时，按照应收或收到的金额，借记“其他应收款”“银行存款”等科目，贷记本科目。

实际收到应收附属单位上缴款时，按照实际收到的金额，借记“银行存款”等科目，贷记“其他应收款”科目。

业务2：期末，将本科目本期发生额转入本期盈余，借记本科目，贷记“本期盈余”科目。

【例15-7】某事业单位收到所属某单位上缴的款项6.85万元，已存入银行。

借：银行存款　68 500

　　贷：附属单位上缴收入　68 500

第五节 其他收入

单位除了上述收入以外，还包括利息收入、租金收入、捐赠收入、其他收入等各项其他的收入。

一、利息收入

利息收入，主要是指单位取得的银行存款利息收入。

（一）科目设置

单位设置“利息收入”科目，核算单位取得的银行存款利息收入。期末结转后，本科目应无余额。

（二）核算实务

业务1：取得银行存款利息时，按照实际收到的金额，借记“银行存款”科目，贷记本科目。

业务2：期末，将本科目本期发生额转入本期盈余，借记本科目，贷记“本期盈余”科目。

【例15－8】某单位接到开户银行的到账通知书，本期银行存款利息2.3万元已存入单位银行账户。

借：银行存款　　23 000
　　贷：利息收入　　23 000

二、租金收入

租金收入，是指单位经批准利用国有资产出租取得并按照规定纳入本单位预算管理的租金收入。

（一）科目设置

单位设置“租金收入”科目，核算单位经批准利用国有资产出租取得并按照规定纳入本单位预算管理的租金收入。本科目应当按照出租国有资产类别和收入来源等进行明细核算。期末结转后，本科目应无余额。

（二）核算实务

业务1：国有资产出租收入，应当在租赁期内各个期间按照直线法予以确认。

（1）采用预收租金方式的，预收租金时，按照收到的金额，借记“银行存款”等科目，贷记“预收账款”科目；分期确认租金收入时，按照各期租金金额，借记“预收账款”科目，贷记本科目。

（2）采用后付租金方式的，每期确认租金收入时，按照各期租金金额，借记“应收账款”科目，贷记本科目；收到租金时，按照实际收到的金额，借记“银行存款”等科目，贷记“应收账款”科目。

（3）采用分期收取租金方式的，每期收取租金时，按照租金金额，借记“银行存款”等科目，贷记本科目。

涉及增值税业务的，相关账务处理参见“应交增值税”科目。

业务2：期末，将本科目本期发生额转入本期盈余，借记本科目，贷记“本期盈余”科目。

【例15－9】某单位根据协议向丁单位出租礼堂，租期1年，年租金为36万元，协议规定按月收取租金3万元，增值税1 500元。

借：银行存款　　31 500
　　贷：租金收入　　30 000
　　　　应交增值税——应交税金（销项税额）　　1 500

三、捐赠收入

捐赠收入，是指单位接受其他单位或者个人捐赠取得的收入。

（一）科目设置

单位设置“捐赠收入”科目，核算单位接受其他单位或者个人捐赠取得的收入。本科目应当按照捐赠资产的用途和捐赠单位等进行明细核算。期末结转后，本科目应无余额。

（二）核算实务

业务1：接受捐赠的货币资金，按照实际收到的金额，借记“银行存款”“库存现金”等科目，贷记本科目。

业务2：接受捐赠的存货、固定资产等非现金资产，按照确定的成本，借记“库存物品”“固定资产”等科目，按照发生的相关税费、运输费等，贷记“银行存款”等科目，按照其差额，贷记本科目。

业务3：接受捐赠的资产按照名义金额入账的，按照名义金额，借记“库存物品”“固定资产”等科目，贷记本科目；同时，按照发生的相关税费、运输费等，借记“其他费用”科目，贷记“银行存款”等科目。

业务4：期末，将本科目本期发生额转入本期盈余，借记本科目，贷记“本期盈余”科目。

【例15－10】某单位发生以下经济业务：

收到某企业捐赠的存款5万元。

借：银行存款　　　　50 000

　　贷：捐赠收入　　　　50 000

四、其他收入

其他收入，是指单位取得的除财政拨款收入、事业收入、上级补助收入、附属单位上缴收入、经营收入、非同级财政拨款收入、投资收益、捐赠收入、利息收入、租金收入以外的各项收入。

（一）科目设置

单位设置“其他收入”科目，核算单位取得的除财政拨款收入、事业收入、上级补助收入、附属单位上缴收入、经营收入、非同级财政拨款收入、投资收益、捐赠收入、利息收入、租金收入以外的各项收入，包括现金盘盈收入、按照规定纳入单位预算管理的科技成果转化收入、行政单位收回已核销的其他应收款、无法偿付的应付及预收款项、置换换出资产评估增值等。本科目应当按照其他收入的类别、来源等进行明细核算。期末结转后，本科目应无余额。

（二）核算实务

业务1：每日现金账款核对中发现的现金溢余，属于无法查明原因的部分，报经批准后，借记“待处理财产损溢”科目，贷记本科目。

业务2：单位科技成果转化所取得的收入，按照规定留归本单位的，按照所取得收入扣除相关费用之后的净收益，借记“银行存款”等科目，贷记本科目。

业务3：行政单位已核销的其他应收款在以后期间收回的，按照实际收回的金额，借记“银行存款”等科目，贷记本科目。

业务4：无法偿付或债权人豁免偿还的应付账款、预收账款、其他应付款及长期应付款，借记“应付账款”“预收账款”“其他应付款”“长期应付款”等科目，贷记本科目。

业务5：资产置换过程中，换出资产评估增值的，按照评估价值高于资产账面价值或账面余额的金额，借记有关科目，贷记本科目。具体账务处理参见“库存物品”等科目。

业务6：以未入账的无形资产取得的长期股权投资，按照评估价值加相关税费作为投资成本，借记“长期股权投资”科目，按照发生的相关税费，贷记“银行存款”“其他应交税费”等科目，按其差额，贷记本科目。

业务7：确认上述业务1～6以外的其他收入时，按照应收或实际收到的金额，借记“其他应收款”“银行存款”“库存现金”等科目，贷记本科目。涉及增值税业务的，相关账务处理参见“应交增值税”科目。

业务8：期末，将本科目本期发生额转入本期盈余，借记本科目，贷记“本期盈余”科目。

【例15－11】 某单位发生如下经济业务：

（1）月末盘点现金发现溢余180元，其中150元为少付员工甲报销的医药费，其余30元无法查明原因。

①发现溢余时：

借：库存现金　　180

　　贷：待处理财产损溢　　180

②查明原因并报经批准进行处理时：

借：待处理财产损溢　　180

　　贷：其他应付款——甲员工　　150

　　　　其他收入　　30

（2）科技成果实现转化，按照规定留归本单位的收入为3.5万元。

借：银行存款　　35 000

　　贷：其他收入　　35 000

（3）年终检查核实发现，应付某企业的购货款10 090元因该企业已经注销无法支付。

借：应付账款　　10 090

　　贷：其他收入　　10 090

【思考题】

1. 单位的收入主要包括哪些？
2. 单位收入的确认应具备什么条件？
3. 什么是财政拨款收入？单位在不同的财政资金支付方式下确认财政拨款收入，对应的借方科目有什么不同？
4. 什么是非同级财政拨款收入？与财政拨款收入有何区别？
5. 什么是经营收入？与事业收入有什么区别？

第十六章
单位费用

学习目标

- □ 了解单位费用的概念和内容
- □ 熟悉单位费用的确认、计量及其管理
- □ 掌握单位各种费用的核算

第一节
单位费用概述

一、费用的概念和内容

费用，是指报告期内导致单位净资产减少的，含有服务潜力或者经济利益的经济资源的流出。单位的费用包括业务活动费用、单位管理费用、经营费用、资产处置费用、上缴上级费用、对附属单位补助费用、所得税费用、其他费用等。

单位费用的确认应遵循政府会计准则的相关规定。详见第二章内容。

二、费用的管理

单位费用是单位财务管理的一项重要内容，单位必须严格按照有关的规定，建立健全费用管理制度，采取切实可行的办法，加强对费用的管理。费用的管理要求主要有：

（1）严格执行财务规章制度。单位应当严格执行国家有关财务规章制度规定的开支范围及开支标准，单位费用全部由单位财务部门统一管理，其他职能部门不允许在单位财务部门之外设立“小金库”。

（2）严格执行国库集中支付制度和政府采购制度。单位应当严格执行国库集中支付

制度和政府采购制度等有关规定，加强对财政补助资金的管理，依法进行采购活动。

（3）保证单位基本费用的需要。单位应当确保基本费用的发生以及单位的正常运转和完成日常工作任务。

（4）加强费用绩效管理。单位应当加强费用的绩效管理，提高资金的使用效益。单位应当按照财政部门和主管部门制定的有关费用绩效评价办法，开展费用绩效评价工作，加强对费用的绩效管理。

第二节 业务活动费用

一、业务活动费用的概念

业务活动费用，是指单位为了实现其业务活动目标，开展项目活动或者提供服务所发生的费用。与单位管理费用相比，业务活动费用主要是单位直接为服务对象发生的费用，而单位管理费用是单位为组织和管理业务活动而发生的费用。

二、业务活动费用核算

（一）科目设置

单位设置“业务活动费用”科目，核算单位为实现其职能目标，依法履职或开展专业业务活动及其辅助活动所发生的各项费用。本科目应当按照项目、服务或者业务类别、支付对象等进行明细核算。为了满足成本核算需要，本科目下还可按照“工资福利费用”“商品和服务费用”“对个人和家庭的补助费用”“对企业补助费用”“固定资产折旧费”“无形资产摊销费”“公共基础设施折旧（摊销）费”“保障性住房折旧费”“计提专用基金”等成本项目设置明细科目，归集能够直接计入业务活动或采用一定方法计算后计入业务活动的费用。期末结转后，本科目应无余额。

（二）核算实务

业务1：单位为履职或开展业务活动人员计提的薪酬，按照计算确定的金额，借记本科目，贷记“应付职工薪酬”科目。

业务2：单位为履职或开展业务活动发生的外部人员劳务费，按照计算确定的金额，借记本科目，按照代扣代缴个人所得税的金额，贷记“其他应交税费——应交个人所得税”科目，按照扣税后应付或实际支付的金额，贷记“其他应付款”“财政拨款收入”“零余额账户用款额度”“银行存款”等科目。

业务3：单位为履职或开展业务活动领用库存物品，以及动用发出相关政府储备物资，按照领用库存物品或发出相关政府储备物资的账面余额，借记本科目，贷记“库存物品”“政府储备物资”科目。

业务4：单位为履职或开展业务活动所使用的固定资产、无形资产以及为所控制的公共基础设施、保障性住房计提的折旧、摊销，按照计提金额，借记本科目，贷记“固定资产累计折旧”“无形资产累计摊销”“公共基础设施累计折旧（摊销）”“保障性住房累计折旧”等科目。

业务5：单位为履职或开展业务活动发生的城市维护建设税、教育费附加、地方教育费附加、车船税、房产税、城镇土地使用税等，按照计算确定应缴纳的金额，借记本科目，贷记“其他应交税费”等科目。

业务6：单位为履职开展业务活动发生其他各项费用时，按照费用确认金额，借记本科目，贷记“财政拨款收入”“零余额账户用款额度”“银行存款”“应付账款”“其他应付款”“其他应收款”等科目。

业务7：单位按照规定从收入中提取专用基金并计入费用的，一般按照预算会计下基于预算收入计算提取的金额，借记本科目，贷记“专用基金”科目。国家另有规定的，从其规定。

业务8：单位发生当年购货退回等业务，对于已记入本年业务活动费用的，按照收回或应收的金额，借记“财政拨款收入”“零余额账户用款额度”“银行存款”“其他应收款”等科目，贷记本科目。

业务9：期末，单位将本科目本期发生额转入本期盈余，借记“本期盈余”科目，贷记本科目。

【例16－1】某单位发生如下经济业务：

（1）支付从事专业业务及辅助活动的外部人员劳务费2.4万元，代扣代缴的个人所得税额为2 100元，款项通过财政授权支付。

借：业务活动费用——商品和服务费用	24 000	
贷：零余额账户用款额度		21 900
其他应交税费——应交个人所得税		2 100

（2）内部业务部门从仓库领用一批库存物品，用于开展日常业务活动，该批库存物品的实际成本为2 500元。

借：业务活动费用	2 500	
贷：库存物品		2 500

（3）退回上月购买的一批物品，该批物品实际成本2 800元已记入业务活动费用，本月款项已收回银行账户。会计分录如下：

借：银行存款	2 800	
贷：业务活动费用		2 800

单位按规定从收入中提取专用基金计入业务活动费用参见“专用基金”账务处理。

第三节

单位管理费用、经营费用和所得税费用

一、单位管理费用

单位管理费用，是指事业单位为组织和管理其业务活动所发生的费用。

（一）科目设置

单位设置“单位管理费用”科目，核算事业单位本级行政及后勤管理部门开展管理活动发生的各项费用，包括单位行政及后勤管理部门发生的人员经费、公用经费、资产折旧（摊销）等费用，以及由单位统一负担的离退休人员经费、工会经费、诉讼费、中介费等。本科目应当按照项目、费用类别、支付对象等进行明细核算。为了满足成本核算需要，本科目下还可按照“工资福利费用”“商品和服务费用”“对个人和家庭的补助费用”“固定资产折旧费”“无形资产摊销费”等成本项目设置明细科目，归集能够直接计入单位管理活动或采用一定方法计算后计入单位管理活动的费用。期末结转后，本科目应无余额。

（二）核算实务

业务 1：事业单位为管理活动人员计提的薪酬，按照计算确定的金额，借记本科目，贷记“应付职工薪酬”。

业务 2：事业单位为开展管理活动发生的外部人员劳务费，按照计算确定的费用金额，借记本科目，按照代扣代缴个人所得税的金额，贷记“其他应交税费——应交个人所得税”科目，按照扣税后应付或实际支付的金额，贷记“其他应付款”“财政拨款收入”“零余额账户用款额度”“银行存款”等科目。

业务 3：事业单位为开展管理活动内部领用库存物品，按照领用物品实际成本，借记本科目，贷记“库存物品”科目。

业务 4：事业单位为管理活动所使用固定资产、无形资产计提的折旧，摊销，按照应提折旧、摊销额，借记本科目，贷记“固定资产累计折旧”“无形资产累计摊销”科目。

业务 5：事业单位为开展管理活动发生的城市维护建设税、教育费附加、地方教育费附加、车船税、房产税、城镇土地使用税等，按照计算确定应缴纳的金额，借记本科目，贷记“其他应交税费”等科目。

业务 6：事业单位为开展管理活动发生的其他各项费用，按照费用确认金额，借记本科目，贷记“财政拨款收入”“零余额账户用款额度”“银行存款”“其他应付款”“其他应收款”等科目。

业务 7：事业单位发生当年购货退回等业务，对于已记入本年单位管理费用的，按照收回或应收的金额，借记“财政拨款收入”“零余额账户用款额度”“银行存款”“其他

应收款”等科目，贷记本科目。

业务8：期末，将本科目本期发生额转入本期盈余，借记“本期盈余”科目，贷记本科目。

【例16－2】某事业单位发生如下经济业务：

（1）为从事管理活动人员计提职工薪酬15 700元。

借：单位管理费用——工资福利费用　　15 700
　　贷：应付职工薪酬　　15 700

（2）为从事管理活动的外部人员发放劳务费4 800元，代扣代缴的个人所得税额为800元，款项通过银行存款支付。

借：单位管理费用——商品和服务费用　　4 800
　　贷：银行存款　　4 000
　　　　其他应交税费——应交个人所得税　　800

（3）办公室从仓库领用一批库存物品，用于开展管理活动，该批库存物品的实际成本为500元。

借：单位管理费用　　500
　　贷：库存物品　　500

（4）月末，计提管理活动用固定资产计提折旧1.8万元。

借：单位管理费用——固定资产折旧费　　18 000
　　贷：固定资产累计折旧　　18 000

（5）开展管理活动发生应负担的税金及附加6 856元。

借：单位管理费用——商品和服务费用　　6 856
　　贷：其他应交税费　　6 856

（6）退回上月购买的一批物品，该批物品实际成本7 500元已记入单位管理费用，本月款项已收回银行账户。

借：银行存款　　7 500
　　贷：单位管理费用　　7 500

二、经营费用

经营费用，是指事业单位在专业业务活动及其辅助活动之外开展非独立核算经营活动发生的费用。事业单位开展非独立核算经营活动的，应当正确归集开展经营活动发生的各项费用数；无法直接归集的，应当按照规定的标准或比例合理分摊。事业单位的经营费用与经营收入应当配比。事业单位经营费用的具体业务内容或种类与经营收入通常包括的内容和种类相同。

（一）科目设置

单位设置“经营费用”科目，核算事业单位在专业业务活动及其辅助活动之外开展非独立核算经营活动发生的各项费用。本科目应当按照经营活动类别、项目、支付对象等进行明细核算。为了满足成本核算需要，本科目下还可按照“工资福利费用”“商品和服务费用”“对个人和家庭的补助费用”“固定资产折旧费”“无形资产摊销费”等成本项目设置明细科目，归集能够直接计入单位经营活动或采用一定方法计算后计入单位经营活动的费用。期末结转后，本科目应无余额。

（二）核算实务

业务1：事业单位为经营活动人员计提的薪酬，按照计算确定的金额，借记本科目，贷记“应付职工薪酬”科目。

业务2：事业单位为开展经营活动领用或发出库存物品，按照物品实际成本，借记本科目，贷记“库存物品”科目。

业务3：事业单位为经营活动所使用固定资产、无形资产计提的折旧、摊销，按照应提折旧、摊销额，借记本科目，贷记“固定资产累计折旧”“无形资产累计摊销”科目。

业务4：事业单位为开展经营活动发生城市维护建设税、教育费附加、地方教育费附加、车船税、房产税、城镇土地使用税等，按照计算确定应缴纳的金额，借记本科目，贷记“其他应交税费”等科目。

业务5：事业单位发生与经营活动相关的其他各项费用时，按照费用确认金额，借记本科目，贷记“银行存款”“其他应付款”“其他应收款”等科目。涉及增值税业务的，相关账务处理参见“应交增值税”科目。

业务6：事业单位发生当年购货退回等业务，对于已记入本年经营费用的，按照收回或应收的金额，借记“银行存款”“其他应收款”等科目，贷记本科目。

业务7：期末，将本科目本期发生额转入本期盈余，借记“本期盈余”科目，贷记本科目。

【例16－3】某事业单位发生如下经济业务：

（1）内部业务部门从存货仓库领用一批库存物品，用于开展经营活动，该批库存物品的实际成本为12 700元。

借：经营费用　　12 700
　　贷：库存物品　　12 700

（2）开展经营活动发生应负担的税金及附加785元。

借：经营费用——商品和服务费用　　785
　　贷：其他应交税费　　785

（3）退回上月购买的一批物品，该批物品实际成本800元已记入经营费用，本月款项已收回银行账户。

借：银行存款　　800
　　贷：经营费用　　800

三、所得税费用

所得税费用，是指事业单位按照税法规定计算确定的针对当期发生的交易和事项，应缴纳给税务部门的所得税金额，即当期应交所得税。

（一）科目设置

单位设置“所得税费用”科目，核算有企业所得税缴纳义务的事业单位按规定缴纳企业所得税所形成的费用。年末结转后，本科目应无余额。

（二）核算实务

业务1：事业单位发生企业所得税纳税义务的，按照税法规定计算的应交税金金额，借记本科目，贷记“其他应交税费——单位应交所得税”科目。

业务2：年末，将本科目本年发生额转入本期盈余，借记“本期盈余”科目，贷记本科目。

【例16－4】 某事业单位发生企业所得税纳税义务的，按照税法规定计算的应交税金金额3.2万元。

借：所得税费用　　32 000

　　贷：其他应交税费——单位应交所得税　　32 000

第四节
上缴上级费用与对附属单位补助费用

一、上缴上级费用

上缴上级费用，是指事业单位按照财政部门和主管部门规定的标准或比例上缴上级单位的款项。事业单位向上级单位上缴的款项应当是事业单位取得的有关业务活动收入或其他收入，即事业收入、经营收入、其他收入等。事业单位不可以将自身取得的财政补助收入用作上缴上级费用。

（一）科目设置

单位设置“上缴上级费用”科目，核算事业单位按照财政部门和主管部门的规定上缴上级单位款项发生的费用。本科目应当按照收缴款项单位、缴款项目等进行明细核算。期末结转后，本科目应无余额。

（二）核算实务

业务1：事业单位发生上缴上级支出的，按照实际上缴的金额或者按照规定计算出应当上缴上级单位的金额，借记本科目，贷记“银行存款”“其他应付款”等科目。

业务2：期末，将本科目本期发生额转入本期盈余，借记“本期盈余”科目，贷记本科目。

【例16－5】 某事业单位按照上级有关规定，对于取得的事业收入应按照相应的比例上缴上级单位，上缴金额为3.2万元。

借：上缴上级费用　　32 000

　　贷：银行存款　　32 000

二、对附属单位补助费用

事业单位通常用自身取得的事业收入、经营收入、其他收入或者从其他附属单位取得的附属单位上缴收入等财政补助收入之外的收入对附属单位进行补助。事业单位不可以将自身取得的财政补助收入拨付给附属单位，事业单位用自有资金对附属单位进行补助，是为了支持附属单位更好的发展。例如，高等学校对其附属中学进行补助，以进一步提升其附属中学的办学水平。

（一）科目设置

单位设置“对附属单位补助费用”科目，核算事业单位用财政拨款收入之外的收入对附属单位补助发生的费用。本科目应当按照接受补助单位、补助项目等进行明细核算。期末结转后，本科目应无余额。

（二）核算实务

业务1：事业单位发生对附属单位补助支出的，按照实际补助的金额或者按照规定计算出应当对附属单位补助的金额，借记本科目，贷记“银行存款”“其他应付款”等科目。

业务2：期末，将本科目本期发生额转入本期盈余，借记“本期盈余”科目，贷记本科目。

【例16－6】某事业单位使用部分事业收入对附属单位进行补助，补助金额为8 600元，款项以银行存款支付。

借：对附属单位补助费用　　8 600
　　贷：银行存款　　8 600

第五节
资产处置费用与其他费用

一、资产处置费用

资产处置费用是指单位经批准处置资产时发生的费用。

（一）科目设置

单位设置“资产处置费用”科目，核算单位经批准处置资产时发生的费用，包括转销的被处置资产价值，以及在处置过程中发生的相关费用或者处置收入小于相关费用形成的净支出。资产处置的形式按照规定包括无偿调拨、出售、出让、转让、置换、对外捐赠、报废、毁损以及货币性资产损失核销等。单位在资产清查中查明的资产盘亏、毁损以及资产报废等，应当先通过“待处理财产损溢”科目进行核算，再将处理资产价值和处理净支出计入本科目。短期投资、长期股权投资、长期债券投资的处置，按照相关资产科目的规定进行账务处理。本科目应当按照处置资产的类别、资产处置的形式等进行明细核算。期末结转后，本科目应无余额。

（二）核算实务

业务1：不通过“待处理财产损溢”科目核算的资产处置。

（1）单位按照规定报经批准处置资产时，按照处置资产的账面价值，借记本科目［处置固定资产无形资产公共基础设施保障性住房的，还应借记“固定资产累计折旧”“无形资产累计摊销”“公共基础设施累计折旧（摊销）”“保障性住房累计折旧”科目］，按照处置资产的账面余额，贷记“库存物品”“固定资产”“无形资产”“公共基础设施”“政府储备物资”“文物文化资产”“保障性住房”“其他应收款”“在建工程”等科目。

（2）处置资产过程中仅发生相关费用的，按照实际发生金额，借记本科目，贷记“银行存款”“库存现金”等科目。

（3）处置资产过程中取得收入的，按照取得的价款，借记“库存现金”“银行存款”等科目，按照处置资产过程中发生的相关费用，贷记“银行存款”“库存现金”等科目，按照其差额，借记本科目或贷记“应缴财政款”等科目。

涉及增值税业务的，相关财务处理参见“应交增值税”科目。

业务2：通过“待处理财产损溢”科目核算的资产处置。

（1）单位账款核对中发现的现金短缺，属于无法查明原因的，报经批准核销时，借记本科目，贷记“待处理财产损溢”科目。

（2）单位资产清查过程中盘亏或者毁损、报废的存货、固定资产、无形资产、公共基础设施、政府储备物资、文物文化资产、保障性住房等，报经批准处理时，按照处理资产价值，借记本科目，贷记“待处理财产损溢——待处理财产价值”科目。处理收支结清时，处理过程中所取得收入小于所发生相关费用的，按照相关费用减去处理收入后的净支出，借记本科目，贷记“待处理财产损溢——处理净收入”科目。

业务3：期末，单位将本科目本期发生额转入本期盈余，借记“本期盈余”科目，贷记本科目。

【例16－7】某单位发生如下资产处置业务，该单位的资产处置不通过“待处理财产损溢”科目核算。

（1）经批准报废一台不需用的办公设备，该办公设备的原价为1.5万元，已计提的累计折旧为1.48万元，账面价值为200元。

借：资产处置费用	200	
固定资产累计折旧	14 800	
贷：固定资产		15 000

（2）报废上述设备过程中发生清理费用300元，以库存现金支付，收到残值变价收入100元，款项已存入开户银行。

借：银行存款	100	
资产处置费用	200	
贷：库存现金		300

二、其他费用

其他费用，是指单位发生的除上述费用以外的其他各项费用，包括利息费用、坏账损失、罚没支出、现金资产捐赠支出以及相关税费、运输费等。

（一）科目设置

单位设置“其他费用”科目，核算单位发生的除业务活动费用、单位管理费用、经营费用、资产处置费用、上缴上级费用、附属单位补助费用、所得税费用以外的各项费用，包括利息费用、坏账损失、罚没支出、现金资产捐赠支出以及相关税费、运输费等。该科目应当按照其他费用的类别等进行明细核算。单位发生的利息费用较多的，可以单独设置“利息费用”科目。期末结转后，本科目应无余额。

（二）核算实务

业务1：单位按期计算确认借款利息费用时，按照计算确定的金额，借记本科目或“在建工程”，贷记“应付利息”“长期借款——应计利息”科目。

业务2：年末，事业单位按照规定对收回后不需上缴财政的应收账款和其他应收款计提坏账准备时，按照计提金额，借记本科目，贷记“坏账准备”科目；冲减多提的坏账准备时，按照冲减金额，借记“坏账准备”科目，贷记本科目。

业务3：单位发生罚没支出时，按照实际缴纳或应当缴纳的金额，借记本科目，贷记“银行存款”“库存现金”“其他应付款”等科目。

业务4：单位对外捐赠现金资产的，按照实际捐赠的金额，借记本科目，贷记“银行存款”“库存现金”等科目。

业务5：单位接受捐赠（或无偿调入）以名义金额计量的存货、固定资产、无形资产，以及成本无法可靠取得的公共基础设施、文物文化资产等发生的相关税费、运输费等，按照实际支付的金额，借记本科目，贷记“财政拨款收入”“零余额账户用款额度”“银行存款”“库存现金”等科目。

业务6：单位发生的与受托代理资产相关的税费、运输费、保管费等，按照实际支付或应付的金额，借记本科目，贷记“零余额账户用款额度”“银行存款”“库存现金”“其他应付款”等科目。

业务7：期末，将本科目本期发生额转入本期盈余，借记“本期盈余”科目，贷记本科目。

【例16－8】某单位发生如下经济业务：

（1）月末，计提银行短期借款利息费用5 700元。

借：其他费用	5 700	
贷：应付利息		5 700

（2）发生罚没支出300元，已以银行存款支付该项罚款。

借：其他费用	300	
贷：银行存款		300

（3）向某教育发展基金会捐赠5万元现金。

借：其他费用	50 000	
贷：库存现金		50 000

（4）接受捐赠一项固定资产，没有相关的凭据。该单位支付了相应的运输费150元，款项以银行存款支付。

借：其他费用　　150
　　贷：银行存款　　150

（5）年末，按照规定对应收账款和其他应收款计提坏账准备 1 200 元。

借：其他费用　　1 200
　　贷：坏账准备　　1 200

【思考题】

1. 什么是单位费用？单位费用主要包括哪些内容？
2. 什么是业务活动费用？业务活动费用如何进行分类核算？
3. 什么是单位管理费用？单位管理费用有哪些种类？
4. 什么是事业单位经营费用？经营费用与业务活动费用的区别和联系？
5. 什么是资产处置费用？它是如何进行核算的？
6. 事业单位如何核算上缴上级费用与对附属单位补助费用？
7. 什么是事业单位所得税费用？事业单位所得税费用期末结账方法是怎样的？
8. 什么是单位的其他费用？单位其他费用主要包括哪些内容？

第十七章 单位财务报表

学习目标

- □ 熟悉政府单位财务报表的概念和种类
- □ 了解资产负债表、收入费用表、净资产变动表的编制方法
- □ 了解现金流量表、财务会计报表附注的编制方法

第一节 财务报表概述

一、财务报表的概念和种类

财务报表是反映单位某一特定日期财务状况、某一会计期间的业务成果和现金流量情况等的书面文件。财务报表应当根据登记完整、核对无误的账簿记录和其他有关资料编制，做到数字真实、计算准确、内容完整、编报及时。

财务报表由会计报表及其附注构成。会计报表一般包括资产负债表、收入费用表和净资产变动表、现金流量表。单位可根据实际情况自行选择编制现金流量表。

二、财务报表的编制基础

财务报表的编制主要以权责发生制为基础，以单位财务会计核算生成的数据为准。

第二节
资产负债表

一、资产负债表的概念和格式

资产负债表，是反映单位在某一特定日期财务状况的报表。其中，财务状况是指单位在某一特定日期占有或使用的资产、承担的负债、剩余的净资产数额及其构成。资产负债表采用的平衡等式为：**资产 = 负债 + 净资产**。按照规定，单位的资产负债表应当按照月度和年度编制。政府单位资产负债表的格式如表 17－1 所示。

表 17－1　　资产负债表

会政财 01 表

编制单位：　　年　月　日　　单位：元

资　　产	期末余额	年初余额	负债和净资产	期末余额	年初余额
流动资产：			流动负债：		
货币资金			短期借款		
短期投资			应交增值税		
财政应返还额度			其他应交税费		
应收票据			应缴财政款		
应收账款净额			应付职工薪酬		
预付账款			应付票据		
应收股利			应付账款		
应收利息			应付政府补贴款		
其他应收款净额			应付利息		
存货			预收账款		
待摊费用			其他应付款		
一年内到期的非流动资产			预提费用		
其他流动资产			一年内到期的非流动负债		
流动资产合计			其他流动负债		
非流动资产：			流动负债合计		
长期股权投资			非流动负债：		
长期债券投资			长期借款		
固定资产原值			长期应付款		
减：固定资产累计折旧			预计负债		

续表

资　产	期末余额	年初余额	负债和净资产	期末余额	年初余额
固定资产净值			其他非流动负债		
工程物资			非流动负债合计		
在建工程			受托代理负债		
无形资产原值			负债合计		
减：无形资产累计摊销					
无形资产净值					
研发支出					
公共基础设施原值					
减：公共基础设施累计折旧（摊销）					
公共基础设施净值					
政府储备物资					
文物文化资产					
保障性住房原值					
减：保障性住房累计折旧			净资产：		
保障性住房净值			累计盈余		
长期待摊费用			专用基金		
待处理财产损溢			权益法调整		
其他非流动资产			无偿调拨净资产 *		—
非流动资产合计			本期盈余 *		—
受托代理资产			净资产合计		
资产总计			负债和净资产总计		

注：“ * ”标识项目为月报项目，年报中不需列示。

二、资产负债表的编制方法

资产负债表的编制方法，总体来说是以资产、负债和净资产账户的期末余额为基础，按照报表格式的要求进行分析后填列的。具体的填列方法如下：

（1）有些资产负债表中的项目可以直接根据有关账户的期末余额进行填列。如：“短期投资”“财政应返还额度”等项目。

（2）有些资产负债中的项目需要根据有关账户的期末余额进行相加或相减后填列，如：“存货”项目需要根据“在途物品”“库存物品”“加工物品”科目的期末余额的合计数填列。

（3）有些资产负债表中的项目需要在对有关账户的期末余额进行分析后填列，如“长期借款”项目应根据“长期借款”科目的期末余额减去其中将于1年内（含1年）到期的长期借款余额后的金额填列。

（4）有些资产负债中的项目仅在月度报表中列示，年度报表中不列示，如：“无偿调拨净资产”“本期盈余”。

在资产负债表中，“年初余额”栏内各项数字应当根据上年年末资产负债表中“期末余额”栏内的数字填列。如果本年度资产负债表规定的项目的名称和内容与上年度不一致，应当对上年年末资产负债表中项目的名称和数字按照本年度的规定进行调整，将调整后数字填入“年初余额”栏内。

第三节 收入费用表

一、收入费用表的概念和格式

收入费用表，是反映单位在某一会计期间运行情况的报表。收入费用表的格式如表17－2所示。

表17－2　　收入费用表

会政财02表

编制单位：　　　　年　月　　　　单位：元

项　　目	本月数	本年累计数
一、本期收入		
（一）财政拨款收入		
其中：政府性基金收入		
（二）事业收入		
（三）上级补助收入		
（四）附属单位上缴收入		
（五）经营收入		
（六）非同级财政拨款收入		
（七）投资收益		
（八）捐赠收入		
（九）利息收入		
（十）租金收入		
（十一）其他收入		
二、本期费用		
（一）业务活动费用		
（二）单位管理费用		
（三）经营费用		

续表

项　　目	本月数	本年累计数
（四）资产处置费用		
（五）上缴上级费用		
（六）对附属单位补助费用		
（七）所得税费用		
（八）其他费用		
三、本期盈余		

二、收入费用表的编制方法

收入费用表的编制方法，总体来说是以收入、费用类账户的本期发生额为基础，按照报表格式的要求进行填列。具体的填列方法如下：

（1）收入费用表中的收入项目可以直接根据收入类账户的本期发生额填列。如“财政拨款收入”“事业收入”等项目。

（2）收入费用表中的费用项目可以直接根据费用类账户的本期发生额填列。如：“业务活动费用”“单位管理费用”等项目。

（3）收入费用表中的“本期盈余”项目应根据“本期收入”项目减去“本期费用”项目金额后的金额填列；如为负数，以“—”号填列。

收入费用表“本月数”栏反映各项目的本月实际发生数。编制年度收入费用表时，应当将本栏改为“本年数”，反映本年度各项目的实际发生数。“本年累计数”栏反映各项目自年初至报告期期末的累计实际发生数。编制年度收入费用表时，应当将本栏改为“上年数”，反映上年度各项目的实际发生数，“上年数”栏应当根据上年年度收入费用表中“本年数”栏内所列数字填列。

如果本年度收入费用表规定的项目的名称和内容同上年度不一致，应当对上年度收入费用表项目的名称和数字按照本年度的规定进行调整，将调整后的金额填入本年度收入费用表的“上年数”栏内。如果本年度单位发生了因前期差错更正、会计政策变更等调整以前年度盈余的事项，还应当对年度收入费用表中“上年数”栏中的有关项目金额进行相应调整。

第四节　净资产变动表

一、净资产变动表的概念和格式

净资产变动表反映单位在某一会计年度内净资产项目的变动情况。净资产变动表的格式如表 17－3 所示。

表 17－3　　净资产变动表

会政财 03 表

编制单位：　　　　年　　　　单位：元

项目	本年数				上年数			
	累计盈余	专用基金	权益法调整	净资产合计	累计盈余	专用基金	权益法调整	净资产合计
一、上年年末余额								
二、以前年度盈余调整（减少以“－”号填列）		—	—			—	—	
三、本年年初余额								
四、本年变动金额（减少以“－”号填列）								
（一）本年盈余		—	—			—	—	
（二）无偿调拨净资产		—	—			—	—	
（三）归集调整预算结转结余		—	—			—	—	
（四）提取或设置专用基金			—				—	
其中：从预算收入中提取	—		—		—		—	
从预算结余中提取			—				—	
设置的专用基金	—		—		—		—	
（五）使用专用基金			—				—	
（六）权益法调整	—	—			—	—		
五、本年年末余额								

注：“—”标识单元格不需填列。

二、净资产变动表编制方法

净资产变动表“本年数”栏反映本年度各项目的实际变动数，“上年数”栏反映上年度各项目的实际变动数。

本项目下各栏数额应根据“累计盈余”“专用基金”“权益法调整”科目相应项目金额的合计数填列，或经过计算、分析后填列。

第五节
现金流量表

一、现金流量表的概念和格式

现金流量表反映单位在一定会计期间现金及现金等价物流入和流出情况的报表。现金流量表的格式如表 17－4 所示。

表 17－4　　现金流量表

会政财 04 表

编制单位：　　年　　单位：元

项　目	本年金额	上年金额
一、日常活动产生的现金流量：		
财政基本支出拨款收到的现金		
财政非资本性项目拨款收到的现金		
事业活动收到的除财政拨款以外的现金		
收到的其他与日常活动有关的现金		
日常活动的现金流入小计		
购买商品、接受劳务支付的现金		
支付给职工以及为职工支付的现金		
支付的各项税费		
支付的其他与日常活动有关的现金		
日常活动的现金流出小计		
日常活动产生的现金流量净额		
二、投资活动产生的现金流量：		
收回投资收到的现金		
取得投资收益收到的现金		
处置固定资产、无形资产、公共基础设施等收回的现金净额		
收到的其他与投资活动有关的现金		
投资活动的现金流入小计		
购建固定资产、无形资产、公共基础设施等支付的现金		
对外投资支付的现金		
上缴处置固定资产、无形资产、公共基础设施等净收入支付的现金		
支付的其他与投资活动有关的现金		

续表

项　　目	本年金额	上年金额
投资活动的现金流出小计		
投资活动产生的现金流量净额		
三、筹资活动产生的现金流量：		
财政资本性项目拨款收到的现金		
取得借款收到的现金		
收到的其他与筹资活动有关的现金		
筹资活动的现金流入小计		
偿还借款支付的现金		
偿还利息支付的现金		
支付的其他与筹资活动有关的现金		
筹资活动的现金流出小计		
筹资活动产生的现金流量净额		
四、汇率变动对现金的影响额		
五、现金净增加额		

二、现金流量表编制方法

现金流量表中的现金是指单位的库存现金以及其他可以随时用于支付的款项，包括库存现金、可以随时用于支付的银行存款、其他货币资金、零余额账户用款额度、财政应返还额度，以及通过财政直接支付方式支付的款项。现金流量表应当按照日常活动、投资活动、筹资活动的现金流量分别反映。单位在填列现金流量表的有关项目时，现金流量信息可以从会计记录中直接获得，也可以通过对收入费用表和资产负债表中的有关数据进行分析和调整后获得。

第六节
财务会计报表附注

一、财务会计报表附注的概念

财务会计报表附注是对在资产负债表、收入费用表、现金流量表等报表中列示项目所做的进一步说明，以及对未能在这些报表中列示项目的说明。附注是财务报表的重要组成部分。

二、财务会计报表附注的主要内容

（1）单位的基本情况。

单位应当简要披露基本情况，包括单位主要职能、主要业务活动、所在地、预算管理关系等。

（2）会计报表编制基础。

（3）遵循政府会计准则、制度的声明。

（4）重要会计政策和会计估计。

（5）会计报表重要项目说明。

单位应当按照资产负债表和收入费用表项目列示顺序，采用文字和数据描述相结合的方式披露重要项目的明细信息。报表重要项目的明细金额合计，应当与报表项目金额相衔接。

有关存货、投资、固定资产、无形资产、公共基础设施和政府储备物质应当在附注中披露的信息按相应政府会计具体准则规定执行，具体内容详见政府会计具体准则。

（6）本年盈余与预算结余的差异情况说明。为了反映单位财务会计和预算会计因核算基础和核算范围不同所产生的本年盈余数与本年预算结余数之间的差异，单位应当按照重要性原则，对本年度发生的各类影响收入（预算收入）和费用（预算支出）的业务进行适度归并和分析，披露将年度预算收入支出表中“本年预算收支差额”调节为年度收入费用表中“本期盈余”的信息。

（7）其他重要事项说明。

阅读资料 有关报表编制内容及重要项目披露格式参见：http：//kjs. mof. gov. cn/zhengwuxinxi/zhengcefabu/201711/t20171109_ 2746877. htm

【思考题】

1. 政府单位财务报表的概念和种类。
2. 资产负债表编制方法。
3. 收入费用表的编制方法。
4. 净资产变动表编制方法。

第二部分　行政事业单位会计实务：单位预算会计实务

第十八章 单位预算收入

学习目标

□ 了解政府单位预算收入的体系及内容
□ 熟悉财政拨款预算收入、非同级财政拨款预算收入等单位预算收入概念及内容
□ 掌握财政拨款预算收入、非同级财政拨款预算收入等单位预算收入科目账务处理

第一节 单位预算收入概述

一、单位预算收入概念

单位预算收入，是指单位在预算年度内依法取得的并纳入预算管理的现金流入。包括财政拨款预算收入、非同级财政拨款预算收入、事业预算收入、经营预算收入、上级补助预算收入、附属单位上缴预算收入、债务预算收入、投资预算收益、捐赠预算收入、利息预算收入、租金预算收入、其他预算收入等。

二、单位预算收入确认

单位预算收入一般在实际收到时予以确认，以实际收到的金额计量。对同级财政性拨款资金，在财务会计收入和预算收入的确认时点上基本保持一致，即单位在收到财政拨款时同时确认财务会计收入和预算收入。

第二节 财政拨款预算收入与非同级财政拨款预算收入

一、财政拨款预算收入

（一）财政拨款预算收入的概念

财政拨款预算收入，是指单位从同级财政部门取得的各类财政预算经费。其中，同级财政部门指的是行政或事业单位的预算管理部门，这些政府单位的单位预算要经过同级人大批准和财政部门批复方能执行。

（二）财政拨款预算收入的核算

1. 科目设置。单位设置“财政拨款预算收入”科目，核算单位从同级政府财政部门取得的各类财政拨款。本科目应当设置“基本支出”和“项目支出”两个明细科目，并按照《政府收支分类科目》中“支出功能分类科目”的项级科目进行明细核算；同时，在“基本支出”明细科目下按照“人员经费”和“日常公用经费”进行明细核算，在“项目支出”明细科目下按照具体项目进行明细核算。

有一般公共预算财政拨款、政府性基金预算财政拨款等两种或两种以上财政拨款的单位，还应当按照财政拨款的种类进行明细核算。年末结转后，本科目应无余额。

2. 核算实务。

业务1：财政直接支付方式的核算。

财政直接支付方式下，单位根据收到的“财政直接支付入账通知书”及相关原始凭证，按照通知书中的直接支付金额，借记“行政支出”“事业支出”等科目，贷记本科目。

年末，根据本年度财政直接支付预算指标数与当年财政直接支付实际支出数的差额，借记“资金结存——财政应返还额度”科目，贷记本科目。

业务2：财政授权支付方式的核算。

在财政授权支付方式下，单位根据收到的“财政授权支付额度到账通知书”，按照通知书中的授权支付额度，借记“资金结存——零余额账户用款额度”科目，贷记本科目。

年末，单位本年度财政授权支付预算指标数大于零余额账户用款额度下达数的，按照两者差额，借记“资金结存——财政应返还额度”科目，贷记本科目。

业务3：其他方式的核算。

在其他方式下，单位按照本期预算收到财政拨款预算收入时，按照实际收到的金额，借记“资金结存——货币资金”科目，贷记本科目。

单位收到下期预算的财政预拨款，应当在下个预算期，按照预收的金额，借记“资金结存——货币资金”科目，贷记本科目。

业务4：发生国库直接支付款项退回的核算。

因差错更正、购货退回等发生国库直接支付款项退回的，属于本年度支付的款项，按照退回金额，借记本科目，贷记“行政支出”“事业支出”等科目。

业务5：年终结账的核算。

年末，将本科目本年发生额转入财政拨款结转，借记本科目，贷记“财政拨款结转——本年收支结转”科目。同时，单位应结清所有财政拨款预算收入所有明细账的余额。

有一般公共预算拨款和政府性基金预算拨款的单位，年末应分别结账。相应的，“财政拨款结转”科目也需要区分财政拨款的种类进行明细核算。

【例18－1】某事业单位为一般纳税人，该事业单位向B公司采购材料2 500件，单价100元，增值税率16%，总计29万元。该事业单位按合同约定向通过财政直接支付方式B公司预付40%款项。互见例12－10。

（1）预付40%的款项：

借：事业支出　　116 000

　　贷：财政拨款预算收入　　116 000

（2）付余款时：

借：事业支出　　174 000

　　贷：财政拨款预算收入　　174 000

注：根据财务会计和预算会计“平行记账”核算要求，对于纳入部门预算管理的现金收支业务，在进行财务会计核算的同时也应当进行预算会计核算。对于其他业务，仅需要进行财务会计核算。下同。

【例18－2】某单位收到代理银行盖章的《财政授权支付额度到账通知书》，本月财政支付额度为5万元。互见例15－1。

借：资金结存——零余额账户用款额度　　50 000

　　贷：财政拨款预算收入　　50 000

【例18－3】某事业单位尚未纳入财政国库单一账户制度改革，发生如下经济业务：

收到开户银行转来的收款通知，收到财政部门拨入的预算经费1.2万元，单位预算中属于基本支出预算，具体为人员经费拨款4 000元，日常公用经费拨款8 000元。

借：资金结存——货币资金　　12 000

　　贷：财政拨款预算收入——基本支出——人员经费　　4 000

　　　　　　　　　　　　　　　　　——日常公用经费　　8 000

二、非同级财政拨款预算收入

（一）非同级财政拨款预算收入的概念

非同级财政拨款预算收入，是指单位从非同级政府财政部门取得的财政拨款，包括本级横向转拨财政款和非本级财政拨款。

（二）非同级财政拨款预算收入的核算

1. 科目设置。单位设置“非同级财政拨款预算收入”科目，核算单位从非同级政府财政部门取得的财政拨款，包括本级横向转拨财政款和非本级财政拨款。

对于因开展科研及其辅助活动从非同级政府财政部门取得的经费拨款，应当通过“事业预算收入——非同级财政拨款”科目进行核算，不通过本科目核算。

本科目应当按照非同级财政拨款预算收入的类别、来源、《政府收支分类科目》中“支出功能分类科目”的项级科目等进行明细核算。非同级财政拨款预算收入中如有专项资金收入，还应按照具体项目进行明细核算。年末结转后，本科目应无余额。

2. 核算实务。

业务1：取得非同级财政拨款预算收入。

取得非同级财政拨款预算收入时，按照实际收到的金额，借记“资金结存——货币资金”科目，贷记本科目。

业务2：年末处理。

年末，将本科目本年发生额中的专项资金收入转入非财政拨款结转，借记本科目下各专项资金收入明细科目，贷记“非财政拨款结转——本年收支结转”科目；将本科目本年发生额中的非专项资金收入转入其他结余，借记本科目下各非专项资金收入明细科目，贷记“其他结余”科目。

【例18－4】某纳入省级财政部门预算范围的单位从当地市级财政部门获得一笔财政资金670元，具体内容为市政府委托其代为办理相关业务的手续费，款项已存入该单位的银行存款账户。互见例15－2。

借：资金结存——货币资金　　670

　　贷：非同级财政拨款预算收入——市财政局——项目收入　　670

第三节 事业预算收入和经营预算收入

一、事业预算收入

（一）事业预算收入的概念

事业预算收入，是指事业单位开展专业业务活动及其辅助活动取得的现金流入，包括事业单位因开展科研及其辅助活动从非同级财政部门取得的经费拨款。按照国家有关规定应当上缴国库或者财政专户的资金，作为应缴财政款不计入事业预算收入。从财政专户返还方式核拨给事业单位的资金和经核准不上缴国库或者财政专户的国库或者财政专户的资金，计入事业预算收入。

不同行业的事业单位开展的专业业务活动及其辅助活动的具体内容不尽相同，不同行业事业单位事业收入的种类也存在差异。

（二）事业预算收入的核算

1. 科目设置。事业单位设置“事业预算收入”科目，核算事业单位开展专业业务活动及其辅助活动取得的现金流入。事业单位因开展科研及其辅助活动从非同级政府财政部门取得的经费拨款，也通过本科目核算。

本科目应当按照事业预算收入类别、项目、来源、《政府收支分类科目》中“支出功能分类科目”项级科目等进行明细核算。

对于因开展科研及其辅助活动从非同级政府财政部门取得的经费拨款，应当在本科目下单设“非同级财政拨款”明细科目进行明细核算；事业预算收入中如有专项资金收入，还应按照具体项目进行明细核算。在“事业预算收入”下，应当按照事业预算收入类别、项目、来源、《政府收支分类科目》中“支出功能分类科目”项级科目等进行明细核算。对于因开展科研及其辅助活动从非同级政府财政部门取得的经费拨款，应当在本科目下单设“非同级财政拨款”明细科目进行明细核算；事业预算收入中如有专项资金收入，还应按照具体项目进行明细核算。年末结转后，本科目应无余额。

2. 核算实务。

业务1：采用财政专户返还方式管理的事业预算收入，收到从财政专户返还的事业预算收入时，按照实际收到的返还金额，借记“资金结存——货币资金”科目，贷记本科目。

业务2：收到其他事业预算收入时，按照实际收到的款项金额，借记“资金结存——货币资金”科目，贷记本科目。

业务3：年末，将本科目本年发生额中的专项资金收入转入非财政拨款结转，借记本科目下各专项资金收入明细科目，贷记“非财政拨款结转——本年收支结转”科目；将本科目本年发生额中的非专项资金收入转入其他结余，借记本科目下各非专项资金收入明细科目，贷记“其他结余”科目。

【例18－5】某事业单位收到一项财政专户返还的教育事业收入43.2万元，款项已存入开户银行，单位预算中属于基本支出预算的日常公用经费预算。

借：资金结存——货币资金　432 000

　　贷：事业预算收入——基本支出——日常公用经费　432 000

【例18－6】某事业单位收到一项不采用财政专户返还方式管理的事业收入580元，款项已经存入开户银行，单位预算中属于基本支出预算。

借：资金结存——货币资金　580

　　贷：事业预算收入——基本支出　580

二、经营预算收入

（一）经营预算收入的概念

经营预算收入，是指事业单位在专业业务活动及其辅助活动之外开展非独立核算经营活动取得的现金流入。经营预算收入一般而言都是小规模的，不便或无法形成独立核算单位。如果事业单位经营活动规模较大，原则上应尽可能组建附属独立核算单位，附属独立核算单位按规定向事业单位上缴款项，形成附属单位上缴预算收入。

经营收入应当在满足收入确认条件，亦即提供服务或发出库存物品，同时收讫价款或取得索取价款的相关凭证时，按照实际收到或应收的金额确认收入。

（二）经营预算收入的核算

1. 科目设置。事业单位设置"经营预算收入"科目，核算事业单位在专业业务活动及其辅助活动之外开展非独立核算经营活动取得的现金流入。本科目应当按照经营活动类别、项目、《政府收支分类科目》中"支出功能分类科目"的项级科目等进行明细核算。年末结转后，本科目应无余额。

2. 核算实务。

业务1：事业单位收到经营预算收入时，按照实际收到的金额，借记"资金结存——货币资金"科目，贷记本科目。

业务2：年末，将本科目本年发生额转入经营结余，借记本科目，贷记"经营结余"科目。

同时，事业单位应当结清所有经营预算收入明细账的余额。与事业预算收入不同，经营预算收入的期末余额全额转入经营结余，无须区分专项资金和非专项资金。事业单位的经营收入、经营支出和经营结余按配比要求进行核算。

【例18－7】某事业单位属小规模纳税人，开展一项非独立核算的经营活动取得含税收入5 974元，款项已存入银行。

借：资金结存——货币资金	5 974	
贷：经营预算收入——销售收入		5 974

第四节

上级补助预算收入和附属单位上缴预算收入

一、上级补助预算收入

（一）上级补助预算收入的概念

上级补助预算收入，是指事业单位从主管部门和上级单位取得的非财政补助现金流入。不同于财政拨款预算收入，上级补助预算收入并非来源于同级财政部门，资金的性质也不属于财政资金，并且上级补助预算收入不是常规性收入，是主管部门或上级单位根据自身资金情况和单位需要自己组织或集中的资金。

（二）上级补助预算收入的核算

1. 科目设置。事业单位设置"上级补助预算收入"科目，核算事业单位从主管部门和上级单位取得的非财政补助现金流入。本科目应当按照发放补助单位、补助项目、《政府收支分类科目》中"支出功能分类科目"的项级科目等进行明细核算。上级补助预算收入中如有专项资金收入，还应按照具体项目进行明细核算。年末结转后，本科目应无余额。

2. 核算实务。

业务1：收到上级补助预算收入时，按照实际收到的金额，借记“资金结存——货币资金”科目，贷记本科目。

业务2：年末，将本科目本年发生额中的专项资金收入转入非财政拨款结转，借记本科日下各专项资金收入明细科目，贷记“非财政拨款结转——本年收支结转”科目；将本科目本年发生额中的非专项资金收入转入其他结余，借记本科目下各非专项资金收入明细科目，贷记“其他结余”科目。

【例18－8】某事业单位收到主管部门拨入补助资金102万元，规定专门用于文物修复；收到补助资金3万元，用于补助人员经费。

借：资金结存——货币资金　　1 050 000
　　贷：上级补助预算收入——项目支出——文物修复　　1 020 000
　　　　　　　　　　　　——基本支出——人员经费　　30 000

二、附属单位上缴预算收入

（一）附属单位上缴预算收入的概念

附属单位上缴预算收入，是指事业单位取得附属独立核算单位按照有关规定上缴的现金流入。通常，附属单位按规定的标准或比例向事业单位上缴款项，从而形成事业单位的附属单位上缴预算收入，包括上缴的收入与上缴的利润等。

（二）附属单位上缴预算收入的核算

1. 科目设置。事业单位设置“附属单位上缴预算收入”科目，核算事业单位取得附属独立核算单位根据有关规定上缴的现金流入。本科目应当按照附属单位、缴款项目、《政府收支分类科目》中“支出功能分类科目”的项级科目等进行明细核算。附属单位上缴预算收入中如有专项资金收入，还应按照具体项目进行明细核算。年末结转后，本科目应无余额。

2. 核算实务。

业务1：收到附属单位缴来款项时，按照实际收到的金额，借记“资金结存——货币资金”科目，贷记本科目。

业务2：年末，将本科目本年发生额中的专项资金收入转入非财政拨款结转，借记本科目下各专项资金收入明细科目，贷记“非财政拨款结转——本年收支结转”科目；将本科目本年发生额中的非专项资金收入转入其他结余，借记本科目下各非专项资金收入明细科目，贷记“其他结余”科目。

需要特别注意的是，事业单位与其附属独立核算单位间的业务往来款项，如事业单位为附属单位提供专业服务收到的款项属于事业预算收入；事业单位通过对外投资获得的投资收益均不属于此项，不在“附属单位上缴预算收入”中核算。

【例18－9】某事业单位收到所属单位上缴一笔款项6.85万元，已存入银行。互见例15－7。

借：资金结存——货币资金　　68 500
　　贷：附属单位上缴预算收入　　68 500

【例18－10】某事业单位收到附属独立核算单位按照规定上缴的一笔款项12 500元，

该笔款项为事业单位的非专项资金收入，适用政府支出功能分类科目为“文化体育与传媒支出——文物——博物馆”，单位预算中属于基本支出预算，款项入开户银行。

借：资金结存——货币资金　　12 500
　　贷：附属单位上缴预算收入　　12 500

第五节
债务预算收入与投资预算收益

一、债务预算收入

（一）债务预算收入的概念

债务预算收入，是指事业单位对外举借资金，按照规定从银行和其他金融机构等借入的、纳入部门预算管理的、不以财政资金作为偿还来源的债务本金。事业单位的债务预算收入包括偿还期限在1年以内（含1年）的短期借款与1年以上的长期借款。

按照新《预算法》的精神和部门综合预算的要求，事业单位应将依法纳入部门预算管理的现金收支均纳入预算会计核算范围。

（二）债务预算收入的核算

1. 科目设置。事业单位设置“债务预算收入”科目，核算事业单位按照规定从银行和其他金融机构等借入的、纳入部门预算管理的、不以财政资金作为偿还来源的债务本金。本科目应当按照贷款单位、贷款种类、《政府收支分类科目》中“支出功能分类科目”的项级科目等进行明细核算。债务预算收入中如有专项资金收入，还应按照具体项目进行明细核算。年末结转后，本科目应无余额。

2. 核算实务。

业务1：借入各项短期或长期借款时，按照实际借入的金额，借记“资金结存——货币资金”科目，贷记本科目。

业务2：年末，将本科目本年发生额中的专项资金收入转入非财政拨款结转，借记本科目下各专项资金收入明细科目，贷记“非财政拨款结转——本年收支结转”科目；将本科目本年发生额中的非专项资金收入转入其他结余，借记本科目下各非专项资金收入明细科目，贷 记“其他结余”科目。

债务还本付息相关业务的核算在预算支出一章中详细介绍。

【例18－11】某单位7月1日从银行取得偿还期为6个月的借款10万元，年利率为4.35%，每月结息一次。互见例13－1。

借：资金结存——货币资金　　100 000
　　贷：债务预算收入　　100 000

二、投资预算收益

（一）投资预算收益的概念

投资预算收益，是指事业单位取得的按照规定纳入部门预算管理的属于投资收益性质的现金流入，包括股权投资收益、出售或收回债券投资所取得的收益和债券投资利息收入。

（二）投资预算收益的核算

1. 科目设置。事业单位设置“投资预算收益”科目，核算事业单位取得的按照规定纳入部门预算管理的属于投资收益性质的现金流入，包括股权投资收益、出售或收回债券投资所取得的收益和债券投资利息收入。本科目应当按照《政府收支分类科目》中“支出功能分类科目”的项级科目等进行明细核算。年末结转后，本科目应无余额。

2. 核算实务。

业务1：出售或到期收回本年度取得的短期、长期债券，按照实际取得的价款或实际收到的本息金额，借记“资金结存——货币资金”科目，按照取得债券时“投资支出”科目的发生额，贷记“投资支出”科目，按照其差额，贷记或借记本科目。

业务2：出售或到期收回以前年度取得的短期、长期债券，按照实际取得的价款或实际收到的本息金额，借记“资金结存——货币资金”科目，按照取得债券时“投资支出”科目的发生额，贷记“其他结余”科目，按照其差额，贷记或借记本科目。

业务3：出售、转让以货币资金取得的长期股权投资的，其账务处理参照出售或到期收回债券投资。

业务4：持有的短期投资以及分期付息、一次还本的长期债券投资收到利息时，按照实际收到的金额，借记“资金结存——货币资金”科目，贷记本科目。

业务5：持有长期股权投资取得被投资单位分派的现金股利或利润时，按照实际收到的金额，借记“资金结存——货币资金”科目，贷记本科目。

业务6：出售、转让以非货币性资产取得的长期股权投资时，按照实际取得的价款扣减支付的相关费用和应缴财政款后的余额（按照规定纳入单位预算管理的），借记“资金结存——货币资金”科目，贷记本科目。

业务7：年末，将本科目本年发生额转入其他结余，借记或贷记本科目，贷记或借记“其他结余”科目。

【例18－12】某事业单位到期收回本年初平价购进的3个月期一次性还本付息国债的本金和利息，票面金额5万元，票面利率6%。款项5.075万元已经收讫。

借：资金结存——货币资金	50 750	
贷：投资支出		50 000
投资预算收益		750

【例18－13】某事业单位按规定经批准购买3年期的金融债券，买价、手续费和税金共计26.08万元，均以银行存款支付。该债券面值26万元，票面利率5%，按单利计息，到期一次还本付息。20×9年1月1日该债券到期收回本息。

借：资金结存——货币资金	299 000	

贷：其他结余　260 800

投资预算收益　38 200

第六节

其他预算收入

一、其他预算收入的概念

其他预算收入，是指单位除财政预算拨款收入、事业预算收入、上级补助预算收入、附属单位上缴预算收入、经营预算收入、债务预算收入、非同级财政拨款预算收入、投资预算收益以外的纳入部门预算管理的现金流入，包括捐赠预算收入、利息预算收入、租金预算收入、现金盘盈收入、存货盘盈收入、收回已核销应收及预付款项、无法偿付的应付及预收款项等。

二、其他预算收入的核算

（一）科目设置

单位设置“其他预算收入”科目，核算单位除财政拨款预算收入、事业预算收入、上级补助预算收入、附属单位上缴预算收入、经营预算收入、债务预算收入、非同级财政拨款预算收入、投资预算收益之外的纳入部门预算管理的现金流入，包括捐赠预算收入、利息预算收入、租金预算收入、现金盘盈收入等。

本科目应当按照其他收入类别、《政府收支分类科目》中“支出功能分类科目”的项级科目等进行明细核算。其他预算收入中如有专项资金收入，还应按照具体项目进行明细核算。

单位发生的捐赠预算收入、利息预算收入、租金预算收入金额较大或业务较多的，可单独设置“6603 捐赠预算收入”“6604 利息预算收入”“6605 租金预算收入”等科目。年末结转后，本科目应无余额。

（二）核算实务

业务1：接受捐赠现金资产、收到银行存款利息、收到资产承租人支付的租金时，按照实际收到的金额，借记“资金结存——货币资金”科目，贷记本科目。接受捐赠非现金资产、固定资产、无形资产等，不通过本科目核算。

单位接受捐赠现金资产应以捐赠人的意图，根据与其签订的捐赠合同，将其划分为限定用途的捐款预算收入。即只有捐赠者提出限定用途，单位才作为专项资金收入核算和管理。否则，只能作为非专项资金收入进行核算和管理。

单位按照实际收到的金额，借记“资金结存——货币资金”，贷记本科目。收到资产承租人支付租金的核算与收到银行存款利息收入的会计处理相同。

业务2：每日现金账款核对中如发现现金溢余，按照溢余的现金金额，借记“资金结存——货币资金”科目，贷记本科目。经核实，属于应支付给有关个人和单位的部分，按照实际支付的金额，借记本科目，贷记“资金结存——货币资金”科目。

业务3：收到其他预算收入时，按照收到的金额，借记“资金结存——货币资金”科目，贷记本科目。

业务4：年末，将本科目本年发生额中的专项资金收入转入非财政拨款结转，借记本科目下各专项资金收入明细科目，贷记“非财政拨款结转——本年收支结转”科目；将本科目本年发生额中的非专项资金收入转入其他结余，借记本科目下各非专项资金收入明细科目，贷记“其他结余”科目。

【例18－14】某单位收到某企业捐赠的存款5万元，互见例15－10。

借：资金结存——货币资金　　50 000

　　贷：其他预算收入——捐赠收入　　50 000

【例18－15】某单位月末盘点现金发现溢余180元，其中150元为少付员工甲报销的医药费，其余30元无法查明原因，互见例15－14。

（1）发现溢余时：

借：资金结存——货币资金　　180

　　贷：其他预算收入　　180

（2）查明原因并报经批准进行处理时：

借：其他预算收入　　150

　　贷：资金结存——货币资金　　150

【例18－16】某单位科技成果转化，按照规定留归本单位的收入为3.5万元，互见例15－14。

借：资金结存——货币资金　　35 000

　　贷：其他预算收入　　35 000

【例18－17】某单位收回上年已核销的其他应收款共计7 000元。

借：资金结存——货币资金　　7 000

　　贷：其他预算收入　　7 000

【思考题】

1. 什么是政府单位预算收入？政府单位预算收入包括哪些种类？
2. 经营收入与附属单位上缴预算收入有什么联系与区别？
3. 非同级财政拨款预算收入主要包括哪些内容，与上级补助预算收入、下属单位上缴预算收入有什么区别？

第十九章
单位预算支出

学习目标

- □ 了解单位预算支出的体系及内容
- □ 熟悉行政支出、事业支出等单位预算支出概念及内容
- □ 掌握行政支出、事业支出和其他支出等单位预算支出科目账务处理

第一节 单位预算支出概述

一、单位预算支出概念

预算支出，是指政府单位在预算年度内依法发生并纳入预算管理的现金流出。单位预算支出包括行政支出、事业支出、经营支出、上缴上级支出、对附属单位补助支出、投资支出、债务还本支出和其他支出等。

二、单位预算支出确认

预算支出一般在实际支付时予以确认，以实际支付的金额计量。

第二节
行政支出

一、行政支出的概念

行政支出，指的是行政单位履行其职责实际发生的各项现金流出，包括基本支出和项目支出，各项资金来源包括财政拨款预算收入和其他预算收入。基本支出是指为了保障机构正常运转和完成日常工作任务发生的支出；项目支出是指为完成特定工作任务，在基本支出之外发生的支出。

行政支出是行政单位为实现国家管理职能、完成行政任务所必须发生的各项资金耗费，是行政单位组织和领导经济、政治、文化、社会和生态等各项建设，促进社会全面发展的资金保证，其经济性质属于非生产性支出。

二、行政支出的分类

（一）按政府支出经济分类科目进行分类

行政支出按《政府收支分类科目》中的支出经济分类科目（部门预算支出经济分类科目）进行分类，分为类、款两级科目：详见第三章现代财政制度。

（二）按照单位预算管理要求进行分类

按照单位预算管理要求，行政支出主要分为基本资出和项目支出两大类：

1. 基本支出。基本支出是指行政单位为了保障机构正常运转和完成日常工作任务而发生的支出，包括人员经费支出和日常公用经费。

（1）人员经费支出。人员经费支出是为保障机构正常运转和完成日常工作任务而发生的可归集到个人的各项支出。人员经费支出涉及的支出经济分类包括工资福利支出以及对个人和家庭的补助支出两个。

（2）日常公用经费支出。日常公用经费支出是为保障机构正常运转和完成日常工作任务而发生的不能归集到个人的各项支出，在支出经济分类涉及的主要是商品和服务支出、其他资本性支出等。经济分类中的基本建设支出科目在单位预算管理要求分类中通常列入项目支出。

2. 项目支出。项目支出是行政单位为了完成其特定的工作任务发生的支出，分为基本建设项目和行政业务类项目两大类。

（三）按照不同经费性质进行分类

1. 财政拨款支出。财政拨款支出是指行政单位使用财政拨款收入安排的经费支出，区分为一般公共预算拨款、政府性基金预算拨款。

2. 其他资金支出。其他资金支出是指使用财政拨款收入之外的资金安排的经费支出，需要按照项目支出与非项目支出分别反映。

三、行政支出的核算

（一）科目设置

行政单位设置“行政支出”科目，核算行政单位履行其职责实际发生的各项现金流出。本科目应当分别按照“财政拨款支出”“非财政专项资金支出”和“其他资金支出”，“基本支出”和“项目支出”等进行明细核算，并按照《政府收支分类科目》中“支出功能分类科目”的项级科目进行明细核算；“基本支出”和“项目支出”明细科目下应当按照《政府收支分类科目》中“部门预算支出经济分类科目”的款级科目进行明细核算，同时在“项目支出”明细科目下按照具体项目进行明细核算。

有一般公共预算财政拨款、政府性基金预算财政拨款等两种或两种以上财政拨款的行政单位，还应当在“财政拨款支出”明细科目下按照财政拨款的种类进行明细核算。

对于预付款项，可通过在本科目下设置“待处理”明细科目进行核算，待确认具体支出项目后再转入本科目下相关明细科目。

年末结账前，应将本科目“待处理”明细科目余额全部转入本科目下相关明细科目。年末结转后，本科目应无余额。

（二）核算实务

业务 1：支付单位职工薪酬。

行政向单位职工个人支付薪酬时，按照实际支付的金额，借记“行政支出”科目，贷记“财政拨款预算收入”“资金结存”科目。

按照规定代扣代缴个人所得税以及代扣代缴或为职工缴纳职工社会保险费、住房公积金等时，按照实际缴纳的金额，借记本科目，贷记“财政拨款预算收入”“资金结存”科目。

行政单位在实际支付职工工资时，借记“应付职工薪酬”科目，贷记“财政拨款收入”“零余额账户用款额度”等科目。

业务 2：支付外部人员劳务费。

行政单位按照实际支付给外部人员个人的金额，借记“行政支出”科目，贷记“财政拨款预算收入”“资金结存”科目。

按照规定代扣代缴个人所得税时，按照实际缴纳的金额，借记“行政支出”科目，贷记“财政拨款预算收入”“资金结存”科目。

业务 3：为购买存货、固定资产、无形资产等以及在建工程支付相关款项。

为购买存货、固定资产、无形资产等以及在建工程支付相关款项时，按照实际支付的金额，借记“行政支出”科目，贷记“财政拨款预算收入”“资金结存”科目。

业务 4：预付账款支出。

行政单位发生预付账款时，按照实际支付的金额，借记“行政支出”科目，贷记“财政拨款预算收入”“资金结存”科目。对于暂付款项，在支付款项时可不做预算会计处理，待结算或报销时，按照结算或报销的金额，借记“行政支出”科目，贷记“资金结存”科目。

业务5：其他各项支出。

发生其他各项支出时，行政单位按照实际支付的金额，借记“行政支出”科目，贷记“财政拨款预算收入”“资金结存”科目。

业务6：购货退回等发生款项退回，或者发生差错更正。

当由于购货退回，或者发生差错更正，属于当年支出收回的，行政单位应按照收回或更正金额，借记“财政拨款预算收入”“资金结存”科目，贷记“行政支出”科目。

业务7：年末处理。

年末，行政单位应将“行政支出”科目本年发生额中的财政拨款支出转入财政拨款结转，借记“财政拨款结转——本年收支结转”科目，贷记本科目下各财政拨款支出明细科目；将本科目本年发生额中的非财政专项资金支出转入非财政拨款结转，借记“非财政拨款结转——本年收支结转”科目，贷记本科目下各非财政专项资金支出明细科目；将本科目本年发生额中的其他资金支出（非财政非专项资金支出）转入其他结余，借记“其他结余”科目，贷记本科目下其他资金支出明细科目。

【例19－1】某行政单位计提单位职工薪酬6.09万元，具体内容包括如下三项：一是职工基本工资5万元，津贴补贴5 200元，适用的政府支出功能分类科目为“农林水支出——农业——行政运行”，适用的政府支出经济分类科目为“工资福利支出——基本工资”、“工资福利支出——津贴补贴”；二是归口管理的行政单位退休费1 100元，适用的政府支出功能分类科目为：“社会保障和就业支出——行政事业离退休——归口管理的行政单位离退休”，适用的政府支出经济分类科目为“对个人和家庭的补助——退休费”；三是职工住房公积金缴款4 600元，适用的政府支出功能分类科目为“住房保障支出——住房改革支出——住房公积金”。该行政单位应编制如下会计分录：

借：行政支出——财政拨款支出——基本支出——工资福利支出　　55 200
　　　　　　　　　　　　　　　　　　——对个人和家庭的补助　　5 700
　　贷：资金结存——货币资金　　60 900

【例19－2】某行政单位根据合同规定预先支付3.5万元给某会议中心，作为召开工作会议的预付款。款项已经通过单位零余额账户支付，所用资金为一般公共预算财政拨款。

借：行政支出——财政拨款支出——基本支出　　35 000
　　贷：资金结存——零余额账户用款额度　　35 000

【例19－3】某行政单位通过财政直接支付方式支付一笔款项7 500元，具体内容为支付电费，适用的政府支出功能分类科目为“科学技术支出——科学技术管理事务——行政运行”，适用的政府支出经济分类科目为“商品和服务支出——电费”。

借：行政支出——财政拨款支出——基本支出——商品和服务支出　　7 500
　　贷：财政拨款预算收入　　7 500

【例19－4】某行政单位收回一笔通过财政授权支付方式支付的款项1.28万元，原因为之前购买的设备在试用期间出现质量问题而予以退货。

借：资金结存——零余额账户用款额度　　12 800
　　贷：行政支出——财政拨款支出——项目支出
　　　　　　　　　　　　　　　　　　——其他资本性支出　　12 800

第三节

事业支出和经营支出

一、事业支出

（一）事业支出的概念

事业支出，是指事业单位开展专业业务活动及其辅助活动发生的各项现金流出，是事业单位对包括财政拨款预算收入、非同级财政拨款预算收入、事业预算收入、经营预算收入、上级补助预算收入、附属单位上缴预算收入、债务预算收入、投资预算收益、其他预算收入等各种收入来源综合安排使用的结果，是事业单位支出的主要内容，也是考核事业单位预算执行情况的重要依据。事业支出是事业单位统筹使用各项事业活动收入发生的支出，既需要反映相应种类专业业务活动的支出数额，又需要区分使用的资金性质，如使用的是财政拨款资金还是非财政专项资金，还需要反映单位预算的执行情况，如使用的是基本支出还是项目支出预算资金。

（二）事业支出的分类

从分析和考核各项事业支出实际发生情况和效果的需求出发，有必要对事业支出按照一定要求进行分类。

1. 按政府支出经济分类科目。按照政府支出经济分类科目划分，详见第三章现代财政制度。

2. 按照单位预算管理要求。按照单位预算要求，事业支出主要分为基本支出与项目支出两大类。

基本支出，是指事业单位为了保障其正常运转完成工作任务而发生的人员支出和公用支出。其中：人员支出是指为了开展专业活动的需要用于个人方面的开支，如基本工资、津贴补贴及奖金、社会保障缴费、离休费、退休费、助学金、医疗费、住房补贴等。人员支出在支出经济分类科目中体现为“工资福利支出”和“对个人和家庭的补助”两个部分。公用支出是为了完成事业活动，用于公共服务方面的开支，包括办公费、印刷费、咨询费、水电费等。公用支出在经济分类科目中体现为“商品和服务支出”“其他资本性支出”等科目中属于基本支出的内容。

项目支出，是指事业单位为了完成特定工作任务和事业发展目标，在基本支出之外所发生的支出。项目支出在支出经济分类科目中体现为“基本建设支出”“商品和服务支出”“其他资本性支出”等科目。项目支出具有专项性、独立性与完整性特点。

3. 按资金类型。按照安排事业支出的资金类型，可以分为财政拨款支出、非财政专项资金支出和其他资金支出。其中，财政拨款支出即以财政拨款预算收入安排的事业支出；非财政专项资金支出是指使用非财政拨款预算收入以外安排的有指定项目和用途的专项资金支出，该支出应当专款专用、单独核算，并按照规定向财政部门或者主管部门报送专项资金使用情况；项目完成后，应当报送专项资金支出决算和使用效果的书面报告，接受财政部门或者主管部门的检查、验收。

（三）事业支出的核算

1. 科目设置。事业单位设置“事业支出”科目，核算事业单位开展专业业务活动及其辅助活动实际发生的各项现金流出。事业单位发生教育、科研、医疗、行政管理、后勤保障等活动的，可在本科目下设置相应的明细科目进行核算，或单设“7201 教育支出”“7202 科研支出”“7203 医疗支出”“7204 行政管理支出”“7205 后勤保障支出”等一级会计科目进行核算。本科目应当分别按照“财政拨款支出”“非财政专项资金支出”和“其他资金支出”，“基本支出”和“项目支出”等进行明细核算，并按照《政府收支分类科目》中“支出功能分类科目”的项级科目进行明细核算；“基本支出”和“项目支出”明细科目下应当按照《政府收支分类科目》中“部门预算支出经济分类科目”的款级科目进行明细核算，同时在“项目支出”明细科目下按照具体项目进行明细核算。

有一般公共预算财政拨款、政府性基金预算财政拨款等两种或两种以上财政拨款的事业单位，还应当在“财政拨款支出”明细科目下按照财政拨款的种类进行明细核算。

对于预付款项，可通过在本科目下设置“待处理”明细科目进行明细核算，待确认具体支出项目后再转入本科目下相关明细科目。

年末结账前，应将本科目“待处理”明细科目余额全部转入本科目下相关明细科目。年末结转后，本科目应无余额。

2. 核算实务。

业务 1：支付事业单位职工（经营部门职工除外）薪酬。

向事业单位职工个人支付薪酬时，按照实际支付的数额，借记本科目，贷记“财政拨款预算收入”“资金结存”科目。

按照规定代扣代缴个人所得税以及代扣代缴或为职工缴纳职工社会保险费、住房公积金等时，按照实际缴纳的金额，借记本科目，贷记“财政拨款预算收入”“资金结存”科目。

业务 2：为专业业务活动及其辅助活动支付外部人员劳务费。

按照实际支付给外部人员个人的金额，借记本科目，贷记“财政拨款预算收入”“资金结存”科目。

按照规定代扣代缴个人所得税时，按照实际缴纳的金额，借记本科目，贷记“财政拨款预算收入”“资金结存”科目。

业务 3：开展专业业务活动及其辅助活动过程中，为购买存货、固定资产、无形资产等以及在建工程支付相关款项时，按照实际支付的金额，借记本科目，贷记“财政拨款预算收入”“资金结存”科目。

业务 4：开展专业业务活动及其辅助活动过程中发生预付账款时，按照实际支付的金额，借记本科目，贷记“财政拨款预算收入”“资金结存”科目。

对于暂付款项，在支付款项时可不做预算会计处理，待结算或报销时，按照结算或报销的金额，借记本科目，贷记“资金结存”科目。

业务5：开展专业业务活动及其辅助活动过程中缴纳的相关税费以及发生的其他各项支出，按照实际支付的金额，借记本科目，贷记“财政拨款预算收入”“资金结存”科目。

业务6：开展专业业务活动及其辅助活动过程中因购货退回等发生款项退回，或者发生差错更正的，属于当年支出收回的，按照收回或更正金额，借记“财政拨款预算收入”“资金结存”科目，贷记本科目。

业务7：年末处理。

将本科目本年发生额中的财政拨款支出转入财政拨款结转，借记“财政拨款结转——本年收支结转”科目，贷记本科目下各财政拨款支出明细科目；将本科目本年发生额中的非财政专项资金支出转入非财政拨款结转，借记“非财政拨款结转——本年收支结转”科目，贷记本科目下各非财政专项资金支出明细科目；将本科目本年发生额中的其他资金支出（非财政非专项资金支出）转入其他结余，借记“其他结余”科目，贷记本科目下其他资金支出明细科目。

【例19－5】某事业单位发生如下经济业务：

（1）为从事管理活动人员发放职工薪酬1.57万元。

借：事业支出　　15 700
　　贷：资金结存——货币资金　　15 700

（2）为从事管理活动的外部人员发放劳务费4 800元，代扣代缴的个人所得税额为800元，款项通过银行存款支付。

借：事业支出　　4 000
　　贷：资金结存——货币资金　　4 000

代扣个人所得税时预算会计暂不作会计处理，待实际缴纳个人所得税时再做处理：

借：事业支出　　800
　　贷：资金结存——货币资金　　800

（3）办公室从仓库领用一批库存物品，用于开展管理活动，该批货物库存物品的实际成本为500元。预算会计不需作会计分录。

（4）月末，管理活动用固定资产计提折旧18 000元。预算会计不需作会计分录。

（5）开展管理活动发生应负担的税金及附加6 856元。预算会计不需作会计分录。

（6）退回上月购买的一批物品，该批物品实际成本7 500元已记入单位管理费用，本月款项已收回银行账户。

借：资金结存——货币资金　　7 500
　　贷：事业支出　　7 500

注：互见例16－2。

二、经营支出

（一）经营支出的概念

事业单位经营支出，是指事业单位在专业业务活动及其辅助活动之外开展非独立核算经营活动实际发生的各项现金流出。事业单位开展非独立核算经营活动的，应当正确归集开展发生的各项费用数；无法直接归集的，应当按照规定的标准或比例合理分摊。事业单位的经营支出应与经营收入相配比。

经营支出与对附属单位补助支出的主要区别，如同经营预算收入与附属单位上缴预算收入的区别。

事业单位的各项支出，包括经营支出，应当全部纳入单位预算，并建立健全支出管理制度。

（二）经营支出的核算

1. 科目设置。事业单位设置“经营支出”科目，核算事业单位在专业业务活动及其辅助活动之外开展非独立核算经营活动实际发生的各项现金流出。本科目应当按照经营活动类别、项目、《政府收支分类科目》中“支出功能分类科目”的项级科目和“部门预算支出经济分类科目”的款级科目等进行明细核算。

对于预付款项，可通过在本科目下设置“待处理”明细科目进行明细核算，待确认具体支出项目后再转入本科目下相关明细科目。

年末结账前，应将本科目“待处理”明细科目余额全部转入本科目下相关明细科目。年末结转后，本科目应无余额。

2. 核算实务。

业务1：支付经营部门职工薪酬。

向职工个人支付薪酬时，按照实际的金额，借记本科目，贷记“资金结存”科目。按照规定代扣代缴个人所得税以及代扣代缴或为职工缴纳职工社会保险费、住房公积金时，按照实际缴纳的金额，借记本科目，贷记“资金结存”科目。

业务2：为经营活动支付外部人员劳务费。

按照实际支付给外部人员个人的金额，借记本科目，贷记“资金结存”科目。按照规定代扣代缴个人所得税时，按照实际缴纳的金额，借记本科目，贷记“资金结存”科目。

业务3：开展经营活动过程中为购买存货、固定资产、无形资产等以及在建工程支付相关款项时，按照实际支付的金额，借记本科目，贷记“资金结存”科目。

业务4：开展经营活动过程中发生预付账款时，按照实际支付的金额，借记本科目，贷记“资金结存”科目。对于暂付款项，在支付款项时可不做预算会计处理，待结算或报销时，按照结算或报销的金额，借记本科目，贷记“资金结存”科目。

业务5：因开展经营活动缴纳的相关税费以及发生的其他各项支出，按照实际支付的金额，借记本科目，贷记“资金结存”科目。

业务6：开展经营活动中因购货退回等发生款项退回，或者发生差错更正的，属于当年支出收回的，按照收回或更正金额，借记“资金结存”科目，贷记本科目。

业务7：年末，将本科目本年发生额转入经营结余，借记“经营结余”科目，贷记本科目。

【例19－6】某事业单位发生如下经济业务：

（1）开展经营活动发生缴纳税金及附加785元。互见例16－3。

借：经营支出	785	
贷：资金结存——货币资金		785

（2）退回上月购买的一批物品，该批物品实际成本 800 元已记入经营费用，本月款项已收回银行账户。

借：资金结存——货币资金　　800

　　贷：经营支出　　800

第四节

上缴上级支出和对附属单位补助支出

一、上缴上级支出

（一）上缴上级支出的概念

上缴上级支出，是指事业单位按照财政部门和主管部门的规定上缴上级单位款项发生的现金流出。事业单位向上级上缴的款项属于非财政拨款资金，相关资金来源通常是事业单位自身取得的事业收入、经营收入和其他收入等。事业单位应当按照财政部门和主管部门的相关规定，对于取得的有关业务活动收入或其他收入，按照规定的标准或比例上缴上级单位。

（二）上缴上级支出的核算

1. 科目设置。事业单位设置“上缴上级支出”科目，核算事业单位按照财政部门和主管部门的规定上缴上级单位款项发生的现金流出。本科目应当按照收缴款项单位、缴款项目、《政府收支分类科目》中“支出功能分类科目”的项级科目和“部门预算支出经济分类科目”的款级科目等进行明细核算。年末结转后，本科目应无余额。

2. 核算实务。

业务 1：按照规定将款项上缴上级单位的，按照实际上缴的金额，借记本科目，贷记“资金结存”科目。

业务 2：年末，将本科目本年发生额转入其他结余，借记“其他结余”科目，贷记本科目。

【例 19－7】某事业单位按照上级有关规定，对于取得的事业收入应按照相应的比例上缴上级单位，上缴金额为 32 000 元。互见例 16－5。

借：上缴上级支出　　32 000

　　贷：资金结存——货币资金　　32 000

二、对附属单位补助支出

（一）对附属单位补助支出的概念

对附属单位补助支出，是指事业单位用财政拨款预算收入之外的收入对附属单位补助发生的现金流出。对附属单位补助支出的资金大多亦来源于事业单位自身取得的事业收入、经营收入和其他收入，或是从其他附属单位取得的上缴收入，属于事业单位的非财政非专项资金支出。对附属单位进行补助，是为了支持附属单位更好地发展。事业单位不应将财政拨款资金用于对附属单位的补助。

（二）对附属单位补助支出的核算

1. 科目设置。事业单位设置“对附属单位补助支出”科目，核算事业单位用财政拨款预算收入之外的收入对附属单位补助发生的现金流出。本科目应当按照接受补助单位、补助项目、《政府收支分类科目》中“支出功能分类科目”的项级科目和“部门预算支出经济分类科目”的款级科目等进行明细核算。年末结转后，本科目应无余额。

2. 核算实务。

业务1：发生对附属单位补助支出的，按照实际补助的金额，借记本科目，贷记“资金结存”科目。

业务2：年末，将本科目本年发生额转入其他结余，借记“其他结余”科目，贷记本科目。

【例19－8】某事业单位使用部分事业收入对附属单位进行补助，补助金额为8 600元，款项以银行存款支付。互见例16－6。

借：对附属单位补助支出　　8 600
　　贷：资金结存——货币资金　　8 600

第五节
投资支出与债务还本支出

一、投资支出

（一）投资支出的概念

投资支出，是指核算事业单位以货币资金对外投资发生的现金流出。按照投资收回的期限可以分为1年及1年以内的短期投资和1年以上的长期投资；按照投资工具的权益属性可以分为债权性投资（如债券投资）和权益性投资（如股票投资）。事业单位使用货币资金对外投资需要按照规定的程序报经主管单位和财政部门批准，投资应以不影响本单位专业活动为前提。

（二）投资支出的核算

1. 科目设置。事业单位设置“投资支出”科目，核算事业单位以货币资金对外投资发生的现金流出。本科目应当按照投资类型、投资对象、《政府收支分类科目》中“支出功能分类科目”的项级科目和“部门预算支出经济分类科目”的款级科目等进行明细核算。年末结转后，本科目应无余额。

2. 核算实务。

业务1：以货币资金对外投资时，按照投资金额和所支付的相关税费金额的合计数，借记本科目，贷记“资金结存”科目。

业务2：出售、对外转让或到期收回本年度以货币资金取得的对外投资的。

如果按规定将投资收益纳入单位预算，按照实际收到的金额，借记“资金结存”科目，按照取得投资时“投资支出”科目的发生额，贷记本科目，按照其差额，贷记或借记“投资预算收益”科目。

如果按规定将投资收益上缴财政的，按照取得投资时“投资支出”科目的发生额，借记“资金结存”科目，贷记本科目。

出售、对外转让或到期收回以前年度以货币资金取得的对外投资的，如果按规定将投资收益纳入单位预算，按照实际收到的金额，借记“资金结存”科目，按照取得投资时“投资支出”科目的发生额，贷记“其他结余”科目，按照其差额，贷记或借记“投资预算收益”科目。

如果按规定将投资收益上缴财政的，按照取得投资时“投资支出”科目的发生额，借记“资金结存”科目，贷记“其他结余”科目。

业务3：年末，将本科目本年发生额转入其他结余，借记“其他结余”科目，贷记本科目。

【例19－9】某事业单位按规定经批准购买3年期的金融债券，买价、手续费和税金共计26.08万元，均以银行存款支付。该债券面值26万元，票面利率5%，按单利计息，到期一次还本付息。互见例12－5。

（1）取得长期债券投资时：

借：投资支出	260 800	
贷：资金结存——货币资金		260 800

（2）到期收回长期债券投资本息时：

借：资金结存——货币资金	299 000	
贷：其他结余		260 800
投资预算收益		38 200

二、债务还本支出

（一）债务还本支出的概念

债务还本支出，是指事业单位偿还自身承担的纳入预算管理的从金融机构举借的债务本金的现金流出。

（二）债务还本支出的核算

1. 科目设置。事业单位设置“债务还本支出”科目，核算事业单位偿还自身承担的纳入预算管理的从金融机构举借的债务本金的现金流出。本科目应当按照贷款单位、贷款种类、《政府收支分类科目》中“支出功能分类科目”的项级科目和“部门预算支出经济分类科目”的款级科目等进行明细核算。年末结转后，本科目应无余额。

2. 核算实务。

业务1：偿还各项短期或长期借款时，按照偿还的借款本金，借记本科目，贷记“资金结存”科目。

业务 2：年末，将本科目本年发生额转入其他结余，借记“其他结余”科目，贷记本科目。

【例 19－10】某事业单位归还上年举借的银行借款 10 万元。

借：债务还本支出　　100 000

　　贷：资金结存——货币资金　　100 000

第六节 其他支出

一、其他支出的概念与内容

其他支出核算政府单位除行政支出、事业支出、经营支出、上缴上级支出、对附属单位补助支出、投资支出、债务还本支出以外的各项现金流出，包括利息支出、对外捐赠现金支出、现金盘亏损失、接受捐赠（调入）和对外捐赠（调出）非现金资产发生的税费支出、资产置换过程中发生的相关税费支出、罚没支出等。

二、其他支出的核算

（一）科目设置

单位设置“其他支出”科目，核算单位除行政支出、事业支出、经营支出、上缴上级支出、对附属单位补助支出、投资支出、债务还本支出以外的各项现金流出，包括利息支出、对外捐赠现金支出、现金盘亏损失、接受捐赠（调入）和对外捐赠（调出）非现金资产发生的税费支出、资产置换过程中发生的相关税费支出、罚没支出等。本科目应当按照其他支出的类别，“财政拨款支出”“非财政专项资金支出”和“其他资金支出”，《政府收支分类科目》中“支出功能分类科目”的项级科目和“部门预算支出经济分类科目”的款级科目等进行明细核算。其他支出中如有专项资金支出，还应按照具体项目进行明细核算。

有一般公共预算财政拨款、政府性基金预算财政拨款等两种或两种以上财政拨款的事业单位，还应当在“财政拨款支出”明细科目下按照财政拨款的种类进行明细核算。

单位发生利息支出、捐赠支出等其他支出金额较大或业务较多的，可单独设置“7902 利息支出”“7903 捐赠支出”等科目。年末结转后，本科目应无余额。

（二）核算实务

业务 1：支付银行借款利息时，按照实际支付金额，借记本科目，贷记“资金结存”科目。

业务 2：对外捐赠现金资产时，按照捐赠金额，借记本科目，贷记“资金结存——货币资金”科目。

业务3：每日现金账款核对中如发现现金短缺，按照短缺的现金金额，借记本科目，贷记“资金结存——货币资金”科目。经核实，属于应当由有关人员赔偿的，按照收到的赔偿金额，借记“资金结存——货币资金”科目，贷记本科目。

业务4：接受捐赠（无偿调入）非现金资产发生的归属于捐入方（调入方）的相关税费、运输费等，以及对外捐赠（无偿调出）非现金资产发生的归属于捐出方（调出方）的相关税费、运输费等，按照实际支付金额，借记本科目，贷记“资金结存”科目。

业务5：资产置换过程中发生的相关税费，按照实际支付金额，借记本科目，贷记“资金结存”科目。

业务6：发生罚没等其他支出时，按照实际支出金额，借记本科目，贷记“资金结存”科目。

业务7：年末，将本科目本年发生额中的财政拨款支出转入财政拨款结转，借记“财政拨款结转——本年收支结转”科目，贷记本科目下各财政拨款支出明细科目；将本科目本年发生额中的非财政专项资金支出转入非财政拨款结转，借记“非财政拨款结转——本年收支结转”科目，贷记本科目下各非财政专项资金支出明细科目；将本科目本年发生额中的其他资金支出（非财政非专项资金支出）转入其他结余，借记“其他结余”科目，贷记本科目下各其他资金支出明细科目。

【例19－11】某单位发生如下经济业务：

（1）月末，计提银行短期借款利息费用5 700元，预算会计不需作会计分录。

（2）发生罚没支出300元，已以银行存款支付该项罚款。

借：其他支出　　　　300

　　贷：资金结存——货币资金　　　　300

（3）向某教育发展基金会捐赠5万元现金。

借：其他支出　　　　50 000

　　贷：资金结存——货币资金　　　　50 000

（4）接受捐赠一项固定资产，没有相关的凭据。该单位支付了相应的运输费150元，款项以银行存款支付。

借：其他支出　　　　150

　　贷：资金结存——货币资金　　　　150

（5）年末，按照规定对应收账款和其他应收款计提坏账准备1 200元。预算会计不需作会计分录。互见例16－26。

【思考题】

1. 什么是事业单位的上缴上级支出？它与附属单位上缴收入在上下级单位间的业务内容上有什么关系？

2. 什么是事业单位的经营支出，它与对附属单位的补助支出主要有什么区别？

第二十章 单位预算结余

学习目标

- □ 了解政府单位预算结余的体系及内容
- □ 掌握资金结存、财政拨款结转结余、非财政拨款结转结余、专用结余、经营结余、其他结余、非财政拨款结余分配科目账务处理

第一节 单位预算结余概述

一、单位预算结余的概念

预算结余，是指单位预算年度内预算收入扣除预算支出后的资金余额，以及历年滚存的资金余额。

（一）单位预算结余按资金管理划分为结余资金和结转资金

（1）结余资金是指单位年度预算执行终了，预算收入实际完成数扣除预算支出和结转资金后剩余的资金。

（2）结转资金是指单位预算安排项目的支出年终尚未执行完毕或者因故未执行，且下年需要按原用途继续使用的资金。

（二）单位预算结余按资金来源形成划分

单位预算结余包括财政拨款结转结余、非财政拨款结转结余、专用结余、经营结余、其他结余、非财政拨款结余分配等。

二、单位预算结余的确认

预算会计通过预算收入、预算支出和预算结余三个要素进行核算，单位预算结余通过预算收入和预算支出的确认实现，会计恒等式为“**预算收入－预算支出＝预算结余**”。

预算会计对预算结余的核算基本与原行政事业单位的相关核算保持一致，财政拨款结转和结余的管理，应当按照同级财政部门的规定执行。

符合预算结余定义及其确认条件的项目应当列入政府决算报表。

第二节 资金结存

一、资金结存的概念

资金结存，是指单位预算资金的累计滚存情况，即反映单位纳入部门预算管理的资金的流入、流出、调整和滚存等情况。

为了保证复式记账借贷平衡，体现收付实现制下预算资金流入、流出和结存情况，除设置了“财政拨款结转”“财政拨款结余”“非财政拨款结转”“非财政拨款结余”“专用结余”等结存类科目外，还设置了“资金结存”科目，用以反映各结存类科目对应的资金形态，该科目的明细科目包括零余额账户用款额度、货币资金和财政应返还额度。

当确认预算收入时，同时借记“资金结存”科目；当确认预算支出时，同时贷记“资金结存”科目。年末结账后“资金结存”科目余额为借方余额，上述结存类科目余额为贷方余额，两者方向相反、金额相等。

二、资金结存的核算

（一）科目设置

单位设置“资金结存”科目，核算单位纳入部门预算管理的资金的流入、流出、调整和滚存等情况。本科目年末借方余额，反映单位预算资金的累计滚存情况。本科目应当设置下列明细科目：

1. “零余额账户用款额度”：本明细科目核算实行国库集中支付的单位根据财政部门批复的用款计划收到和支用的零余额账户用款额度。年末结账后，本明细科目应无余额。

2. “货币资金”：本明细科目核算单位以库存现金、银行存款、其他货币资金形态存在的资金。本明细科目年末借方余额反映单位尚未使用的货币资金。

3. “财政应返还额度”：本明细科目核算实行国库集中支付的单位可以使用的以前年度财政直接支付资金额度和财政应返还的财政授权支付资金额度。本明细科目下可设置“财政直接支付”“财政授权支付”两个明细科目进行明细核算。本明细科目年末借方余额，反映单位应收财政返还的资金额度。

（二）核算实务

业务1：财政授权支付方式下，单位根据代理银行转来的财政授权支付额度到账通知书，按照通知书中的授权支付额度，借记本科目（零余额账户用款额度），贷记“财政拨款预算收入”科目。

以国库集中支付以外的其他支付方式取得预算收入时，按照实际收到的金额，借记本科目（货币资金），贷记“财政拨款预算收入”“事业预算收入”“经营预算收入”等科目。

业务2：财政授权支付方式下，发生相关支出时，按照实际支付的金额，借记“行政支出”“事业支出”等科目，贷记本科目（零余额账户用款额度）。

从零余额账户提取现金时，借记本科目（货币资金），贷记本科目（零余额账户用款额度）。退回现金时，做相反会计分录。

使用以前年度财政直接支付额度发生支出时，按照实际支付金额，借记“行政支出”“事业支出”等科目，贷记本科目（财政应返还额度）。

国库集中支付以外的其他支付方式下，发生相关支出时，按照实际支付的金额，借记“事业支出”“经营支出”等科目，贷记本科目（货币资金）。

业务3：按照规定上缴财政拨款结转结余资金或注销财政拨款结转结余资金额度的，按照实际上缴资金数额或注销的资金额度数额，借记“财政拨款结转——归集上缴”或“财政拨款结余——归集上缴”科目，贷记本科目（财政应返还额度、零余额账户用款额度、货币资金）。

按规定向原资金拨入单位缴回非财政拨款结转资金的，按照实际缴回资金数额，借记“非财政拨款结转——缴回资金”科目，贷记本科目（货币资金）。

收到从其他单位调入的财政拨款结转资金的，按照实际调入资金数额，借记本科目（财政应返还额度、零余额账户用款额度、货币资金），贷记“财政拨款结转——归集调入”科目。

业务4：按照规定使用专用基金时，按照实际支付金额，借记“专用结余”科目（从非财政拨款结余中提取的专用基金）或“事业支出”等科目（从预算收入中计提的专用基金），贷记本科目（货币资金）。

业务5：因购货退回、发生差错更正等退回国库直接支付、授权支付款项，或者收回货币资金的，属于本年度支付的，借记“财政拨款预算收入”科目或本科目（零余额账户用款额度、货币资金），贷记相关支出科目；属于以前年度支付的，借记本科目（财政应返还额度、零余额账户用款额度、货币资金），贷记“财政拨款结转”“财政拨款结余”“非财政拨款结转”“非财政拨款结余”科目。

业务6：有企业所得税缴纳义务的事业单位缴纳所得税时，按照实际缴纳金额，借记“非财政拨款结余——累计结余”科目，贷记本科目（货币资金）。

业务7：年末，根据本年度财政直接支付预算指标数与当年财政直接支付实际支出数的差额，借记本科目（财政应返还额度），贷记“财政拨款预算收入”科目。

业务8：年末，单位依据代理银行提供的对账单作注销额度的相关账务处理，借记本科目（财政应返还额度），贷记本科目（零余额账户用款额度）。

本年度财政授权支付预算指标数大于零余额账户用款额度下达数的，根据未下达的用款额度，借记本科目（财政应返还额度），贷记“财政拨款预算收入”科目。

下年初，单位依据代理银行提供的额度恢复到账通知书作恢复额度的相关账务处理，借记本科目（零余额账户用款额度），贷记本科目（财政应返还额度）。

单位收到财政部门批复的上年末未下达零余额账户用款额度的，借记本科目（零余额账户用款额度），贷记本科目（财政应返还额度）。

【例 20-1】 某单位收到代理银行盖章的《财政授权支付额度到账通知书》，本月财政支付额度为 5 万元。

借：资金结存——零余额账户用款额度　　50 000
　　贷：财政拨款预算收入——财政授权支付　　50 000

【例 20-2】 某事业单位为一般纳税人，该事业单位的一个非独立核算的复印室对外提供服务，获取收入 2 万元，增值税 3 200 元。款项以现金收讫。

借：资金结存——货币资金　　23 200
　　贷：经营预算收入　　23 200

【例 20-3】 某单位从单位零余额账户提取现金 6 000 元。

借：资金结存——货币资金　　6 000
　　贷：资金结存——零余额账户用款额度　　6 000

【例 20-4】 某单位发生如下业务：

（1）按规定注销部分财政拨款结转额度 4 500 元，具体为一项目支出财政补助结转额度，相应额度为零余额账户用款额度。

借：财政拨款结转——归集上缴　　4 500
　　贷：资金结存——零余额账户用款额度　　4 500

（2）按规定将一笔款项 5 500 元通过银行账户缴回原拨款单位。

借：非财政拨款结转——归集上缴　　5 500
　　贷：资金结存——货币资金　　5 500

【例 20-5】 某单位如收到从下级单位调入的未用完的财政直接支付额度 11 万元。

借：资金结存——财政应返还额度　　110 000
　　贷：财政拨款结转——归集调入　　110 000

【例 20-6】 某事业单位收回一笔上年通过财政授权支付方式支付的款项 1.28 万元，原因为之前购买的设备在试用期间出现质量问题而予以退货。

借：资金结存——零余额账户用款额度　　12 800
　　贷：财政拨款结余　　12 800

【例 20-7】 某单位申报缴纳属于上年度的企业所得税计 2.8 万元，以银行存款支付。

借：非财政拨款结余——累计结余　　28 000
　　贷：资金结存——货币资金　　28 000

【例 20-8】 某单位：

（1）本年度财政直接支付预算指标数为 123 万元，年末财政直接支付实际支出数为

121.68 万元，差额为 13 200 元（1 230 000 - 1 216 800）。其中，基本支出中人员经费的差额为 1 500 元，日常公用经费为 1 700 元，项目支出差额为 10 000 元，年末，应编制如下会计分录：

借：资金结存——财政应返还额度　　132 000

　　贷：财政拨款预算收入——基本支出——人员经费　　1 500

　　　　　　　　　　　　　　　　　　——日常公用经费　　1 700

　　　　　　　　　　　　　　　　　　——项目支出　　10 000

（2）本年度财政授权支付预算指标数为 48 万元，使用数为 47.825 万元，差额为 1 750 元。年末，应编制如下会计分录：

借：资金结存——财政应返还额度　　1 750

　　贷：资金结存——零余额账户用款额度　　1 750

【例 20 - 9】 承上例，次年年初：

恢复零余额账户用款额度，应编制如下会计分录：

借：资金结存——零余额账户用款额度　　1 750

　　贷：资金结存——财政应返还额度　　1 750

第三节

财政拨款结转结余

财政拨款结转结余，是指单位取得的同级财政拨款结转结余的滚存资金，包括财政拨款结转和财政拨款结余。财政拨款结转和结余的管理，应当按照同级财政部门的规定执行，必须符合“财政拨款结转结余不参与预算单位的结余分配、不转入非财政拨款结转结余”等部门预算管理规定。

一、财政拨款结转

（一）财政拨款结转的概念

财政拨款结转，是指单位取得的同级财政拨款结转资金，包括基本支出结转和项目支出结转。期末，单位应按政府单位会计制度规定办理结转，见图 20 - 1。

（二）财政拨款结转的核算

1. 科目设置。单位设置“财政拨款结转”科目，核算单位取得的同级财政拨款结转资金的调整、结转和滚存情况。本科目应当设置下列明细科目：

（1）与会计差错更正、以前年度支出收回相关的明细科目。“年初余额调整”：本明细科目核算因发生会计差错更正、以前年度支出收回等原因，需要调整财政拨款结转的金额。年末结账后，本明细科目应无余额。

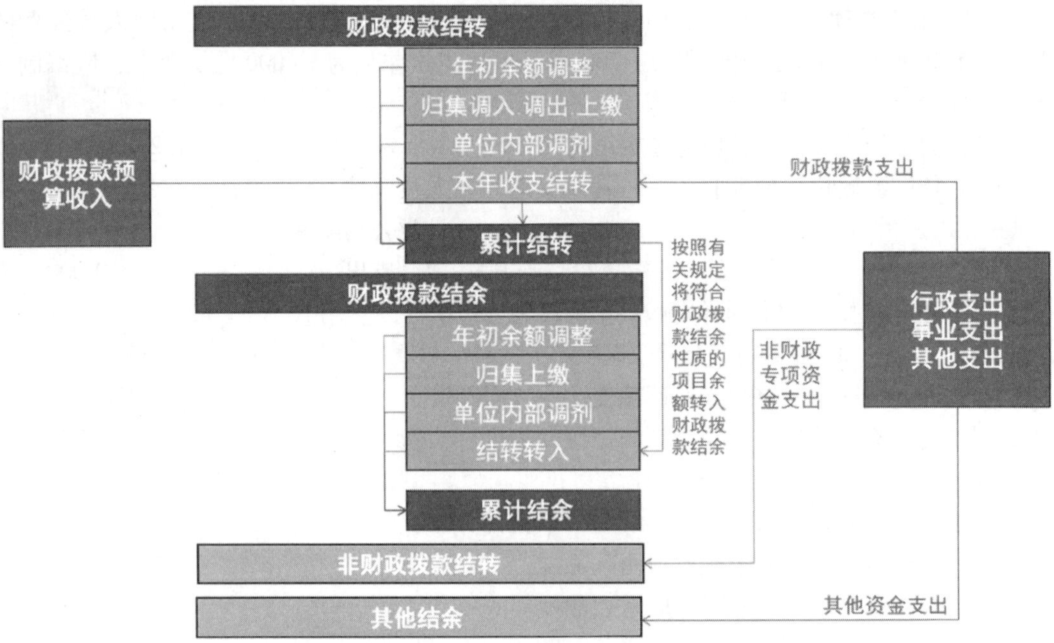

图 20－1　财政拨款期末结转流程图

注：该图来源于王芳老师。

（2）与财政拨款调拨业务相关的明细科目。

①“归集调入”：本明细科目核算按照规定从其他单位调入财政拨款结转资金时，实际调增的额度数额或调入的资金数额。年末结账后，本明细科目应无余额。

②“归集调出”：本明细科目核算按照规定向其他单位调出财政拨款结转资金时，实际调减的额度数额或调出的资金数额。年末结账后，本明细科目应无余额。

③“归集上缴”：本明细科目核算按照规定上缴财政拨款结转资金时，实际核销的额度数额或上缴的资金数额。年末结账后，本明细科目应无余额。

④“单位内部调剂”：本明细科目核算经财政部门批准对财政拨款结余资金改变用途，调整用于本单位其他未完成项目等的调整金额。年末结账后，本明细科目应无余额。

（3）与年末财政拨款结转业务相关的明细科目。

①“本年收支结转”：本明细科目核算单位本年度财政拨款收支相抵后的余额。年末结账后，本明细科目应无余额。

②“累计结转”：本明细科目核算单位滚存的财政拨款结转资金。本明细科目年末贷方余额，反映单位财政拨款滚存的结转资金数额。

本科目还应当设置“基本支出结转”“项目支出结转”两个明细科目，并在“基本支出结转”明细科目下按照“人员经费”“日常公用经费”进行明细核算，在“项目支出结转”明细科目下按照具体项目进行明细核算；同时，本科目还应按照《政府收支分类科目》中“支出功能分类科目”的相关科目进行明细核算。

有一般公共预算财政拨款、政府性基金预算财政拨款等两种或两种以上财政拨款的，还应当在本科目下按照财政拨款的种类进行明细核算。

2. 核算实务。

业务1：与会计差错更正、以前年度支出收回相关的账务处理

（1）因发生会计差错更正退回以前年度国库直接支付、授权支付款项或财政性货币资金，或者因发生会计差错更正增加以前年度国库直接支付、授权支付支出或财政性货币资金支出，属于以前年度财政拨款结转资金的，借记或贷记“资金结存——财政应返还额度、零余额账户用款额度、货币资金”科目，贷记或借记本科目（年初余额调整）。

（2）因购货退回、预付款项收回等发生以前年度支出又收回国库直接支付、授权支付款项或收回财政性货币资金，属于以前年度财政拨款结转资金的，借记“资金结存——财政应返还额度、零余额账户用款额度、货币资金”科目，贷记本科目（年初余额调整）。

业务2：与财政拨款结转结余资金调整业务相关的账务处理

（1）按照规定从其他单位调入财政拨款结转资金的，按照实际调增的额度数额或调入的资金数额，借记“资金结存——财政应返还额度、零余额账户用款额度、货币资金”科目，贷记本科目（归集调入）。

（2）按照规定向其他单位调出财政拨款结转资金的，按照实际调减的额度数额或调出的资金数额，借记本科目（归集调出），贷记“资金结存——财政应返还额度、零余额账户用款额度、货币资金”科目。

（3）按照规定上缴财政拨款结转资金或注销财政拨款结转资金额度的，按照实际上缴资金数额或注销的资金额度数额，借记本科目（归集上缴），贷记“资金结存——财政应返还额度、零余额账户用款额度、货币资金”科目。

（4）经财政部门批准对财政拨款结余资金改变用途，调整用于本单位基本支出或其他未完成项目支出的，按照批准调剂的金额，借记“财政拨款结余——单位内部调剂”科目，贷记本科目（单位内部调剂）。

业务3：与年末财政拨款结转和结余业务相关的账务处理

（1）年末，将财政拨款预算收入本年发生额转入本科目，借记“财政拨款预算收入”科目，贷记本科目（本年收支结转）；将各项支出中财政拨款支出本年发生额转入本科目，借记本科目（本年收支结转），贷记各项支出（财政拨款支出）科目。

（2）年末冲销有关明细科目余额。将本科目（本年收支结转、年初余额调整、归集调入、归集调出、归集上缴、单位内部调剂）余额转入本科目（累计结转）。结转后，本科目除“累计结转”明细科目外，其他明细科目应无余额。

（3）年末完成上述结转后，应当对财政拨款结转各明细项目执行情况进行分析，按照有关规定将符合财政拨款结余性质的项目余额转入财政拨款结余，借记本科目（累计结转），贷记“财政拨款结余——结转转入”科目。

【例20－10】某事业单位发现去年年末在计算全年财政授权支付预算指标数大于财政授权支付额度下达数时，两者间差额少计了5 000元，具体属于基本支出中的日常公用经费数额。由于去年年末同时少记录财政应返还额度和财政拨款收入各5 000元；去年年末结账时，财政拨款结转数额少记5 000元，该事业单位对去年发生的这一差错进行更正。

借：资金结存——零余额账户用款额度　　　　　　5 000

贷：财政拨款结转——年初余额调整　　5 000

【例 20－11】某事业单位按规定从上级单位调入一笔财政拨款结转资金 3.5 万元，相应款项已调增单位的零余额账户用款额度。

借：资金结存——零余额账户用款额度　　35 000

贷：财政拨款结转——归集调入　　35 000

【例 20－12】某事业单位经批准将甲种专项结余资金 4.5 万元调整为乙种专项。

借：财政拨款结余——单位内部调剂　　45 000

贷：财政拨款结转——单位内部调剂　　45 000

【例 20－13】某行政单位年末结账前“财政拨款预算收入”科目 和“行政支出”科目的本年发生额情况如表 20－1 所示。

表 20－1　　财政拨款预算收入支出情况表

编制单位：×市税务行政单位　　20××年度　　金额单位：元

支出功能分类科目		财政拨款收入		行政支出	
编码	名称	基本支出拨款	项目支出拨款	基本支出	项目支出
201	一般公共服务支出				
20107	税收事务				
2010701	行政运行	55 000		53 500	
2010704	税务办案		78 000		77 800
2010707	税务宣传		24 000		23 600
2010709	信息化建设		60 000		61 200
	合计	55 000	162 000	53 500	162 600

借：财政拨款预算收入——基本支出　　55 000
——项目支出（税务办案）　　78 000
——项目支出（税务宣传）　　24 000
——项目支出（信息化建设）　　60 000

贷：财政拨款结转——本年收支结转——基本支出　　55 000
——项目支出（税务办案）　　78 000
——项目支出（税务宣传）　　24 000
——项目支出（信息化建设）　　60 000

同时：

借：财政拨款结转——本年收支结转——基本支出　　53 500
——项目支出（税务办案）　　77 800
——项目支出（税务宣传）　　23 600
——项目支出（信息化建设）　　61 200

贷：行政支出——基本支出　　53 500
——项目支出（税务办案）　　77 800

——项目支出（税务宣传） 23 600
——项目支出（信息化建设） 61 200

该行政单位可编制“财政拨款结转——本年收支结转”科目所属明细科目情况表如表20－2所示。

表 20－2 “财政拨款结转——本年收支结转”科目所属明细科目情况表

编制单位：×市税务行政单位　　20××年度　　金额单位：元

财政拨款结转——本年收支结转所属明细科目	借方	贷方	余额
基本支出	53 500	55 000	1 500
项目支出（税务办案）	77 800	78 000	200
项目支出（税务宣传）	23 600	24 000	400
项目支出（信息化建设）	61 200	60 000	－1 200
合计	216 100	217 000	900

表20－2中，余额为正说明是当年收入大于支出，反之则收入小于支出，或者说使用了年初财政拨款结转的数额、归集调入或单位内部调剂的数额等。

【例20－14】 承上例，对各项目执行情况进行分析后，当年预算目标已经完成的项目及其相应的财政拨款结转余额情况为：项目支出（税务宣传）550元，项目支出（信息化建设）250元。将这些符合财政拨款结余性质的项目余额转入财政拨款结余。

借：财政拨款结转——累计结转 800
　　贷：财政拨款结余——结转转入 800

二、财政拨款结余

（一）财政拨款结余的概念

财政拨款结余，是指单位取得的同级财政拨款结余资金。单位当年预算工作目标完成或因故终止，剩余的财政拨款滚存资金应进入到财政拨款结余中核算。单位的基本支出结转至下期使用，没有结余资金。期末，单位应按政府会计制度办理结转，见图20－1。

（二）财政拨款结余的核算

1. 科目设置。单位设置“财政拨款结余”科目，核算单位取得的同级财政拨款项目支出结余资金的调整、结转和滚存情况。本科目应当设置下列明细科目：

（1）与会计差错更正、以前年度支出收回相关的明细科目。

“年初余额调整”：本明细科目核算因发生会计差错更正、以前年度支出收回等原因，需要调整财政拨款结余的金额。年末结账后，本明细科目应无余额。

（2）与财政拨款结余资金调整业务相关的明细科目。

①“归集上缴”：本明细科目核算按照规定上缴财政拨款结余资金时，实际核销的额度数额或上缴的资金数额。年末结账后，本明细科目应无余额。

②“单位内部调剂”：本明细科目核算经财政部门批准对财政拨款结余资金改变用途，调整用于本单位其他未完成项目等的调整金额。年末结账后，本明细科目应无余额。

（3）与年末财政拨款结余业务相关的明细科目。

①“结转转入”：本明细科目核算单位按照规定转入财政拨款结余的财政拨款结转资金。年末结账后，本明细科目应无余额。

②“累计结余”：本明细科目核算单位滚存的财政拨款结余资金。本明细科目年末贷方余额，反映单位财政拨款滚存的结余资金数额。本科目还应当按照具体项目、《政府收支分类科目》中“支出功能分类科目”的相关科目等进行明细核算。

有一般公共预算财政拨款、政府性基金预算财政拨款等两种或两种以上财政拨款的，还应当在本科目下按照财政拨款的种类进行明细核算。本科目年末贷方余额，反映单位滚存的财政拨款结余资金数额。

2. 核算实务。

业务1：会计差错更正、购货退回与以前年度调整事项。

（1）因发生会计差错更正退回以前年度国库直接支付、授权支付款项或财政性货币资金，或者因发生会计差错更正增加以前年度国库直接支付、授权支付支出或财政性货币资金支出，属于以前年度财政拨款结余资金的，借记或贷记“资金结存——财政应返还额度、零余额账户用款额度、货币资金”科目，贷记或借记本科目（年初余额调整）。

（2）因购货退回、预付款项收回等发生以前年度支出又收回国库直接支付、授权支付款项或收回财政性货币资金，属于以前年度财政拨款结余资金的，借记“资金结存——财政应返还额度、零余额账户用款额度、货币资金”科目，贷记本科目（年初余额调整）。

业务2：与财政拨款结余资金调整业务相关的账务处理

（1）经财政部门批准对财政拨款结余资金改变用途，调整用于本单位基本支出或其他未完成项目支出的，按照批准调剂的金额，借记本科目（单位内部调剂），贷记“财政拨款结转——单位内部调剂”科目。

（2）按照规定上缴财政拨款结余资金或注销财政拨款结余资金额度的，按照实际上缴资金数额或注销的资金额度数额，借记本科目（归集上缴），贷记“资金结存——财政应返还额度、零余额账户用款额度、货币资金”科目。

业务3：与年末财政拨款结转和结余业务相关的账务处理

（1）年末，对财政拨款结转各明细项目执行情况进行分析，按照有关规定将符合财政拨款结余性质的项目余额转入财政拨款结余，借记“财政拨款结转——累计结转”科目，贷记本科目（结转转入）。

（2）年末冲销有关明细科目余额。将本科目（年初余额调整、归集上缴、单位内部调剂、结转转入）余额转入本科目（累计结余）。结转后，本科目除“累计结余”明细科目外，其他明细科目应无余额。

【例20－15】某单位发现去年在使用以前年度直接支付额度发生一项项目支出1.8万元时，所编制的会计分录有差错，应贷记“资金结存——财政应返还额度”的，贷记了“财政拨款收入”，相应项目在去年年末已经完成。由此，该单位去年年末同时多记财政拨款收入和资金结存——财政应返还额度；去年年末结账时财政拨款结余的数额多记录了1.8万元。

借：财政拨款结余——年初余额调整　　　　18 000

贷：资金结存——财政应返还额度　18 000

【例 20－16】某单位按照规定上缴财政拨款结余资金 10 050 元，相应数额为财政直接支付额度已经核销。

借：财政拨款结余——归集上缴　10 050

贷：资金结存——财政应返还额度　10 050

【例 20－17】某单位经财政部门批准，将原用于已完成的甲专项结余资金 1 120 元调整用于乙专项。

借：财政拨款结余——单位内部调剂　1 120

贷：财政拨款结转——单位内部调剂　1 120

【例 20－18】某单位年末财政拨款结余所属明细科目年末余额如表 20－3 所示。

表 20－3　“财政拨款结余”科目所属明细科目年末余额情况表

编制单位：×市××单位　20××年度　金额单位：元

财政拨款结余所属明细科目	结转转入	单位内部调剂	归集上缴
项目支出（甲项目）	250（贷方）		210（借方）
项目支出（乙项目）	190（贷方）	120（借方）	80（借方）
合计	440（贷方）	120（借方）	290（借方）

该单位将“财政拨款结余”科目所属“结转转入”“单位内部调剂”“归集上缴”等明细科目余额转入“累计结转”明细科目。

借：财政拨款结余——结转转入——甲　250

贷：财政拨款结余——归集上缴——甲　210

——累计结转——甲　40

同时：

借：财政拨款结余——结转转入——乙　190

——累计结转——乙　10

贷：财政拨款结余——归集上缴——乙　80

——单位内部调剂——乙　120

第四节

非财政拨款结转结余

非财政拨款结转结余，是指单位除财政拨款收支、经营收支以外各非同级财政拨款结转结余资金，包括非财政拨款结转和非财政拨款结余。

非财政拨款结转按照规定结转下一年度继续使用。非财政拨款结余可以按照国家有关规定提取职工福利基金，剩余部分用于弥补以后年度单位收支差额；国家另有规定的，从其规定。

单位应当加强非财政拨款结余的管理，遵循收支平衡的原则，统筹安排、合理使用，支出不得超出基金规模。各项基金的提取比例和管理办法，国家有统一规定的，按照统一规定执行；没有统一规定的，由主管部门会同同级财政部门确定。

一、非财政拨款结转

（一）非财政拨款结转的概念

非财政拨款结转，是指单位除财政拨款收支、经营收支以外各非同级财政拨款结转资金。期末，单位应按政府单位会计制度规定办理结转，见图 20－2。

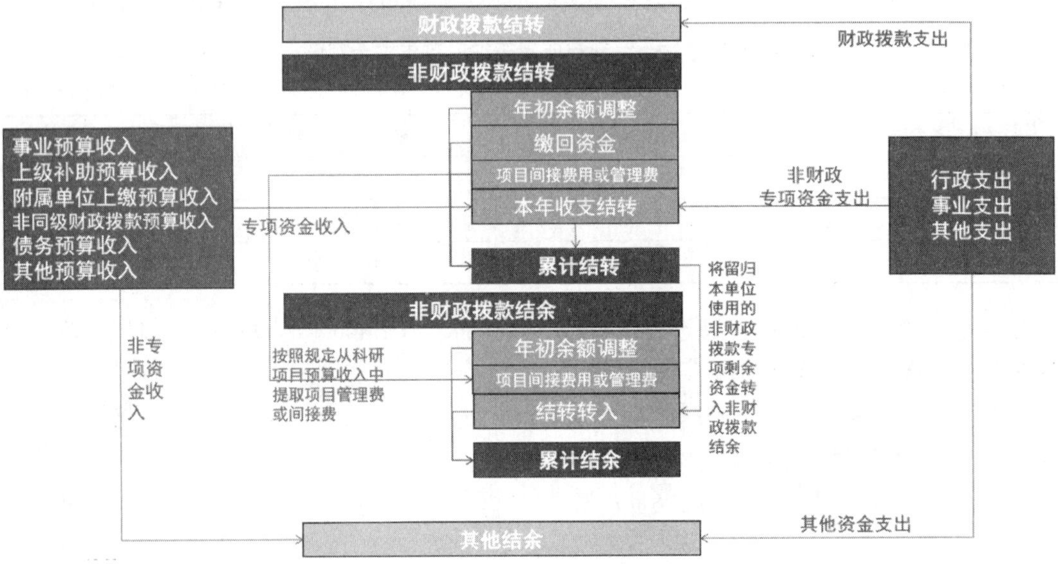

图 20－2　非财政拨款期末结转流程图

注：该图来源于王芳老师。

（二）非财政拨款结转的核算

1. 科目设置。单位设置“非财政拨款结转”科目，核算单位除财政拨款收支、经营收支以外各非同级财政拨款专项资金的调整、结转和滚存情况。本科目应当设置下列明细科目：

（1）“年初余额调整”：本明细科目核算因发生会计差错更正、以前年度支出收回等原因，需要调整非财政拨款结转的资金。年末结账后，本明细科目应无余额。

（2）“缴回资金”：本明细科目核算按照规定缴回非财政拨款结转资金时，实际缴回的资金数额。年末结账后，本明细科目应无余额。

（3）“项目间接费用或管理费”：本明细科目核算单位取得的科研项目预算收入中，按照规定计提项目间接费用或管理费的数额。年末结账后，本明细科目应无余额。

（4）“本年收支结转”：本明细科目核算单位本年度非同级财政拨款专项收支相抵后的余额。年末结账后，本明细科目应无余额。

（5）“累计结转”：本明细科目核算单位滚存的非同级财政拨款专项结转资金。本明细科目年末贷方余额，反映单位非同级财政拨款滚存的专项结转资金数额。

本科目还应当按照具体项目、《政府收支分类科目》中“支出功能分类科目”的相关科目等进行明细核算。本科目年末贷方余额，反映单位滚存的非同级财政拨款专项结转资金数额。

2. 核算实务。

业务1：按照规定从科研项目预算收入中提取项目管理费或间接费时，按照提取金额，借记本科目（项目间接费用或管理费），贷记“非财政拨款结余——项目间接费用或管理费”科目。

业务2：因会计差错更正收到或支出非同级财政拨款货币资金，属于非财政拨款结转资金的，按照收到或支出的金额，借记或贷记“资金结存——货币资金”科目，贷记或借记本科目（年初余额调整）。

因收回以前年度支出等收到非同级财政拨款货币资金，属于非财政拨款结转资金的，按照收到的金额，借记“资金结存——货币资金”科目，贷记本科目（年初余额调整）。

业务3：按照规定缴回非财政拨款结转资金的，按照实际缴回资金数额，借记本科目（缴回资金），贷记“资金结存——货币资金”科目。

业务4：年末，将事业预算收入、上级补助预算收入、附属单位上缴预算收入、非同级财政拨款预算收入、债务预算收入、其他预算收入本年发生额中的专项资金收入转入本科目，借记“事业预算收入”“上级补助预算收入”“附属单位上缴预算收入”“非同级财政拨款预算收入”“债务预算收入”“其他预算收入”科目下各专项资金收入明细科目，贷记本科目（本年收支结转）；将行政支出、事业支出、其他支出本年发生额中的非财政拨款专项资金支出转入本科目，借记本科目（本年收支结转），贷记“行政支出”“事业支出”“其他支出”科目下各非财政拨款专项资金支出明细科目。

业务5：年末冲销有关明细科目余额。将本科目（年初余额调整、项目间接费用或管理费、缴回资金、本年收支结转）余额转入本科目（累计结转）。结转后，本科目除“累计结转”明细科目外，其他明细科目应无余额。

业务6：年末完成上述结转后，应当对非财政拨款专项结转资金各项目情况进行分析，将留归本单位使用的非财政拨款专项（项目已完成）剩余资金转入非财政拨款结余，借记本科目（累计结转），贷记“非财政拨款结余——结转转入”科目。

【例20-19】某事业单位从科研项目预算收入中提取项目管理费2 500元。

借：非财政拨款结转——项目间接费用或管理费	2 500	
贷：非财政拨款结余——项目间接费用或管理费		2 500

【例20-20】某单位发现去年漏记一笔经营支出4 000元，由于去年同时少记经营支出和资金结存——货币资金各4 000元；去年年末结账时，财政拨款结转数额少记4 000元，该单位对去年发生的这一差错进行更正。

借：非财政拨款结转——年初余额调整	4 000	
贷：资金结存——货币资金		4 000

【例20-21】某单位年末非财政拨款各项收入和非财政拨款专项支出本年发生额如表

20－4所示。

表20－4　非财政拨款各项收支发生额情况表

编制单位：×市××单位　　20××年度　　金额单位：元

非财政拨款支出	发生额（借）	非财政拨款收入	发生额（贷）
事业支出	230 120	事业预算收入	150 250
其他支出	15 219	上级补助预算收入	40 000
		附属单位上缴预算收入	8 000
		非同级财政拨款预算收入	12 000
		其他预算收入	52 330
合计	245 339	合计	262 580

该单位应编制如下会计分录：

借：事业预算收入　150 250
　　上级补助预算收入　40 000
　　附属单位上缴预算收入　8 000
　　非同级财政拨款预算收入　12 000
　　其他预算收入　52 330
　　贷：非财政拨款结转——本年收支结转　262 580

同时：

借：非财政拨款结转——本年收支结转　245 339
　　贷：事业支出　230 120
　　　　其他支出　15 219

二、非财政拨款结余

（一）非财政拨款结余的概念

非财政拨款结余，是指单位除财政拨款收支、经营收支以外各非同级财政拨款结余资金。

为了更好地体现行政事业单位会计制度的统一性，将原事业单位会计制度中的“事业基金”改为“非财政拨款结余”，以区别于财政拨款结余和专项结余。同时也方便行政事业单位使用。期末，单位应按政府会计制度规定办理结转，见图20－2。

（二）非财政拨款结余的核算

1. 科目设置。单位设置“非财政拨款结余”科目，核算单位历年滚存的非限定用途的非同级财政拨款结余资金，主要为非财政拨款结余扣除结余分配后滚存的金额。本科目应当设置下列明细科目：

（1）“年初余额调整”：本明细科目核算因发生会计差错更正、以前年度支出收回等原因，需要调整非财政拨款结余的资金。年末结账后，本明细科目应无余额。

（2）“项目间接费用或管理费”：本明细科目核算单位取得的科研项目预算收入中，按照规定计提的项目间接费用或管理费数额。年末结账后，本明细科目应无余额。

（3）“结转转入”：本明细科目核算按照规定留归单位使用，由单位统筹调配，纳入单位非财政拨款结余的非同级财政拨款专项剩余资金。年末结账后，本明细科目应无余额。

（4）“累计结余”：本明细科目核算单位历年滚存的非同级财政拨款、非专项结余资金。本明细科目年末贷方余额，反映单位非同级财政拨款滚存的非专项结余资金数额。

本科目还应当按照《政府收支分类科目》中“支出功能分类科目”的相关科目进行明细核算。本科目年末贷方余额，反映单位非同级财政拨款结余资金的累计滚存数额。

2. 核算实务。

业务1：按照规定从科研项目预算收入中提取项目管理费或间接费时，借记“非财政拨款结转——项目间接费用或管理费”科目，贷记本科目（项目间接费用或管理费）。

业务2：有企业所得税缴纳义务的事业单位实际缴纳企业所得税时，按照缴纳金额，借记本科目（累计结余），贷记“资金结存——货币资金”科目。

业务3：因会计差错更正收到或支出非同级财政拨款货币资金，属于非财政拨款结余资金的，按照收到或支出的金额，借记或贷记“资金结存——货币资金”科目，贷记或借记本科目（年初余额调整）。

因收回以前年度支出等收到非同级财政拨款货币资金，属于非财政拨款结余资金的，按照收到的金额，借记“资金结存——货币资金”科目，贷记本科目（年初余额调整）。

业务4：年末，将留归本单位使用的非财政拨款专项（项目已完成）剩余资金转入本科目，借记“非财政拨款结转——累计结转”科目，贷记本科目（结转转入）。

业务5：年末冲销有关明细科目余额。将本科目（年初余额调整、项目间接费用或管理费、结转转入）余额结转入本科目（累计结余）。结转后，本科目除“累计结余”明细科目外，其他明细科目应无余额。

业务6：年末，事业单位将“非财政拨款结余分配”科目余额转入非财政拨款结余。“非财政拨款结余分配”科目为借方余额的，借记本科目（累计结余），贷记“非财政拨款结余分配”科目；“非财政拨款结余分配”科目为贷方余额的，借记“非财政拨款结余分配”科目，贷记本科目（累计结余）。

年末，行政单位将“其他结余”科目余额转入非财政拨款结余。“其他结余”科目为借方余额的，借记本科目（累计结余），贷记“其他结余”科目；“其他结余”科目为贷方余额的，借记“其他结余”科目，贷记本科目（累计结余）。

【例20－22】某事业单位经核算，本单位应缴归属于上年的企业所得税其计212 021元，以银行存款缴纳。

借：非财政拨款结余——累计结余　　212 021

　　贷：资金结存——货币资金　　212 021

【例20－23】某单位年末经分析留归本单位使用的非财政专项剩余资金总数为780 250元。

借：非财政拨款结转——累计结转　　780 250

　　贷：非财政拨款结余——结转转入　　780 250

第五节

专用结余与经营结余

一、专用结余

（一）专用结余的概念

专用结余，是指事业单位按照规定从非财政拨款结余中提取的具有专门用途的资金。专用结余与财务会计净资产“专用基金”对应。专用结余管理必须符合“专项资金专款专用”部门预算管理规定。

（二）专用结余核算

1. 科目设置。事业单位设置“专用结余”科目，核算事业单位按照规定从非财政拨款结余中提取的具有专门用途的资金的变动和滚存情况。本科目应当按照专用结余的类别进行明细核算。本科目年末贷方余额，反映事业单位从非同级财政拨款结余中提取的专用基金的累计滚存数额。

2. 核算实务。

业务1：根据有关规定从本年度非财政拨款结余或经营结余中提取基金的，按照提取金额，借记“非财政拨款结余分配”科目，贷记本科目。

业务2：根据规定使用从非财政拨款结余或经营结余中提取的专用基金时，按照使用金额，借记本科目，贷记“资金结存——货币资金”科目。

【例20－24】某事业单位按规定从本年度非财政拨款结余中提取职工福利基金4 800元。

借：非财政拨款结余分配	4 800	
贷：专用结余		4 800

二、经营结余

（一）经营结余的概念

经营结余，是指事业单位经营活动收支相抵后余额。期末，单位应按政府会计制度办理结转，见图20－3。

（二）经营结余的核算

1. 科目设置。事业单位设置“经营结余”科目，核算事业单位本年度经营活动收支相抵后余额弥补以前年度经营亏损后的余额。本科目可以按照经营活动类别进行明细核算。年末结账后，本科目一般无余额；如为借方余额，反映事业单位累计发生的经营亏损。

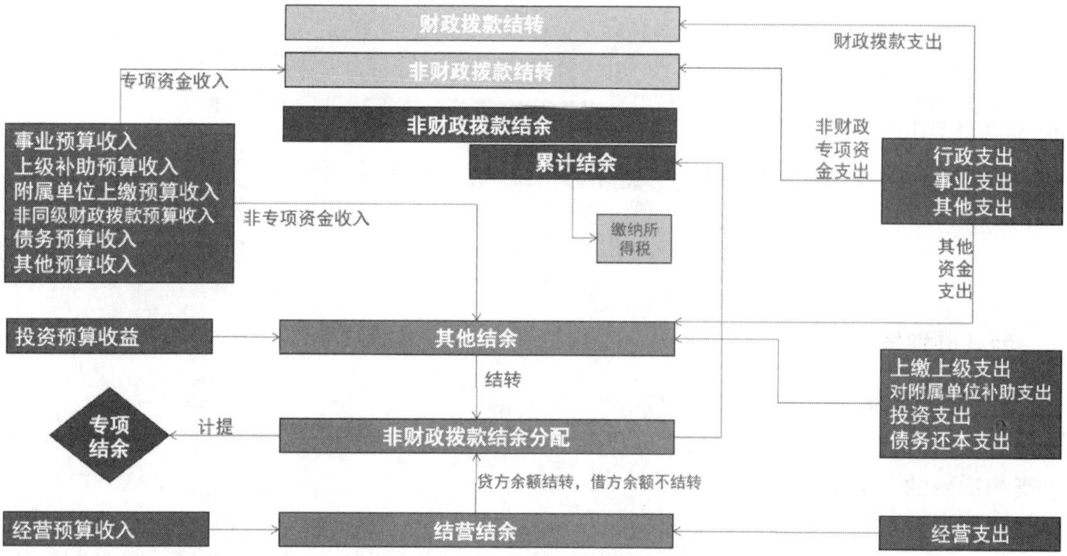

图 20－3　期末结转流程图

注：该图来源于王芳老师。

2. 核算实务。

业务 1：年末，将经营预算收入本年发生额转入本科目，借记“经营预算收入”科目，贷记本科目；将经营支出本年发生额转入本科目，借记本科目，贷记“经营支出”科目。

业务 2：年末，完成上述业务 1 结转后，如本科目为贷方余额，将本科目贷方余额转入“非财政拨款结余分配”科目，借记本科目，贷记“非财政拨款结余分配”科目；如本科目为借方余额，为经营亏损，不予结转。

【例 20－25】某事业单位年末有关经营预算收入和经营支出的本年发生额情况为：“经营预算收入”科目 2.9 万元，“经营支出”科目 26 850 元。年终结账时，将其转入“经营结余”。

借：经营预算收入	29 000	
贷：经营结余		29 000

同时：

借：经营结余	26 850	
贷：经营支出		26 850

【例 20－26】某事业单位年末将当年实现经营结余 2 150 元转入“非财政拨款结余分配”。

借：经营结余	2 150	
贷：非财政拨款结余分配		2 150

第六节
其他结余及非财政拨款结余分配

一、其他结余

（一）其他结余的概念

其他结余，是指单位除财政拨款收支、非同级财政专项资金收支和经营收支以外各项收支相抵后的资金余额。

其他结余可以按照国家有关规定提取职工福利基金，剩余部分用于弥补以后年度单位收支差额；国家另有规定的，从其规定。期末，按政府会计制度规定办理结转，见图20－3。

（二）其他结余的核算

1. 科目设置。单位设置“其他结余”科目，核算单位本年度除财政拨款收支、非同级财政专项资金收支和经营收支以外各项收支相抵后的余额。年末结账后，本科目应无余额。

2. 核算实务。

业务1：年末，将事业预算收入、上级补助预算收入、附属单位上缴预算收入、非同级财政拨款预算收入、债务预算收入、其他预算收入本年发生额中的非专项资金收入以及投资预算收益本年发生额转入本科目，借记“事业预算收入”“上级补助预算收入”“附属单位上缴预算收入”“非同级财政拨款预算收入”“债务预算收入”“其他预算收入”科目下各非专项资金收入明细科目和“投资预算收益”科目，贷记本科目（“投资预算收益”科目本年发生额为借方净额时，借记本科目，贷记“投资预算收益”科目）；

将行政支出、事业支出、其他支出本年发生额中的非同级财政、非专项资金支出，以及上缴上级支出、对附属单位补助支出、投资支出、债务还本支出本年发生额转入本科目，借记本科目，贷记“行政支出”“事业支出”“其他支出”科目下各非同级财政、非专项资金支出明细科目和“上缴上级支出”“对附属单位补助支出”“投资支出”“债务还本支出”科目。

业务2：年末，完成上述结转后，行政单位将本科目余额转入“非财政拨款结余——累计结余”科目；事业单位将本科目余额转入“非财政拨款结余分配”科目。当本科目为贷方余额时，借记本科目，贷记“非财政拨款结余——累计结余”或“非财政拨款结余分配”科目；当本科目为借方余额时，借记“非财政拨款结余——累计结余”或“非财政拨款结余分配”科目，贷记本科目。

【例20－27】某单位年末非专项资金收入与投资预算收益及对应的非同级财政、非专项资金支出和上缴上级支、对附属单位补助支出、投资支出和债务还本支出发生额如表

20－5 所示。

表 20－5　　非专项资金及相关科目收支发生额情况表

编制单位：×市×单位　　20××年度　　金额单位：元

非专项资金支出	发生额（借）	非专项资金收入	发生额（贷）
事业支出	120 230	事业预算收入	180 000
其他支出	12 200	上级补助预算收入	82 000
上缴上级支出	24 000	附属单位上缴预算收入	8 000
对附属单位补助支出	20 000	非同级财政拨款预算收入	24 000
投资支出	80 000	投资预算收益	22 050
债务还本支出	100 000	其他预算收入	62 500
合计	356 430	合计	378 550

结转各非同级财政、非专项资金收入：

借：事业预算收入　　180 000
　　上级补助预算收入　　82 000
　　附属单位上缴预算收入　　8 000
　　非同级财政拨款预算收入　　24 000
　　投资预算收益　　22 050
　　其他预算收入　　62 500
　　贷：其他结余　　378 550

同时结转各非同级财政、非专项资金支出：

借：其他结余　　356 430
　　贷：事业支出　　120 230
　　　　其他支出　　12 200
　　　　上缴上级支出　　24 000
　　　　对附属单位补助支出　　20 000
　　　　投资支出　　80 000
　　　　债务还本支出　　100 000

【例 20－28】 承上例，其他结余有贷方余额 37 800 元（即 378 550－356 430），因此将其他结余贷方余额转入非财政结余分配。

借：其他结余　　37 800
　　贷：非财政拨款结余分配　　37 800

二、非财政拨款结余分配

（一）非财政拨款结余分配的概念

非财政拨款结余分配，是指事业单位本年度非财政拨款结余分配的情况和结果。

（二）非财政拨款结余分配的核算

1. 科目设置。单位设置“非财政拨款结余分配”科目，核算事业单位本年度非财政拨款结余分配的情况和结果。年末结账后，本科目应无余额。

2. 核算实务。

业务1：年末，将“其他结余”科目余额转入本科目，当“其他结余”科目为贷方余额时，借记“其他结余”科目，贷记本科目；当“其他结余”科目为借方余额时，借记本科目，贷记“其他结余”科目。

年末，将“经营结余”科目贷方余额转入本科目，借记“经营结余”科目，贷记本科目。

业务2：根据有关规定提取专用基金的，按照提取的金额，借记本科目，贷记“专用结余”科目。

业务3：年末，按照规定完成上述业务1与业务2处理后，将本科目余额转入非财政拨款结余。当本科目为借方余额时，借记“非财政拨款结余——累计结余”科目，贷记本科目；当本科目为贷方余额时，借记本科目，贷记“非财政拨款结余——累计结余”科目。

【例20－29】某事业单位经过年末结余转入与计提专用基金后，单位“非财政拨款结余分配”科目有贷方余额23 290元。

借：非财政拨款结余分配　　23 290

　　贷：非财政拨款结余——累计结余　　23 290

【思考题】

1. 非财政拨款结余与其他结余有何区别？
2. 专用基金如何计提和使用？

第二十一章 单位预算会计报表

学习目标

- □ 了解政府单位预算会计报表的体系及内容
- □ 熟悉预算收入支出表、预算结转结余变动表、财政拨款预算收入支出表等概念、作用及格式
- □ 掌握预算收入支出表、预算结转结余变动表、财政拨款预算收入支出表的列报方法

第一节 预算收入支出表

一、预算收入支出表的概念和作用

预算收入支出表反映单位在某一会计年度内各项预算收入、预算支出和预算收支差额的情况。将收入支出表中的数量与经批准的单位收支预算数据进行比较，可以比较全面地了解和评价单位的收支预算执行情况。

预算收入支出表的作用主要体现在以下几个方面：首先，预算收入支出表可以提供某一会计期间预算收入总额及其构成情况的信息；其次，预算收入支出表可以提供某一会计期间支出总额及其构成情况的信息；最后，预算收入支出表可以提供某一会计期间收支差额的信息。

按照规定，预算收入支出表按年度编制。

二、预算收入支出表的格式

预算收入支出表采用的基本计算公式为：预算收入 - 预算支出 = 本年预算收支差额。预算收入支出表的格式如表 21 -1 所示。

表 21 -1　　预算收入支出表　　会政预 01 表

编制单位：　　年　　单位：元

项　　目	本年数	上年数
一、本年预算收入		
（一）财政拨款预算收入		
其中：政府性基金收入		
（二）事业预算收入		
（三）上级补助预算收入		
（四）附属单位上缴预算收入		
（五）经营预算收入		
（六）债务预算收入		
（七）非同级财政拨款预算收入		
（八）投资预算收入		
（九）其他预算收入		
其中：利息预算收入		
捐赠预算收入		
租金预算收入		
二、本年预算支出		
（一）行政支出		
（二）事业支出		
（三）经营支出		
（四）上缴上级支出		
（五）对附属单位补助支出		
（六）投资支出		
（七）债务还本支出		
（八）其他支出		
其中：利息支出		
捐赠支出		
三、本年预算收支差额		

预算收入支出表应该按收入、支出的构成分类、分项列示。

三、预算收入支出表的列报方法

（一）本年数与上年数栏的名称与反映内容

本表“本年数”栏反映各项目的本年实际发生数。本表“上年数”栏反映各项目上年度的实际发生数，应当根据上年度预算收入支出表中“本年数”栏内所列数字填列。

如果本年度预算收入支出表规定的项目的名称和内容同上年度不一致，应当对上年度预算收入支出表项目的名称和数字按照本年度的规定进行调整，将调整后金额填入本年度预算收入支出表的“上年数”栏。

（二）项目内容和填列方法

本年预算收入或预算支出项目，反映单位本年预算收入或支出总额。该项目各栏数额应根据相关收支科目的本年发生额填列，或经过计算、分析后填列。

“本年预算收支差额”项目，反映单位本年各项预算收支相抵后的差额。本项目应当根据本表中“本期预算收入”项目金额减去“本期预算支出”项目金额后的金额填列；如相减后金额为负数，以“－”号填列。

第二节 预算结转结余变动表

一、预算结转结余变动表的概念和作用

预算结转结余变动表反映单位在某一会计年度内预算结转结余的变动情况。预算结转结余变动表，能够提供某一会计期间单位预算结转结余情况的信息；能够提供某一会计期间结余分配情况的信息。

二、预算结转结余变动表的格式

预算结转结余变动表采用的基本计算公式为：年初预算结转结余 ± 年初余额调整 ± 本年变动金额 = 年末预算结转结余。预算结转结余变动表格式如表 21－2。

表 21－2　　预算结转结余变动表　　会政预 02 表

编制单位：　　年　　单位：元

项　　目	本年数	上年数
一、年初预算结转结余		
（一）财政拨款结转结余		
（二）其他资金结转结余		
二、年初余额调整（减少以“－”号填列）		
（一）财政拨款结转结余		
（二）其他资金结转结余		
三、本年变动金额（减少以“－”号填列）		
（一）财政拨款结转结余		
1. 本年收支差额		
2. 归集调入		

续表

项　　目	本年数	上年数
3. 归集上缴或调出		
（二）其他资金结转结余		
1. 本年收支差额		
2. 缴回资金		
3. 使用专用结余		
4. 支付所得税		
四、年末预算结转结余		
（一）财政拨款结转结余		
1. 财政拨款结转		
2. 财政拨款结余		
（二）其他资金结转结余		
1. 非财政拨款结转		
2. 非财政拨款结余		
3. 专用结余		
4. 经营结余（如有余额，以“－”填列）		

预算结转结余表应按结转结余的情况分类、分项列示。

三、预算结转结余变动表的列报方法

（一）本年数与上年数栏的名称与反映内容

表中“本年数”栏反映各项目的本年实际发生数。本表“上年数”栏反映各项目的上年实际发生数，应当根据上年度预算结转结余变动表中“本年数”栏内所列数字填列。

如果本年度预算结转结余变动表规定的项目的名称和内容同上年度不一致，应当对上年度预算结转结余变动表项目的名称和数字按照本年度的规定进行调整，将调整后金额填入本年度预算结转结余变动表的“上年数”栏。

（二）项目内容和填列方法

1. 年初预算结转结余，反映单位本年预算结转结余的年初余额。本项目应当根据本项目下“财政拨款结转结余”“其他资金结转结余”项目金额的合计数填列。

本项目下各栏数额应根据相应科目的本年年初余额合计数填列，或经过计算、分析后填列。

2. 年初余额调整，反映单位本年预算结转结余年初余额调整的金额。本项目应当根据本项目下“财政拨款结转结余”“其他资金结转结余”项目金额的合计数填列。

本项目下各栏数额应根据相应科目“年初余额调整”明细科目的本年发生额的合计数填列，或经过计算、分析后填列；如调整减少年初其他资金结转结余，以“－”号填列。

3. 本年变动金额，反映单位本年预算结转结余变动的金额。本项目应当根据本项目下“财政拨款结转结余”“其他资金结转结余”项目金额的合计数填列。

本项目下各栏数额应根据相应明细科目的本年发生额填列，或经过计算、分析后填列。

4. “支付所得税”项目，反映有企业所得税缴纳义务的事业单位本年实际缴纳的企业所得税金额。本项目应当根据“非财政拨款结余”明细账中本年实际缴纳企业所得税业务的发生额填列，以“－”号填列。

5. 年末预算结转结余，反映单位本年预算结转结余的年末余额。本项目应当根据本项目下“财政拨款结转结余”“其他资金结转结余”项目金额的合计数填列。

本项目下各栏数额应根据相应项目金额的合计数填列，或经过计算、分析后填列。

第三节 财政拨款预算收入支出表

一、财政拨款预算收入支出表的概念与作用

财政拨款预算收入支出表反映单位本年财政拨款预算资金收入、支出及相关变动的具体情况。通过财政拨款预算表中的数据与经批准的财政拨款收入支出预算数据相比较，可以全面了解和评价单位财政拨款收支预算执行的情况。

财政拨款预算收入支出表的作用主要表现在以下两个方面：一方面可以详细提供某一会计期间收入、支出、结转和结余情况的信息；另一方面还可以提供某一会计期间各项资金增减变动原因的信息。

二、财政拨款预算收入支出表的格式

单位财政拨款预算收入支出表需要详细反映各项财政资金由年初数额变化为年末数额的有关内容，其中包括年初数据的调整、本年归集调入、本年归集上缴或调出、单位内部调剂、本年财政拨款收入、本年财政拨款支出等内容。单位财政拨款预算收入支出表的格式如表 21－3。

表 21－3　　财政拨款预算收入支出表　　会政预 03 表

编制单位：　　年　　单位：元

项目	年初财政拨款结转结余		调整年初财政拨款结转结余	本年归集调入	本年归集上缴或调出	单位内部调剂		本年财政拨款收入	本年财政拨款支出	年末财政拨款结转	
	结转	结余				结转	结余			结转	结余
一、一般公共预算财政拨款											

续表

项目	年初财政拨款结转结余		调整年初财政拨款结转结余	本年归集调入	本年归集上缴或调出	单位内部调剂		本年财政拨款收入	本年财政拨款支出	年末财政拨款结转	
	结转	结余				结转	结余			结转	结余
（一）基本支出											
1. 人员经费											
2. 日常公用经费											
（二）项目支出											
1. ××项目											
2. ××项目											
……											
二、政府性基金预算财政拨款											
（一）基本支出											
1. 人员经费											
2. 日常公用经费											
（二）项目支出											
1. ××项目											
2. ××项目											
……											
总计											

三、财政拨款收入支出表的列报方法

（一）项目设置

财政拨款预算收入支出表“项目”栏内各项目，应当根据单位取得的财政拨款种类分项设置。其中“项目支出”项目下，根据每个项目设置；单位取得除一般公共财政预算拨款和政府性基金预算拨款以外的其他财政拨款的，应当按照财政拨款种类增加相应的资金项目及其明细项目。

（二）项目填列方法

财政拨款预算收入支出表各项目各栏数额应根据相应科目及其明细科目的年初余额、本年发生额合计数或年末余额填列，或经过计算、分析后填列。

在单位财政拨款预算收入支出表中，基本支出中人员经费和日常公用经费、项目支出中的各项目，它们的收入、支出以及结转结余都分别计算、相互独立。各项资金都实行专款专用，不能随意混淆使用。

【思考题】

1. 什么是预算收入支出表？采用什么计算公式？
2. 什么是预算结转结余变动表？有何作用？

第三篇　非营利组织会计

第二十二章 非营利组织会计导论

学习目标

□ 了解非营利组织会计核算前提
□ 熟悉非营利组织会计的会计信息质量要求
□ 掌握非营利组织会计要素、确认基础和计量原则，掌握非营利组织会计报告

第一节 非营利组织会计概述

一、非营利组织与非营利组织会计

按照社会经济组织划分的标准，会计可以分为企业会计、政府会计和非营利组织会计。

（一）非营利组织的定义

1. 非营利组织的概念与分类。非营利组织（Non－Profit Organization，NPO），是一种介于政府与企业之间，不具有物质产品生产和国家事务管理职能，主要以精神产品或各种服务形式向社会公众提供服务，不以营利为目的的各类组织机构。

美国财务会计准则委员会（Financial Accounting Standards Board 简称 FASB）将非营利组织定义为："符合以下特征的实体：（1）该实体从捐赠者处获得大量的资源，但捐赠者并不因此而要求得到同等或成比例的资金回报；（2）该实体经营的目的不是为了获取利润；（3）该实体不存在营利组织中的所有者权益问题。"

非营利组织一般是指社会组织、民间组织，国外也称为非政府组织、第三部门等。

按照《中华人民共和国民法通则》的规定，将组织机构分为企业、事业单位、社会

团体、机关四个大类；根据国家法律法规新确定的组织机构类型以及按照现行法律依法成立的大量无法归入上述四类的组织机构，将组织机构类型的大类确定为国家机关、事业单位、企业、社会团体及其他组织机构。

在研究非营利组织时，不得不谈到事业单位。一般认为非营利组织包括民间非营利组织和公立非营利组织。我国部分专家学者将事业单位称为公立（公益性）非营利组织。

从经营目的来说，我国的事业单位应属于非营利组织的范畴，但其具有国有属性；从社会功能来看，绝大多数事业单位承担行政职能和从事公益性服务，多数事业单位为行政单位的直属单位，是政府行政部门职能的延伸，同时，其预算纳入政府预算管理，是部门预算的重要组成部分，接受财政拨款或补助。长期以来，事业单位会计与行政单位会计都属于政府会计范畴。因此，不宜将事业单位与非营利组织混为一谈。

在我国，非营利组织一般被界定为政府、企业之外的各类社会组织、民间组织。2007年开始，我国正式用“社会组织”代替“民间组织”。

社会组织是指经各级人民政府民政部门登记注册的社会团体、基金会、民办非企业单位（目前称为社会服务机构）。

（1）社会团体，是指中国公民自愿组成，为实现会员共同意愿，按照其章程开展活动的非营利性社会组织。包括行业性社团、学术性社团、专业性社团和联合性社团。国家机关以外的组织可以作为单位会员加入社会团体。

（2）基金会，是指利用自然人、法人或者其他组织捐赠的财产，以从事公益事业为目的，按照《基金会管理条例》的规定成立的非营利性法人。

（3）民办非企业单位，是指自然人、法人或者其他组织为了提供社会服务，主要利用非国有资产设立的非营利性法人。

从实践看，我国非营利组织是以社会团体、基金会和社会服务机构为主体组成的社会组织，主要是指民间非营利组织。

社会组织是社会力量参与公益事业的重要形式，具有非营利性、公益性、志愿性等特点，来自社会的捐赠是社会组织开展公益活动和发展的重要资金来源。

2. 非营利组织特点。我国的非营利组织具有民间性（非政府性）、自愿性、自治性、非营利性、公益性特征。

从经济层面分析，**非营利性**是非营利组织的第一个基本属性，是区别于企业的根本属性。从政治层面分析，民间性、自愿性、自治性即**非政府性**，是非营利组织的第二个基本属性，是区别于政府的根本属性。从目的层面分析，**公益性或互益性**是非营利组织的第三个基本属性。

根据2005年1月1日起执行的《民间非营利组织会计制度》规定，我国非营利组织（民间非营利组织）应当同时具备以下特征：（1）该组织不以营利为目的和宗旨；（2）资源提供者向该组织投入资源并不得以取得经济回报为目的；（3）资源提供者不享有该组织的所有权。

可以看出，此定义借鉴了美国的定义，而且更加突出了非国有性、非营利性和社会公益目的。制度用列举的方式指出我国的民间非营利组织包括社会团体、基金会和民办非企业单位，这就与我国的事业单位区分开来。

（二）非营利组织会计界定

非营利组织会计是以货币为主要计量单位，对非营利组织的经济活动和会计事项进行记录、核算、反映和监督的一种专门方法和专门管理活动。

根据政府会计基本准则规定，除了军队、已纳入企业财务管理体系的单位和执行《民间非营利组织会计制度》的社会团体不适用基本准则外，事业单位会计也纳入政府会计体系。《政府会计制度——行政事业单位会计科目和报表》也明确规定适用于各级各类行政单位和事业单位。政府会计制度将行政事业单位统一列为政府单位，适用基本准则和政府会计制度——行政事业单位会计制度。因此，事业单位会计属于政府会计范畴，而不属于非营利组织会计。

由此可见，在我国现行制度下，非营利组织会计主要是指民间非营利组织会计。

二、非营利组织会计体系

我国政府与非营利组织会计由政府会计和非营利组织会计构成。理论上讲，非营利组织会计体系应该包括公立非营利组织会计（事业单位会计）和私立的非营利组织会计（民间非营利组织会计）。

长期以来，在我国，财政总预算会计、行政单位会计和事业单位会计等共同构成预算会计，而民间非营利组织会计则是单独列为一种专业会计。2017 年开始实施的政府会计基本准则明确规定，**政府会计包括财政总预算会计和行政事业单位会计**。根据现行制度规定，事业单位会计纳入政府单位会计范畴，因此，非营利组织会计主要是指民间非营利组织会计。

三、非营利组织会计规范

由于事业单位会计纳入政府会计范围，适用政府会计基本准则、具体准则及其应用指南和政府会计制度。所以，非营利组织会计规范一般是指民间非营利组织会计规范。

非营利组织会计规范包括《会计法》《民间非营利组织会计制度》《会计基础工作规范》和《会计档案管理办法》等法律、行政法规和会计制度。

2005 年 1 月 1 日起实施的《民间非营利组织会计制度》（财会［2004］7 号）总共 8 章 76 条，分别为总则、资产、负债、净资产、收入、费用、财务会计报告、附则等方面，对民间非营利组织在会计处理过程中所遵循的具体原则和方法做了说明。由此可见，民间非营利组织会计采用制度规范，而非准则规范。

第二节 非营利组织会计基本理论

一、会计目标

根据我国特定的社会、政治和经济环境，考虑并借鉴国外有关非营利组织会计目标的研究成果，可以从以下三个方面来研究我国的非营利组织会计目标：向会计信息使用者提供足够的与其决策有用和受托责任的信息。资源提供者是非营利组织财务信息主要使用者。

因此，我国非营利组织会计的目标是向会计信息使用者提供足够的与其决策有用和受托责任的信息，反映非营利组织的财务状况、业务活动情况和现金流量等信息，满足会计信息使用者经济决策和监督管理的需要。

二、非营利组织会计核算前提

（一）会计主体假设

会计核算应当以非营利组织的交易或者事项为对象，记录和反映该组织本身的各项业务活动。民间非营利组织会计主体包括依照国家法律、行政法规登记的社会团体、基金会、民办非企业单位（社会服务机构）和寺院、宫观、清真寺、教堂等。

（二）持续经营假设

会计核算应当以非营利组织的持续经营为前提。

（三）会计分期假设

会计核算应当划分会计期间，分期结算账目和编制财务会计报告。

（四）货币计量假设

会计核算应当以人民币作为记账本位币。业务收支以人民币以外的货币为主的民间非营利组织，可以选定其中一种货币作为记账本位币，但是编制的财务会计报告应当折算为人民币。

三、会计核算基础和计量属性

（一）核算基础

与政府会计核算“双基础”相比，非营利组织会计核算基础比较单一，非营利组织会计核算更趋向于企业会计，以权责发生制为基础。

（二）计量属性

非营利组织会计计量属性主要是实际成本，但有特别规定的，按照特别规定的计量基础进行计量。

四、会计要素

（一）资产

资产，是指过去的交易或者事项形成并由非营利组织拥有或者控制的资源，该资源预期会给非营利组织带来经济利益或者服务潜力。资产应当按其流动性分为流动资产、长期投资、固定资产、无形资产和受托代理资产等。

（二）负债

负债，是指过去的交易或者事项形成的现时义务，履行该义务预期会导致含有经济利益或者服务潜力的资源流出非营利组织。

负债应当按其流动性分为流动负债、长期负债和受托代理负债等。或有事项是指过去的交易或者事项形成的一种状况，其结果须通过未来不确定事项的发生或不发生予以证实。

（三）净资产

非营利组织的净资产，是指资产减去负债后的余额。净资产应当按照其是否受到限制，分为限定性净资产和非限定性净资产等。

如果资产或者资产所产生的经济利益的使用受到资产提供者或者国家有关法律行政法规所设置的时间限制或用途限制，则由此形成的净资产即为限定性净资产；国家有关法律行政法规对净资产的使用直接设置限制的，该受限制的净资产亦为限定性净资产；除此之外的其他净资产，即为非限定性净资产。

（四）收入

收入，是指非营利组织开展业务活动取得的、导致本期净资产增加的经济利益或者服务潜力的流入，收入应当按照其来源分为捐赠收入、会费收入、提供服务收入、政府补助收入、投资收益、商品销售收入等主要业务活动收入和其他收入等。

非营利组织对于各项收入应当按是否存在限定区分为非限定性收入和限定性收入进行核算。

（五）费用

费用，是指非营利组织为开展业务活动所发生的、导致本期净资产减少的经济利益或者服务潜力的流出。费用应当按照其功能分为业务活动成本、管理费用、筹资费用和其他费用等。

五、会计报告及会计报表附注

（一）非营利组织会计报告

财务会计报告，是反映非营利组织财务状况、业务活动情况和现金流量等的书面报告。财务会计报告分为年度财务会计报告和中期财务会计报告。

财务会计报告由会计报表、会计报表附注和财务情况说明书组成。

财务会计报告中的会计报表至少应当包括以下三张报表：资产负债表；业务活动表；现金流量表。

（二）会计报表附注

【思考题】

1. 阐述非营利组织与非营利组织会计。
2. 简述非营利组织会计的基本假设及其具体内容。
3. 简述非营利组织会计的会计信息质量要求。
4. 简述非营利组织会计的确认、计量属性。
5. 简述非营利组织会计要素。

第二十三章
民间非营利组织会计

学习目标

- □ 了解民间非营利组织会计核算的特点
- □ 熟悉民间非营利组织的会计科目体系和内容
- □ 熟悉民间非营利组织三张基本会计报表
- □ 掌握民间非营利组织资产、负债、收入、费用、净资产的具体分类
- □ 掌握文物文化资产、受托代理资产、受托代理负债、捐赠收入、政府补助收入、业务活动成本、非限定性净资产和限定性净资产的账务处理

第一节
民间非营利组织会计概述

一、民间非营利组织会计概念、适用范围

民间非营利组织，是指由民间出资举办的、不以营利为目的，从事教育、科技、文化、卫生、宗教等公益活动的社会服务组织。民间非营利组织主要以精神产品和各种劳务形式向社会提供生产性或生活性服务，其既能弥补政府公共产品的不足，又能避免企业过于趋利的倾向。

民间非营利组织会计是对民间非营利组织的财务收支活动进行确认、计量、记录和报告，并以价值指标客观反映业务活动过程，为其业务管理和其他相关的管理提供信息的活动。

在中华人民共和国境内依法成立的各类民间非营利组织，包括依照国家法律、行政法规登记的社会团体、基金会、民办非企业单位和宗教活动场所等四类。

二、民间非营利组织会计的特点

民营非营利组织会计核算特点主要有：

（1）以权责发生制为会计核算基础。这是民间非营利组织与事业单位等非营利组织在会计核算上最显著的区别。权责发生制的采用有助于民间非营利组织加强资产、负债的管理，从而提高民间非营利组织会计信息质量，增强会计信息的相关性。

（2）在采用历史成本计价的基础上，引入公允价值计量基础。民间非营利组织在坚持以历史成本计量的同时，对于一些特殊的交易事项，如捐赠、政府补助等，采用公允价值计量，实现了对特殊业务活动的准确计量，也丰富了民间非营利组织会计的核算基础。

（3）会计要素设置的特殊性。由于民间非营利组织的资源提供者既不能享有组织的所有权，也不要求取得经济回报，因此，其会计要素不包括所有者权益和利润，而是设置了净资产这一要素；由于采用权责发生制作为会计核算基础，因此民间非营利组织设置了费用要素，而不是使用支出要素。

三、民间非营利组织会计核算的目标

现阶段民间非营利组织的会计目标是，提供满足社会公众、政府部门、捐赠人、会员和服务对象在提供资源给组织时做出合理决策所需要的相关信息，同时兼顾加强对组织外部管理和监督决策的信息，反映组织运营管理当局受托责任的履行情况。

由于民间非营利组织的资金来源主要来自捐赠人的捐赠、会员缴纳的会费、向服务对象收取的服务费等，对象较广，涉及公众较多。因此，民间非营利组织进行会计核算，如实反映财务状况和业务活动成果具有十分重要的意义。

四、民间非营利组织会计要素和会计科目

民间非营利组织的会计要素可分为五大类：即资产、负债、净资产、收入和费用。每一个会计要素都是一个具有特定内涵的会计概念，并且都可以进一步分为若干个项目和具体科目，以适应民间非营利组织管理的需要。

民间非营利组织会计制度规定，将五大会计要素设置为**4 类 48 个会计科目**（见表 23－1）。

表 23－1　　民间非营利组织会计科目

编号	会计科目		编号	会计科目
	一、资产类			二、负债类
1001	1. 现金		2101	24. 短期借款
1002	2. 银行存款		2201	25. 应付票据
1009	3. 其他货币资金		2202	26. 应付账款
1101	4. 短期投资		2203	27. 预收账款

续表

编号	会计科目		编号	会计科目
1102	5. 短期投资跌价准备		2204	28. 应付工资
1111	6. 应收票据		2206	29. 应交税金
1121	7. 应收账款		2209	30. 其他应付款
1122	8. 其他应收款		2301	31. 预提费用
1131	9. 坏账准备		2401	32. 预计负债
1141	10. 预付账款		2501	33. 长期借款
1201	11. 存货		2502	34. 长期应付款
1202	12. 存货跌价准备		2601	35. 受托代理负债
1301	13. 待摊费用			三、净资产类
1401	14. 长期股权投资		3101	36. 非限定性净资产
1402	15. 长期债权投资		3102	37. 限定性净资产
1421	16. 长期投资减值准备			四、收入费用类
1501	17. 固定资产		4101	38. 捐赠收入
1502	18. 累计折旧		4201	39. 会费收入
1505	19. 在建工程		4301	40. 提供服务收入
1506	20. 文物文化资产		4401	41. 政府补助收入
1509	21. 固定资产清理		4501	42. 商品销售收入
1601	22. 无形资产		4601	43. 投资收益
1701	23. 受托代理资产		4901	44. 其他收入
			5101	45. 业务活动成本
			5201	46. 管理费用
			5301	47. 筹资费用
			5401	48. 其他费用

第二节 民间非营利组织资产

一、民间非营利组织资产的概念和管理要求

民间非营利组织的资产，是指过去的交易或者事项所形成的由民间非营利组织拥有或者控制的资源，该资源预期会给民间非营利组织带来经济利益或者服务潜力。资产应当按其流动性分为流动资产、长期投资、固定资产、无形资产、文物文化资产和受托代理资

产等。

流动资产，是指预期可在1年内（含1年）变现或者耗用的资产，主要包括现金、银行存款、短期投资、应收款项、预付账款、存货、待摊费用等。

由于受本书篇幅限制，本节以民间非营利组织中“文物文化资产”和“受托代理资产”等特定资产业务的核算为例进行阐述。其他资产业务可按照《民间非营利组织会计制度》处理。

文物文化资产，是指民间非营利组织用于展览、教育或研究等目的的历史文物、艺术品以及其他具有文化或者历史价值并长期或者永久保存的典藏等。受托代理资产，是指民间非营利组织接受委托方委托从事受托代理业务而收到的资产。

民间非营利组织的受托代理业务与捐赠活动存在本质差异。在受托代理过程中，通常只是从委托方收到受托资产，并按照委托人的意愿将资产转赠给指定的其他组织或者个人，或者按照有关规定将资产转交给指定的其他组织或者个人。民间非营利组织只是在委托代理过程中起中介作用，无权改变受托代理资产的用途或者变更受益人。

民间非营利组织的资产在取得时应当按照实际成本计量。但特殊的资产应当按照公允价值计量。在采用公允价值的情况下，如果有确凿的证据表明资产的公允价值确实无法可靠计量，则民间非营利组织应当设置辅助账，单独登记所取得资产的名称、数量、来源、用途等情况，并在会计报表附注中作相关披露。

二、资产的核算

（一）文物文化资产的核算

1. 科目设置。民间非营利组织设置“文物文化资产”科目，核算文物文化资产的增减变动情况，借方登记盘盈以及取得的文物文化资产的实际成本，贷方登记盘亏以及处置文物文化资产的账面余额，期末余额在借方，反映民间非营利组织期末文物文化资产的价值。民间非营利组织应当设置文物文化资产登记簿和文物文化资产卡片，按文物文化资产类别等设置明细账，进行明细核算。

2. 核算实务。

业务1：文物文化资产在取得时，应当按取得的实际成本，借记本科目，贷记“银行存款”“应付账款”等科目。

业务2：接受捐赠的文物文化资产，按照所评估确定的成本，借记本科目，贷记“捐赠收入”科目。

业务3：出售文物文化资产，毁损或者以其他方式处置文物文化资产时，按所处置的文物文化资产的账面余额，借记“固定资产清理”科目，贷记本科目。

业务4：对盘盈、盘亏的文物文化资产，应当及时查明原因，并进行账务处理。对盘盈的文物文化资产按其公允价值，借记本科目，贷记“其他收入”科目；对盘亏的文物文化资产，按照文物文化资产账面余额扣除可以收回的保险赔偿和过失人赔偿后的余额，借记“管理费用”科目，按照可以收回的保险赔偿和过失人赔偿等，借记“现金”“银行存款”“其他应收款”科目，按照文物文化资产账面余额，贷记本科目。

【例23-1】某民办艺术展览馆向民间购进一套明代黄花梨木家具，购买价72万元，发生运输费 1750 元，装卸费 800 元，所有款项均已通过银行支付。

借：文物文化资产　　722 550

　　贷：银行存款　　722 550

【例 23－2】某民办博物馆收到某收藏家捐赠的中国古画一幅，经评估该画作的公允价值为 56 万元，捐赠人没有对该画作提出明确限制条件。

借：文物文化资产　　560 000

　　贷：捐赠收入　　560 000

【例 23－3】某民间非营利组织决定对因台风导致毁损的一批文物予以处置。该文物文化资产的账面余额为 9.4 万元。

借：固定资产清理　　94 000

　　贷：文物文化资产　　94 000

【例 23－4】某民办博物馆在对文物文化资产进行盘点时，发现丢失明代瓷器一套，价值 35 万元，经确认，属于管理人员失职造成。该文物文化资产已购买了保险，收到保险公司理赔款 30 万元，管理人员因过失应赔偿 2 万元。

借：银行存款　　300 000

　　管理费用　　30 000

　　其他应收款——× ×　　20 000

　　贷：文物文化资产　　350 000

（二）受托代理资产的核算

民间非营利组织因从事受托代理业务而获得受托代理资产时，并不会增加民间非营利组织的净资产，因此不应当确认收入。在确认受托代理资产的同时应当按其金额确认相应的受托代理负债。

1. 科目设置。民间非营利组织设置“受托代理资产”科目，核算民间非营利组织受托代理资产业务，借方登记确认收到受托代理资产的金额，贷方登记转出或转赠受托代理资产的金额，期末余额在借方，反映民间非营利组织期末尚未转出的受托代理资产价值。民间非营利组织应当设置受托代理资产登记簿，并根据具体情况设置明细账，进行明细核算。

2. 核算实务。

业务 1：收到受托代理资产时，按照应确认的入账金额，借记本科目，贷记“受托代理负债”科目。

业务 2：转出或转赠受托代理资产，按照转出或转赠受托代理资产的账面金额，借记“受托代理负债”科目，贷记本科目。

业务 3：收到的受托代理资产如为现金、银行存款或其他货币资金，借记“现金——受托代理资产”“银行存款——受托代理资产”“其他货币资金——受托代理资产”科目，贷记“受托代理负债”科目。

业务 4：转出或转赠上述受托代理资产时，借记“受托代理负债”科目，贷记“现金——受托代理资产”、“银行存款——受托代理资产”、“其他货币资金——受托代理资产”科目。

【例 23－5】某基金会接受某社会企业的委托，收到通过该企业定向捐献的物资一批，该物资的公允价值为 20 万元。

借：受托代理资产　　200 000

　　贷：受托代理负债　　200 000

【例 23－6】将上述收到的受托代理物资，按照委托方的要求，捐献给地震灾区。

借：受托代理负债　　200 000

　　贷：受托代理资产　　200 000

第三节

民间非营利组织负债

一、民间非营利组织负债的概念和管理要求

民间非营利组织的负债，是指过去的交易或者事项形成的现时义务，履行该义务预期会导致含有经济利益或者服务潜力的资源流出民间非营利组织。负债应当按其流动性分为流动负债、长期负债和受托代理负债等。

流动负债，是指将在 1 年内（含 1 年）偿还的负债，包括短期借款、应付款项、应付工资、应交税金、预收账款、预提费用和预计负债等。

长期负债，是指偿还期限在 1 年以上（不含 1 年）的负债，包括长期借款、长期应付款和其他长期负债。

民间非营利组织的各项流动负债、长期负债都应当按照实际发生额确认与计量。由于受本书篇幅限制，本节主要以受托代理负债业务为例加以阐述。其他负债业务可按照《民间非营利组织会计制度》处理。

受托代理负债，是指民间非营利组织因从事受托代理业务、接受委托代理资产而产生的负债。受托代理负债应当按照相对应的受托代理资产的金额予以确认和计量。

二、民间非营利组织受托代理负债的核算

1. 科目设置。民间非营利组织设置“受托代理负债”科目，核算民间非营利组织受托代理负债业务收、转、余等情况。其贷方登记收到受托代理资产的金额，借方登记转赠或者转出受托代理资产的金额，期末余额在贷方，反映民间非营利组织尚未清偿的受托代理负债。该科目应当按照指定的受赠组织或个人，或者指定的应转交的组织或个人设置明细账，进行明细核算。

2. 核算实务。

业务 1：收到受托代理资产时，按照应确认的入账金额，借记“受托代理资产”科目，贷记本科目。

业务2：转出或转赠受托代理资产，按照转出或转赠受托代理资产的账面金额，借记本科目，贷记“受托代理资产”科目。

业务3：转出或转赠现金、银行存款等受托代理资产时，借记本科目，贷记“现金——受托代理资产”“银行存款——受托代理资产”“其他货币资金——受托代理资产”科目。

【例23－7】市红十字会接受市民政局的委托，为其代理捐赠业务，收到A单位捐献款200万元。

借：银行存款——受托代理资产　　2 000 000

　　贷：受托代理负债　　2 000 000

【例23－8】承上例，按照委托方的意愿，市红十字会将这笔款项捐给因洪水受灾的某乡镇。

借：受托代理负债　　2 000 000

　　贷：银行存款——受托代理资产　　2 000 000

第四节 民间非营利组织收入

一、民间非营利组织收入的概念和具体分类

民间非营利组织的收入，是指开展业务活动取得的、导致本期净资产增加的经济利益或者服务潜力的流入。该收入具有来源渠道多和使用可能受到限制等显著特点。民间非营利组织收入依据标准的不同，有多种分类。

（一）按收入的来源进行分类

（1）捐赠收入，是指民间非营利组织接受其他单位或者个人捐赠所取得的收入，是民间非营利组织最重要的收入。

（2）会费收入，是指民间非营利组织根据章程等规定向会员收取的会费。

（3）提供服务收入，是指民间非营利组织根据章程等规定向其服务对象提供服务取得的收入，包括学费收入、医疗费收入、培训收入等。

（4）政府补助收入，是指民间非营利组织接受政府拨款或者政府机构给予的补助而取得的收入。

（5）商品销售收入，是指民间非营利组织销售商品（如出版物、药品等）等所形成的收入。

（6）投资收益，是指民间非营利组织因对外投资取得的投资净收益。

（7）其他收入，是指民间非营利组织除上述主要业务收入以外的其他收入，如确实无法支付的应付款项、存货盘盈、固定资产盘盈、固定资产处置净收入、无形资产处置净

收入等。

（二）按照收入的使用是否存在限制分类

（1）限定性收入，是指组织取得的资金使用受到资金提供者所附条件的限制的收入。其中，资金提供者附加的限制包括：时间限制，用途限制，或两者兼而有之。

（2）非限定性收入，是指组织取得的资金使用不受资金提供者所附条件限制和制约的收入。

民间非营利组织的会费收入、提供服务收入、商品销售收入和投资收益等一般为非限定性收入，除非相关资产提供者对资产的使用设置了限制。民间非营利组织的捐赠收入和政府补助收入，应当视相关资产提供者对资产的使用是否设置了限制，分别按限定性收入和非限定性收入进行核算。

（三）按照收入与其主要业务活动的主次关系进行分类

（1）主要业务收入，是指由民间非营利组织开展基本业务活动所取得的收入。

（2）其他收入，是指民间非营利组织开展除主要业务活动以外的其他业务活动所取得的收入。

（四）按照收入等价交换原则（或按照收入的性质）进行分类

（1）交换交易收入，是指按照等价交换原则所取得的收入。即当某一主体取得资产、获得服务或者解除债务时，需要向交易对方支付等值或者大致等值的现金，或者提供等值或者大致等值的货物、服务等的交易。如按照等价交换原则销售商品、提供劳务，因让渡资产使用权而发生的收入等均属于交换交易。

（2）非交换交易收入，是指不是按照等价交换原则而是无偿取得的收入。捐赠、政府补助等均属于非交换交易。

二、民间非营利组织收入的核算

（一）捐赠收入

这里的捐赠是指捐赠人自愿地将现金或其他资产无偿地转让给受赠人，或无偿地清偿或取消受赠人的负债。捐赠收入可分为限定性捐赠收入和非限定性捐赠收入。限定性捐赠收入的限制条件在确认收入时一旦解除，即可转换为非限定性捐赠收入。民间非营利组织的董事会或管理层对所接受捐赠的资产施加的限制条件不构成限制性捐赠收入。

1. 科目设置。民间非营利组织设置“捐赠收入”科目，核算民间非营利组织接受捐赠所取得的收入，贷方登记接受捐赠以及限定性捐赠收入转为非限定性捐赠收入的实际发生额，借方登记期末转入净资产的金额；会计期末，应将该科目中“非限定性收入”明细科目当期贷方发生额转入“非限定性净资产”科目，将该科目中“限定性收入”明细科目当期贷方发生额转入“限定性净资产”科目。期末结转后，本科目应无余额。

2. 核算实务。

业务1：接受捐赠时，按照应确认的金额，借记“现金”“银行存款”“存货”等科目，贷记本科目“限定性收入”或“非限定性收入”明细科目。

业务2：对于接受的附加条件捐赠，如果存在需要偿还全部或部分捐赠资产或相应金额的现时义务时，按照需要偿还的金额，借记“管理费用”科目，贷记“其他应付款”

等科目。

业务3：如果限定性捐赠收入的限制在确认收入的当期得以解除，应当将其转为非限定性捐赠收入，借记本科目“限定性收入”明细科目，贷记本科目“非限定性收入”明细科目。

业务4：会计期末，应将本科目各明细科目的余额分别转入限定性净资产和非限定性净资产。借记本科目“限定性收入”明细科目，贷记“限定性净资产”科目；借记本科目“非限定性收入”明细科目，贷记“非限定性净资产”科目。

【例23-9】某企业联合会收到某公司捐赠款50万元，款项已存入银行，捐赠人未对该捐赠款的使用提出明确的限定条件。

借：银行存款　　500 000

　　贷：捐赠收入——非限定性收入　　500 000

【例23-10】某民间非营利组织在确认捐赠收入的当期按照捐赠人提出的指定要求，将其捐赠的款项购买一辆卡车，用于慈善活动。共计22万元，款项已通过银行支付。

借：固定资产　　220 000

　　贷：银行存款　　220 000

同时，

借：捐赠收入——限定性收入　　220 000

　　贷：捐赠收入——非限定性收入　　220 000

【例23-11】某汉语言文化传播机构接受某集团捐赠款800万元，根据协议规定，该笔款项只能用于资助海外孔子学院的设立，并且使用年限为4年，余额应退还。该机构根据规划，预计在规定期间内可能使用的款项为790万元。款项已存入银行。

借：银行存款　　8 000 000

　　贷：捐赠收入——限定性收入　　8 000 000

同时：

借：管理费用　　100 000

　　贷：其他应付款　　100 000

【例23-12】宋庆龄基金会发生了如下经济业务：

（1）8日，宋庆龄基金会与东方航空公司签订了一份捐赠协议。协议规定，东方航空公司将向该基金会捐赠120万元，其中115万元用于汶川地震灾区中学的校舍修缮；5万元用于此次捐赠活动的管理，款项将在协议签订后的5日内汇至该基金会银行账户。

（2）13日，根据此协议，该基金会收到了东方航空公司捐赠的款项120万元。

（3）18日，该基金会将115万元转赠给汶川地震灾区中学，并发生了3.8万元的管理费用。

（4）30日，该基金会与东方航空公司签订了一份补充协议，协议规定，此次捐赠活动结余款项由该基金会自由支配。

根据上述业务，该基金会应进行相应的会计处理如下：

（1）8日签订捐赠协议时属于捐赠承诺，无须进行账务处理。

（2）13日收到捐赠款项时：

借：银行存款　　1 200 000
　　贷：捐赠收入——限定性收入　　1 200 000

（3）18 日发生业务活动成本：

借：业务活动成本——捐赠款　　1 150 000
　　管理费用　　38 000
　　贷：银行存款　　1 188 000

（4）30 日解除限制时：

借：捐赠收入——限定性收入　　12 000
　　贷：捐赠收入——非限定性收入　　12 000

【例 23－13】某民间非营利组织“捐赠收入”科目的账面余额为 32 万元，其中，“限定性收入”明细科目的账面余额为 22 万元，“非限定性收入”明细科目的账面余额为 10 万元。将上述“捐赠收入”科目各明细科目的余额分别转入限定性净资产和非限定性净资产。

借：捐赠收入——限定性收入　　220 000
　　贷：限定性净资产　　220 000
借：捐赠收入——非限定性收入　　100 000
　　贷：非限定性净资产　　100 000

（二）会费收入

一般情况下，民间非营利组织的会费收入为非限定性收入，除非相关资产提供者对资产的使用设置了限制。

1. 科目设置。民间非营利组织设置“会费收入”科目，核算会费收入业务，该科目贷方登记当期会费收入的实际发生额，借方登记期末结转的金额，即将“会费收入——非限定性收入”明细科目当期贷方发生额转入“非限定性净资产”科目，将“会费收入——限定性收入”明细科目当期贷方发生额转入“限定性净资产”科目。期末结转后该科目应无余额。该科目应按照会费种类（如团体会费、个人会费等）设置明细账，进行明细核算。

2. 核算实务。

业务 1：向会员收取会费，在满足收入确认条件时，借记“现金”“银行存款”“应收账款”等科目，贷记本科目“非限定性收入”明细科目，如果存在限定性会费收入，应当贷记本科目“限定性收入”明细科目。

业务 2：期末，将本科目的余额转入非限定性净资产，借记本科目“非限定性收入”明细科目，贷记“非限定性净资产”科目。如果存在限定性会费收入时，将其当期贷方发生额转入限定性净资产，借记本科目“限定性收入”明细科目，贷记“限定性净资产”科目。

【例 24－14】某市会计学会收到会员以个人名义通过邮局汇款支付的会费 1 800 元。

借：现金　　1 800
　　贷：会费收入——非限定性收入——个人会费　　1 800

【例 23－15】某社会团体当日收到一会员单位交来的团体会费 8 200 元，款项已存入银行。

借：银行存款　　8 200

　　贷：会费收入——非限定性收入——团体收入　　8 200

【例 23－16】按照某社会团体会员代表大会通过的会费收缴办法的规定，该社会团体的个人会员应当每年缴纳 600 元会费，每年度会费应当在当年度 1 月 1 日至 12 月 31 日缴纳。假设 20×8 年 1 月 1 日，该社会团体收到某个人通过邮局汇款支付的会费 2 400 元，该个人说明此款项是从 20×8 年起四个年度的会费。

借：现金　　2 400

　　贷：预收账款　　1 800

　　　　会费收入——非限定性收入——个人会费　　600

【例 23－17】年终，某社会团体"会费收入"科目的账面贷方余额为 46 万元，且其会费收入均属于非限定性收入。将"会费收入——非限定性收入"科目的余额转入非限定性净资产。该社会团体应编制会计分录如下：

借：会费收入——非限定性收入　　460 000

　　贷：非限定性净资产　　460 000

（三）政府补助收入

1. 科目设置。民间非营利组织设置"政府补助收入"科目，核算政府补助收入业务，贷方登记当期政府补助收入的实际发生额，借方登记期末结转的金额，即在会计期末，转入净资产的金额；期末结转后，该科目应无余额。该科目应当视政府对补助的使用是否设置了限制，分别设置限定性政府补助收入和非限定性政府补助收入明细科目，进行明细核算。

2. 核算实务。

业务 1：接受政府补助时，按照应确认的金额，借记"现金""银行存款"等科目，贷记本科目"限定性收入"或"非限定性收入"明细科目。

业务 2：对于接受的附有条件政府补助，如果存在需要偿还全部或部分政府补助资产或相应金额的现时义务时，按照需要偿还的金额，借记"管理费用"科目，贷记"其他应付款"等科目。

业务 3：如果限定性政府补助收入的限制在确认收入的当期得以解除，应当将其转为非限定性政府补助收入，借记本科目"限定性收入"明细科目，贷记本科目"非限定性收入"明细科目。

业务 4：期末，应将本科目各明细科目的余额分别转入限定性净资产和非限定性净资产。借记本科目"限定性收入"明细科目，贷记"限定性净资产"科目；借记本科目"非限定性收入"明细科目，贷记"非限定性净资产"科目。

【例 23－18】某民间非营利组织收到政府部门的拨款 20 万元，用于资助其进行的某项科学研究，款项已转入该组织银行账户，研究成果归政府决策部门所有。

借：银行存款　　200 000

　　贷：政府补助收入——限定性收入　　200 000

【例 23－19】某市社会科学联合会收到政府补助 15 万元，用于奖励在科研中取得优异成绩的科研人员，并附条件如果没有达到规定的奖励条件，要退回补助的20%。款项已存入银行。

（1）收到政府补助款时：

借：银行存款　　150 000

　　贷：政府补助收入——限定性收入　　150 000

（2）未达标，退回相应补助款时：

借：管理费用　　30 000

　　贷：其他应付款　　30 000

【例 23-20】 某律师学会月初收到一笔政府拨款 10 万元，现在已达到政府解除限制的时间，并且可以动用。

借：政府补助收入——限定性收入　　100 000

　　贷：政府补助收入——非限定性收入　　100 000

【例 23-21】 期末，某民间非营利组织政府补助收入科目的账面贷方余额为 32 万元，其中，限定性收入明细科目的账面余额为 21 万元，非限定性收入明细科目的账面余额为 11 万元。

借：政府补助收入——限定性收入　　210 000

　　贷：限定性净资产　　210 000

同时：

借：政府补助收入——非限定性收入　　110 000

　　贷：非限定性净资产　　110 000

（四）商品销售收入

一般情况下，民间非营利组织的商品销售收入为非限定性收入，除非相关资产提供者对资产的使用设置了限制。民间非营利组织应当在满足规定的收入确认条件时确认商品销售收入。

1. 科目设置。民间非营利组织设置“商品销售收入”科目，核算民间非营利组织因销售商品所取得的收入，贷方登记当期商品销售收入的实际发生额，借方登记期末结转净资产的金额。期末结转后，本科目应无余额。该科目应当按照商品的种类设置明细账，进行明细核算。

2. 核算实务。

业务 1：销售商品收入时，按照实际收到、预收或应当收取的价款，借记“现金”“银行存款”“应收账款”“预收账款”等科目，贷记本科目“限定性收入”或“非限定性收入”明细科目。

业务 2：已确认收入的销售商品退回，按照应当冲减的商品销售收入，借记本科目“限定性收入”或“非限定性收入”明细科目，贷记“现金”“银行存款”“应收账款”“预收账款”等科目。按照退回商品的成本，借记“存货”科目，贷记“非限定性净资产”科目。

业务 3：调整报告期间会计报表的相关项目，按照应当冲减的商品销售收入，借记“非限定性净资产”科目，按照已收或应收的金额，贷记“银行存款”“应收账款”“应收票据”等科目。按照退回商品的成本，借记“存货”科目，贷记“非限定性净资产”科目。

业务4：期末，将本科目的余额转入非限定性净资产，借记本科目，贷记“非限定性净资产”科目。如果存在限定性商品销售收入，则将其金额转入限定性净资产，借记本科目，贷记“限定性净资产”科目。

【例23－22】某红十字会下属的医疗所销售药品一批，发票注明该药品价款12万元。货物已发出，款项尚未收到，该药品的成本为6.7万元，民间非营利组织应编制会计分录如下：

借：应收账款　　120 000
　　贷：商品销售收入——非限定性收入　　120 000

同时：

借：业务活动成本　　67 000
　　贷：存货　　67 000

【例23－23】某民间非营利科技开发组织收到上月销售的商品，因质量不合格而发生的退货，货款为8万元，相应商品成本为3万元，款项以银行存款支付。

借：商品销售收入——非限定性收入　　80 000
　　贷：银行存款　　80 000

同时：

借：存货——库存商品　　30 000
　　贷：业务活动成本　　30 000

【例23－24】某民间非营利医疗组织发生如下经济业务：

（1）1日赊销一批药品，售价35万元，付款条件为3/10，2/20，n/30。（2）8日收到全部货款，货款已存入银行。

（1）发出商品确认收入时：

借：应收账款　　350 000
　　贷：商品销售收入　　350 000

（2）收到全部货款时：

借：银行存款　　348 950
　　筹资费用　　1 050
　　贷：应收账款　　350 000

【例23－25】民间非营利组织20×8年12月5日销售商品一批，售价28万元，款项已经存入银行，该商品成本为19万元。该批商品于20×9年2月2日因质量问题退货。该组织20×8年年度财务报告批准报出日为4月20日。

（1）冲减上年收入：

借：非限定性净资产　　280 000
　　贷：银行存款　　280 000

（2）转回上年成本：

借：存货　　190 000

贷：非限定性净资产　　190 000

【例 23－26】年终，某民间非营利组织将商品销售收入中的贷方余额 33 万元转入净资产。

借：商品销售收入——非限定性收入　　330 000

　贷：非限定性净资产　　330 000

（五）提供服务收入

一般情况下，民间非营利组织提供的服务收入为非限定性收入，除非相关资产提供者对资产的使用设置了限制。提供服务收入属于交换交易收入。

对于在同一会计年度内开始并完成的劳务，应当在完成劳务时确认收入；对于劳务的开始和完成分属不同的会计年度，可以按完工进度或完成的工作量确认收入。

1. 科目设置。民间非营利组织设置“提供服务收入”科目，核算提供服务收入业务，贷方登记当期提供服务收入的实际发生额，借方登记年终将该科目转入净资产的金额，期末结转后，本科目应无余额。该科目应当按照提供服务的种类设置明细账，进行明细核算。

2. 核算实务。

业务 1：提供服务既得收入时，按照实际收到、预收或应当收取的价款，借记“现金”“银行存款”“应收账款”“预收账款”等科目，贷记本科目。

业务 2：在以后期间确认提供服务收入时，借记“预收账款”科目，贷记本科目“非限定性收入”明细科目，如果存在限定性提供服务收入，贷记本科目“限定性收入”明细科目。

业务 3：年终将本科目的余额转入非限定净资产，借记本科目“非限定性收入”明细科目，贷记“非限定性净资产”科目。

业务 4：如果存在限定性提供服务收入，则将其金额转入限定性净资产，借记本科目“限定性收入”明细科目，贷记“限定性净资产”科目。

【例 23－27】某医师协会为一家甲级医院完成了培训服务，培训费共计 9 万元，该会提前向医院预收了 6 万元培训费，服务完成时，剩余款项已转账存入银行。该业务应编制会计分录如下：

借：银行存款　　30 000

　　预收账款　　60 000

　贷：提供服务收入——非限定性收入——培训费收入　　90 000

【例 23－28】某民间非营利组织年末尚未完成向服务对象提供的服务，根据已完成工作量，可以确定已经完成进度的 70%，该组织曾向服务对象预收了全部服务费用共 2.4 万元。

借：预收账款　　16 800

　贷：提供服务收入——非限定性收入　　16 800

【例 23－29】年末结账，某民间非营利组织将“提供服务收入——非限定性收入”科目贷方余额 28.5 万元转为非限定性净资产。

借：提供服务收入——非限定性收入　　285 000

贷：非限定性净资产　　285 000

（六）投资收益

投资收益属于交换交易收入。一般情况下，民间非营利组织的投资收益为非限定性收入，除非相关资产提供者对资产的使用设置了限制。投资收益包括：债权投资的利息收益，如国库券利息、债券利息等；股权投资的股利收入。

1. 科目设置。民间非营利组织设置“投资收益”科目，核算投资收益业务，科目的贷方登记当期投资净损益的实际发生额，借方登记期末转入净资产的金额，期末结转后，本科目应无余额。

2. 核算实务。

业务1：短期股票投资转让收取投资损益时，按照投资净损益，借记“银行存款”等科目，贷记“短期投资”、本科目。

业务2：采用权益法核算长期股权投资，在会计期末计算出被投资单位当年实现的投资净损益时，借记“长期股权投资”科目，贷记本科目。

业务3：处置长期股权投资，计算出尚未领取的现金股利，借记“银行存款”“长期投资减值准备”等科目，贷记“长期股权投资”、本科目。

业务4：期末转入净资产，借记本科目，贷记“非限定性净资产”科目。

【例23－30】某民间非营利组织将购入成本为12万元的短期股票投资进行转让，收取价款11.5万元，存入银行。

借：银行存款　　115 000

　　投资收益　　5 000

　　贷：短期投资　　120 000

【例23－31】期末，某民间非营利组织将“投资收益”科目的贷方余额6.78万元转入非限定性净资产。

借：投资收益　　67 800

　　贷：非限定性净资产　　67 800

【例23－32】某民间非营利组织采用权益法核算长期股权投资，在会计期末分得被投资单位当年实现的净利润的5%，共计3.2万元现金股利。

借：长期股权投资　　32 000

　　贷：投资收益　　32 000

【例23－33】某民间非营利组织处置长期股权投资，实际取得的价款为39万元，已存入银行，长期股权投资的账面余额为35万元，原已计提的减值准备为1.2万元，尚未领取的现金股利为8 000元。

借：银行存款　　390 000

　　长期投资减值准备　　12 000

　　贷：长期股权投资　　350 000

　　　　其他应收款　　8 000

　　　　投资收益　　44 000

（七）其他收入

一般情况下，民间非营利组织的其他收入为非限定性收入，除非相关资产提供者对资产的使用设置了限制。

1. 科目设置。民间非营利组织设置“其他收入”科目，核算其他收入，贷方登记取得的各种其他收入金额，借方登记期末转入净资产的金额，期末结转后，本科目应无余额。该科目下应设限定性收入和非限定性收入明细科目。同时，还应当根据其他收入的具体种类设置明细科目，进行明细分类核算。

2. 核算实务。

业务1：现金、存货、固定资产等盘盈时，报经批准后，借记“现金”“存货”“固定资产”等科目，贷记本科目“非限定性收入”明细科目，如果存在限定性收入，应当贷记本科目“限定性收入”明细科目。

业务2：取得处置固定资产净收入时，借记“固定资产清理”科目，贷记本科目“非限定性收入”明细科目。

业务3：确认无法支付的应付账款，借记“应付账款”科目，贷记本科目“非限定性收入”明细科目。

业务4：期末，将本科目的余额转入非限定性净资产，借记本科目，贷记“非限定性净资产”科目；如果存在限定性商品销售收入，则将其金额转入限定性净资产，借记本科目，贷记“限定性净资产”科目。

【例23－34】某民间非营利组织处置一项固定资产，该资产原值40万元，累计折旧10万元，出售收入36万元，已存入银行。

借：固定资产清理	300 000	
累计折旧	100 000	
贷：固定资产		400 000
借：银行存款	360 000	
贷：固定资产清理		360 000
借：固定资产清理	60 000	
贷：其他收入——非限定性收入——固定资产处置净收入		60 000

【例23－35】某民间非营利组织以前购入3万元商品，因债权人破产，无法支付。

借：应付账款	30 000	
贷：其他收入——非限定性收入		30 000

【例23－36】期末，某民间非营利组织将其他收入科目的账面余额6.8万元转入非限定性净资产。

借：其他收入	68 000	
贷：非限定性净资产		68 000

第五节 民间非营利组织费用

一、民间非营利组织费用的概念和管理要求

民间非营利组织费用，是指为开展业务活动所发生的、导致本期净资产减少的经济利益或者服务潜力的流出，包括业务活动成本、管理费用、筹资费用和其他费用等。其中，业务活动成本是指民间非营利组织为了实现其业务活动目标，开展其项目活动或者提供服务所发生的费用。

民间非营利组织在业务活动中发生的各项费用，应当在实际发生时按照其实际发生额计入当期费用。如果民间非营利组织的某些费用是属于业务活动、管理活动和筹资活动等共同发生的，不能直接归属于某一类活动，应当将这些费用按照合理的方法在各项活动中进行分配。

二、民间非营利组织费用的核算

（一）业务活动成本

业务活动成本是按照项目、服务或业务种类等进行归集的费用。

1. 科目设置。民间非营利组织设置“业务活动成本”科目，核算为实现其业务活动目标、开展其项目活动或者提供服务所发生的费用，借方登记当期业务活动成本的实际发生额，贷方登记期末转入净资产的金额，期末结转后该科目应无余额。

各民间非营利组织应当根据本单位业务活动开展的实际情况，在“业务活动成本”项目下设置明细项目，通常在“业务活动成本”科目下设置“销售商品成本”“提供服务成本”“会员服务成本”“捐赠项目成本”“业务活动税金及附加”“业务活动费”等明细科目。如果民间非营利组织从事的项目、提供的服务或者开展的业务比较单一，可以将相关费用全部归集在“业务活动成本”项目下进行核算和列报。

2. 核算实务。

业务1：发生的业务活动成本，借记本科目，贷记“现金”“银行存款”“存货”“应付工资”等科目。

业务2：期末，将本科目的余额转入非限定性净资产，借记“非限定性净资产”科目，贷记本科目。

【例23－37】某民间非营利组织将接受捐赠的救灾物资按照捐赠人的意愿，捐赠给一所小学，该物资的公允价值为21万元。

借：业务活动成本——商品销售成本　　210 000
　　贷：存货　　210 000

同时：

借：捐赠收入——限定性收入　　210 000

　　贷：捐赠收入——非限定性收入　　210 000

【例 23 - 38】某民间非营利组织计算应计入业务活动成本的人员工资为 1.3 万元。

借：业务活动成本　　13 000

　　贷：应付工资　　13 000

【例 23 - 39】某民间非营利组织按月计提某工程业务活动适用的固定资产折旧，共计 2.25 万元。

借：业务活动成本　　22 500

　　贷：累计折旧　　22 500

【例 23 - 40】宋庆龄基金会于 20×9 年 1 月，按照捐赠人的要求将 20×8 年收到的一笔金额为 10 万元的款项，用于购买一批图书。20×9 年 2 月将该批图书赠送给希望小学的学生。

（1）购买时：

借：存货　　100 000

　　贷：银行存款　　100 000

同时：

借：限定性净资产　　100 000

　　贷：非限定性净资产　　100 000

（2）捐赠书籍时：

借：业务活动成本　　100 000

　　贷：存货　　100 000

【例 23 - 41】某民间非营利组织年终结账，将"业务活动成本"科目的借方余额 34 万元转入非限定性净资产。

借：非限定性净资产　　340 000

　　贷：业务活动成本　　340 000

（二）管理费用

民间非营利组织发生的管理费用，应当在发生时按其发生额计入当期费用。

1. 科目设置。民间非营利组织设置"管理费用"科目，核算管理费用的发生和结转情况，本科目的借方登记发生的各项管理费用，贷方登记期末转入当期损益的管理费用，结转后该科目期末应无余额。本科目应当按照管理费用的种类设置明细账，进行明细核算。

2. 核算实务。

业务 1：现金、存货、固定资产等盘亏，经批准后，按照相关资产账面价值扣除可以收回的保险赔偿和过失人的赔偿后的金额，借记本科目，按照可以收回的保险赔偿和过失人赔偿等金额，贷记"现金""银行存款""其他应收款"等科目，按照已经提取的累计折旧，借记"累计折旧"科目，按照相关资产的账面余额，贷记相关资产科目。

业务 2：对于因提取资产减值准备而确认的资产减值损失，借记本科目，贷记"存货跌价准备”等科目。

业务3：提取管理用固定资产折旧、无形资产摊销时，借记本科目，贷记“累计折旧”“无形资产”等科目。

业务4：发生管理费用的应付工资、应交税金和其他管理费用时，借记本科目，贷记“应付工资”“应交税金”“现金”和“银行存款”等科目。

业务5：对于确认预计负债而确认的损失，借记本科目，贷记“预计负债”科目。

业务6：期末，将本科目的余额转入非限定性净资产时，借记“非限定性净资产”科目，贷记本科目。

【例23－42】某民间非营利组织计算应支付给员工的当月工资总额为9.8万元，其中行政管理部门人员工资为2.3万元，项目研究人员工资为7.5万元。

借：管理费用　　23 000
　　业务活动成本　　75 000
　　贷：应付工资　　98 000

【例23－43】某基金会开展担保业务，如果被担保方无力偿付，则很可能要负担23万元的赔偿。

借：管理费用　　230 000
　　贷：预计负债　　230 000

【例23－44】期末，某民间非营利组织在对存货进行减值测试时发现一批存货已经减值，这批存货账面价值为18万元，当日可变现净值为16.3万元。

借：管理费用——存货跌价准备　　17 000
　　贷：存货跌价准备　　17 000

【例23－45】期末，民间非营利组织将“管理费用”科目的借方余额19万元转入非限定性净资产。

借：非限定性净资产　　190 000
　　贷：管理费用　　190 000

（三）筹资费用

民间非营利组织发生的筹资费用，应当在发生时按其发生额计入当期费用。

1. 科目设置。民间非营利组织设置“筹资费用”科目，核算筹资费用的发生和结转情况，借方登记当期实际发生的筹资费用的金额，贷方登记转入净资产的金额；期末结转后该科目应无余额。本科目应按费用项目设置明细账，进行明细核算。

2. 核算实务。

业务1：发生筹资费用时，借记本科目，贷记“预提费用”“银行存款”“长期借款”等科目。

业务2：发生应冲减筹资费用的利息收入、汇兑收益，借记“银行存款”“长期借款”等科目，贷记本科目。

业务3：期末，将本科目的余额转入非限定性净资产时，借记“非限定性净资产”科目，贷记本科目。

【例23－46】某慈善机构12月发生了一笔为取得捐赠收入的费用8 000元，以银行存款支付。

借：筹资费用　　8 000

　　贷：银行存款　　8 000

【例 23 - 47】某基金会计提当月的利息费用 3 200 元。

借：筹资费用　　3 200

　　贷：预提费用　　3 200

【例 23 - 48】期末，将某民间非营利组织筹资费用科目账面余额 21 万元转入非限定性净资产。

借：非限定性净资产　　210 000

　　贷：筹资费用　　210 000

（四）其他费用

1. 科目设置。民间非营利组织设置“其他费用”科目，核算发生的、无法归属到其他费用的各项支出，借方登记当期其他费用的实际发生额，贷方登记转入非限定性净资产的数额，期末结转后该科目应无余额。

民间非营利组织对发生的其他费用，应当在发生时按其发生额计入当期费用。

2. 核算实务。

业务 1：发生固定资产处置净损失，借记本科目，贷记“固定资产清理”科目。

业务 2：发生无形资产处置净损失，按照实际取得的价款，借记“银行存款”等科目，按照该项无形资产的账面余额，贷记“无形资产”科目，按照其差额，借记本科目。

业务 3：期末，将本科目的余额转入非限定性净资产时，借记“非限定性净资产”科目，贷记本科目。

【例 23 - 49】某民间非营利组织处置了一项固定资产，该固定资产原价为 20.5 万元，已计提折旧 18.4 万元，取得处置收入现金 1 000 元，发生处置支出现金 600 元。

借：固定资产清理　　21 000

　　累计折旧　　184 000

　　贷：固定资产　　205 000

借：现金　　1 000

　　贷：固定资产清理　　1 000

借：固定资产清理　　600

　　贷：现金　　600

借：其他费用　　20 600

　　贷：固定资产清理　　20 600

【例 23 - 50】某民间非营利组织处置一项无形资产，实际取得的价款为 4 100 元，款项已存入银行，该项无形资产的账面余额为 5 200 元。

借：银行存款　　4 100

　　其他费用　　1 100

　　贷：无形资产　　5 200

【例 23 - 51】期末，某民间非营利组织将“其他费用”科目借方账面余额 12 万元转入非限定性净资产。

借：非限定性净资产 120 000
　　贷：其他费用 120 000

第六节

民间非营利组织净资产

一、民间非营利组织净资产的概念和管理方法

民间非营利组织净资产，是指民间非营利组织的资产减去负债后的余额。净资产应当按照其是否受到限制，分为限定性净资产和非限定性净资产。

如果资产或者资产所产生的经济利益（如资产的投资收益和利息等）的使用受到资产提供者或者国家有关法律、行政法规所设置的时间限制或（和）用途限制，则由此形成的净资产即为限定性净资产。限定性净资产应从以下几个方面去把握：**一是**限制的主体，即法律法规或资源提供者，这里的“限定性”是指民间非营利组织自身无法撤销或变更的限制；**二是**限制的类型，限制的类型包括时间限制（资产只能在特定时间范围内使用或永久不得使用）和用途限制（资产只能用于特定用途）两种；**三是**资源提供者没有作出明确规定“限制”，但当时的情形足以推定资产的限制；**四是**对特定资产的限制，最终会影响净资产的使用。

除此之外的其他净资产，即为非限定性净资产。

二、民间非营利组织净资产的核算

（一）限定性净资产

民间非营利组织限定性净资产的主要来源是获得限定性收入（主要是限定性捐赠收入和政府补助收入）。

1. 科目设置。民间非营利组织设置“限定性净资产”科目，核算本单位的限定性净资产，贷方登记期末限定性收入的转入数，借方登记限定性净资产转入非限定性净资产的金额，期末余额在贷方，反映民间非营利组织历年积存的限定性净资产。民间非营利组织可根据本单位的具体情况和实际需要，在该科目下设置相应的二级科目和明细科目。

2. 核算实务。

业务1：期末，将各项收入类科目所属“限定性收入”明细科目的余额转入本科目，借记“捐赠收入——限定性收入”“政府补助收入——限定性收入”等科目，贷记本科目。

业务2：如果限定性净资产的限制已经解除，则应当对净资产进行重新分类，将限定性净资产转为非限定性净资产，借记本科目，贷记“非限定性净资产”科目。

业务3：因调整以前期间收入、费用项目而涉及调整限定性净资产的，还应按调整的金额，借记或贷记有关科目，贷记或借记本科目。

【**例23－52**】某民办养老院获得一笔8万元的捐款，捐款人要求将款项用于购买床铺，同时又得到一笔12万元的政府实拨补助款，要求用于明年丰富老人文化生活。

（1）收到捐款和政府补助款时：

借：银行存款　　200 000

　　贷：捐赠收入——限定性收入　　80 000

　　　　政府补助收入——限定性收入　　120 000

（2）将捐赠收入、政府补助收入结转至限定性净资产时：

借：捐赠收入——限定性收入　　80 000

　　政府补助收入——限定性收入　　120 000

　　贷：限定性净资产　　200 000

【**例23－53**】接上例，该民办养老院在20×9年1月用在20×8年12月1日获得的捐款，购买床铺。

借：业务活动成本　　80 000

　　贷：银行存款　　80 000

同时：

借：限定性净资产　　80 000

　　贷：非限定性净资产　　80 000

【**例23－54**】某民间非营利组织年初发现上一年度的一项捐赠固定资产因缺乏相关凭据而未计量，只做了相关记录。今年年初，获取了相关凭据予以确认计量，该固定资产的价值为2.4万元。

借：固定资产　　24 000

　　贷：限定性净资产　　24 000

（二）非限定性净资产

如果资产提供者对所提供的资产及资产所产生的经济利益的使用没有设置限制，由此形成的净资产就属于非限定性净资产。民间非营利组织从事按照等价交换原则销售商品、提供服务等交换交易时，由于所获得的收入大于交易成本而积累的净资产，通常也属于非限定性净资产（除非资产提供者和国家法律、行政法规对资产的这些收入设置了限制）。

1. 科目设置。民间非营利组织设置"非限定性净资产"科目，核算非限定性净资产，贷方登记限定性净资产转为非限定性净资产的实际发生额，借方登记非限定性收入转入非限定性净资产的金额，期末余额在贷方，反映民间非营利组织历年积存的非限定性净资产。民间非营利组织可根据本单位的具体情况和实际需要，在本科目下设置相应的二级科目和明细科目。

2. 核算实务。

业务1：期末，将各项收入类科目所属"非限定性收入"明细科目的余额转入本科目，借记"捐赠收入——非限定性收入""会费收入——非限定性收入""提供服务收入——非限定性收入""政府补助收入——非限定性收入""商品销售收入——非限定性收入”“投资收益——非限定性收入”“其他收入——非限定性收入”等科目，贷记本科目。

业务2：期末，各类费用类科目的余额转入本科目，借记本科目，贷记“业务活动成本”“管理费用”“筹资费用”“其他费用”科目。

业务3：如果限定性净资产的限制已经解除，则应当对净资产进行重新分类，将限定性净资产转为非限定性净资产，借记“限定性净资产”科目，贷记本科目。

业务4：因调整以前期间非限定性收入、费用项目而涉及调整非限定性净资产的，应当按需要调整的金额，借记或贷记有关科目，贷记或借记本科目。

【例23-55】年终，将民间非营利组织将“捐赠收入——非限定性收入”3万元、“会费收入——非限定性收入”5万元、“提供服务收入——非限定性收入”6万元、“政府补助收入——非限定性收入”12万元、“商品销售收入——非限定性收入”7万元、“投资收益——非限定性收入”4.2万元、“其他收入——非限定性收入”1.8万元的贷方余额分别转入非限定性净资产。

借：捐赠收入——非限定性收入	30 000	
会费收入——非限定性收入	50 000	
提供服务收入——非限定性收入	60 000	
政府补助收入——非限定性收入	120 000	
商品销售收入——非限定性收入	70 000	
投资收益——非限定性收入	42 000	
其他收入——非限定性收入	18 000	
贷：非限定性净资产		390 000

【例23-56】在会计期末，民间非营利组织分别将“业务活动成本”11.8万元、“管理费用”3.5万元、“筹资费用”4.8万元、“其他费用”2.1万元的借方余额转入非限定性净资产。

借：非限定性净资产	222 000	
贷：业务活动成本		118 000
管理费用		35 000
筹资费用		48 000
其他费用		21 000

【例23-57】20×8年11月2日，某慈善协会取得一项捐款，价值32万元，捐赠人限定将该款项用于购置肿瘤化疗的设备。20×9年1月12日，该协会购入设备，价值29.8万元，20×9年3月1日，经与捐赠人协商，捐赠人同意将剩余的款项2.2万元留归该慈善协会自主使用。

（1）20×8年11月2日，取得捐赠时：

借：银行存款	320 000	
贷：捐赠收入——限定性收入		320 000

（2）20×8年12月31日，将捐赠收入结转到限定性净资产时：

借：捐赠收入	320 000	
贷：限定性净资产		320 000

(3) 20×9年1月12日，购入设备时：

借：固定资产　　298 000

　　贷：银行存款　　298 000

同时：

借：限定性净资产　　298 000

　　贷：非限定性净资产　　298 000

(4) 20×9年3月1日，将限定性净资产进行重分类时：

借：限定性净资产　　22 000

　　贷：非限定性净资产　　22 000

【例23-58】某民间非营利组织发现上一年度的一项无形资产摊销1.2万元未记录。应当追溯调整上年度业务活动中的管理费用（调增1.2万元），减少非限定性净资产期初数1.2万元。则追溯调整的账务处理为：

借：非限定性净资产（期初数）　　12 000

　　贷：无形资产　　12 000

第七节

民间非营利组织财务报告

一、民间非营利组织财务报告概述

民间非营利组织的财务报告，是反映民间非营利组织某一特定日期财务状况和某一会计期间业务活动情况和现金流量情况的书面文件。

民间非营利组织的财务报告由会计报表、会计报表附注和财务情况说明书构成。民间非营利组织的财务会计报表主要包括资产负债表、业务活动表和现金流量表三张基本报表。

民间非营利组织的会计报表，可以按不同的标准进行分类：

(1) 按时间不同可分为中期会计报表和年度会计报表。

(2) 按其所反映的资金运动状态不同可分为静态报表和动态报表。

(3) 按报表的服务对象不同，可分为内部报表和外部报表。

(4) 按包括的范围不同，可分为个别会计报表和合并会计报表。

(5) 按提供会计资料重要程度的不同，可分为主要会计报表和附属会计报表。

二、民间非营利组织资产负债表

民间非营利组织资产负债表，是反映民间非营利组织某一会计期末全部资产、负债和净资产情况的报表。通过资产负债表，可以反映民间非营利组织的资产变现能力、偿债能力、发展能力和筹资结构。在我国，民间非营利组织的资产负债表按帐户式设计，即资产负债表分为左方和右方，资产负债表的左边是资产，按资产的流动性大小排列，右边是负债与净资产，负债一般按求偿权先后顺序排列，净资产则由限定性净资产和非限定性净资产组成。民间非营利组织资产负债表的编制依据建立在静态的会计恒等式的基础上，即资产 = 负债 + 净资产，因此资产负债表需要根据某一时点上某一账户的余额来进行填制，报表左边的合计数等于报表右边的合计数。其基本格式见表 23 - 2。

表 23 - 2 **资产负债表**

编制单位： 年 月 日 单位：元

资产	年初数	期末数	负债和净资产	年初数	期末数
流动资产：			流动负债：		
货币资金			短期借款		
短期投资			应付款项		
应收款项			应付工资		
预付款项			应交税金		
存货			预收账款		
待摊费用			预提费用		
一年内到期的长期债券投资			预计负债		
其他流动资产			一年内到期的长期负债		
流动资产合计			其他流动负债		
长期投资：			流动负债合计		
长期股权投资			长期负债：		
长期债权投资			长期借款		
长期投资合计			长期应付款		
固定资产：			其他长期负债		
固定资产原价			长期负债合计		
减：累计折旧			受托代理负债：		
固定资产净值			受托代理负债		
在建工程			负债合计		
文物文化资产					
固定资产清理			净资产：		
固定资产合计			非限定性净资产		
无形资产：			限定性净资产		
无形资产			净资产合计		
受托代理资产：					
受托代理资产					
资产总计			负债和净资产合计		

三、民间非营利组织业务活动表

民间非营利组织业务活动表，是反映民间非营利组织在某一会计期间内开展业务活动实际情况的书面报告文件，是一定期间内民间非营利组织的收入和同一会计期间有关成本费用进行配比的报表。业务活动表是动态的报表，报表主体采用自上而下分项列示的报告式结构。

表中“净资产变动额”项目，反映民间非营利组织当期净资产变动的金额。本项目应当根据本表“收入合计”项目的金额，减去“费用合计”项目的金额，再加上“限定性净资产转为非限定性净资产”项目的金额后填列。其基本格式见表 23－3。

表 23－3　　业务活动表

编制单位：　　年　月　　单位：元

项　目	行次	本月数			本年累计数		
		非限定性	限定性	合计	非限定性	限定性	合计
一、收入							
其中：捐赠收入	1						
会费收入	2						
提供服务收入	3						
商品销售收入	4						
政府补助收入	5						
投资收益	6						
其他收入	9						
收入合计	11						
二、费用							
（一）业务活动成本	12						
其中：	13						
（二）管理费用	21						
（三）筹资费用	24						
（四）其他费用	28						
费用合计	35						
三、限定性净资产转为非限定性净资产	40						
四、净资产变动额（若为净资产减少额，以“－”号填列）	45						

四、民间非营利组织现金流量表

民间非营利组织现金流量表，是反映民间非营利组织在某一会计期间内现金和现金等价物流入与流出信息的会计报表，是一个动态的会计报表。按照民间非营利组织业务活动的不同性质，现金流量分为业务活动产生的现金流量、投资活动产生的现金流量、筹资活动产生的现金流量三大类。

民间非营利组织应当采用直接法编制业务活动产生的现金流量。有关现金流量的信息可以从会计记录中直接获得，也可以在业务活动表收入和费用数据基础上，通过调整存货和与业务活动有关的应收应付款项的变动、投资以及固定资产折旧、无形资产摊销等项目后获得。

民间非营利组织应当根据实际情况确定现金等价物的范围，并且一贯性地保持其划分标准，如果改变划分标准，应当视为会计政策变更。民间非营利组织确定现金等价物的原则及其变更，应当在会计报表附注中披露。

现金流量表中“现金及现金等价物净增加额”项目还与资产负债表的货币资金科目的数字衔接，即其应该等于货币资金的期末余额扣除期初余额。这也就是现金流量表与资产负债表之间衔接的地方。其基本格式见表 23－4。

表 23－4　　　　现金流量表

编制单位：　　　　年度　　　　单位：元

项　　目	行次	金额
一、业务活动产生的现金流量		
接受捐赠收到的现金	1	
收取会费收到的现金	2	
提供服务收到的现金	3	
销售商品收到的现金	4	
政府补助收到的现金	5	
收到的其他与业务活动有关的现金	8	
现金流入小计	13	
提供捐赠或者资助支付的现金	14	
支付给员工以及为员工支付的现金	15	
购买商品、接受服务支付的现金	16	
支付的其他与业务活动有关的现金	19	
现金流出小计	23	
业务活动产生的现金流量净额	24	
二、投资活动产生的现金流量		
收回投资所收到的现金	25	
取得投资收益所收到的现金	26	
处置固定资产和无形资产所收回的现金	27	
收到的其他与投资活动有关的现金	30	
现金流入小计	34	
购建固定资产和无形资产所支付的现金	35	
对外投资所支付的现金	36	

续表

项　目	行次	金额
支付的其他与投资活动有关的现金	39	
现金流出小计	43	
投资活动产生的现金流量净额	44	
三、筹资活动产生的现金流量		
借款所收到的现金	45	
收到的其他与筹资活动有关的现金	48	
现金流入小计	50	
偿还借款所支付的现金	51	
偿付利息所支付的现金	52	
支付的其他与筹资活动有关的现金	55	
现金流出小计	58	
筹资活动产生的现金流量净额	59	
四、汇率变动对现金的影响额	60	
五、现金及现金等价物净增加额	61	

五、民间非营利组织会计报表附注和财务情况说明书

（一）民间非营利组织会计报表附注

会计报表附注，是为了便于会计报表使用者理解会计报表的内容而对会计报表的编制基础、编制依据、编制原则和方法及主要项目等所做的解释。

（二）民间非营利组织财务情况说明书

财务情况说明书是对民间非营利组织一定会计期间生产经营情况、资金周转和利润实现及分配等情况的综合说明，是会计报告的重要部分。

【思考题】

1. 民间非营利组织会计的特点有哪些？
2. 民间非营利组织如何核算文物文化资产？如何理解受托代理资产？
3. 民间非营利组织如何核算受托代理负债？
4. 什么是民间非营利组织的收入？它们可以分为哪些种类？
5. 民间非营利组织如何核算捐赠收入？如何核算提供服务收入？
6. 民间非营利组织的限定性净资产是如何界定的？什么情况下可以认为限制条件已经解除？应当如何对民间非营利组织的限定性净资产进行会计核算？
7. 民间非营利组织期末结账时，收入和费用类账户的余额应如何结转？
8. 民间非营利组织财务报告由什么构成？三张基本会计报表是什么？

参考文献

1. 李建发：《政府与非营利组织会计》，东北财经大学出版社2002版。
2. 威尔逊、荆新等译：《政府与非营利组织会计》，中国人民大学出版社2005年版。
3. 姚秋旺：《政府会计》，复合文具印刷有限公司2009年版。
4. 孙琳：《政府和非营利组织会计理论和实务》，上海人民出版社2011年版。
5. 邢俊英：《预算会计实务》，东北财经大学出版社2013版。
6. 常丽、何东平：《政府与非营利组织会计》，东北财经大学出版社2016版。
7. 赵建勇：《政府与非营利组织会计》，中国人民大学出版社2017年版。
8. 贺蕊莉：《预算会计教程》，中国人民大学出版社2017年版。
9. 陈庆海：《政府预算与管理》，厦门大学出版社2014年版。
10. 施锦明：《政府采购》，经济科学出版社2010年版。